Обратная сторона советской науки

Обратная сторона советской науки

Откровения математика

Андро Бицадзе

ASTEROID
PUBLISHING

Обратная сторона советской науки.
Откровения математика

© 2016 by Andrew Andersen
Редакторы: Эндрю Андерсен, Татьяна Жмайло

Asteroid Publishing, Inc.

ISBN: 978-1-926720-39-5

Андро Бицадзе
Обратная сторона советской науки.
Откровения математика.

Оглавление

Отдельные темы, затронутые в этой книге

Нам представляется необходимым обратить внимание читателя на некоторые интересные события и темы, затронутые в дневниках А.В. Бицадзе. Они не совпадают с главами, на которые автор разделил свои дневник, и потому представляют собой своеобразное «альтернативное оглавление».

2

От редактора

Перед вами — воспоминания и размышления человека, который был и остается известен миру как выдающийся математик и автор большого количества книг и статей по своей специальности. Однако книга, которую вы держите в руках, совсем не о математике. В ней автор описал свой непростой жизненный путь от рождения и почти до самой смерти (последние страницы он писал будучи уже тяжело больным), заостряя внимание на ряде интересных и знаковых событий, в которых ему довелось принимать участие, пытаясь проанализировать их и поделиться с читателем своими выводами.

Кем же был профессор Андро (Андрей Васильевич) Бицадзе? Сельским юношей, родившимся и выросшим в маленькой деревне, затерянной в горах западной Грузии, куда еще пару лет назад не было нормальной автомобильной дороги. Выдающимся ученым в области теории гиперболических, эллиптических и квазилинейных уравнений, а также систем уравнений в частных производных, чьи доклады слушали в Москве, Лондоне, Париже, Пекине, Токио, и не только там. Блестящим педагогом, подготовившим более 30 кандидатов и 10 докторов наук и способным читать лекции на четырех языках (помимо родного грузинского он в совершенстве владел русским, французским и английским). Автором двух десятков книг и многочисленных статей, изданных в разных странах и на разных языках. Человеком, которого и сегодня помнят выпускники МГУ и МИФИ, по книгам которого учатся студенты на трех континентах земного шара. И еще он был сельским юношей, которому довелось сидеть за одним столом с Никитой Хрущевым, Чжоу Эньлаем (председателем правительства Китая) и даже Михако Церетели (одним из лидеров грузинского зарубежья).

Андро Бицадзе был искренним и активным патриотом своей родины — Грузии, вскормившей его, но оказавшейся к нему очень жестокой во второй половине его жизни (впрочем, и мачеха-Россия не баловала его), человеком мира, которому было дело до общества в планетарном масштабе.

Где прошла его жизнь? Большей частью — в СССР. Андрей Васильевич родился за шесть лет до возникновения этого государства, а умер спустя 3 года после его падения. А чем был этот Советский Союз (СССР)? Кому-то это, просуществовавшее 69 лет государственное образование, которое в свое время великий князь В.К. Романов охарактеризовал как «интермеццо в исторической симфонии», представляется идеальным обществом и чуть ли не раем на Земле. Кому-то — чуть ли не адом; государством-тюрьмой, подобным Толкиеновскому Мордору. Объективно говоря, СССР не относился к числу стран, предпочтительных для проживания, и доказал свою нежизнеспособность, потонув в 1991 году, подобно прогнившему судну.

Однако многим из нас — и тем, кто знает и помнит СССР, и тем, кто не помнит и знает о нем мало, — также весьма интересна эта книга воспоминаний, в которой охарактеризованы многие аспекты советской жизни и описаны многие известные личности, с которыми Андрей Васильевич был знаком, включая Н.С. Хрущева, М.А. Лаврентьева, И.М. Виноградова и многих других. На страницах книги с дотошностью ученого показан процесс постепенной деградации науки и морали в Советском Союзе и, в особенности, в подсоветской Грузии. Автор с сожалением, но объективно, фиксирует распространение таких явлений как карьеризм, начетничество, ложь, доносительство, низкопоклонство, безразличие, а также деспотизм и подозрительность властей — все то что, в конечном счете привело к развалу СССР.

Андро Бицадзе не был искренним приверженцем коммунистического учения, хорошо зная ему цену, однако он не был и «диссидентом». Кстати, в книге также показаны фальшь и двуличность ряда деятелей, снискавших себе ореол «борцов с системой», которых автор хорошо знал лично. Достоверно известно, что Андрей Васильевич неоднократно отвергал предложения КГБ (Комитета госбезопасности — советской тайной полиции) о сотрудничестве, что в конечном счете стоило ему места действительного члена Академии наук

СССР (в 1984 году он был выдвинут кандидатом в действительные члены этой академии, но не прошел в результате заранее организованного клеветнического выступления академика С. Новикова и подлога при подсчете голосов). Известно также, что в 1958 году, во время участия в Эдинбургском конгрессе математиков, ему было предложено остаться на постоянное жительство в Великобритании, которое он также отверг. И, что самое интересное, Андрей Васильевич, даже живя за «железным занавесом», каким-то образом умудрялся не отделять себя от Запада и, в целом, от мирового интеллектуального пространства. Не исключено, что это было заложено еще в далеком детстве, в сельской школе (в той самой деревне, куда еще недавно не было нормальной дороги), где учитель в 20-е годы каким-то образом мог выписывать английские и французские научные журналы. А может быть, причина крылась в чем-то другом...

В книге вы также найдете философские размышления о судьбах науки и предназначении таланта, о долге общества перед человеком и человека перед обществом, о культуре, способах ее развития и причинах упадка и на многие другие интересные темы.

В конце книги вашему вниманию также предлагаются некоторые стихи Андрея Васильевича, который по скромности не считал себя поэтом, но при этом часто отражал в рифмах то, что его радовало, волновало и мучило.

А. Андерсен.
Виктория (Канада), 17.05. 2016

Предисловие автора

Предлагаю читателю эти автобиографические записки. В них отражен период развития математики, в котором автор провел всю свою сознательную жизнь как рядовой математик. Приведенные факты, среди которых есть и печальные. И хотя автору порой нелегко было вспоминать о них, он тем не менее счел нужным ознакомить всех, кто избрал полем своей деятельности науку, с опытом их предшественников.

Главное назначение науки состоит в том, чтобы познать тайны мира и заставить их служить человечеству, поэтому на ученом лежит большая ответственность, и труд его благороден. Процесс научного творчества не менее сложен, чем само содержание науки. Хотя большие научные открытия связаны с именами отдельных людей, в действительности они являются плодом коллективного труда и лишь внешне кажутся принадлежащими к одной определенной эпохе. Связанную с именем Эйнштейна теорию относительности невозможно представить вне творчества Ньютона, Пуанкаре и Лоренца, так же как классическую механику Ньютона невозможно представить вне творчества Галилея и Кеплера. Умный наследник всегда вспоминает добрые деяния своих предков с чувством благодарности. Прекрасные примеры этого нам дают Ньютон, Кант, Лавуазье и Эйнштейн. В эпоху феодализма бездарные правители государств объявляли амнистию после смерти родителей. Во взаимоотношениях между современными деятелями также прослеживаются эти две тенденции. Кто знает, так ли уж далеки от действительности легенды о трагическом конце бурной жизни Эзопа, Сократа, Моцарта...

Главная беда в том, что талант проигрывает в борьбе с бездарностью и завистью, хотя среди современников встречаются и те, кто преклоняется перед талантом и оберегает его от посягательств невежд и злобных личностей.

В нашу эпоху, когда наука чаще находится под покровительством государства, а не меценатов, отношения между учеными по-прежнему оставляют желать лучшего.

Причина этого, безусловно, в том, что основной мерой творчества ученого считается присвоение ему научных степеней и званий, да и материально ученые обеспечиваются в соответствии с этими степенями и званиями. В нашей действительности нам все еще часто приходится сталкиваться с бездарностью, завистью и использованием довольно ловких приемов с целью занять монополистическое положение в науке. У читателя может сложиться впечатление, что положение совсем безнадежно, раз мошенники находят себе приют даже в науке. К сожалению, это пока что так, однако не надо падать духом, человек всегда должен с верой смотреть в будущее.

Часть I

«ДАЙ БОГ ТЕБЕ УДАЧИ, СЫНОК!»

Глава I

Прекрасна окруженная Сурамским и Месхетским хребтами Верхняя Имеретия с ее богатыми нивами, с бегущими среди скалистых берегов реками и ручьями, шумящими водопадами, горами и лесистыми холмами, с возделанными заботливой рукой небольшими участками, издали похожими на заплатки, на которых в изобилии растут виноград, кукуруза, плоды. Природа этого края при благодатном сочетании горного и морского климатов так щедра, что населяющие его живые существа — животные и растения — совершенно лишены яда, злобы и порочности. Здесь с незапамятных времен живет трудолюбивый, здоровый, красивый, гостеприимный, храбрый в битве с врагом, упорный и предприимчивый народ.

Читатель удивится, о каких, дескать, врагах может идти речь в этих непроходимых местах, однако удивляться нечему. Здесь хорошо видны признаки каменного, бронзового и, конечно, железного века. А исторические и археологические памятники рассказывают о тех временах, когда бродячие орды, осаждавшие Кавказ с четырех сторон — с востока, запада, юга и севера — проходя через Верхнюю Имеретию, грабили здешнее население, разрушали их жилища, оскорбляли их достоинство и предавали огню и мечу все вокруг. Поэтому предки верхнеимеретинцев высекали в скалах пещеры, тайники, башни и крепости. Они строили храмы и монастыри, которые могли, в случае необходимости, послужить им убежищем, крепостью.

Село Цхруквети — одно из самых древних поселений в Верхней Имеретии. Фамилия Бицадзе существует здесь уже несколько веков, сейчас эту фамилию носит почти все село. Наряду с ней встречаются фамилии Гвелесиани, Татишвили, Пхаладзе, Церетели и Чарелидзе. Теперь уже трудно установить происхождение этих фамилий. Одни считают, что Бицадзе являются потомками переселенцев из грузинского села Бицати, находящегося ныне на территории Турции. По мнению других, существует родственная связь между этой фамилией и такими осетинскими фамилиями, как Бицаев, Бициев, Бицоев и т.д. Церетели, оказывается, раньше назывались Модзгвришвили, и их господами были сачхерские князья Церетели. Впоследствии они каким-то образом сумели получить дворянство и стали именоваться Церетели.

Гвелесиани, Пхаладзе и Чарелидзе находились в услужении у Церетели, хотя Чарелидзе, по всей вероятности, являются потомками рачинского эристава Цици Чарелидзе — того самого Цици, у которого Чхеидзе в конце XIV века отняли княжество, а ему выкололи глаза и продали в рабство вместе с женой и детьми.

Как видно, в Цхруквети крепостничество не пустило глубоких корней. Зураб Церетели, коварный дворецкий имеретинского короля Соломона II, и его сын Григол не раз пытались сделать Бицадзе крепостными, но им это не удалось. Цхруквети издавна считалось довольно богатым селом, там не водилось воров, грабителей, разбойников, физических или моральных уродов. Жители его отличались порядочностью, высоко ставили личное достоинство, были гордыми, но гордость их никогда не переходила в нахальство и самомнение. Достоинствами считались любовь к труду и гостеприимство.

В конце прошлого века, во времена битвы короля Восточной Грузии Ираклия II с Ага-Мохаммед-ханом, некоторые из воинов, присланных на помощь королю из Имеретии, носили фамилию Бицадзе. Тогда из-за предательства воеводы Зураба Церетели обманутое войско позорно повернуло вспять и не приняло участия в битве.

Хуже того, после падения Тбилиси остатки отдельных частей спасшегося, но утомленного и ослабленного ранениями картлийского войска в Верхней Картли были взяты Зурабом Церетели и его дворянами в плен, обезоружены и проданы в Ахалцихский пашалык.

Как оказалось, среди них был некто Симоника Бицадзе, который пытался помешать Зурабу Церетели совершить злодеяние. В этом тягчайшем преступлении намеревался изобличить воеводу Зураба Церетели перед грузинским народом Осип Габашвили (брат Бесики), однако Григол

Зурабович Церетели возвел на него клевету и сделал так, что правительство России выслало его на север, где он и окончил свои дни. По милости некоторых историков это преступление до сих пор замалчивается либо отрицается, но факты, тем более исторические, упрямы, они ждут своего часа.

В конце XIX — начале XX века несколько дворян Церетели из Цхруквети получили хорошее школьное образование, в этом от них не отстали и Бицадзе. К началу XX века почти все представители проживавшего в Цхруквети рода Бицадзе были грамотны, в том числе и состоявшая из одиннадцати человек семья Василия Алексеевича Бицадзе.

Был конец августа 1915 года. Год выдался урожайный, и довольные крестьяне, не спеша, со знанием дела, пожинали плоды своего труда. Василий уже две недели назад сжал свою хлебную ниву. Его супруга Мариам, невестка Тэкле, его дети — Нуца, Серго, Гогуца, Ладо, Елена, Пация, Тина — и племянница Оля так усердно помогали Василию в уборке хлеба, что на сжатом поле не осталось ни одного колоска. Сегодня с раннего утра приступили к молотьбе.

По сметенным в скирды снопам было видно, что гумно придется устраивать по меньшей мере трижды. Серго и Ладо погоняли быков, запряженных в молотильную доску, а сестры попарно садились на нее, утяжеляя доску своим весом, и тем помогали обмолоту хлеба. Гумно перед саманником с трех сторон окружали ткемалевые и ореховые деревья, черешни, айва. Никто еще не проявлял признаков усталости, все были в прекрасном настроении, кроме Мариам и Тэкле. Тэкле была озабочена тем, что давно не получала известий от своего мужа Авеля с турецкого фронта, а причина печали Мариам не была известна никому, в том числе и Василию, который первым заметил, что с женой что-то неладно.

После обеда еще поработали, а в полдень все собрались на краю гумна в тени. После короткого отдыха Василий предложил Мариам осмотреть виноградник, который находился поблизости. В молчании миновали гумно. В винограднике Василий пытливо оглядел жену и спросил:

— Что с тобой, жена? Ты с самого утра на себя не похожа. Не больна ли ты? У всех с утра было праздничное настроение,

15

а сейчас все подавлены твоим угрюмым видом. Скажи, наконец, что тебя беспокоит, мы ведь никогда ничего не скрывали друг от друга.

— Дай Бог тебе здоровья за то, что ты заставил меня нарушить молчание. Я здорова, но вот уже три дня меня тревожит мое состояние. По-моему, я беременна восьмым ребенком. А восемь детей — слишком много. Трудно будет их всех поднимать.

— Так это же здорово! О чем тут печалиться? Мне едва исполнилось сорок, я — мужчина в расцвете сил, а ты и вовсе похожа на девушку. Восемь детей для нас не слишком много, как-нибудь да прокормим. Старшие дети уже подросли и будут нам подмогой, особых бед ждать не приходится... Не бойся, все будет хорошо, Бог нас не оставит.

— Мое известие ты встретил, как я и ожидала, по-мужски. Теперь и у меня стало спокойно на душе, я даже рада. Хорошо, если бы родился третий сын, но это уж от меня не зависит, тут ничего не поделаешь.

— Какое имеет значение, сын у нас родится или дочь? Главное, чтобы ребенок был здоровым, а на это я крепко надеюсь. Судьба нас до сих пор миловала — все семеро здоровы, помогают растить младших, и нам жизнь облегчают.

— Я счастлива это слышать, теперь радости моей нет границ. Не в обычае унас прилюдно обниматься да целоваться, но давай обнимемся — вокруг ни души, нас разве только один Бог может увидеть, да и он не осудит, мы ведь шестнадцать лет как женаты...

Муж и жена приласкали друг друга и, веселые, вернулись к работе.

После полудня продолжили молотьбу. Теперь и Мариам села на молотильную доску, с улыбкой наблюдая, как младшие девочки сталкивают друг друга с доски и с хохотом кувыркаются среди наполовину обмолоченных снопов. Тэкле женским чутьем угадала причину радости Мариам, ей тоже передалась общая радость молотильщиков.

Вечером быков выпрягли из молотильной доски. Люди, немного передохнув, принялись носить в саманник осыпавшуюся мякину. Вскоре повеяло вечерней прохладой. Пятеро молотильщиков — Василий, Мариам, Тэкле, Нуца и

Серго — начали отвеивать мякину от зерна. Время от времени они жмурились, защищая глаза от пыли, затем снова открывали их, с улыбкой глядели друг на друга и радовались, радовались без конца при виде груды зерна на гумне, каждое их которых было величиной с кизиловую косточку. Окончив провеивание, зерно окропили водой. С первого гумна было собрано сорок батманов пшеницы.

Ближе к закату груды зерна на гумне покрыли коврами на случай дождя. Утолив голод приготовленным Гогуцей ужином, все вскорости легли спать. Остался бодрствовать только Василий. До восхода луны, вооружившись вилами, он носил оставшуюся после провеивания мякину к уже сложенной в саманнике, не жалея сил, как будто этот дополнительный труд был необходим отцу, ожидавшему восьмого ребенка.

В несколько минут Василий закончил работу и, потный, расстегнув пуговицы рубашки, чтобы охладить грудь, опустился на циновку под ореховым деревом. Нелегкие думы одолевали его: «Права ты, моя Мариам, нелегко нам, наверное, будет растить восьмерых детей. Может, ты права и в том, что лучше было бы, если б родился мальчик, а не девочка. Девочки вырастут, выйдут замуж, а мальчик останется в семье и будет подмогой в делах. Если к Тэкле никто не пойдет в зятья и Оля уйдет к мужу, то мой надел, даже разделенный на три части, прокормит моих мальчиков. Кто знает, а вдруг мой младший сын покажет себя, получит хорошее образование в городе, устроится на работу и не станет требовать своей части у братьев, тем более что, если Тэкле возьмет в дом зятя, трети от половины моего надела мальчикам может уже не хватить. Ну а если, в худшем случае, все трое братьев останутся в деревне, то и тогда можно найти выход».

Занятый этими мыслями, Василий заснул на циновке. Разбудила его ночная прохлада. Он отпил немного воды из стоявшего там же кувшина, умылся и на цыпочках направился к бревенчатому дому. Дверь дома оставили открытой. Василий тихо, чтобы никого не разбудить, вошел и, не раздеваясь, прилег рядом с Мариам и уже безо всяких мыслей в голове, смежив веки, заснул.

В труде и радости бежали дни. Все дети, кроме Пации и Тины, уже ходили в школу, Серго учился в пятом классе гимназии, а Нуца обучалась кройке и шитью у известной на весь Чиатура модистки Элибо Абдушелишвили.

На Рождество вся семья собралась вместе. До полуночи 24 декабря Мариам и Нуца были на ногах, занятые последними приготовлениями к празднику Рождества Христова. Нуца первой изо всех детей заметила положение Мариам, беременность которой уже становилась заметной. Она без слов обняла мать, и слезы радости покатились из глаз.

— Милая ты моя мама! Теперь нас будет восемь братьев и сестер. Это же здорово! Даже если будет шестая девочка, и то неплохо, а уж третий брат — наша заветная мечта.

— Присмотрите-ка лучше за малышами, как бы у них не появилось чувство ревности. Не обидели бы ребенка, не вышло бы какого греха, — урезонила дочь Мариам.

Скоро вся родня и соседи уже знали, что Мариам и Василий ждут восьмого ребенка. Соседям не было до этого особого дела, однако среди них нашлись такие, кто с пренебрежением говорил Мариам:

— Мало тебе семерых замарашек, благословенная, зачем понадобился еще восьмой?

— Детки у меня все как на подбор, как вы смеете называть их замарашками, — гордо отвечала Мариам.

А Кетеван, бездетная супруга Антона, двоюродного брата Василия Бицадзе, и вовсе исходила завистью из-за того, что по двору родственников скоро затопает восьмой ребенок, и голосок его сольется с голосами старших братьев и сестер.

Настал праздник Вознесения Христова. В этот день религиозными правилами было запрещено работать на поле мотыгой. Василий взял топор, топорик с крюком, запряг быков, сел в телегу и поехал в Бринджоула. Земля этой местности, со всех сторон окруженной лесами и скалами, была весьма плодородной. Чтобы кукурузное поле получало как можно больше солнца, Василий решил вырубить росшие по краям поля лес и кустарник. Это была работа на целый день, потому он сказал Мариам и Тэкле, что хорошо было бы, чтобы ему принесли в Бринджоула обед, если они или девочки не будут слишком заняты. На душе у него было весело, работа спорилась.

Он даже не заметил бы, что приближается время обеда, если бы на скалистой тропинке не показалась Тэкле с корзинкой на плече.

— Бог тебе в помощь, деверь! Готовь подарок за добрую весть — у Мариам родился мальчик, поздравляю тебя с рождением третьего сына!

— Спасибо, невестушка. А как роды прошли? Вовремя ли повитуху вызвали?

— Повитуха не понадобилась. Ты, наверное, был еще на полпути, когда она подозвала меня и сказала: «Тэкле, дорогая, согрей-ка мне кастрюлю воды, да поторопись, кажется, у меня начинаются роды». Я завела ее в свою комнату, постелила постель и не успела еще согреть воды, как она уж родила. Если б ребенок не подал голоса, я бы, наверное, даже не узнала об этом, так быстро все произошло.

— Справедлив Бог. Правду сказать, я немного боялся, ведь после рождения Тины Мариам три года болела, и четыре года спустя, ей, должно быть, трудно было рожать.

— Если бы Бог существовал, он не послал бы мне столько страданий. Ведь мой Авель так и пропал без вести, но что ж поделаешь, хоть и выпала мне на долю черная судьба, все же — да будет воля Его, если он и в самом деле где-нибудь существует.

— А подарок за добрую весть за мной, невестушка. Как же нам назвать мальчика?

— Об одном прошу, если не рассердишься — только не называйте его Авелем, не хочу я верить, что он не вернется. Этим именем можно будет потом назвать внуков, если будет такое желание.

— Моя Тэкле! Авель — мой младший брат, не дай Бог услышать мне о его смерти. Оставим имена Авель и Василий для наших внуков. Встретил я недавно нашего протоиерея Иосифа Церетели, расспросил он меня о нашем житье-бытье. Оказалось, он знал, что мы ждем восьмого ребенка. Вот он мне и говорит: «Хоть и бытует такая пословица — ребенок еще не родился, а его уже Авраамом назвали, но давай все же выберем ребенку хорошее имя. Если будет мальчик, его

19

можно назвать Андро». Это, мол, хорошее имя, по-гречески оно означает «мужчина», а Андрей Первозванный был святым апостолом Бога нашего.

— Андриа... Не знаю, как бы оно людям смешным не показалось. Говорят, был один такой Андриа у Чипашвили...

— Тем лучше, ведь и Чипашвили тоже Бицадзе, это одна из ветвей нашего рода, а я слышал, что не годится терять родовое имя.

— Ну ладно, ладно — Андро так Андро. Надеюсь, никто не будет против.

По возвращении домой Тэкле убедила всех, что мальчика следует назвать Андро. Через три дня в церкви Святого Георгия состоялись крестины. Благочинный Николай Церетели — отец Иосифа Церетели — совершил обряд крещения. Крестные Самсон и Элисабед Бицадзе повесили на грудку крестника золотой крестик на цепочке и понесли домой двенадцатого члена семьи, нареченного именем Андро Бицадзе.

Этим маленьким мальчиком был я.

Раннее утро 1 августа 1922 года. Солнце, сиявшее на чистом, без единого облачка небосклоне обещало знойный день. Хорошо еще, что успели второй раз промотыжить кукурузное поле. Теперь сельские труженики могли передохнуть и использовать оставшиеся летние дни для заслуженного отдыха.

Отдых! Это только так говорится. На самом же деле, разве может трудовой крестьянин оставаться праздным? С ранней весны до поздней осени он трудится, не покладая рук. Он до того устает, что порой с заходом солнца валится на постель, и, не успев омыть натруженные руки и ноги, засыпает крепким сном. Мужчина, глава крестьянской семьи, августовские дни проводит преимущественно в лесу, заготавливая дрова на зиму.

Вечером, накануне того дня, о котором идет речь, Мариам собрала Василия в дорогу и на рассвете проводила его в лес. Остальные одиннадцать членов семьи остались дома. Младшие девочки — Елена, Оля, Пация и Тина — с самого утра погнали на луг гусей, корову и овец, а Нуца и Гогуца занялись шитьем. Серго и Ладо опрыскивали виноградник медным купоросом, Тэкле и Мариам возились по дому, готовили обед, а я, как самый маленький, был освобожден от семейных обязанностей и, развалясь в тени орехового дерева, читал книжку. Когда подошло время обеда, на траве под дубом накрыли стол. Одиннадцать членов семьи уже собрались приступить к трапезе, как вдруг Нуца сказала:

— Тетушка Тэкле поставила на стол кувшин холодного вина к обеду, а хорошо бы еще кувшинчик с холодной родниковой водой.

— Поздновато вспомнила об этом, доченька, раньше надо было думать, — . ответила Мариам.

Но остальные девочки хором возразили, что, мол, вовсе не поздно, а кувшинчик холодной воды должен принести самый младший из нас — по поговорке: «Водица — за младшим». Я, конечно, сразу смекнул, что речь идет обо мне, схватил новый глиняный коричневый кувшинчик, сбросил с ног бережно хранимые мною коричневые сандалии и помчался к роднику. Не пробежав и половины пути, я споткнулся о камень. Кувшин, к счастью, остался цел, но ноготь на большом пальце правой ноги был сломан, и кровь лилась ручьем. Однако я продолжил путь, сначала прыгая на одной ноге, а затем снова бегом. Достигнув родника, наполнил кувшин, обмыв, кстати, пострадавший палец водой, и стремглав побежал назад. Обрадованный тем, что так быстро справился с поручением и принес воду, я совсем позабыл о больном пальце, ожидал, что меня похвалят — дескать, вот какой молодец наш маленький братец!

Но вместо этого младшие сестренки вдруг захихикали и насмешливо заговорили:

— Чтоб тебе пусто было! Что за воду ты нам принес? Набрал, наверное, в кувшин гнилой воды из старой кадки по дороге, иначе как ты мог так быстро обернуться?

Слова эти как громом поразили меня. Не помня себя от обиды, я ударил кувшин о землю и разбил его, думая про себя: «Пусть вас Бог накажет! Подите вы с вашим обедом!». И побежал в виноградник.

После обеда меня отыскал Ладо, взял за руку и повел домой. Он заметил меня, когда, несправедливо обиженный, я брел по дороге, твердо решив сегодня не обедать. Около марани (это огромный глиняный кувшин, выше человеческого роста, порой — намного выше, в котором грузинские крестьяне с доисторических времен делали домашнее вино. Марани зарывают в землю как минимум на две трети) мы остановились и Ладо сказал:

— Видно, тебе сейчас не до обеда, но на будущее все же запомни: если не будешь держать себя в руках в ситуации, подобной той, в которой ты сегодня оказался, можешь снова, не подумав, совершить такую же ошибку, и тогда ничто тебя уже не оправдает. Я верю, что ты и вправду принес воду из родника, но кувшин снаружи был еще мокрым, и можно было подумать, что в нем вода из старой кадки, несмотря на то, что твой окровавленный большой палец свидетельствовал о том, что ты выполнил возложенное на тебя поручение быстро и охотно. Вот только непонятно, чем провинился перед тобой разбитый кувшин? Неужели не мог подождать, пока попробуют воду и убедятся, что она действительно принесена из родника. Тогда никто бы не сомневался, что ты и вправду молодец. Больше так не поступай! Если твой поступок станет причиной недоразумения, дай возможность сомневающимся разобраться в обстановке. Поверь, правда всегда торжествует.

Иногда я забываю это мудрое наставление моего среднего брата и тогда невольно попадаю в беду.

Осенью нашей семье пришлось столкнуться сразу с несколькими проблемами. Серго не захотел продолжать учебу в Тбилисском университете и просил отца изыскать средства для того, чтобы он мог получить образование за границей. Для этого в первую очередь требовалась валюта. У Василия не было никаких сбережений, за исключением нескольких золотых десятирубликов из приданого Мариам, поэтому он вынужден был по секрету рассказать о проблеме нескольким преданным ему соседям и родственникам. С их помощью Василий сумел собрать около тысячи французских франков, но Серго неожиданно отказался от своего намерения, по-видимому, из-за того, что этой суммы после покрытия путевых расходов хватило бы не больше, чем на два-три месяца жизни во Франции. Отказ сына прозвучал для Василия как гром среди ясного неба. Запутавшись в долгах, он не знал, что предпринять. Дело дошло до того, что отец и сын перестали разговаривать друг с другом.

К этому добавилось еще одно обстоятельство. Моя старшая сестра Нуца, первенец в нашей семье, отличалась красотой, скромностью и хозяйственностью. Многие парни мечтали взять ее в спутницы жизни. Студент юридического факультета Тбилисского университета по фамилии Капанадзе настойчиво добивался у Мариам и Василия ее руки.

Трудно сказать, было ли это юношеским увлечением или настоящей любовью. Однако Нуца держалась холодно, и положительного ответа Капанадзе не получил. Тогда он решил похитить девушку. Для всего рода Бицадзе это было бы несмываемым оскорблением, потому Нуцу день и ночь тайно караулили вооруженные защитники. Положение осложнялось еще тем, что избранник самой Нуцы, красивый, видный и довольно образованный парень Макар Дарбаидзе по ряду причин не мог ввязываться в неприятности.

К счастью, любовь преодолела все препятствия, Нуца с Макаром отпраздновали пышную свадьбу, несмотря на наглые угрозы соперника, и жизнь семьи вошла в прежнее русло.

Цхрукветская четырехклассная школа из-за болезни учителя Датико Татишвили не работала почти год. Поздней осенью 1923 года школа вновь открылась, и учитель Датико провел вступительные экзамены в первую группу (по-нынешнему — в первый класс). Я настолько успешно сдал экзамены, что меня вместо первой зачислили сразу во вторую группу. Это не было для нас неожиданностью, потому что чтение, письмо и арифметику я незаметно освоил, наблюдая за упражнениями моих младших сестер, которые, готовясь к занятиям, за отсутствием бумаги писали на печной золе.

Весной 1926 года, когда мне не исполнилось еще и десяти лет, я окончил цхрукветскую школу. Родители под влиянием старших детей решили, что я продолжу обучение в чиатурской девятиклассной школе только через год по той причине, что мне, оторванному от семьи, трудно будет учиться, тем более что и физически я был не очень крепок. Как раз в это время Сепиа, сын бывшего купца и нашего соседа Михаила, тоже получил четырехгодичное образование, и составил прошение на имя заведующего чиатурской девятиклассной школой о допуске его к приемным экзаменам в пятую группу.

Когда учитель Датико выдавал ученикам свидетельства об окончании, он даже не вызвал меня в школу, так как хорошо знал о намерении моих родителей, о которых я уже говорил. Несмотря на это, я сделал первые шаги на пути к самостоятельности, сам пошел к учителю Датико и сказал ему:

— Серго просил передать, что если его младшему брату полагается свидетельство об окончании четырехклассной школы, то выдать его без задержки.

— Я видел Серго несколько дней назад, однако он ничего об этом не говорил. Но раз уж ты пришел, я сейчас же напишу тебе свидетельство. Только придется немного обождать здесь, во дворе, — ответил мне учитель.

Через несколько минут он вышел во двор, держа в руках свидетельство, которое и вручил мне со словами:

— Наша школа не имеет печати, поэтому на свидетельстве нужно поставить круглую печать исполкома сельсовета. Там председателем работает наш Александр Бицадзе, он хорошо знает мой почерк и обязательно поставит печать.

Осмелев оттого, что свидетельство находится у меня в руках, я после многих трудов сумел уговорить Сепиа составить на мое имя такое же прошение, чтобы и меня допустили к экзаменам в пятую группу. Я легко получил разрешение у родителей на поездку в Чиатура и без промедления принялся готовиться к сдаче экзаменов. Экзамены надо было сдавать по пяти предметам: грузинский — устный и письменный; счет (арифметика) — письменный и устный; описание родины — география. Все эти предметы я сдал на пятерки и оказался в списке сорока учеников, принятых в пятую группу единственной в Чиатура средней школы-девятилетки. Многие ребята не попали в этот список из-за конкурса, но через несколько недель открыли еще две параллельные группы, и Сепиа тоже стал учеником пятого класса.

Когда в деревне узнали, что я, наперекор воле родителей, сдал экзамены на пятерки и зачислен учеником в чиатурскую девятилетку, мне не стали мешать продолжать учебу. Чтобы обучать детей в чиатурской школе, мой отец держал в маленьком двухэтажном домике однокомнатную квартирку с кухней и верандой, там я и поселился вместе с Еленой, Олей и Пацией, и вскоре приступил к занятиям. В этой же квартирке разрешили жить еще двум девочкам — Тамаре и Анне — дочерям наших цхрукветских соседей Пхаладзе.

Весь первый семестр 1926 — 1927 учебного года я не особенно утруждал себя занятиями и проводил много времени в обществе балагура Сепиа. Правда, в конце семестра я счастливо избежал оценки «слабо», но и полученные мною удовлетворительные оценки отнюдь не свидетельствовали об успехах в учебе. Знания учащихся в то время оценивались по двухбалльной системе: «+» и «–». Или же — «уд.» и «сл.» («удовлетворительно» и «слабо»).

Сепиа умудрился заработать сразу четыре «сл.», и его «вычистили» из школы. Это так подействовало на меня, что во время каникул, которые я проводил в деревне, на лице моем ни разу не появилось улыбки.

Начиная со второго семестра, положение кардинально изменилось. Успехи, выказываемые мною во время ежедневных опросов, были настолько очевидны, что меня обычно освобождали от сдачи обязательных экзаменов в конце семестра. С целью поощрения мне по всем предметам выставляли не «уд.», а «в.уд.», что означало «весьма удовлетворительно».

Надо сказать, что учащиеся редко удостаивались подобной чести. Скоро меня ввели в ученическое самоуправление, а с введением лабораторных методов обучения неизменно выбирали руководителем звена. Я был самым юным среди товарищей — на два года моложе самого младшего ученика — и довольно маленького роста. Несмотря на это, никто не осмеливался меня обижать, и при любых недоразумениях у меня всегда находились заступники.

В 1929 году дисциплина среди учащихся заметно упала. Были случаи откровенно хулиганских выходок: однажды ученик восьмого класса Галактион Сисвадзе даже устроил в школе пожар. Группа учеников-хулиганов под предводительством Абрамиди и Абрамишвили бесчинствовала в Чиатура повсюду.

На одном из заседаний педагогического совета этот вопрос стал предметом особого рассмотрения. Я присутствовал на заседании в качестве представителя ученического самоуправления. Решением заседания Абрамиди и Абрамишвили были исключены из школы. После заседания они затаились недалеко от школьной лестницы с целью перехватить меня и заставить назвать имена тех, кто особенно настаивал на их исключении. Мои доброжелатели заранее дали мне об этом знать. Стремглав сбегая по лестнице, я поскользнулся на обледенелой ступеньке и с высоты второго этажа полетел на мерзлую землю. Пришел в себя в одном из кабинетов поликлиники.

Казалось, все обошлось без последствий, но весной 1930-го у меня обнаружилось хроническое воспаление большого вертела бедренной кости, осложненное фистулой, и я целый год лечился в Тбилиси.

Осенью 1931 года я вернулся в школу, к тому времени преобразованную в педагогический техникум. Я числился уже студентом третьего курса, а в октябре того же года наш курс был раньше срока объявлен выпускным, все студенты получили звание учителя и были распределены по сельским школам.

Мне еще не было шестнадцати, поэтому год пришлось провести в деревне, в родительской семье. Конечно, я по мере сил помогал родителям в сельскохозяйственных работах, но одновременно уделял немало времени школьным дисциплинам. Предметом моего особого внимания стала химия. Эта дисциплина тогда не была предусмотрена программой чиатурского педтехникума, однако наряду с другими предметами входила в число обязательных на вступительных экзаменах в высшее учебное заведение.

За год, проведенный у родителей, я подрос, и по всем признакам было заметно, что уже вступил в период юношества. С наступлением сентября я побывал в дирекции чиатурского педагогического техникума для выяснения перспектив получения высшего образования. Делопроизводитель техникума Д. Мерманишвили сообщил мне, что диплом об окончании педагогического техникума на мое имя уже готов, однако право продолжить учебу в высшем учебном заведении я получу только после прохождении двухлетнего педагогического стажа.

Получив на руки диплом, я по совету Д. Мерманишвили обратился в отдел образования чиатурского райисполкома, где обязанности заведующего исполнял тогда учитель математики нашего педтехникума Терентий Ткемаладзе. Терентий немедленно принял меня. Он выразил радость по поводу того, что я выздоровел и физически окреп, и приветствовал мое желание продолжить учебу в высшем учебном заведении, а поскольку мне необходим был двухгодичный педагогический стаж, посоветовал, не откладывая, начать работать в школе.

Осенью 1932 года меня назначили учителем цхрукветской четырехклассной школы, а затем, в июле 33-го, по рекомендации того же Ткемаладзе предложили должность учителя физики и математики в школе-семилетке колхозной молодежи села Чала Чиатурского района. Это село было расположено довольно далеко от родного Цхруквети. Родителям было страшновато отпускать младшего сына в самостоятельную жизнь, но я не испугался трудностей и с сентября 1933 года начал работать в Чала.

Директор школы В. Бараташвили поначалу с сомнением отнесся к молодому педагогу — по возрасту я соответствовал ученику седьмого класса, но вскоре убедился, что в чальской школе обучение физике и математике находится в надежных руках.

В то время биологию и химию в старших классах преподавал выпускник кулашского агротехникума К. Чубинидзе, а в начальных классах вели занятия Тина и Ксения Абашидзе, Г. Мачавариани и М. Цимакуридзе. Тина была моей однокурсницей в техникуме. Всего двумя годами старше, она была наделена всеми добродетелями. Избой-читальней заведовала наша однокурсница Вера (Велика) Абашидзе.

Эти восемь человек представляли собой новую интеллигенцию села Чала, если не учитывать того обстоятельства, что соседние с Чала села — Даваети, Дарка, Дрбо, Оргули, Переви, Спети, Гона, Дзирула, Джриа — начиная с XVII века и до установления в Грузии советского строя, были владениями Абашидзе.

Почти все семьи этого рода были грамотными и причисляли себя к дореволюционной княжеско-дворянской интеллигенции. Они представляли собой определенную оппозицию советской власти, но после того, как сильно пострадали во время меньшевистской авантюры 1924 года, их прохладное отношение к советам выражалось, пожалуй, только в том, что в деревне Чала колхоз был создан позднее, чем в других местах — в 1934 году.

Среди представителей районных организаций, которые часто наезжали в Чала, несдержанностью и некультурностью отличался некий Никуша Бакрадзе из Аргвети, занимавший должность председателя ОЗЕТа (Общество землеустройства еврейских трудящихся). Каждую неделю он почему-то не менее четырех дней проводил в Чала.

Именно Никуша Бакрадзе, по непонятным мне до сих пор причинам, при поддержке своих друзей, устроившихся на тепленьких местах в чиатурском райкоме комсомола, выступил против моего вступления в ряды ВЛКСМ.

Наиболее убедительным аргументом мои противники сочли устную и письменную клевету, сочиненную тремя молодыми тунеядцами и завистниками из Цхруквети о том, что якобы семья моего отца Василия Бицадзе была буржуазной. В доказательство они приводили тот факт, что все молодые члены нашей семьи имели как минимум среднее образование и к тому же систематически получали газеты и журналы на грузинском и русском языках. Хорошо еще, что более влиятельное руководство района, правда, с запозданием, но все же разобралось в истинном положении дел, иначе один Бог знает, чем бы это все могло закончиться для нашей семьи.

Тина Абашидзе, осенью 1933 года выбранная секретарем чальской комсомольской ячейки, изо всех сил старалась убедить комсомольских руководителей района в том, что я — передовой учитель, принимаю активное участие в общественной жизни. В то время чальские учителя должны были по вечерам проводить политические мероприятия в селах, входивших в состав сельсовета, и по инициативе Тины кадры распределялись так, что в этих мероприятиях мы с ней всегда участвовали вместе. Нередко, уставшие до полусмерти, мы едва добирались до дому в полночь.

Одевалась Тина нельзя сказать, чтобы дорого, но всегда с большим вкусом, в меру пользовалась духами. Благодаря своей внешности и внутренним качествам, она всегда оказывалась в центре внимания, многие парни стремились сблизиться с ней, в том числе и Никуша Бакрадзе. Но Тина никого не выделяла, держалась неприступно. Лишь в разговоре со мной на лице ее появлялась улыбка, иногда она даже поверяла мне свои сердечные тайны. Так же искренне относился к ней и я.

Наши отношения нельзя было назвать любовью, они были свободны от волнений страсти. Это была настоящая хорошая дружба между девушкой и юношей моего возраста. Никуше Бакрадзе же казалось, что дело обстоит по-другому. Сначала он ограничивался только косыми взглядами в мой адрес, а затем перешел к откровенной вражде.

В одну лунную майскую ночь 1934 года нам с Тиной гораздо позднее обычного пришлось возвращаться домой из соседнего горного села Даваети. Мы уже подходили к Тининому двору, как вдруг между нами неожиданно возник Никуша Бакрадзе с браунингом в руке и стал обоим угрожать смертью.

Я и сейчас не знаю, откуда взялись у меня тогда смелость и отвага, но я в мгновение ока обезоружил его и вдобавок закатил несколько увесистых пощечин. Он с воплями покатился на землю. На крики из дому выбежали Велика и Чачиа, младший брат Тины. Они сперва подняли на ноги «пострадавшего», а потом задали ему такую взбучку, что он надолго забыл дорогу в Чала.

После этого инцидента дружба между мной и Тиной стала еще крепче. Возможно, она переросла бы в любовь, если бы не одно обстоятельство... Тина хотела, чтобы мы оба получили высшее образование заочно. Я не мог с этим согласиться, ведь самой заветной моей мечтой было получить математическое образование в университете.

В конце июня, после окончания учебы, ученики седьмого класса чальской школы колхозной молодежи устроили выпускной вечер, на который пригласили всех учителей. За празднично накрытым столом среди гостей сидели также вновь назначенные в Чала фельдшера — врача чальский сельсовет тогда не имел — Соня Хараидзе, гинеколог, и Илико Цивилашвили. Этот последний часто встречался в Сачхере с Никушей Бакрадзе и проводил с ним время в попойках.

На выпускном вечере чувствовалось, что в моих с Тиной отношениях наметилось охлаждение. Раньше всех это заметил Цивилашвили. В конце застолья он подошел к Тине:

— Что-то незаметно, чтобы кто-нибудь, кроме меня, собирался тебя провожать.

Тина окинула Цивилашвили сначала насмешливым, а потом грозным взглядом.

— Что? И я тебе не подхожу! Мужества у меня не хватает, лицом не вышел или умом Бог обидел? Я ведь медицинский работник, в конце концов!

— Если вы так же «умны», как «мужественны» и «красивы», то хороши же дела нашей медицины! — ответила Тина.

Заметно опьяневший Цивилашвили, однако не отставал. Тина оттолкнула его и встала рядом со мной. Цивилашвили упрямо двинулся к ней. Я загородил дорогу наглецу, осадил его и призвал к порядку, после чего он, как нашкодивший щенок, поджал хвост и удалился. Я проводил Тину до ворот ее дома, попрощался и в ту же ночь покинул Чала.

Я направился в Цхруквети, где начал систематически готовиться к вступительным экзаменам в высшее учебное заведение.

Летом двадцать четыре дня я провел в гагринском доме отдыха соцобеспечения. Домой вернулся с каким-то расстройством желудочно-кишечного тракта. Болезнь продлилась до конца августа.

В конце лета 1934 года с дипломом об окончании педагогического техникума, имея за спиной двухгодичный стаж педагогической работы, я отправился в Тбилиси для поступления в университет. Мне хотелось поступить на физико-математический факультет, но оказалось, что вступительные экзамены закончились и уже вывешены списки студентов, зачисленных на первый курс.

Из руководства университета на месте был только математик Коциа Сулаквелидзе, тогда он занимал должность проректора по общей части. Робея, я пошел к Сулаквелидзе, поведал ему о своем желании учиться и попросил совета. Проректор тут же, в кабинете, устроил мне устный экзамен по математике. Ему понравилось, как я отвечал, и он посоветовал мне подать документы во Всесоюзный институт субтропических культур — там вскоре должны были начаться вступительные экзамены — а после зачисления в тот институт при его содействии добиваться перевода на физико-математический факультет университета.

В этот институт нужно было сдавать экзамены по математике (письменный и устный), физике, биологии, химии, русскому языку (письменный и устный) и истории ВКП (б). Экзамены я сдал, но, к сожалению, пятерки получил только по математике и физике и не прошел по конкурсу — агротехники со стажем, которые не срезались на вступительных экзаменах, зачислялись вне конкурса.

Вернуться в Чала я уже не мог, и вновь при посредничестве Ткемаладзе был назначен учителем физики и математики в неполную среднюю школу села Нигозети Чиатурского района. Успешно закончив в Нигозети свою работу в течение 1934 — 1935 учебного года, я вновь решил претворить в жизнь мечту о поступлении в высшее учебное заведение.

Моя мать хотела, чтобы я поступал в медицинский институт на лечебный факультет. Однажды, в конце июля, после обеда между мной и матерью состоялся небольшой разговор. Мать начала так:

— Мы с отцом мечтаем, чтобы из восьмерых детей хотя бы один стал врачом, чтобы в старости было кому за нами присмотреть. И в этом, сынок, мы крепко надеемся на тебя.

— Поступить на медицинский очень трудно, мама. Не обижайтесь, если я не смогу выполнить вашу просьбу.

— Для тебя не существует трудностей, тебя повсюду хвалят. Наверное, медицина тебя не привлекает. Что же поделаешь, мы не пойдем против твоего желания, иди своей дорогой и дай Бог тебе удачи, сынок!

Мать благословила меня и на следующий день проводила до Цинцкила, откуда начиналась дорога в Тбилиси.

В 1935 году приемные экзамены в Тбилисском государственном университете проводились с 1 по 25 августа. В тот год без экзаменов никого не принимали. Поступавшие на физико-математический факультет должны были сдавать восемь экзаменов: по математике (письменный, устный), физике, химии, грузинскому языку (письменный, устный), истории ВКП (б) и гражданской истории.

В начале сентября я был зачислен студентом в Тбилисский университет с сорока очками. Столько же очков из всех зачисленных набрали еще только пять студентов — Тина Шарашенидзе, Кето Орджоникидзе, Георгий Ксенофонтов (Меликишвили), Мери Янкошвили и Елена Имерлишвили.

Так начался студенческий этап моей жизни.

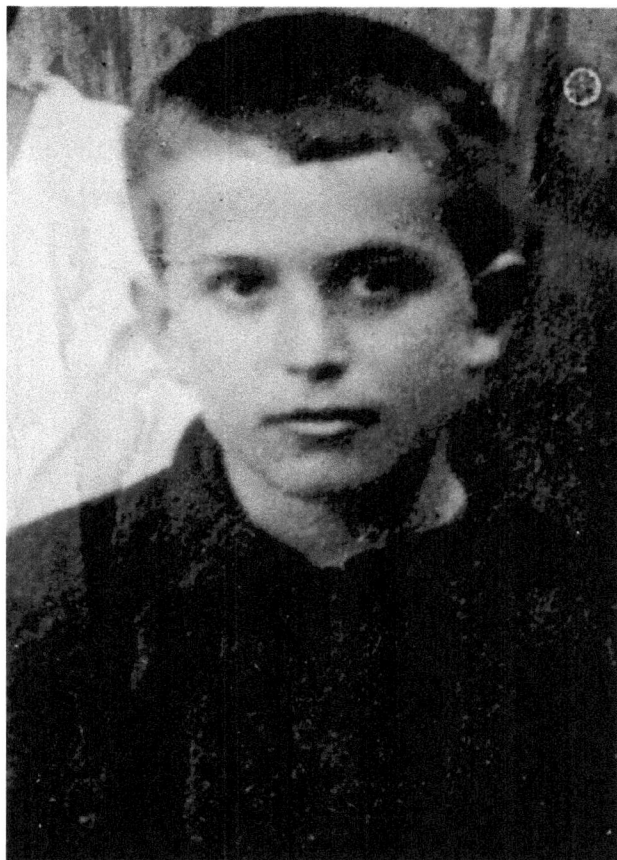

Андро Бицадзе в пятилетнем возрасте

Рунический символ над входом в церковь, в которой крестили автора этой книги

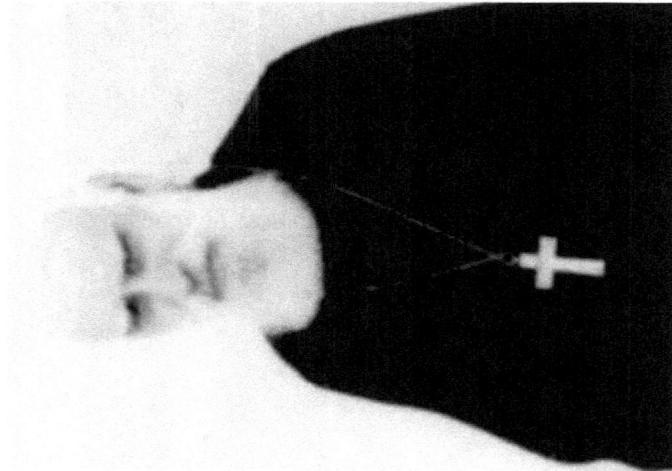

Благочиннный Николай Церетели, крестивший Андро Бицадзе

Церковь Св. Георгия в Цхруквети. Здесь крестили автора этой книги.

Фрагмент настенной росписи в храме Св. Георгия в Цхруквети

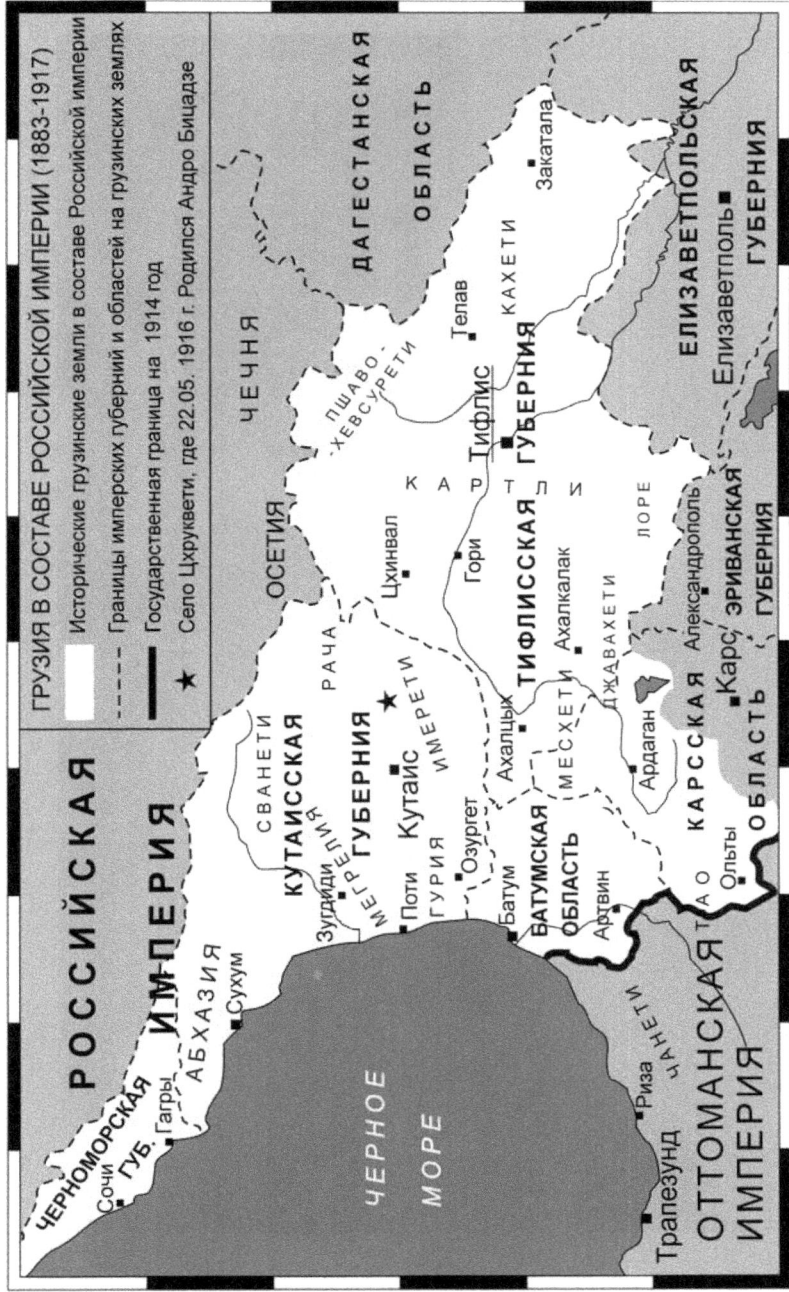

Грузия на момент рождения Андро Бицадзе (22.05.1916). Звездочкой отмечено село Цхруквети.

Дорога в село Цхруквети

Окрестности села Цхруквети

1948 год. В Цхруквети среди родственников и односельчан
Третья слева в верхнем ряду - мать Андро Бицадзе

Улица в селе Цхруквети

Кладбище в Цхруквети. Здесь покоятся родители Андро Бицадзе

Глава II

В конце учебного года в 1930 году Тбилисский университет закрылся, и вместо него было создано несколько высших учебных заведений: Грузинский педагогический институт, Закавказский индустриальный институт, Закавказский институт инженеров транспорта, медицинский и сельскохозяйственный институты, Кутаисский педагогический институт и т.д.

В 1933 году на базе Грузинского педагогического института вновь был восстановлен Тбилисский государственный университет, где готовили специалистов по физике и математике, химии, биологии, географии и геологии, экономике, юриспруденции, филологии, истории и др. Контингент студентов рос с каждым годом.

В сентябре 1935 года на первый курс университета было зачислено 850 человек, в том числе на физико-математический факультет 140 студентов, распределенных по четырем специальностям на четыре группы: 144-а (по специальности математика), 144-б (механика), 145 (геофизика и астрономия) и 146 (физика). Специальные дисциплины по физике и математике читались по отдельности 144-а, 144-б и 145, 146 группам.

Деканом физико-математического факультета был знаменитый математик Н. Мусхелишвили, педагогический персонал факультета состоял из 18 человек, среди которых профессорские должности занимали Н. Мусхелишвили, Л. Гокиели, А. Харадзе и Р. Хуцишвили.

На первом курсе лекции студентам механико-математической специальности читали: Л. Гокиели (математический анализ), А. Харадзе (высшая алгебра), К. Сулаквелидзе, а после него — И. Мецхваришвили (аналитическая геометрия). Соответствующие практические занятия вели Д. Гамкрелидзе, П. Зерагиа и Т. Цхадаиа. Уже на первом курсе общую физику читали только нам, студентам механико-математической специальности (доц. Г. Гордадзе).

Учебников по первой части матанализа под названием «Анализ I» на грузинском языке тогда существовало всего два: «Введение в математический анализ» А. Размадзе (сейчас уже превратившийся в библиографическую редкость) и «Дифференциальное исчисление» Л. Гокиели.

От материала, данного в этих учебниках, лекции Гокиели существенно отличались как по стилю, так и по содержанию. Аналитическую геометрию читали в точности так, как это было дано в «Курсе аналитической геометрии» Н. Мусхелишвили. Эта книга была рекомендована в качестве основного учебника студентам физико-математического факультета во всех университетах Советского Союза. Студенты Тбилисского университета имели грузинский перевод этой книги, который был выполнен А. Харадзе на высоком педагогическом и научном уровне.

Значительно хуже обстояло дело с изучением высшей алгебры. «Основы теории детерминантов» А. Харадзе и «Основы высшей алгебры» Млодзиевского считались уже весьма устаревшими, да к тому же их трудно было достать. По тем или каким-либо другим причинам Харадзе в своем курсе алгебры ограничился только элементами линейной алгебры и выраженными в явной форме решениями уравнений с одной переменной третьего и четвертого порядков. Курс не предусматривал изучения не только элементов теорий матриц, групп и колец, но даже основных понятий. Успешное освоение курса аналитической геометрии обусловило существование грузинского перевода той книги Н. Мусхелишвили, о которой уже была речь. Русский и грузинский варианты этой книги оказались весьма полезны студентам, не владевшим русским языком и имевшим желание восполнить этот пробел.

Сложным и трудным оказался курс Л. Гокиели «Анализ I». На изучение теории действительных чисел (сечений) Дедекинда ушел весь первый семестр (пять часов лекций и четыре практических занятия в неделю). Только шесть лекций было посвящено понятиям предела, переменной величины, функции и непрерывности. Материал, данный в лекциях Гокиели, ни один студент так толком и не осилил. Положение осложняли часто приводившиеся в лекциях Гокиели включения философского характера. Студентов запутывал, например, тот факт, что натуральные, целые, рациональные, иррациональные и действительные числа оказывались совершенно разной природы. Постичь суть постоянных и переменных величин студентам мешали слова Л. Гокиели о том, что «постоянной может быть только функция, а функция — это переменная величина, зависящая от других переменных величин...» и т.д.

В конце первого семестра из 144-а и 144-б групп было отчислено 25 процентов студентов. Трудно было судить, кто из студентов был способным, сильным, а кто неспособным, слабым. Например, студенты К. Чхотуа и И. Симониа держали себя так, как будто это они являлись создателями математического анализа, однако в конце второго семестра в списке студентов их не оказалось. Это, однако, вовсе не значит, что курс Гокиели был низкого качества, напротив, этот курс был глубоким, серьезным, и хоть оказался трудным для студентов, зато — по пословице: «нет худа без добра» — те, кто сумели преодолеть кризисное положение, в дальнейшем могли быть уверены, что непременно окончат университет.

Курс общей физики на поверку оказался «провальным». Причина, по-видимому, была в том, что Г. Гордадзе с первой же лекции, строя курс, систематически применял весь аппарат высшей математики, несмотря на то, что студенты им пока еще не владели. Руководство факультета посчитало целесообразным, чтобы общую физику студентам всех специальностей физико-математического факультета еще раз прочитали только на втором курсе. Поручено это было вернувшемуся из длительной командировки в Москву доценту М. Мирианашвили. Лекции по физике он читал с оглядкой, учитывая уровень знаний студентов по математическим дисциплинам, и всячески старался идти в ногу со временем.

Желаемый результат не заставил себя ждать — слушатели настолько хорошо освоили лекции Мирианашвили, что на экзамене по общей физике никто не получил оценок ниже «хорошо» или «отлично». Лекции Гокиели по дисциплине под названием «Анализ II» студентам второго курса также становились все более понятными.

На последующих курсах состав лекторов также изменился в соответствии с дисциплинами. Односеместровый курс дифференциальной геометрии хорошо построил доцент А. Рухадзе, во втором семестре второго курс был введен курс лекций по обыкновенным дифференциальным уравнениям и теоретической механике. Первый читал доцент И. Векуа, а второй — доцент Д. Долидзе, оба делали это по-разному, но с большим энтузиазмом и интересом. Студентов приводили в восторг лекции И. Векуа.

Почти трагическим оказался второй семестр третьего курса. В весеннюю сессию мы должны были сдавать семь дисциплин: обыкновенные дифференциальные уравнения, теоретическую механику, теорию функций комплексной переменной, теорию функций действительной переменной, общую физику, геофизику и ленинизм, притом каждая из них представляла двух- или трехсеместровый курс лекций.

Сдать все семь предметов сумел только я, причем по шести предметам — на «отлично», по седьмому же — теории функций комплексной переменной — Харадзе выставил мне тройку. Из-за этого я не считал себя пострадавшим и не предъявлял никаких претензий лектору, который, надо сказать, нередко оценивал знания по внешнему эффекту.

Позже я стал автором учебника на русском языке именно по этому предмету. Эта книга в настоящее время переведена за границей на несколько языков. Мне и потом доводилось не раз оказываться в положении, которое моим близким казалось «несправедливым», и тогда я утешал себя тем, что жизнь меня никогда не баловала. Есть хорошая русская пословица: «На то и щука в реке, чтобы карась не дремал».

В конце 1939 — 1940 учебного года на государственные экзамены было вынесено пять дисциплин: обыкновенные дифференциальные уравнения, теория функций комплексной переменной, теория функций действительной переменной, общая физика и основы марксизма-ленинизма. Все эти экзамены я всего за две недели сдал на «отлично», и по каждому предмету экзаменаторы давали моим знаниям особую дополнительную оценку. А государственная экзаменационная комиссия в составе Н. Мусхелишвили (председатель), И. Векуа, В. Купрадзе, Р. Хуцишвили, И. Кварцхава (декан факультета) и И. Мелкадзе выдала мне рекомендацию в аспирантуру Тбилисского института математики грузинского филиала АН СССР по специальности «теоретическая математика».

Как выяснилось, еще ранней весной 1940 года по инициативе представителей общественных организаций факультета я был распределен учителем математики в село Баргеби Гальского района, по этой причине ответственный работник народного комиссариата образования Грузинской ССР М. Маградзе категорически возражал против решения государственной экзаменационной комиссии относительно меня. Несмотря на это, академик Мусхелишвили как председатель грузинского филиала Академии наук СССР счел целесообразным допустить меня к вступительным экзаменам в аспирантуру.

В октябре 1940 года проводились вступительные экзамены в аспирантуру Тбилисского института математики. Было всего три места — два по теоретической математике и одно по вычислительной математике. На первые два места рекомендации были у меня и Биби (Иотам) Карцивадзе, а на третье — у Исакия Лапаури, который в 1939 году окончил физико-математический факультет Тбилисского университета и уже год как работал в отделе вычислительной математики института под руководством профессора Ш. Микеладзе. Математику и философию я сдал на «отлично», а русский и французский языки на «хорошо» и из двадцати баллов набрал восемнадцать.

Столько же баллов было у Биби и Исакия. Оба они были зачислены в аспирантуру в конце октября, а моему зачислению помешало то обстоятельство, что у меня не было справки о временной отсрочке от призыва в армию. Такую справку могла выдать только спецчасть Тбилисского государственного университета, поскольку для студентов выпуска 1940 года призыв в армию был отсрочен до конца 1940 года по линии университета. Тогдашний руководитель спецчасти университета некто Лапаури нужной справки не выдал. Призыв в армию Карцивадзе был приостановлен бессрочно из-за того, что его родители были репрессированы в 1937 году, а Исакия Лапаури в университете было присвоено воинское звание младшего лейтенанта, и он уже не считался призывником.

Тем, что я все же был зачислен в аспирантуру, я также обязан Мусхелишвили. Он обратился к военному комиссару района с официальным письмом, в котором сообщалось, что «А. Бицадзе в 1940 году блестяще окончил Тбилисский государственный университет, сдал экзамены в аспирантуру грузинского филиала Академии наук СССР, и было бы весьма желательно как можно скорее поставить его на военный учет и отсрочить ему призыв в армию на три года (до окончания аспирантуры)». Военный комиссар удовлетворил просьбу Мусхелишвили, и к началу ноября я был зачислен в аспирантуру Тбилисского института математики. А немного позже в аспирантом стал и П. Когониа по специальности «теория чисел».

Ученый совет научным руководителем Карцивадзе назначил Н. Мусхелишвили, Лапаури — Ш. Микеладзе, Когониа — А. Вальфиш, а я пока что оставался без научного руководителя. Трудно оказалось решить вопрос о том, кому поручить это дело — В. Купрадзе, который был тогда директором института, или И. Векуа, который занимал должность заместителя директора. Трудность, казалось бы, носила формальный характер, поскольку научный руководитель тогда не имел права иметь больше двух аспирантов одновременно. У Купрадзе уже был один очный аспирант — Н. Векуа и один заочный — Г. Хахубиа. Очными аспирантами И. Векуа были Хведелидзе и Харазов. Мусхелишвили, как уже упоминалось, был научным руководителем Карцивадзе и научным консультантом докторанта Л. Магнарадзе. В конце концов руководство мною в аспирантуре было временно поручено В. Купрадзе и И. Векуа.

С осени 1940-го каждую неделю под руководством Мусхелишвили стали проводиться научные семинары, посвященные краевым задачам теории аналитических функций одной комплексной переменной и теории сингулярных интегральных уравнений. В работу семинаров включились и мы с Биби Карцивадзе. Много времени уходило на подготовку к сдаче кандидатского минимума, особенно по русскому и французскому языкам. Биби же хорошо владел обоими этими языками.

В начале 1941 года меня представили к Сталинской стипендии по линии Академии наук СССР. Я с нетерпением ждал ответа из Москвы. В январе 1941 года в среде грузинских математиков возникли определенные противоречия, причиной которых, как предполагают, было основание Академии наук Грузинской ССР. Решение об основании академии ЦК ВКП (б) и Совет народных комиссаров приняли еще в 1940 году. Было принято постановление Совнаркома Грузинской ССР об утверждении состава членов-учредителей Академии наук Грузинской ССР в количестве шестнадцати единиц.

В подготовительной работе активно участвовали отделы и президиум Академии наук СССР. Говорили, что среди членов-учредителей будет только один математик — Мусхелишвили, который с 1939 года являлся действительным членом Академии наук СССР и, будучи достойным председателем грузинского филиала упомянутой Академии, при поддержке Центрального комитета партии и Совнаркома был рекомендован на пост президента Академии наук Грузинской ССР. Купрадзе претендовал на выделение ему места среди учредителей, но его претензию отдел физики и математики АН СССР в силу определенных причин счел лишенной оснований.

Упомянутый отдел запросил характеристику научных трудов В. Купрадзе из Института математики им. В.А. Стеклова, где он с 1930 года в разное время был аспирантом, ученым секретарем и заместителем директора. Ученый совет института поручил академику С. Соболеву и члену-корреспонденту АН СССР И. Петровскому, которые были хорошо знакомы с научной деятельностью Купрадзе как специалисты, в письменном виде представить характеристику его научных трудов.

В свое время Соболев и Петровский были назначены оппонентами по докторской диссертации Купрадзе. Они обнаружили ошибочные и необоснованные положения в диссертационной работе, вследствие чего вопрос о присвоении ему докторской степени был отложен. Мусхелишвили весьма огорчило это обстоятельство.

О Купрадзе он был хорошего мнения и, начиная со студенческих лет последнего, неизменно поддерживал с ним хорошие отношения (дипломная работа В. Купрадзе «О функциях Грина и Неймана» была написана под руководством Н. Мусхелишвили). Он немедленно выехал в Москву с намерением вместе с Купрадзе подробно изучить рецензии Соболева и Петровского.

За несколько недель Купрадзе сумел убедить Мусхелишвили в том, что «рецензенты заблуждаются, в диссертации нет ошибок, есть только несколько трудных для понимания мест и формальные пробелы, которые им уже восполнены». Убежденный в правоте Купрадзе, Мусхелишвили сообщил об этом директору Института им. Стеклова Виноградову, который счел все это простым недоразумением и назначил публичную защиту докторской диссертации Купрадзе, которая прошла успешно.

К сожалению, вскоре выяснилось, что докторская работа Купрадзе действительно содержала неисправимые ошибки. Соболев и Петровский потребовали от Купрадзе, чтобы он публично признал эти ошибки в специальном письме в журнал «Успехи математических наук», где сам он считался одним из весьма влиятельных членов редакции.

Когда к концу 1940 года Купрадзе все еще не выполнил этого требования, Соболев и Петровский официально уведомили ученый совет Института математики им. В.А. Стеклова о том, что они не считают целесообразным утверждать В. Купрадзе членом-учредителем Академии наук Грузинской ССР. Именно вследствие этого было открыто только одно место члена-учредителя Академии наук Грузинской ССР по математике, и на это место рекомендация была дана Н. Мусхелишвили.

В январе 1941 года в научных учреждениях и высших учебных заведениях Грузии проводилось выдвижение кандидатов на места членов-учредителей. Этот вопрос был рассмотрен на открытом заседании ученого совета Тбилисского института математики. Кандидатура Мусхелишвили была выдвинута от имени президиума АН СССР. На этом заседании А. Горгидзе, занимавший в то время должность заместителя директора института вместо И. Векуа, и ученый секретарь Д. Квеселава назвали и кандидатуру Купрадзе. По этому поводу Мусхелишвили с присущим ему спокойствием заявил:

— Открыто только одно место члена-учредителя Академии наук Грузинской ССР. Не лучше ли будет, если товарищи воздержатся называть кандидатуру Купрадзе?

Взволнованный Купрадзе попросил слова у председателя заседания (поскольку Купрадзе было известно, что его кандидатура обязательно будет названа, председательство на заседании он на этот раз доверил Горгидзе):

— Пожалуйста, говорите, товарищ Виктор, — ответил тот.

— Я не понимаю, почему по математике открыли только одно место? Мне неясно и то, почему на одно место нельзя выдвинуть нескольких кандидатов.

— Профессор Купрадзе прав! — воскликнул Квеселава.

— Прав, прав, — поддакнули ему аспиранты Н. Векуа и Хахубиа, которые имели право присутствовать только на открытых заседаниях ученого совета.

— Товарищи, сейчас стоит вопрос об утверждении действительных членов-учредителей, — снова взял слово Мусхелишвили. Со временем откроют новые вакантные места, и если среди них будут места членов-корреспондентов по математике, то было бы лучше выдвинуть на это место не Купрадзе, а Векуа, чьи заслуги в науке хорошо известны.

При этих словах И. Векуа покраснел и, снова попросив слово, сказал:

— Мне не совсем понятно, для чего уважаемому Нико понадобилось делать последнее заявление. Названы два кандидата, я призываю ученый совет рассмотреть этих кандидатов и поддержать обоих...

Мусхелишвили покинул зал заседаний. Ни один из членов ученого совета не потребовал характеристики его научных трудов, поскольку его кандидатура не вызывала никаких сомнений. От имени группы членов ученого совета слово взял Квеселава. Он представил заседанию пространную характеристику научной, общественной и государственной деятельности Купрадзе. К тому времени Купрадзе тоже покинул заседание. Как выяснилось, в группе тех членов ученого совета, от имени которых выступил Квеселава, не было ни одного доктора физико-математических наук, хотя в состав совета входили доктора физико-математических наук Мусхелишвили, Купрадзе, Векуа, Вальфиш, Микеладзе, Гокиели и профессор Харадзе. Открытым голосованием ученый совет поддержал обе названные кандидатуры.

21 февраля 1941 года Совнарком Грузии утвердил состав членов-учредителей Академии наук республики. Органы ЦК КП (б), газеты «Комунисти» и «Заря Востока», обнародовали известие об основании Академии наук Грузинской ССР с приложением списка шестнадцати членов-учредителей с портретами. Купрадзе среди них не оказалось. В связи с этим в институте создалась напряженная обстановка. Мусхелишвили и Купрадзе перестали здороваться.

Именно в это время сталинский стипендиат Н. Векуа закончил аспирантуру и представил к защите кандидатскую диссертацию. Одним из его оппонентов был назначен Л. Магнарадзе. Он подробно ознакомился с диссертационной работой Н. Векуа, которая состояла из двух частей: линейные интегральные уравнения Фредгольма второго рода с интегралами в смысле Адамара и задача Дирихле как предельный случай задачи Коши-Дирихле. Труд был выполнен под руководством Купрадзе. Магнарадзе обнаружил, что вторая часть рецензируемой работы ошибочна, а одной только первой недостаточно для присуждения ее автору ученой степени кандидата физико-математических наук.

Заключение Магнарадзе привело Купрадзе в негодование. Он заявил ученому совету, что это «происки Мусхелишвили». Но затем последовало убедительное выступление Магнарадзе, в результате чего публичная защита кандидатской диссертации Н. Векуа на упомянутую тему не состоялась.

На рассвете 22 июня 1941 года началась война с Германией. Военная мобилизация коснулась всех аспирантов за исключением Карцивадзе. Я тоже был 7 июля 1941-го мобилизован и направлен в телавскую военную командирскую школу, но из-за того, что в 1930 году я сильно повредил ногу, туда меня не приняли, признали ограниченно годным и отправили для прохождения службы в глубокий тыл.

В конце июля 1941 года я работал рядовым писарем на расположенном в Вазиани военном складе. Именно тогда из Москвы пришло известие, что президиум АН СССР утвердил список стипендиатов Сталинской премии среди докторантов и аспирантов. В этом списке оказался и я. По действующему тогда закону докторанты и аспиранты, стипендиаты Сталинской премии, не подлежали военной мобилизации.

Из Академии наук Грузинской ССР об этом сообщили в районный военный комиссариат, в результате чего к августу 1941 года я был демобилизован из армии и вернулся в аспирантуру.

В сентябре возобновились заседания семинара Мусхелишвили, где три раза подряд были заслушаны мои доклады о решении в квадратурах плоских контактных задач теории упругости. Они нравились Мусхелишвили.

Третий мой доклад состоялся в конце сентября в кабинете Мусхелишвили на улице Дзержинского. Не прошло и десяти минут с начала заседания, как Сесилия, секретарша Мусхелишвили, сообщила, что с ним желает говорить по телефону командующий Закавказским военным фронтом генерал-полковник Козлов.

Мусхелишвили взял трубку. Из его ответов и сделанной сразу по окончании разговора короткой информации участники семинара узнали, что по распоряжению командующего Купрадзе мобилизуется в армию как лицо, хорошо владеющее немецким языком. Мусхелишвили сказал командующему, что, насколько ему известно, Купрадзе мобилизации не подлежит. На это командующий ответил, что во время войны в гражданских делах каждый должен иметь себе замену, и долг Мусхелишвили состоит в том, чтобы в случае, если ему не удастся найти для Купрадзе подходящей замены, самому заменить его на посту директора Тбилисского института математики.

Не прошло и получаса, как в военной форме майора, с револьвером в кобуре у пояса, в кабинет вошел Купрадзе. В последующие дни все узнали, что группа владевших немецким языком тбилисцев в составе В. Купрадзе, В. Мачавариани, Г. Жваниа, М. Квеселава, В. Куправа, А. Джишиашвили и др. отбыла на фронт.

Президиум Академии наук Грузинской ССР назначил Мусхелишвили директором Тбилисского института математики. На проведенном им первом заседании ученого совета ученый секретарь института Квеселава поднял вопрос о том, чтобы «выяснить, в конце концов, кто же будет научным руководителем аспиранта Бицадзе». Мусхелишвили выразил свое удивление, что у аспиранта второго курса до сих пор нет научного руководителя, а затем обратился к И. Векуа:

— Илико, если и вы вдруг не примете решения отправиться на фронт, то хорошо было бы, если бы вы взяли на себя руководство аспирантом Бицадзе!

После небольшой паузы тот ответил:

— Если аспирант Бицадзе проявит талант и старание, то я пойду навстречу ученому совету и стану его научным руководителем.

Хотя я был слегка обескуражен тем, что И. Векуа, по-видимому, не слишком верит в мои способности, но все-таки с удовлетворением встретил это постановление ученого совета.

Мусхелишвили считал, что результаты, о которых я докладывал на семинарах, заслуживают того, чтобы быть опубликованными в журнале «Моамбе» Академии наук Грузии. Я согласился опубликовать лишь один результат, срочно оформил его, и с подачи Мусхелишвили он был напечатан на русском языке с грузинским резюме в №5 упомянутого журнала за 1942 год. Это был первый опубликованный мной научный труд. Еще в 1938 году я завершил одно исследование, посвященное построению неразмерных функций. Об этом я прочел доклад на заседании студенческого научного кружка. Гокиели счел целесообразным опубликовать этот труд, но я отказался от публикации по тем мотивам, что метод, посредством которого я построил примеры, не отличался оригинальностью.

Купрадзе пробыл в Красной армии несколько месяцев и после демобилизации вернулся в Тбилиси. Поскольку пост директора Тбилисского института математики был уже занят, вопрос о его возвращении на прежнюю должность даже не поднимался. Он стал работать в должности профессора в Тбилисском университете и Грузинском политехническом институте. Его бывший аспирант Н. Векуа получил от Мусхелишвили новую тему для диссертации, и очень скоро ему была присвоена степень кандидата физико-математических наук.

В этот период Мусхелишвили получил очень важные результаты по теории сингулярных интегральных уравнений, а именно — он ввел понятие индекса для сингулярных интегральных уравнений, распространенных на открытые линии, установил условие нормальной решаемости и формулу расчета суммарного индекса для системы сингулярных интегральных уравнений. Позднее в этом же направлении начали работать Н. Векуа, Д. Квеселава и Л. Магнарадзе. Купрадзе, как только узнал от своего бывшего аспиранта о содержании трудов Мусхелишвили, неожиданно выдвинул претензию в связи с тем, что над теорией систем сингулярных интегральных уравнений давно работает он и уже получил результаты, при этом привел в свидетели меня и Н. Векуа.

Я не мог подтвердить обоснованность этой претензии Купрадзе, поскольку был уверен в ее необоснованности. Н. Векуа же в этом деле сам был заинтересованным лицом, и даже если бы Купрадзе был прав, поддержки от него он все равно не получил бы, тем более, что ряд теорем из трудов Нико Мусхелишвили и Ильи Векуа мог быть известен именно из рукописи Н. Векуа. Несмотря на это, Купрадзе опубликовал результаты своих исследований в трудах Грузинского политехнического института. Тираж журнала не был еще готов, когда Магнарадзе доказал Купрадзе, что в его труде некоторые основные теоремы были неверны, вследствие чего он изъял свою статью из основной части тиража.

Отношения между грузинскими математиками вновь обострились. Пошли слухи, что «Мусхелишвили давно имеет зуб на Купрадзе, поэтому сначала помешал ему стать членом-учредителем Академии, затем послал его в действующую армию, лишил воевавшего и вернувшегося с фронта человека должности, а сейчас пытается отнять у него научные труды». Купрадзе поддерживал первый секретарь ЦК компартии Грузии К. Чарквиани, и, вообще, он пользовался большой симпатией в далеких от науки кругах, благодаря чему в 1942-м получил должность проректора Тбилисского государственного университета по научной части, а затем оказался на посту министра образования Грузинской ССР.

Выборы в Академию наук Грузинской ССР проводились в 1943 году. Вакантного места действительного члена не было открыто, а на вакантное место члена-корреспондента был избран И. Векуа. Это переполнило чашу терпения Купрадзе, и он стал активно готовиться к реваншу против Мусхелишвили. Прежде всего, добился того, что по инициативе ЦК партии Совнарком Грузии принял решение присвоить Тбилисскому институту математики имя А.М. Размадзе.

Правда, Размадзе входил в четверку математиков (А. Размадзе, Н. Мусхелишвили, Г.Николадзе, А. Харадзе), которым выпала доля стать зачинателями научных математических традиций в грузинской действительности, но он скончался в довольно молодом возрасте в 1929 году и, разумеется, Тбилисский институт математики вовсе не был обязан носить его имя.

Это обстоятельство весьма огорчило Мусхелишвили, поскольку он уже в международном масштабе считался создателем и родоначальником оригинальной грузинской математической школы. К этой школе наряду с ним относились также И. Векуа, Н. Векуа, А. Горгидзе, А. Рухадзе, Л. Магнарадзе, Д. Квеселава, Б. Хведелидзе, Д. Харазов, И. Карцивадзе, А. Бицадзе и другие.

Купрадзе хорошо знал, что играет роль генерала без армии, поэтому, вспомнив дела 1937 года, решил создать некий блок против грузинской математической школы. Тогда, в 1937 году защитили диссертации и получили звание кандидата физико-математических наук А. Баркалаиа, Д. Вашакидзе, П. Зерагиа, Х. Саникидзе, Э. Цитланадзе и А. Чахтаури. Тогда все они были уверены в том, что ни в чем не уступают «прославленному» математику предыдущего поколения И. Векуа, требовали себе мест ведущих ученых и ведущих лекторов в университете и академии, хотя среди них по уровню интеллекта и достигнутым научным результатам сравниться с И. Векуа мог один только Зерагиа. Этой группе тайно сочувствовали И. Мецхваришвили, А. Рухадзе и В. Челидзе.

Правда, на защиту интересов названных молодых математиков встал Центральный комитет ВЛКСМ Грузии, однако у Мусхелишвили, Купрадзе, Векуа, Харадзе, Микеладзе и Гокиели оказалось достаточно сил, чтобы ограничить влияние упомянутой группы. Больше всех тогда пострадал Зерагиа, у которого, безусловно, был повод к недовольству. Именно он оказался за пределами и университета, и академии.

После 1943 года Купрадзе легко удалось сблизиться с Мецхваришвили, Зерагиа и Цитланадзе, пытался он подчинить своему влиянию и Магнарадзе, который по некоторым причинам считал себя несправедливо обиженным Н. Мусхелишвили и И. Векуа.

В конце 1945-го президиум Академии наук Грузинской ССР начал готовиться к очередным выборам. От имени президиума в ЦК компартии был подан проект выборов, в соответствии с которым предполагалось одно вакантное место действительного члена по математике. Чарквиани узнал, что это место Мусхелишвили хотел открыть для избрания И. Векуа. Возмущенный этим обстоятельством, он вызвал в свой кабинет Мусхелишвили. Тот явился в приемную первого секретаря в точно назначенное время, однако его заставили прождать целый час. Наконец в приемную вошел референт первого секретаря, который показал ему глазами на дверь кабинета Чарквиани:

— Сейчас ваша очередь, проходите, товарищ. Первый секретарь вас ждет.

Мусхелишвили спокойно вошел в кабинет первого секретаря, почтительно поклонился и поздоровался по-русски:

— Здравствуйте, Кандид Несторович.

Чарквиани окинул Мусхелишвили взглядом с головы до ног и ответил:

— Товарищ Мусхелишвили, вы забываете, что находитесь в Грузии. Или вы не настолько владеете грузинским, чтобы приветствовать первого секретаря на его родном языке?

— Здравствуйте, товарищ Кандид. Явился по вашему вызову.

— Не намекает ли этим товарищ Мусхелишвили на то, что его заставили ждать? Здесь нет таких бездельников, каких много в некоторых учреждениях.

— Слушаю вас, товарищ Кандид...

— Одно вакантное место действительного члена по математике вы, вероятно, желаете открыть для Купрадзе, не так ли?

— Нет, товарищ Кандид. Это место мы предполагали отдать Илье Векуа.

— А вот наша партия считает, что на это место следует избрать товарища Купрадзе!

— Это совершенно невозможно, товарищ Кандид.

— Вы говорите, невозможно? Тогда не получите ни одного места по математике.

— Мнение президиума Академии вам известно, к этому мне нечего добавить.

— Значит, вы проводите в Академии демократические принципы, вы, ученые, вышедшие из буржуазных кругов? О! Это похвально.

— Я являюсь членом ВКП (б). Правда, мой отец Иван Леванович Мусхелишвили был представителем старой интеллигенции, однако он не только до революции самоотверженно защищал честь своей родины, но и после революции долгое время был известным ответственным работником штаба Закавказского военного округа. Не знаю, что вы имеете в виду, говоря о буржуазных кругах...

— Товарищ Мусхелишвили, давайте закончим этот неприятный разговор. Я верю, что Купрадзе и Векуа оба достойны того, чтобы стать действительными членами Академии наук Грузинской ССР. Совету министров дано указание выделить два вакантных места действительного члена. По-моему, все ясно. До свиданья!

— До свиданья, товарищ Кандид, — ответил Николай Мусхелишвили и поспешил покинуть кабинет первого секретаря Центрального комитета компартии Грузии.

Вакантные места для выборов в Академию наук Грузии действительно вскоре были открыты. Выборы состоялись в 1946 году. Среди избранных оказались как Векуа, так и Купрадзе, который, казалось, был весьма доволен, однако недолго — в том же году И. Векуа был избран членом-корреспондентом АН СССР по линии технического отдела. Результатами выборов 1946 года явно недовольными остались Ш. Микеладзе и Л. Гокиели. Не выражал особой радости и А. Харадзе.

В предыдущие годы кандидатские диссертации защитили сначала Хведелидзе и Харазов, а затем я и Карцивадзе. Вскоре диссертации на соискание степени доктора физико-математических наук защитили Г. Чогошвили, Д. Долидзе, Н. Векуа, А. Рухадзе, В. Челидзе и А. Чахтаури. Первых троих Высшая аттестационная комиссия утвердила быстро, утверждение же троих последних задерживалось.

Именно в такой обстановке отдел кадров АН СССР официально известил Академию наук Грузинской ССР, что с 1948 года открывается двухгодичная докторантура с отрывом от производства и с сохранением зарплаты одной занятой штатной единицы для будущего докторанта. Об этом Мусхелишвили в мае 1947 года официально заявил на открытом заседании ученого совета Тбилисского института математики им. А. Размадзе, на котором присутствовали все старшие научные сотрудники, в том числе и я. После небольшой паузы слово взял А. Горгидзе. Он сказал, что в настоящий момент в институте нет кандидата, которого можно было бы послать в докторантуру. Его поддержал и Д. Квеселава.

Мусхелишвили с улыбкой сказал:

— А я думал, что в нашем институте есть несколько кандидатов в докторантуру и в числе их Горгидзе и Квеселава!

— Нам сейчас не до докторантуры, уважаемый Нико, — ответил Горгидзе за себя и за Квеселава.

— А что скажет Илико? — спросил Мусхелишвили и отечески посмотрел сначала на Векуа, потом на меня.

— Уважаемый Нико, насколько мне известно, товарищ Бицадзе получил важные результаты в области теории уравнений эллиптического типа. По-моему, можно считать, что значительная часть будущей докторской диссертации у него уже готова. Если Андро не боится ответственности, предложим ему поехать на два года в докторантуру АН СССР.

— Этой весной у меня был разговор с академиком Лаврентьевым, который был у нас в Тбилиси как один из оппонентов по докторской диссертации Челидзе. Он весьма интересуется тематикой Бицадзе, и если товарищ Андро надеется справиться с весьма почетной и нелегкой миссией докторанта, мы не будем возражать против этого, — объявил Мусхелишвили.

— Поставить вопрос на голосование, — послышался чей-то голос.

— Тайное, — добавил Квеселава.

— Отложим тайное голосование до того времени, когда Андро будет защищать докторскую диссертацию. Он, а не Илико, — сказал Мусхелишвили, с улыбкой обращаясь к Векуа.

— По-моему, лучше открытое голосование, — поддержал Шалва Микеладзе.

— Что ж, проголосуем. Кто за то, чтобы старший научный сотрудник нашего института, кандидат физико-математических наук Андро Бицадзе был командирован в двухгодичную докторантуру Института математики им. В.А. Стеклова Академии наук СССР? Прошу поднять руки!

Никто не стал подсчитывать количество голосов.

— Кто против? Никто! Кто воздержался? Двое.

Поскольку во время голосования меня не было на заседании, я только потом узнал, что два члена ученого совета воздержались, когда решался вопрос моей поездки в Москву в докторантуру. Эти двое были Горгидзе и Квеселава. В этом не было ничего удивительного, так как их неприязненное ко мне отношение проявлялось и раньше.

С ноября 1941 года я по совместительству работал ассистентом кафедры общей математики в Тбилисском государственном университете, вел практические занятия по высшей математике у лектора М. Кониашвили на химическом факультете и по высшей алгебре у доцента П. Зерагиа на физико-математическом факультете. Деканом этого факультета был тогда И. Векуа, который вынужден был «заключить мир с заговорщиком» 1937 года Зерагиа и вернуть его в Тбилисский государственный университет на должность доцента.

Вскоре в университете начал работу еженедельный семинар по теории дифференциальных уравнений в частных производных под руководством Ильи Векуа. В семинаре участвовали И. Карцивадзе, К. Саларидзе, Н.Ахвледиани, М. Вишик, С.Коган и я. Случилось так, что в течение целого года, с февраля 1942-го по февраль 1943-го, на заседаниях семинара я был постоянным докладчиком на тему «Применение методов функционального анализа в теории дифференциальных уравнений эллиптического типа». Хотя я добросовестно готовился к докладам, тем не менее, порой приходилось касаться настолько сложных вопросов, что всем участникам семинара, не исключая и самого Векуа, трудно было в них разобраться, так как они не владели теми новыми отраслями математики, на которые опирались использованные в докладе методы. Больше всех это раздражало Векуа. После зимних каникул, в феврале 1943, на очередном семинаре я говорил о новом труде Г. Вейля «Метод ортогональных проекций в теории потенциала». Многие затронутые в докладе вопросы были слушателям непонятны, Векуа прервал меня:

— На что это похоже, товарищ Бицадзе? Разве так делают доклад на семинаре?

— Я стараюсь говорить как можно понятнее, но что ж делать, если это у меня не выходит, уважаемый Илья.

— Раз не выходит, тогда не надо было браться за доклад. Да и кому нужен сейчас этот метод Вейля, который вы хотите изучить?

— Уважаемый Илья! Правда, методом ортогональных проекций у Вейля доказано лишь существование обобщенного решения задачи Дирихле для уравнения Лапласа, но на поверку выходит, что обобщенное решение — это классическое решение. К тому же я думаю, что этот метод может быть пригоден для задач более широкого класса.

— Я так понимаю, что вы в вашей кандидатской диссертации хотите доказать существование обобщенных решений, и для этого вам понадобилось изучать метод Вейля?

— А почему бы и нет, уважаемый Илья?

— И это говорит аспирант, Сталинский стипендиат! У вас скоро кончается срок, разве при таком отношении к делу вы сумеете закончить вашу тему?

— Что вас заставляет думать, что я не смогу вовремя представить диссертацию?

— Из вашего сегодняшнего доклада уже видно, что ожидает вашу диссертацию!

Это была последняя фраза, произнесенная на данном семинаре. Я остановился, окинул взглядом присутствующих, положил мел и тряпку в желобок доски и молча вышел из аудитории.

С начала войны меня, не имевшего приличной одежды и обуви, постоянно испытывающего голод, фанатически влекла к себе математическая наука, и вот он результат! Неужели фиаско? В тот же день я пошел в отделение милиции, которое обслуживало общежитие на проспекте Плеханова, взял пропуск для поездки в Чиатура и вечером в вагоне третьего класса поезда Баку — Батуми отправился в сторону Шорапани.

В Шорапани я пересел в небольшой поезд на Сачхере и утром уже подъезжал к станции Салиети. Между Шорапанско-Сачхерской железнодорожной линией и Цхруквети — самое короткое расстояние до Цхруквети от станции Салиети. Поэтому я сошел с поезда в Салиети и пошел по шпалам в сторону села Чиловани. По дороге надо было перейти железнодорожный мост, а мост караулила военизированная охрана. Охранники остановили меня и потребовали предъявить документы. Поскольку костюма у меня не было, документы я носил в кармане брюк. Предъявил охранникам паспорт с военным билетом и бронью, в силу которой я, как Сталинский стипендиат, был освобожден от призыва на военную службу до особого распоряжения. Охранники проверили документы, вернули их обратно и без задержки пропустили на мост. Не прошло и часу, как я уже подходил к родному дому.

Мариам и Василий никак не ожидали приезда кого-либо из своих детей, поэтому при появлении младшего сына радости их не было границ. Они лишь были огорчены тем, что я такой худой и бледный. Как говорят в Верхней Имеретии, «словно из гроба восставший». Родители посадили меня на усиленное питание. Через месяц я уже чувствовал себя отдохнувшим, окрепшим. Начиная с конца марта, свет в моей комнате горел до полуночи. Я писал, думал, снова писал. Так незаметно прошел апрель. Однажды я еще раз пересмотрел свои записи и, убедившись в том, что кандидатскую диссертацию можно считать законченной, вздохнул с облегчением.

Видя, что я повеселел, родители тоже успокоились. А в апреле я получил из Тбилиси телеграмму: «Аспиранту Бицадзе немедленно явиться по месту работы. Президент Академии наук Грузии Н. Мусхелишвили». Эта телеграмма немного напугала моих родителей, но я успокоил их, объяснив, что, наверное, собираются аннулировать бронь и призвать меня в армию, где уже давно воюют мои старшие братья и, вообще, все здоровые молодые парни.

В середине апреля, окрепший физически, бедно, но чисто одетый, я вошел в кабинет президента, показал телеграмму его личной секретарше Сесилии и попросил уточнить, когда меня примут. Мусхелишвили оказался на месте и через несколько минут принял «пропавшего» аспиранта. Поздоровавшись со мной за руку, он сказал:

— Андро, Москва требует отчет о вашей научной работе, мы были очень озабочены вашим внезапным исчезновением из Тбилиси, хорошо еще, что смогли узнать адрес. Мы пригласили вас, чтобы напомнить, что вы — Сталинский стипендиат, и на вас лежит большая ответственность.

— Уважаемый Нико, именно потому, что я чувствую эту ответственность, я и поехал в деревню к родителям. Там у меня были все условия для научной работы.

— Вы ведь имеете в виду работу над вашей диссертационной темой, не так ли?

— Да, уважаемый Нико. Моя диссертационная тема носит очень общее название: «Установление структурного и качественного характера решений эллиптических уравнений». На эту тему с вашей подачи уже напечатана одна моя статья в «Моамбе» на грузинском языке с русским резюме. Я решил заняться изучением задач Дирихле, Неймана и Пуанкаре в случае двух независимых переменных для систем уравнений эллиптического типа второго порядка.

— Очень хорошо, но это трудная тема, а у вас остается уже не так много времени.

— Уважаемый Нико, в деревне я уже закончил диссертацию, вот рукопись в шестьдесят страниц.

Мусхелишвили просмотрел рукопись, убедился, что мною проделана серьезная работа, и посоветовал:

— После того, как уйдете отсюда, непременно повидайтесь с Векуа, сообщите ему, что вы не пропали, ознакомьте его с вашей работой и, если все окажется в порядке, немедленно печатайте в «Моамбе»! Подождите немного, я сейчас поговорю с Илико по телефону.

И. Векуа оказался в деканате физико-математического факультета. Мусхелишвили объяснил ему по телефону, в чем дело, выслушал ответ и, закончив разговор, обратился ко мне:

— Ваш научный руководитель ждет вас в кабинете декана физико-математического факультета, сейчас же ступайте к нему. Оба вы — горячие головы, так что соблюдайте осторожность в общении друг с другом. Надеюсь, вам все понятно? Желаю успехов, до свиданья.

Я немедленно встретился со своим научным руководителем. В течение двух недель я детально знакомил его с содержанием проделанного мной в Цхрუквети исследования. Под конец оказалось, что работа моя Векуа понравилась. Он переговорил с Мусхелишвили, и оба они предложили мне сделать несколько докладов о моем труде на семинаре Мусхелишвили. Оказалось, что нужно сделать три доклада. Труд мой оценили высоко и велели как можно скорее подготовить к печати в «Моамбе» основные результаты, а затем без промедления приступать к оформлению кандидатской диссертационной работы. Чтобы справиться со всем этим, много времени, конечно, не понадобилось.

После того, как я «пропал», Векуа, как декан физико-математического факультета, распорядился оформить мне творческий отпуск на один семестр от Тбилисского университета. В Академии же мою работу контролировал только научный руководитель, а он надеялся, что я, в конце концов, появлюсь.

В июне-месяце М. Кониашвили по состоянию здоровья не смог провести весенние экзамены по высшей математике на химическом факультете, а студенты настойчиво требовали, чтобы экзамены у них принимал тот ассистент, который заменил меня во втором семестре.

Деканат химического факультета обратился к заведующему кафедрой общей математики Л. Гокиели с просьбой обеспечить прием экзаменов, а тот доверил это мне. Студенты тоже согласились, так что все окончилось хорошо.

Осенью 1943 года исполнялось три года моего пребывания в аспирантуре. За месяц до окончания этого срока я представил свою кандидатскую диссертацию к защите ученому совету Тбилисского института математики. Ученый секретарь совета Квеселава не дал хода делу под тем предлогом, что при утверждении меня сталинским стипендиатом в Москве, в постановлении было указано, что «Сталинская стипендия назначается аспиранту А. Бицадзе до октября 1944 года». Друзья посоветовали мне остаться аспирантом на указанный срок, поскольку Сталинская стипендия аспиранта составляла тысячу рублей, а общая зарплата младшего научного сотрудника и ассистента не превышала восьмисот рублей.

В начале 1944 года я категорически потребовал дать ход моей кандидатской диссертации. Совет постановил поручить Н. Мусхелишвили и М. Лаврентьеву быть оппонентами по диссертации. С октября 1941 года Лаврентьев, как вице-президент Академии наук Украинской ССР и директор Киевского института математики, вместе с упомянутыми учреждениям эвакуировался на Урал.

Только в декабре 1944 года он узнал о том, что по решению ученого совета Тбилисского института математики ему поручено выступить официальным оппонентом на защите моей диссертации. Он высказал опасение, что ввиду военного времени, вероятно, не сможет удовлетворить просьбу своих грузинских коллег. Тогда Мусхелишвили вновь собрал ученый совет, на котором было принято решение вторым оппонентом по моей кандидатской диссертации назначить Б. Хведелидзе. К сожалению, и установленный Москвой срок моего аспирантства уже давно закончился. Я был очень обижен на Горгидзе и Квеселава за то, что по их милости не сумел в срок защитить диссертацию. А они себе и в ус не дули. Инициативу и на этот раз проявил Мусхелишвили, и вскоре была назначена публичная защита моей кандидатской диссертации.

Война все еще продолжалась. Стипендию из Москвы я обычно получал по почте, но вот уже шесть месяцев, как с почты ничего не было слышно. С сентября 1944 года я работал в Тбилисском институте математики младшим научным сотрудником и в университете — старшим преподавателем на кафедре высшей математики для физиков, которой заведовал И. Векуа, тогда уже проректор по учебной части Тбилисского государственного университета.

Была последняя зима войны. В понедельник с утра я прочитал шестичасовую лекцию и голодный, в рваных башмаках, направился в сторону улицы Дзержинского. Я должен был явиться в институт. Машинистка М. Купрашвили в канцелярии института посмотрела на меня с несвойственной ей строгостью и сказала:

— Андро! Повидайся с Нико Векуа, кажется, там что-то неладно с твоей диссертацией. Он твой друг и, может, что-нибудь посоветует!

— Уважаемая Мавра, если вам что-нибудь известно, прошу, не скрывайте ничего!

— Делай, что я тебе сказала, разговор окончен, — отрезала Купрашвили.

Я разыскал Н. Векуа, мы с ним заперлись в комнате, и между нами состоялся такой разговор:

— Андро! Выслушай меня спокойно и не горячись, как ты это умеешь. Твой первый официальный оппонент, уважаемый Нико Мусхелишвили, нашел в твоей диссертационной работе серьезную ошибку. Теперь не жди от него похвал, хотя рецензию он все же даст положительную.

— Нико, невозможно, чтобы я допустил ошибку, да еще серьезную.

— Тебе ведь известно, какой он — осторожный ученый, он никак не мог ошибиться. По-моему, из-за этой ошибки он расстроился даже больше, чем ты.

— Что посоветуешь, Нико? Зайти по этому поводу к Мусхелишвили?

— И ты еще спрашиваешь! Конечно, иди немедленно, да не забудь извиниться перед ним за свою ошибку.

— Там будет видно, возможно, мне и не придется извиняться, мой Нико!

Мусхелишвили принял меня в четыре часа дня и сразу сказал, что в моей работе обнаружена грубая ошибка, из-за которой диссертация едва тянет на положительную оценку. Эти слова не обескуражили меня, я нашел в диссертации место, содержавшее, по словам Мусхелишвили, грубую ошибку, еще раз перечитал это место и сказал:

— Уважаемый Нико, здесь нет ошибки!

— К сожалению, именно в этом месте вы допустили ошибку. Ступайте, хорошенько подумайте и, я уверен, вы скоро сами в этом убедитесь!

Совсем сбитый с толку, я вышел из кабинета президента. Было полшестого вечера, рабочий день уже закончился, сотрудники непрерывным потоком выходили из здания академии на улицу Дзержинского и расходились по домам. Несколько молодых сотрудников Института математики во главе с Д. Квеселава тоже вышли на улицу Дзержинского. В числе их был и я.

Квеселава, не поворачивая головы, обратился к шедшим позади:

— Слышали, как уважаемый Нико поймал нашего возгордившегося аспиранта на грубой ошибке?!

В ответ ни звука. Квеселава продолжил:

— Я всегда скептически относился к «таланту» Андро, жаль, что не поспорил в свое время с его защитниками. Выиграл бы сейчас спор! Биби, ты, помнится, был такого же мнения.

Биби Карцивадзе с неодобрением относился к тому, что Квеселава всегда старался посеять рознь между нами, однако на этот раз он тоже сказал:

— Я ведь говорил Андро, чтобы он не спешил представлять диссертацию, а он мне не поверил, теперь пусть винит во всем самого себя.

— Так ему и надо, — бросил Т. Марулашвили, проходивший мимо, при этом он с сожалением посмотрел в мою сторону.

Группа молодых математиков приблизилась к Дому связи на проспекте Руставели. Я отстал, зашел на почту узнать, не пришла ли стипендия. Оказалось, что на мой счет перечислено шесть тысяч рублей — стипендия за все шесть месяцев. Я получил деньги, пересек проспект и вошел в «Особресторан» Тбилиси. Там можно было дорого, но вкусно пообедать. Я пообедал, выпил два бокала «Хванчкары», причем больше половины бутылки оставил на столе, и расплатился за обед и вино. Все это обошлось мне в четыреста рублей.

Выйдя из ресторана, я вернулся в институт. В отличие от квартир, в институте было бесперебойное электроснабжение, поэтому многие сотрудники засиживались там за работой до десяти вечера. Я вошел в свой кабинет и несколько раз тщательно проверил «сомнительное» место из моей диссертации. Уверившись в собственной правоте, я нашел в соседних кабинетах профессора А. Вальфиш и аспиранта М. Вишика и попросил их выслушать меня у доски, чтобы выяснить, ошибаюсь я или нет.

«Ошибка» главным образом заключалась в том, что в одной из формул, занимавшей три строки, одно из слагаемых после последнего знака равенства казалось пропущенным. Один из сомножителей этого слагаемого представлял собой значение дифференциального оператора, расположенного в левой части однородного уравнения, взятое по решению того же уравнения. Таким образом, упомянутое слагаемое было равно нулю, в силу чего формула была абсолютна правильна.

В это время в институт зашел на час Нико Векуа для внесения формул в напечатанный на машинке текст. Я убедил в своей правоте и его. Порадовавшись за меня, он посоветовал, не откладывая, позвонить на квартиру Мусхелишвили и сообщить ему, что в моем труде нет никаких ошибок.

Я действительно позвонил ему, трубку сняла Рузанна Фаддеевна:

— Кто говорит? Аспирант Бицадзе? Вам нужен Николай Иванович? Сейчас Николай Иванович отдыхает, он спит, Нет, подождите, он, оказывается, не спит, сейчас подойдет к телефону.

— Слушаю. Ах, это Андро, здравствуйте! Что вам угодно?

— Уважаемый Нико, в моей работе нет ошибки. Возьмите, пожалуйста, экземпляр моей диссертации. Формула, которая вызвала у вас сомнение, правильна. Слагаемое в конце формулы не написано, потому что оно равно нулю.

После небольшой паузы Мусхелишвили сказал, что формула правильна, и он заранее поздравляет меня с защитой диссертации.

Два дня спустя, в среду, на очередном заседании семинара на двенадцать часов дня был назначен доклад Б. Хведелидзе. Перед семинаром слушатели, пришедшие раньше, обычно собирались в кабинете ученого секретаря Квеселава и играли в шахматы. Квеселава почти всегда выигрывал шахматные партии. На этот раз ему достался серьезный противник в лице И. Карцивадзе, правда, лишь на первых порах. За игрой следили Н. Векуа, А. Горгидзе, А. Рухадзе и я. Квеселава долго думал и, наконец, сделал ход, который поставил его партнера в безвыходное положение.

— Ну, Биби, сейчас я тебя отделаю так, как уважаемый Нико отделал диссертацию Андро!

— Не понимаю, о чем говорит Датико, — обратился ко мне Рухадзе.

— Я тоже не понимаю, Амбросий. Слышал ведь, «язык без костей»!

69

Сразу после этих слов в кабинет вошел И. Векуа. Все встали, поприветствовали его рукопожатием, и он обратился ко мне:

— Ну как, Андро, готовы к завтрашнему сражению?

— По-моему, сражаться уже не придется. Со сражением я покончил еще позавчера, уважаемый Илья.

Квеселава и Горгидзе одновременно взглянули на И. Векуа, ожидая, какой будет его реакция на мои, непонятные для них, слова. До начала семинара оставалось минуты две, когда в кабинет Квеселава вошел Мусхелишвили. Он поздоровался со всеми, потом посмотрел на Илью Векуа и сказал:

— По милости вашего аспиранта мне пришлось потратить несколько вечеров, чтобы заново написать рецензию на его кандидатскую диссертацию.

Горгидзе, Квеселава и Карцивадзе с удивлением уставились на Векуа, не понимая, знает ли он о завтрашней защите. А тот никак не прореагировал, только сказал:

— Время идти на заседание семинара (последний должен был проводиться в кабинете директора), а то Хведелидзе обидится, уже первый час.

Хведелидзе сделал успешный доклад о полученных им в соответствии с планом на 1944 год научных результатах.

На другой день, в четверг, в полдень, в кабинете президента была назначена публичная защита моей кандидатской диссертации. На защите присутствовало около ста человек, люди толпились даже в приемной. Свой тридцатиминутный доклад я сделал спокойно и обстоятельно. Все с нетерпением ждали выступления официального оппонента Мусхелишвили. Он коротко, но емко сформулировал основные результаты из кандидатской диссертации, дал им высокую оценку, но все-таки сделал такое замечание:

— Местами автор бывает скуп на слова, некоторые доказательства в диссертации приведены им так сжато, что понять их, наверное, будет нелегко даже высококвалифицированному читателю. Этим я вовсе не хочу умалить значение столь высококачественного исследования аспиранта, Сталинского стипендиата, на основании которого он полностью заслуживает ученой степени кандидата физико-математических наук.

В рецензии Хведелидзе также была дана высокая оценка моему труду. Единственный упрек, который он сделал в мой адрес, был следующий:

— Бицадзе в нескольких местах пишет «аналогичные этим результаты в случае одного уравнения были получены раньше в работах И. Векуа и других». Разумеется, лучше было бы написать: «Наши результаты аналогичны тем результатам, которые были получены И. Векуа и другими в случае одного уравнения».

В ответном слове я обещал учесть все замечания, а в последнем слове выразил благодарность моим научным руководителям и официальным оппонентам. Тайным голосованием мне единогласно была присвоена ученая степень кандидата физико-математических наук. У меня не было материальной возможности отметить защиту кандидатской диссертации приличествующим случаю застольем, но женщины из числа моих друзей позаботились о том, чтобы пусть скромно, но все же отметить это важное событие в моей жизни.

Почти через полгода после этого, когда война закончилась, я подвел итоги своих научных достижений и вдруг ощутил страшную пустоту из-за того, что не внес никакого вклада в победу в войне. Лето 1945 года я вместе с Д. Квеселава, Д. Долидзе и Т. Маруашвили провел на Канобили, в Абастуманской астрофизической обсерватории. Все удивлялись, как я, постоянно работая на Канобили, успевал еще просматривать зарубежные математические журналы и производить весьма сложные вычисления.

В Тбилиси я вернулся очень уставшим. К этому добавилась еще большая учебная нагрузка в университете — 36 часов лекций каждую неделю. Поздней осенью я заметил, что за мной наблюдают, взломали мою треугольную комнату в общежитии Академии наук на Плехановском проспекте, унесли рота- и фотокопии нескольких научных трудов на немецком и английском языках — красть у меня в комнате больше было нечего. Я никак не мог взять в толк, кому и для чего все это могло понадобиться. А 1 января 1946 года днем в мою дверь постучали. Я открыл. Какой-то незнакомый мне верзила в полувоенной форме в прямом смысле слова ворвался в комнату и сжал меня в объятьях со словами:

— Ну наконец-то я тебя нашел. Как поживаешь, старина! Как тебя здесь встретили после возвращения с итальянских Альп?

— Простите, я вас не узнаю. Вы, наверное, шутите...

— Что значит — шучу. Ты что, забыл? Я ведь тот самый союзник, которому было поручено для укрепления основных сил вести ваш партизанский отряд, когда мы охотились на Муссолини.

— Простите, но я никогда не был партизаном и не сражался в Италии, по-моему, вы меня с кем-то путаете!

— Как, разве ты не Андро Бицадзе? Вспомни плен, Северную Италию, партизанский отряд, как повесили Муссолини!

Это совсем сбило меня с толку, я никак не мог понять, кто из нас двоих спятил — я или он.

— А ну-ка, пошел вон из этой комнаты, а то живым не останешься,— сказал я, вооружившись большим ножом для резки хлеба.

Незнакомец испугался, рука его потянулась к карману, но он, видно, счел за лучшее не связываться со мной и вышел из комнаты. На другой день я рассказал об этом Горгидзе и Квеселава. Они переглянулись и по отдельности подступили ко мне:

— Ты, наверное, набедокурил тут во время войны. В последние месяцы есть даже определенные признаки, что это так. Если ты в чем-то провинился, так должен отвечать,— сказал Горгидзе.

— А если ты ни в чем не виноват, тогда все, рассказанное тобой, тебе, наверное, померещилось. Это вызвано твоим психическим состоянием, — закончил начатую Горгидзе фразу Квеселава.

Из института я пошел сначала домой, а потом направился в диспансер функционально-нервных болезней. Невропатолог П. Кавтарадзе и психиатры А. Гоциридзе и Н. Вешапели не обнаружили у меня никакого органического заболевания в своей области и направили меня к психологу Магде Амилахвари.

Магда внимательно выслушала меня и сказала:

— По-видимому, во время войны вам плохо жилось экономически, вы физически истощены. По-видимому, научно-исследовательская работа тоже сделала свое дело — вы переутомлены. Сейчас вам нужно отдохнуть, и все будет хорошо.

— Уважаемая Магда! Все, что вы говорите, верно, но неужели вы думаете, что все, рассказанное мной, только галлюцинация?

— Может и не галлюцинация, но тогда вы должны набраться мужества и, если вам что-либо известно о политическом или каком-то другом злодеянии, сообщить об этом товарищам из органов.

— Кто меня туда пустит, да и что я им скажу, если я никакого злодеяния не совершал и не был свидетелем чего-либо подобного.

Все же она выписала мне какие-то лекарства и с улыбкой проводила из кабинета.

— До свиданья, в нашем диспансере вам делать нечего, он вам не нужен, товарищ, извините, забыла вашу фамилию, — и, заглянув в историю болезни, прочла: — товарищ Бицадзе.

По прошествии нескольких месяцев газета «Заря Востока» опубликовала статью о том, как партизаны повесили Муссолини в горах Италии. Среди партизан называли и некоего Андро Бицадзе. В этой сложной обстановке я мог обратиться за советом только к очень близкому мне человеку — Грише Бицадзе, который в то время работал прокурором Аджарии в Батуми и довольно часто приезжал в Тбилиси.

Оказалось, что помимо математика Андро Бицадзе существует и другой Андро Бицадзе, младший сын Ростома Бицадзе, мельника из Твалуети, который в 1942 году попал в плен и побывал в Италии. После войны он прошел проверку, был признан партизаном и теперь работал в одном из районов Грузии по линии Министерства внутренних дел. Искали, как выяснилось, именно этого Андро Бицадзе. Потом его нашли, арестовали и выслали на 25 лет. Но, как говорится, нет худа без добра. После того, как все выяснилось, ко мне снова вернулись мои прежние бойкость и деловитость. В сложившихся обстоятельствах самым лучшим выходом явился отъезд в Москву в докторантуру.

Управление кадрами Академии наук СССР поручило дирекции Тбилисского института математики найти для меня научного консультанта, без которого меня не зачислили бы в докторантуру. В то время в Тбилиси находился на отдыхе академик М. Лаврентьев. По просьбе Мусхелишвили он написал характеристику моих научных трудов и дал согласие взять на себя обязанности моего научного консультанта. Правда, Лаврентьев на основной работе находился в Киеве, но так как он по совместительству заведовал отделом теории функций в Институте математики им. В.А. Стеклова, то имел полное право быть научным консультантом докторанта этого института. Москва согласилась оформить М. Лаврентьева моим научным консультантом и официально уведомила дирекцию Института им. Размадзе о том, что докторант должен быть откомандирован в Институт им. Стеклова к 1 января 1948 года.

Это произошло в начале декабря 1947 года.

Глава III

В декабре 1947 года в Тбилиси прошел слух, что скоро следует ожидать денежной реформы. Горгидзе и Квеселава стремились поскорей спустить приказ о моем отъезде в Москву. Они считали целесообразным покрыть расходы по моей командировке за счет командировочных расходов института за 1947 год. Мне полагалось возмещение путевых расходов, суточные и оплата гостиницы в течение месяца, что составляло две тысячи шестьсот рублей по действующим тогда ценам.

Железнодорожный билет я взял только на 14 января 1948 года, в связи с чем попросил дирекцию Тбилисского института математики не спешить с приказом, пока не прояснится ситуация с реформой. Горгидзе и Квеселава даже обвинили меня в том, что я занимаюсь «распространением слухов о денежной реформе, что не подобает ученому». Приказ спустили и велели счетоводу немедленно выдать сумму командировочных. Я отказывался брать деньги из кассы, но Квеселава все же заставил меня взять эти 2600 рублей и таким образом закончить расчеты с институтом.

На следующий же день после этого была объявлена денежная реформа. Тем, у кого деньги хранились не в сберегательной кассе, на десять рублей выдавали один рубль новыми деньгами, а цены и зарплата оставались прежними. Таким образом, вместо 2600 рублей я получил только 260 рублей командировочных. Хорошо еще, что в те дни я по облигациям выиграл пятьсот рублей, иначе мне просто не на что было бы ехать.

14 января 1948 года в международном вагоне я уехал в Москву. До поезда меня проводил только один человек, Т. Цхадаиа. Он обещал сообщить в Москву по телеграфу Г. Маниа, чтобы тот встретил меня и приютил на ночь. 17 января во второй половине дня поезд Тбилиси — Москва прибыл на Курский вокзал. На перроне меня действительно встретил Маниа, мой однокурсник по Тбилисскому университету, в то

время — аспирант Московского педагогического института им. Ленина по специальности «Математическая статистика». Его научным руководителем был известный профессор Г. Смирнов.

Конечно, никакой провизии у меня с собой не было, в моей сумке не нашлось даже бутылки вина. Маниа приютил меня на несколько дней, а потом я постарался подыскать себе квартиру по линии Академии наук. К сожалению, в постановлении Совета министров, в силу которого была открыта двухгодичная докторантура, ничего не говорилось о квартире. После многих трудов мне, наконец, удалось найти частное жилье. Это была комната за четыреста рублей в месяц. Ее мне сдали с условием, что я каждые три месяца буду оформлять временную прописку в районном паспортном отделении.

Дирекция Института математики им. Стеклова 29 января спустила приказ о моем зачислении в докторантуру. Взамен стипендии мне была сохранена зарплата старшего научного сотрудника по линии Тбилисского института математики, составлявшая 2500 рублей в месяц. Привезенные из Тбилиси деньги быстро растаяли, а в Институте математики им. Размадзе никто, по-видимому, не спешил пересылать мою зарплату.

Так продолжалось до конца 1948 года. Лишь 30 июня, да и то только благодаря вмешательству Мусхелишвили, я получил из Тбилиси зарплату за три месяца — за январь, февраль и март.

О своем отчаянном положении я рассказал Мусхелишвили в Москве, когда он принимал участие в работе сессии Верховного Совета и в один из свободных вечеров встретился со мной в гостинице «Москва», чтобы узнать, как протекает научная деятельность докторанта.

Моей работой в докторантуре особенно были довольны академики Петровский и Соболев, на семинарах которых в МГУ четыре раза были заслушаны мои доклады. Приведенные в этих докладах оригинальные результаты я оформил в виде двух небольших статей, одну из которых представил в журнал «Доклады Академии наук СССР», а вторую — в журнал «Успехи математических наук».

В июне 1948 года в Москву приехал Лаврентьев. Он потребовал у меня отчета о проделанной за полгода научной работе. Я срочно оформил отчет в письменном виде. Он, в присутствии академика М. Келдыша, заместителя директора Института им. Стеклова, ознакомился с отчетом и даже устроил мне экзамен у доски в кабинете Келдыша, а относительно результатов пообещал сообщить на следующий день утром, в этом же кабинете.

Назавтра меня приняли Лаврентьев и Келдыш и объявили, что тема моей докторской диссертации об эллиптических системах неактуальна, и мне надо подумать о том, чтобы заменить ее на более актуальную тему «Уравнения смешанного типа».

Поскольку я никогда раньше не занимался научными исследованиями по уравнениям смешанного типа, я попросил дать мне время до сентября для решения этого вопроса. К этому времени я ознакомился с существующей, не такой уж и обширной, литературой по уравнениям смешанного типа и в согласился сменить тему диссертации на предложенную Лаврентьевым и Келдышем. После полугода напряженной работы я с первыми оригинальными результатами вновь явился к Лаврентьеву, который к тому времени был переведен из Киева на основную работу в Москву.

В октябре 1949 года на семинаре Келдыша в Институте математики им. Стеклова я выступал с докладами о задаче Трикоми перед такими известными специалистами, как М. Келдыш, С. Христианович, М. Лаврентьев, А. Дородницын, Ф. Франкль и другие.

В феврале 1950 года в журнале «Доклады Академии наук СССР» вышли мои статьи (одна отдельно и одна в соавторстве с Лаврентьевым), посвященные уравнениям смешанного типа. Обе эти статьи были представлены к печати осенью 1949 года. Это имело особое значение из-за того, что в моей статье был дан один новый принцип, весьма нужный для уравнений смешанного типа. В мае 1950 этот принцип был найден двумя французскими математиками, но поскольку мой труд был напечатан раньше, упомянутый результат сейчас известен под именем «принципа Бицадзе».

После полуторагодичного плодотворного труда я оформил свою докторскую диссертацию на тему «К проблеме уравнений смешанного типа» и представил ее к защите ученому совету Института математики им. Стеклова. Для написания внешней рецензии труд был послан академику И. Петровскому в МГУ, а моими официальными оппонентами были назначены академики М. Келдыш и С. Соболев и член-корреспондент Академии наук СССР А. Тихонов.

В связи с диссертацией я сделал четыре доклада на семинаре Петровского, Соболева и Тихонова в Московском университете и два доклада — на семинаре Келдыша в Институте математики. И. Векуа тоже заинтересовался моими научными результатами, он хотел лично ознакомиться с моей диссертацией.

Апрель 1951 года Векуа провел в Москве, и мне представилась возможность часто с ним встречаться. Именно в это время М. Гагуа защитил кандидатскую диссертацию на заседании ученого совета Тбилисского института математики. Эта диссертация была написана под руководством И. Векуа. Во время публичной защиты Л. Магнарадзе выступил против Гагуа и Векуа, обвинив их обоих в плагиате. Степень Гагуа присвоили, но выступление Магнарадзе было для всех полной неожиданностью. Обо всем, разумеется, известили и Векуа, который назвал выступление Магнарадзе выходкой больного человека, а в Москве это сочли признаком того, что среди тбилисских математиков начинается внутренний раскол.

30 октября 1950 года Чарквиани вызвал в ЦК КП (б) Мусхелишвили и предложил ему выдвинуть кандидатуру Купрадзе на соискание Сталинской премии. Мусхелишвили ответил категорическим отказом по тем мотивам, что, по его мнению, в научных трудах Купрадзе содержится много ошибок принципиального характера.

Эта встреча с Чарквиани очень расстроила Мусхелишвили. На другой день он решил обратиться к Купрадзе со специальным письмом с целью убедить его в безосновательности представления им на Сталинскую премию своей книги «Краевые задачи теории колебаний и интегральные уравнения»:

31.10.1950, г. Тбилиси.

Профессору В.Д. Купрадзе.

Глубокоуважаемый Виктор Дмитриевич, я детально ознакомился с последней, т.е. V главой вашей книги «Краевые задачи теории колебаний и интегральные уравнения» (М.-Л., 1950 г.), которая имеет непосредственную связь с вопросами моего научного исследования, и вынужден сообщить вам, что, к моему сожалению, эта глава произвела на меня весьма неприятное и, более того, тяжелое впечатление. В ней содержится ряд ошибок принципиального характера, которые повлияли на все ваши выводы. Для меня особенно прискорбно то обстоятельство, что такие ошибки опубликовал один из грузинских математиков, поскольку, как вам известно, именно грузинские математики внесли существенный вклад в теорию сингулярных интегральных уравнений, и за их исследованиями в этом направлении особенно пристально наблюдают специалисты как в нашей стране, так и за рубежом.

Ввиду того, что некоторые ваши неверные результаты в корне противоречат уже известным результатам, полученным мной или моими сотрудниками (вы этого либо не замечаете, либо не хотите замечать, что выглядит странно, так как вы об этом нигде не упоминаете), я, разумеется, не смогу замолчать этот факт ни в новом издании моей монографии «Сингулярные интегральные уравнения», ни в моих статьях, которые я собираюсь посвятить этим вопросам.

Главная цель этого письма состоит в том, чтобы убедить вас постараться найти приемлемый способ для облегчения сложившегося крайне неприятного положения. Во всяком случае, замалчивать факты в принципе совершенно недопустимо, это не приведет к добру. Поскольку ваша книга издана довольно большим тиражом и расходится во всем Советском Союзе, то практически невозможно, чтобы специалисты, число которых в Советском Союзе и за границей довольно велико, никак не отреагировали на имеющиеся в вашей книге ошибки.

Ниже пойдет речь о ваших главных ошибках и неправильных выводах, которые невозможно оправдать. Хотя я оставляю без внимания те места в вашей книге, где даны непонятные, двусмысленные формулировки, однако

79

вынужден привлечь ваше внимание к явным ошибкам, хотя считаю нужным отметить и некоторые факты иного характера. Прежде всего, я должен сообщить вам о том странном впечатлении, которое на меня произвела следующая, дважды слово в слово повторенная фраза (на 13-й странице вступления к книге и на 216-й странице вступления к V части): «Мы не пытались применить строгое доказательство в тех случаях, когда проверить полученные результаты можно непосредственным вычислением» (кем? — Н.М.). Смысл этой фразы непонятен, во всяком случае для математика — можно ли говорить о точности результата, который можно проверить непосредственным вычислением? — и некоторые читатели могут воспринять это, как неудачную попытку «подстраховаться», когда автор не может доказать положение.

Вызывает недоумение и то, что вы справедливо придаете большое значение понятию индекса в случае замкнутого контура, но потом, рассматривая открытый контур, как будто полностью забываете об этом понятии индекса, несмотря на то, что в последнем случае он играет такую же роль, как и в первом. В случае открытого контура вы один раз упоминаете понятие индекса во вступлении к V главе (стр. 216), вследствие чего у читателя может сложиться впечатление, что у вас есть представление о роли этого понятия. Но в дальнейшем тексте этой главы данное понятие полностью исчезает, что явилось причиной ваших главных ошибок.

Существование в вашей книге других, второстепенных неправильных мест (число их велико) и путаница в ходе рассуждений, возможно, вызвана тем, что эту книгу вы писали в спешке (правда, непонятно, чем она была вызвана). Но вы сами уничтожаете всякую попытку оправдать себя этим уже во вступлении к книге (стр. 13), где говорите, что «результаты из V главы получены в 1940 — 1942 годах», т.е., по крайней мере, за восемь лет до выхода книги.

Считаю нужным обратить ваше внимание еще и на другие обстоятельства. Я, конечно, мог бы устно дать вам объяснение по поводу допущенных вами ошибок, но опираясь на опыт прошлых лет, думаю, что в целях устранения возможных искажений правильнее будет четко изложить их в письменном документе.

Продолжение этого письма содержит на девяти страницах математический текст, предназначенный только для специалистов, и приводить его здесь считаю нецелесообразным.

После всего этого уже не было смысла давать ход предложению К. Чарквиани, однако следовало ожидать, что глухая вражда в среде грузинских математиков скоро выльется в открытое столкновение.

Весной 1951 года в Институте математики им. Стеклова состоялась защита моей докторской диссертации. С хорошими рецензиями выступили М. Келдыш и С. Соболев. Высокую оценку диссертационной работе дали И. Петровский и А. Тихонов.

В рецензии М. Келдыша говорилось:

«Вопросы движения сжижаемого газа при прохождении со скоростью звука математически моделируется в терминах уравнений смешанного типа. Несмотря на то, что исследование такого движения крайне важно, удовлетворительной теории уравнений смешанного типа пока что не существует. С полной уверенностью можно сказать, что изучение краевых задач для таких уравнений представляет одну из важнейших отраслей теории уравнений в частных производных, и проведение научных исследований в ней настолько же обогатит математический анализ, насколько его в прошлом веке обогатили проблемы эллиптических и гиперболических уравнений.

А. Бицадзе в своей докторской диссертации получил фундаментальные результаты именно в деле изучения краевых задач для уравнений смешанного типа. Эта диссертация значительно продвинула вперед теорию уравнений смешанного типа. Большой научный интерес представляют полученные автором результаты и введенные им в науку методы. Эта диссертация относится к особенно важному направлению современной математики, теоретическая и практическая ценность которого весьма велика. Считаю, что на основании представленной диссертации А. Бицадзе заслуживает присвоения ему ученой степени доктора физико-математических наук».

В выступлении С. Соболева была дана такая же оценка:

«А. Бицадзе посвятил свою докторскую диссертацию бесспорно очень актуальным вопросам современной математики. В ней содержатся новые интересные факты по теории дифференциальных уравнений смешанного типа. Хорошо было бы, если бы он поставил эти вопросы шире, но и то, что им уже проделано, несомненно, является весьма ценным вкладом в науку. Метод исследования автора опирается на теорию функций, и это дало ему возможность изящно решить стоявшие перед ним научные вопросы. Интересно было бы знать, насколько возможно дальнейшее обобщение полученных автором результатов, разумеется, с применением всего того, что им уже получено. Все сказанное здесь отнюдь не умаляет заслуг докторанта, который получил прекрасные результаты, являющиеся явным доказательством его научной зрелости. Я считаю, что А. Бицадзе должна быть присвоена ученая степень доктора физико-математических наук, которую он вполне заслуживает».

Правда, А. Тихонов высказал мне упрек по поводу проявленной скупости при четком определении места тематики, но в конце отметил:

«Несмотря на сделанное мной замечание по поводу общего рассмотрения тематики диссертации, я считаю, что автор проделал большую и важную работу в области уравнений смешанного типа и заслуживает ученой степени доктора физико-математических наук».

Из присутствующих в прениях приняли участие И. Франкль и А. Дородницын. Тайным голосованием мне единогласно была присвоена ученая степень доктора физико-математических наук.

И на этот раз я не смог устроить застолье из-за недостатка финансовых средств. Из Тбилиси мне прислали поздравления И. Векуа, Н. Мусхелишвили и Н. Векуа. Д. Квеселава же, оказывается, не ожидал, что я так скоро и успешно защищу диссертацию, и сделал вид, что не знает о состоявшейся защите.

Глава IV

«Товарищи ученые, кончайте поножовщину!»
Владимир Высоцкий

В конце июня я получил из Тбилиси неприятное известие: группа математиков под предводительством В. Купрадзе обратилась в высокие партийные и государственные инстанции с жалобой на И. Векуа и Н. Мусхелишвили. Они обвиняли их во многих грехах, главным среди которых было плагиаторство, которое жалобщики вроде бы брались доказать документально. Чтобы разобраться с жалобой, Центральный комитет партии и Совет министров выделили комиссию в составе трех человек: В. Гогуа (председатель Президиума Верховного совета Грузинской ССР), Р. Шадури (секретарь ЦК КП (б) Грузии), Г. Замбахидзе (первый секретарь тбилисского комитета КП (б) Грузии).

Прежде всего комиссия допросила Мусхелишвили и Векуа, затем были допрошены свидетели: Ш. Микеладзе, Л. Гокиели, А. Рухадзе, А. Горгидзе, И. Мецхваришвили, Д. Харазов, Б. Хведелидзе, Г. Чогошвили, Д. Цхакаиа, Г. Ломадзе, В. Челидзе. Под конец авторов обвинительной жалобы П. Зерагиа и Л. Магнарадзе в присутствии Купрадзе свели с обвиняемыми, после чего был сделан вывод, что Мусхелишвили и Векуа действительно виновны во всем и — что самое главное — не заслуживают тех ученых степеней и званий, которые были им присвоены в разное время.

Мусхелишвили обратился к комиссии:

— Прошу опросить и других математиков, например, Андро Бицадзе, который три месяца назад в Москве блестяще защитил докторскую диссертацию.

Гогуа не дал ему продолжить:

— Товарищ Мусхелишвили, нам нет никакого дела до Бицадзе, мы даже не знаем, существует ли вообще такой математик.

— Товарищ Василий! Я на несколько минут отлучусь в президиум Академии и сейчас же вернусь, чтобы документально доказать вам, что математик Бицадзе действительно существует, хотя сейчас работает в Москве.

— Посмотрим, чем вы нам это докажете. Можете идти.

Из кабинета Гогуа Мусхелишвили пешком дошел до президиума Академии, вызвал в свой кабинет начальника первого отдела Визиришвили и попросил принести ему мое личное дело. Как президент Академии, Мусхелишвили с помощью первого отдела получил из Совета министров СССР приказ о переводе старшего научного сотрудника Тбилисского института математики Андро Васильевича Бицадзе в Институт математики им. Стеклова Академии наук СССР на должность старшего научного сотрудника. Приказ был подписан Сталиным.

Мусхелишвили отнес этот приказ Гогуа. Он был один в кабинете и сразу же принял Мусхелишвили. Последний положил приказ Сталина на стол Гогуа. Тот сначала не поверил своим глазам, даже проверил, в порядке ли очки, и, уверившись в том, что на приказе действительно стоит подпись Сталина, в знак уважения встал на ноги.

— Это, конечно, хорошо, что многие уроженцы Грузии занимаются полезной деятельностью в России, но вы, товарищ Мусхелишвили, забываете об одном обстоятельстве. Мнение первого секретаря о вас и вашем ученике Векуа — отрицательное, и наша комиссия должна только подтвердить его мнение.

— А я думал, что принцип демократического централизма полностью исключает субъективизм в строении партии.

— Об этом вы можете заявить на заседании бюро Центрального комитета, когда будет разбираться ваше дело, однако не думаю, что это вас спасет. Общественное мнение тоже против вас, товарищ Нико. Или — уважаемый Нико? Не знаю, как принято обращаться у вас, в Академии.

— Общественное мнение об ученых должно идти от самих ученых, почему вы не хотите узнать мнение московских, ленинградских математиков, чтобы установить, действительно ли я и Векуа занимаемся плагиатом?

— Давайте сейчас на этом закончим разговор, ждите вызова на бюро ЦК. До свиданья, товарищ Нико!

Мусхелишвили, попрощавшись с Гогуа, пошел к себе на квартиру. Дорогой он думал о том, где и когда допустил ошибку, если математики, на которых он потратил столько сил, восстали против него, почему потерял контроль над коллективом, который, не жалея трудов, создавал на протяжении десятков лет. «Плагиат? Это же полный абсурд, когда речь идет обо мне. Я ничего не заимствовал у Г. Колосова. Это же видно из его монографии, которая вышла после моей. Разве мало там говорится о моих заслугах в сфере применения методов комплексного анализа для решения двухмерных задач теории упругости? Формулы, которые сегодня носят имя Колосова-Мусхелишвили, приведены в нашем общем с Колосовым труде. Что же касается формул Мусхелишвили, то они впервые были приведены в моих трудах. В предисловии к моей монографии «Некоторые задачи математической теории упругости» академик Крылов особо подчеркнул мои научные заслуги, но разве это интересно клеветникам?»

Занятый этими мыслями, Мусхелишвили подошел к своему дому, быстро поднялся по лестнице и нажал кнопку электрического звонка своей квартиры. Дверь ему открыла Рузанна Фаддеевна. Она сразу заметила, что муж чем-то расстроен, и, заговорив вместо утешения о том, что «ничего, в жизни все бывает, на то она и жизнь», позвала обедать. После обеда он зашел в кабинет, просмотрел указанную в его монографиях литературу и еще раз убедился в том, что авторы, в присвоении результатов которых его обвиняли, названы им все без исключения.

Ночью сон не шел к нему. «Сам ведь поставил перед Магнарадзе и Зерагиа научно-исследовательские задачи, помогал им по мере сил, поддерживал, хвалил, порой даже чрезмерно. Илья Векуа в их тематике начал работать позднее, но все ведь видели, какие хорошие научные результаты он получил. Наверное, им не понравилось, что Векуа вторгся в их научную тематику, но разве она является их собственностью? Может, я ошибаюсь в оценке Векуа? Но разве не могли Магнарадзе и Зерагиа в свое время доложить о своих претензиях к Илье ему, Мусхелишвили? Интересно, какова позиция Харадзе по отношению ко мне и Илико? Квеселава и Н. Векуа недовольны мной, они распустили слухи, но это ведь глупо. С каждым из них у меня опубликован общий труд, разве я что-нибудь у них отнял? И ничего не известно о позиции Бицадзе и Карцивадзе по отношению к нам с Илико. Неужели и они тоже?»

Когда Нико, наконец, заснул, странный сон приснился ему: снилось, что он — ученик третьего класса и проводит летние каникулы в деревне матери Мацевани. Во дворе гуляет черная наседка с единственным цыпленком. Коля берет просо у служанки и угощает цыпленка. Ему жаль цыпленка, он, наверное, голоден, потому-то с писком бежит за наседкой. Цыпленку, как видно понравилось просо, он быстро склевал его и снова подбежал к Коле в ожидании угощенья. Но просо закончилось. Цыпленок сначала вспрыгнул ему на плечо, потом, взлетев на голову, начал перебирать волосы. Вдруг цыпленок превратился в вороненка и начал бить его большим черным клювом по голове. Он заставил донести его до вороньего гнезда и стал рассказывать рассевшимся на ветвях деревьев большим воронам, что Коля угощал его просом, как будто он не знал, что ворон проса не ест. Вороны посчитали, что он этим совершил преступление.

Их хриплое карканье разбудило его утром.

Было уже восемь часов, он встал, побрился, принял прохладный душ.

Нико еще завтракал, когда раздался телефонный звонок. Звонил его помощник из президиума Академии наук, который сообщил, что он непременно должен быть на заседании бюро Центрального комитета, которое состоится сегодня в десять утра. К десяти часам Мусхелишвили уже сидел в приемной первого секретаря Центрального комитета КП (б) Грузии и ждал, когда его вызовут на заседание бюро. Рядом в приемной, тоже в ожидании вызова, сидел Илья Векуа. Оба молчали. В десять тридцать их вызвали. Чарквиани объявил:

— Товарищи, вторым вопросом секретариат Центрального комитета выносит на рассмотрение дело Мусхелишвили и Векуа. Это дело было возбуждено месяц назад. Для изучения его была выделена авторитетная комиссия, которая сообщит нам о результатах своей работы. Слово предоставляется товарищу Гогуа.

— Товарищи, по вашему поручению комиссия изучила дело Мусхелишвили и Векуа и после двусторонних и многосторонних допросов пришла к заключению, что в Академии наук Грузии в лице этих двух человек образовалась беспринципная группа, чьи научные заслуги сильно преувеличены. Мусхелишвили и Векуа путем взаимного восхваления сумели заполучить высокие ученые степени и звания, добились того, что Мусхелишвили сегодня является дважды лауреатом Сталинской премии, а Векуа — лауреатом. Дело дошло до того, что Мусхелишвили даже вознамерился сделать Илью Векуа академиком по линии Академии наук СССР. В Академии наук Грузии развели настоящую аракчеевщину, держат в страхе всех, кто осмеливается выразить протест против их несправедливых деяний. Оба они беззастенчиво грабят находящихся в их подчинении математиков. В трудах Мусхелишвили и Векуа обнаружены теоремы, уравнения и формулы из трудов зарубежных и русских математиков. Проверка подтвердила, что они не такие уж талантливые ученые, какими себя выставляют.

— Товарищ Гогуа, была ли проведена очная ставка между Мусхелишвили и Векуа с одной стороны и Магнарадзе и Зерагиа — с другой?

— Да, товарищ Кандид.

— Какое она произвела на вас впечатление? — спросил Чарквиани.

— По мнению комиссии, Магнарадзе и Зерагиа не менее способные математики, чем Мусхелишвили и Векуа.

— Товарищ Мусхелишвили, что вы скажете на это? — спросил Чарквиани.

— Вы считаете меня обвиняемым и, вероятно, не поверите моим словам, но я поражаюсь, как вы, люди, которые совершенно не разбираются в математике, беретесь судить о математических способностях!

— А какое ваше личное мнение о способностях Магнарадзе и Зерагиа? — продолжал допытываться Чарквиани.

— Если бы я не считал Магнарадзе и Зерагиа способными математиками, то как бы они попали в число моих учеников? Они, безусловно, талантливы, но вся беда в том, что я считаю Илью Векуа ничуть не менее талантливым, чем они, — ответил Мусхелишвили.

— Товарищ Кандид! Хватит! Мусхелишвили вновь демонстрирует свою безответственность, — послышался возглас одного из членов бюро.

— А что скажете вы, товарищ Векуа? — спросил Чарквиани.

— Я ничего не могу добавить к сказанному, товарищ Кандид.

— Значит, вы разделяете мнение комиссии, не так ли?

— Не мнение комиссии, а мнение Мусхелишвили.

— Мнение Мусхелишвили о том, что вы талантливей всех? — снова выкрикнул один из членов бюро.

— Хотите сказать еще что-нибудь, товарищ Векуа? — спросил Чарквиани.

— Я хочу сказать только то, товарищ Кандид, что вопросы математики должны входить в компетенцию математиков...

— То есть, в вашу компетенцию, чтобы вы могли продолжать свой беспредел, да? — добавил Чарквиани.

— Все ясно. Теперь заслушаем мнение бюро, — объявил член бюро Замбахидзе.

— Тогда попросим товарища Гогуа сообщить предложения комиссии.

— Товарищи, — начал Гогуа, — Ввиду того, что Николай Мусхелишвили и Илья Векуа на протяжении ряда лет насаждали аракчеевский режим в грузинской науке, несправедливо преследуя всех, кто осмеливался выразить хоть малейший протест против их несправедливых деяний, приписывали себе заслуги других ученых, бюро Центрального комитета КП (б) Грузии, во-первых, объявляет строгий выговор коммунистам Мусхелишвили и Векуа; во-вторых, освобождает товарища Векуа от должности академика-секретаря Академии наук Грузинской ССР; в-третьих, освобождает товарища Мусхелишвили от должности директора Института математики и поднимает вопрос перед всесоюзными органами о смещении его с поста президента Академии наук Грузинской ССР. А также считает целесообразным:

а) назначить товарища В. Челидзе директором Института математики им. А.М. Размадзе;

б) назначить товарища Г. Дзоценидзе академиком-секретарем Академии наук Грузинской ССР;

в) назначить товарищей В. Челидзе, Л. Магнарадзе и Э. Цитланадзе заведующими отделами Института математики им. А. Размадзе;

г) выразить благодарность коммунисту Купрадзе за проявленную бдительность.

Так закончило бюро Центрального комитета КП (б) Грузии «дело», возбужденное против Мусхелишвили и Векуа. Все мероприятия, упомянутые в пунктах постановления, были без промедления претворены в жизнь.

В середине июля 1951 года я посетил Тбилиси. Как оказалось, Мусхелишвили и. Векуа были на даче. Векуа с семьей отдыхал в Бакуриани на частной, взятой в наем, даче. Несколько дней я провел в Тбилиси, побывал дома у Лео Магнарадзе. Я так и не понял, был ли он доволен одержанной «победой». Держался он, правда, с гонором, это сразу чувствовалось в разговоре.

— Как видите, дорогой Андро, силенок у нас еще хватает! Если хотите проверить свои достижения, приезжайте работать в Тбилиси, тогда и посмотрим, насколько реальны эти ваши достижения.

— Лео, не знаю, к счастью или к несчастью, но мне в ближайшее время, по-видимому, не придется работать в Тбилиси, готовится специальное постановление о моем переводе на работу в Москву.

— Как это вы сумели так устроиться? Небось, испугались вернуться в Тбилиси?!

— Я никого и ничего не боюсь. Что же касается того, что произошло между грузинскими математиками, то это, по-моему, больше напоминает обычную свару, и скоро все войдет в норму.

— Все уже в норме, тут разве только Бог может что-либо изменить. Так-то, мой Андро.

— Посмотрим, время покажет...

С этими словами я поднялся, попрощался с хозяином и покинул этот дом.

В тот же вечер мне принесли в гостиницу небольшую открытку. Какой-то неизвестный сообщал, что Илья Векуа просит меня навестить его в Бакуриани. На открытке был указан и адрес. На другой день в три часа дня я уже был в Бакуриани. Мы долго беседовали с Ильей. Он в подробностях поведал мне обо всем, что пришлось пережить ему и Нико Мусхелишвили в эти последние месяцы — о допросах комиссии, о той части заседания бюро ЦК, которая была посвящена расправе над ними, и т.д.

В конце июля я закончил все дела, связанные с моим переводом из Тбилиси в Москву, и в начале августа уехал. В Москве академики М. Лаврентьев, С. Соболев и С. Христианович пригласили меня на дачу, расположенную в академическом городке Мозжинка вблизи Звенигорода, и подробно расспросили меня о тбилисских делах. Мой рассказ вызвал особое возмущение у Христиановича и Соболева. Векуа и Купрадзе они знали еще по Ленинграду. Последний с самого начала не вызывал у них симпатии, его «труды» они всегда называли «викториной». Они не забыли, с какой выгодой для себя использовал Виктор Купрадзе то обстоятельство, что с 20-х годов до середины 30-х в Ленинграде среди математиков он был единственным коммунистом, членом ВКП (б).

— Он и в Москве повел себя неблаговидно, когда Виноградов приблизил его к себе, назначив сначала на должность ученого секретаря, а затем и заместителем, — вспомнил Соболев.

— А помнишь, Сережа, как Витя восстал против твоей командировки на международный конгресс математиков в Осло? Соболев, дескать, буржуазного происхождения, — напомнил Христианович.

— А потом выяснилось, что у самого Вити сомнительное прошлое, а против твоего вступления в партию он возражал из-за того, что он, мол, нашел много непонятных мест в твоей биографии, — продолжил Соболев начатую Христиановичем фразу.

— Во время «лузинщины» в 36-37 годах Купрадзе начинал игру «королевским гамбитом», как говорила Нина Карловна Бари. А потом дело обернулось так, что он сам чуть не стал жертвой своего «гамбита», — вставил Лаврентьев.

— Поделом Мусхелишвили! Еще когда я и Петровский выявили несостоятельность Витиной диссертации! Без поддержки Мусхелишвили он и сегодня был бы математиком без степени и не посмел бы возглавить бунт тбилисских математиков, — вспомнил Соболев.

После полуминутной паузы беседу продолжил Лаврентьев:

— Я узнал один секрет от главного академика-секретаря Академии наук СССР Топчиева. Вчера по указанию ЦК ВКП (б) президиум Академии рассмотрел предложение бюро ЦК КП (б) Грузии о смещении Мусхелишвили с поста президента Академии наук Грузинской ССР и единогласно принял решение «считать нецелесообразным осуществить это предложение». Как видно, и заведующий отделом науки ЦК Юрий Жданов положительно отнесся к этому известию.

— Ну, тогда все в порядке, ведь Жданов — зять Сталина, должно быть, и Сталин одобряет это решение, — вставил Христианович.

— Слышали ведь пословицу «не кажи гоп, пока не перепрыгнешь». А сейчас давайте подумаем о Векуа. Если мы не переведем его в Москву, неизвестно, что станется с ним в Тбилиси, — озабоченно сказал Лаврентьев.

Христианович, как будто, наконец, решившись, поднялся со своего места и предложил присутствующим:

— Я, как ученый руководитель ЦАГИ, могу по постановлению правительства перевести Илью Векуа из Тбилиси заведующим лабораторией к себе в Жуковский. Если вы это одобрите, больше никто возражать не будет.

Лаврентьев и Соболев после небольшой паузы одобрили предложение Христиановича и разошлись. А мы с Лаврентьевым еще долго обсуждали научные вопросы. Он сказал, что знает, с какой целью я переведен в Москву,

91

одобрил закрытую работу и посоветовал не бросать теоретические исследования в открытом порядке.

С 1 сентября 1951 года я приступил к исполнению своих обязанностей в Москве. В Институте им. Стеклова я занимался научной работой в группе И. Петровского. Он, как выяснилось, был очень загружен административно-организационной работой. В 1951 году, после смерти академика Вавилова, президентом Академии наук СССР был избран ректор Московского государственного университета им. Ломоносова академик А. Несмеянов, а вместо последнего ректором МГУ был назначен Петровский.

Я с большим интересом и энтузиазмом выполнял порученное мне дело. Не чурался и партийной работы. На учете в партийной организации института состояли академик Келдыш, член-корреспондент Академии Наук СССР Гельфонд и пять докторов физико-математических наук. Это была такая сила, что партийная организация с их помощью могла оказать большое влияние на судьбу математики в нашей стране. На необходимость такого влияния указывало не такое уж далекое историческое прошлое советской науки.

В 1948 году во всесоюзной Академии сельскохозяйственных наук им. Ленина Лысенко и его группа повели наступление против учения Менделя, Вейсмана, Моргана и их последователей. Лысенковцы уже праздновали свою первую победу. В прессе стали раздаваться голоса о необходимости дискуссии во всех отраслях науки.

В такой обстановке парторганизация Института им. Стеклова получила конверт от отдела науки ЦК ВКП (б), в котором оказалось два документа: письмо на одиннадцати листах, в котором говорилось о необходимости начать дискуссию между советскими математиками, и приложение отдела науки о рассмотрении этого письма.

Фамилия автора письма отсутствовала.

Личный состав партийной организации института в то время был слишком слабым для того, чтобы серьезно разобраться в деле, о котором говорилось в поступившем письме. Неизвестные авторы клеймили позором советскую математику. Они утверждали, что в ней неограниченно господствуют «идеализм и антипартийность», что абстрагирование теоретических отраслей математики перекрыло советской математике все пути, ведущие к ее применению, что все это происходит по милости тех математиков, которые нелояльно настроены по отношению к коммунистической партии и советскому строю, которые против наращивания военной мощи советского государства и т.д.

После того, как письмо было прочитано на закрытом партийном собрании, среди участников собрания возникло замешательство.

— Как поступим, товарищи? — спросил секретарь партийной организации Б. Сегал.

Профессор Д. Райков, председатель месткома института, коммунист, считал необходимым, чтобы собрание обсудило прочитанное письмо. Член-корреспондент Академии А. Гельфонд и ученый секретарь института К. Марджанишвили сидели молча, не поднимая головы, никак не реагируя на предложение Райкова. Тогда слово взял я:

— Товарищи! То, что авторы письма не захотели назвать себя, свидетельствует о том, что они боятся быть обвиненными в клевете или же стремятся ввести читателя в заблуждение, заставив его думать, что письмо написано весьма авторитетным лицом.

— А откуда вы знаете, что автором этого письма не является сам товарищ Сталин? Ведь письмо поступило из Центрального комитета, — прервал меня помощник директора института по хозяйственной части А. Лесник.

— Товарищ Сталин не станет действовать инкогнито, — ответил я.

— А каковы ваши предложения, товарищ Бицадзе?

— Я думаю, что наша партийная организация в ее сегодняшнем составе вряд ли может судить о том, охвачена или нет советская математика идеализмом. Лично я не могу позволить себе предсказывать будущее советской математики...

— Что же вы все-таки предлагаете, товарищ Бицадзе? — прервал меня Райков.

— Мое предложение — передать поступившее письмо дирекции нашего института для рассмотрения, чтобы ученый совет института на одном из своих заседаний в присутствии ведущих математиков Советского Союза подробно обсудил его содержание и вынес соответствующее постановление, а всех членов партийной организации обязать принять участие в работе этого заседания.

— Сторонников внесенного Бицадзе предложения прошу поднять руки, — объявил председатель собрания Сегал.

Все, за исключением Сегала, Райкова и Лесника, проголосовали «за», поддержав мое предложение.

На другой день утром меня вызвали в канцелярию института и сообщили, что я должен явиться с партбилетом и паспортом в бюро пропусков ЦК ВКП (б), чтобы получить пропуск для визита к заместителю начальника отдела науки Н. Глаголеву.

Глаголев принял меня довольно холодно:

— Вы товарищ Бицадзе?

— Да.

— Расскажите, как прошло вчерашнее закрытое собрание вашей партийной организации. В чем выразилось ваше в нем участие? — задал вопрос Глаголев.

— Вы, как видно, хорошо информированы относительно нашего собрания. Вряд ли я смогу что-либо добавить.

— Почему все же вы не сочли нужным, чтобы партийная организация обсудила письмо, которое было зачитано на собрании?

— По той причине, что о грядущей судьбе советской математики могут авторитетно судить только крупные математики. А среди пятнадцати членов нашей партийной организации только трое имеют степень доктора физико-математических наук.

— Как могло случиться, товарищ Бицадзе, что точно такое же решение при рассмотрении подобного вопроса было принято на закрытом собрании парторганизации Института физики имени Лебедева? — упрямо гнул свое Глаголев.

— Я не так уж давно работаю в Москве и в Институте имени Лебедева пока никого не знаю, — ответил я.

Глаголев вдруг круто изменил тему беседы.

— Продолжаете ли вы работать над контактными задачами теории упругости, которым была посвящена одна ваша статья, опубликованная в 1942 году в «Моамбе» Академии наук Грузии? — спросил он.

Только теперь я понял, что со мной говорит тот самый Глаголев, который после опубликования того моего труда посвятил целую докторскую диссертацию контактным задачам теории упругости. Немного помедлив, я смело ответил:

— Нет, сейчас я работаю над уравнениями смешанного типа.

— Насколько мне известно, вашим консультантом в докторантуре является академик Лаврентьев, не так ли?

— Да.

— Вы не знаете, собирается ли академик Лаврентьев вступать в коммунистическую партию?

— А я думал, что он уже давно является членом партии!

— К сожалению, нет. Хорошо, если бы в партию вступили такие ученые, как Лаврентьев и Келдыш, — сказал Глаголев, подписал мой пропуск, попрощался и пожелал успехов, попросив при этом, чтобы я никому не рассказывал об этой встрече.

Спустя несколько месяцев под председательством Виноградова состоялось открытое заседание ученого совета Института математики им. Стеклова, посвященное рассмотрению того самого, поступившего в партийную организацию института письма, озаглавленного «Положение, сложившееся в советской математике».

На заседании присутствовали все проживавшие в Москве известные математики: И. Виноградов, С. Бернштейн, Н. Лузин, М. Лаврентьев, М. Келдыш, И. Петровский, С. Соболев, А. Колмогоров, П. Александров, В. Степанов, А. Гельфонд, А. Хинчин, Л. Понтрягин, Л. Седов, Д. Меньшов, Н. Бари, Н. Смирнов, Л. Люстерник, В. Голубев, А. Тихонов и другие. Там же находились коммунисты, состоявшие на учете в партийной организации института.

Сразу же после открытия заседания Виноградов предоставил слово ученому секретарю института К.

Марджанишвили. Тот спокойно с выражением прочитал письмо, делая паузы после самых сильных предложений. Этим он как бы давал знать слушателям, что здесь нужно быть особенно внимательными. Чтение письма заняло сорок минут.

— Вы закончили читать, товарищ Марджанишвили?

— Да.

— Переходим к обсуждению вопроса. Кто хочет принять участие в прениях, прошу! — обратился Виноградов к присутствующим.

В течение почти минуты никто не подавал голоса, наконец руку поднял Лаврентьев. Он обратился к Виноградову с такими словами:

— Иван Матвеевич, до начала прений у меня есть несколько вопросов.

— Пожалуйста, Михаил Алексеевич, — позволил задать вопросы председатель.

— Откуда пришло это грязное письмо?

— Откуда? Не знаю, кто может дать ответ на этот вопрос. Может быть, Марджанишвили? — вопросительно посмотрел на ученого секретаря Виноградов.

— Письмо передал дирекции секретарь парторганизации товарищ Сегал, — ответил тот.

— Тогда, может быть, товарищ Сегал сообщит заседанию, кто прислал письмо в парторганизацию? — спросил Келдыш.

Сегал поднялся, провел рукой по волосам и сказал:

— Письмо пришло к нам из Центрального комитета партии.

— Не хочет ли Сегал сказать, что письмо составлено самим Сталиным? — задал вопрос Соболев.

— Товарищ Сталин тут совершенно ни при чем, он никогда не послал бы нам такого несерьезного письма, — возразил Лаврентьев.

В письме больше всего были раскритикованы П. Александров, Л. Понтрягин и А. Колмогоров. После прочтения письма они сидели с опущенными головами и не подавали голоса. Немного оживились, только убедившись, что, судя по вопросам и комментариям Келдыша и Соболева, признанных специалистов прикладной отрасли, те явно не сочувствуют авторам письма.

96

Понтрягин выкрикнул с места:

— Иван Матвеевич! Прошу назвать имена авторов письма!

— О них нам ничего не известно, — ответил Виноградов.

— Вношу предложение просить Центральный комитет партии установить личности авторов письма и примерно наказать за вред, причиненный состряпанным ими грязным «делом», — заявил Лаврентьев.

В этот момент Келдыш и Соболев, сидевшие на заседании по соседству с Лаврентьевым, вдруг о чем-то оживленно заговорили между собой. Виноградов, заметив это, сказал в их адрес:

— Может быть, товарищи Келдыш или Соболев желают высказаться?

— Мы с Соболевым взвесили предложение Лаврентьева и поддерживаем его, — заявил Келдыш.

Эти слова, по-видимому, придали уверенности Колмогорову, и он сказал с места:

— В советской математике сейчас все делается так, как того требует сегодняшняя действительность. Может быть, раньше в наших рядах и имело место определенное проявление субъективизма, но оно было вовремя раскрыто, и партия отреагировала на это соответствующим образом.

— Кто еще хочет принять участие в прениях? — спросил Виноградов.

Руку поднял Лузин.

— Пожалуйста, Николай Николаевич, — предоставил Лузину слово Виноградов.

— Я не знаю, о каком субъективизме говорил академик Колмогоров. Письмо, разумеется, составлено весьма неудачно. Содержащаяся в нем явная чепуха не должна быть предметом прений, как уже говорили Лаврентьев и Келдыш. Но все ли в порядке в советской математике? Я думаю, нет. Давайте хорошенько рассудим! В сущности, что сделано в математике в XX веке? Ответить, по-моему, нетрудно. Главная заслуга математики XX века — заложение основ теории операторов и разработка теории почти периодических функций.

— Что имеет в виду академик Лузин, говоря о почти периодических функциях? — перебил Лузина Колмогоров.

Лузин остановился, взглянул на Виноградова и сказал:

— Иван Матвеевич! По моему, вы предоставили слово мне? Могу я продолжить свое выступление?

— Конечно, Николай Николаевич, продолжайте.

— Товарищи! Говоря о почти периодических функциях, я вовсе не имел в виду трудов Колмогорова и Степанова в этом направлении. Я в основном имел в виду результаты Харалда Бора и других западноевропейских математиков. Недавно я получил письмо от Джона фон Неймана. Он сообщает, что теории операторов придается огромное значение в смежных отраслях математики и в технике. По всей видимости, в скором времени предполагается созыв международного конгресса математиков, и Нейман считает, что особое внимание на этом конгрессе должно быть уделено состоянию теории операторов и теории почти периодических функций, разумеется, в отношении их применения. К сожалению, у нас в этом направлении сделано пока немного. Вот на что я хотел бы обратить ваше внимание, — этими словами Лузин закончил свое выступление.

— Что скажете насчет предложения Лаврентьева, товарищи? — снова спросил Виноградов.

— После выступления Николая Николаевича я убедился, что предложение Михаила Алексеевича слишком жестко. Может быть, он сам смягчит свое предложение и придаст ему более убедительный тон, — послышались в ответ слова Келдыша.

Лаврентьев, подняв с недовольным видом руку, обратился к Виноградову:

— Иван Матвеевич! Разрешите мне уточнить мои предложения.

— Пожалуйста, Михаил Алексеевич.

— Выдвинутые в письме обвинения против советских математиков не подтвердились. В советской математике не имеют место ни идеализм, ни кризис. Основная часть ведущих математиков сегодня работает над проблемами прикладного значения, разрешение которых так необходимо для укрепления мощи нашей родины. В таких условиях проведение подобных дискуссий относительно математики можно считать государственным преступлением, — резко закончил свое выступление Лаврентьев.

— Что скажете по поводу последних слов товарища Лаврентьева? — спросил Виноградов.

Теперь руку поднял Келдыш.

— Товарищи, академик Лаврентьев в своем выступлении упомянул субъективизм. Если он имел в виду состряпанное в 30-х годах грязное «дело Лузина» и так называемую «лузинщину», то он, безусловно, ошибается. В то время Николая Николаевича обвиняли в идеализме, формализме и других грехах. Во избежание повторения этого в будущем, я хочу сделать некоторые дополнения к предложениям Лаврентьева. Предлагаю создать коллектив из известных советских математиков, которому будет поручено написать многотомный труд под названием «Математика, ее содержание, методы и значение». Нужно создать редакционную коллегию этого издания под руководством Колмогорова и Лаврентьева. Пусть они сами решают, кому можно доверить осветить те отрасли математической науки, где, как кажется некоторым, может иметь место идеализм, формализм и, вообще, кризис.

— К составу редколлегии добавим члена-корреспондента Академии наук Советского Союза товарища Александрова. Он любит «философствовать», без него не удастся разделаться с философской «порочностью» в математике и физике, — добавил к сказанному Петровский.

Предложения и дополнения были приняты. На том все и кончилось, однако участники заседания не спешили расходиться. Виноградов официально закрыл заседание, но тут неожиданно к нему подошел Райков и заявил:

— Иван Матвеевич, вам придется ответить за то, что ученый совет так поверхностно рассмотрел письмо Центрального комитета.

— Как! И это говорит Райков? Подумайте лучше о том, как уладить собственные дела в ЦК, товарищ Райков. Советую вам быть настороже, как бы не начали искать «безродных космополитов» среди советских математиков, вот когда начнется настоящий переполох! — ответил ему Виноградов.

— Антисемитизм — не менее опасный недуг, товарищ Виноградов, помните об этом! Чем вам помешали талантливые евреи, что вы хотите избавить от них институт?

— Бернштейн, Хинчин и Гельфонд, если верить их анкетным данным, тоже евреи. Если вы не считаете их талантливыми математиками, то, по-моему, вам и Сегалу лучше подобру-поздорову покинуть институт. Прощайте, товарищ Райков! Кстати, заседание ученого совета давно закончилось!

В дальнейшем мне еще несколько раз пришлось встретиться с Глаголевым.

В начале февраля 1950 года меня вызвал инструктор отдела науки ЦК ВКП (б) Валериан Габуниа, который поведал мне о весьма интересном деле. Между мной и Габуниа состоялся такой разговор:

— Андро! Хорошо ли вы знакомы с трудами Ильи Векуа?

— Да.

— Насколько мне известно, в своей монографии «Новые методы решения уравнений эллиптического типа» Векуа в четвертой главе приводит ваши результаты и выражает вам благодарность в предисловии к книге. Как вы к этому относитесь? Вы довольны этим?

— Ну конечно, Валериан! Ни от кого другого нельзя было ожидать большего!

— Кого вы имеете в виду, говоря о «других»?

— Да это я так, к слову!

— А какого вы мнения об этой монографии и о ее авторе?

— Я очень хорошего мнения об обоих. Считаю Векуа крупным ученым международного масштаба и лично отношусь к нему с большим уважением.

— А не из-за того ли, что были недовольны Векуа, вы сменили тему своей докторской диссертации?

— Сначала тема моей докторской диссертации, действительно, относилась к сфере его научных интересов, но замена этой темы на другую произошла под влиянием Лаврентьева и Келдыша. Мне объяснили, что в настоящее время необходимо серьезно работать именно над уравнениями смешанного типа, и поскольку я поступил в докторантуру, да

100

к тому же молод, то эта тема как раз для меня. Я и согласился, однако это вовсе не означает, что первую тему я считаю неперспективной.

— Скажите, Андро, как относятся к Векуа тбилисские математики?

— Кто именно?

— Например, Цитланадзе.

— Цитланадзе к Векуа относится неприязненно по той причине, что обладает намного более слабым математическим интеллектом, чем Векуа, да к тому же слегка завистлив.

— Очень хорошо! А что вы скажете о других математиках того же поколения?

— О других я ничего не могу сказать с уверенностью. Знаю только, что против Векуа больше всего настроен Зерагиа, но я не думаю, что это обстоятельство повлияет на его объективность при оценке научных трудов Векуа.

— Этот разговор мы продолжим через несколько минут на более высоком уровне, — остановил меня Габуниа и тут же спросил снова: — Два года назад вы работали в Тбилиси, как относилась молодежь к тому расколу, который в течение последних лет наблюдался в среде грузинских ученых?

— Молодые ученые и студенчество, к которым относился и я, не одобряли ни тех репрессий, в результате которых Джавахишвили был удален из университета, ни той борьбы, которую Чарквиани вел против Важа Пшавела. Сейчас та же участь грозит Бериташвили.

— Андро, меня больше интересуют отношения между математиками. Какова здесь роль Мусхелишвили и Купрадзе — этих двух облеченных доверием людей?

— Валериан, прошу прощения, но я все-таки скажу: я уверен, что главным виновником обострения отношений между грузинскими математиками является Купрадзе, который, к сожалению, пользуется поддержкой партийного руководства республики.

— Спасибо за информацию.

Затем Габуниа отвел меня к Глаголеву. Сначала он один вошел в его кабинет, а через несколько минут позвал и меня. Глаголев, припомнив нашу с ним первую встречу, приветствовал меня и сразу перешел к делу:

— Товарищ Бицадзе, как вы считаете, можно ли присудить Илье Векуа Сталинскую премию за монографию «Новые методы решения эллиптических уравнений»?

— Я считаю, что можно.

— Товарищ Габуниа уже ввел вас в курс дела?

— Нет, товарищ Валериан ничего не говорил мне относительно Сталинской премии.

— Валериан, по-моему, необходимо, чтобы товарищ Бицадзе знал обо всем. Комитет по Сталинским премиям принял решение присудить товарищу Векуа Сталинскую премию II степени. В скором времени совет министров утвердит решение комитета, и в марте, как обычно, будет публично объявлен список лауреатов. Однако в совет министров поступила жалоба на то, что Векуа не заслуживает Сталинской премии, и нам поручено рассмотреть ее. Кого из московских математиков вы считаете нужным привлечь к этому делу, товарищ Бицадзе?

— При выяснении вопроса о том, заслуживает или нет Векуа Сталинской премии, прежде всего интересно было бы узнать мнение Лаврентьева, Келдыша, Петровского, Соболева и Христиановича, — ответил я.

— Их мнение нам известно, оно положительное. А кто, по вашему, из тбилисских математиков мог бы оказать помощь в решении вопроса? — снова спросил Глаголев.

— Несомненно, в этом деле как специалисты хорошо разбираются Мусхелишвили, Хведелидзе, Магнарадзе и Харазов.

— А почему вы не называете Купрадзе, Цитланадзе и Зерагиа? — прервал меня Глаголев.

— Из трех названных математиков в этом деле разбирается только Зерагиа, — пояснил я.

— Валериан, нам с тобой придется срочно лететь в Тбилиси для выяснения этого вопроса, — сказал Глаголев, обращаясь к Габуниа, а затем снова повернулся ко мне: — Вы, вероятно, не потеряли связей там?

— Скоро в Тбилисском институте математики состоится общая научная сессия с Институтом математики Украины, на которой я должен выступить с докладом, поэтому послезавтра вылетаю в Тбилиси.

— А мы с тобой, Валериан, если ничего не изменилось, летим завтра, как договорились.

— Ничего не изменилось, завтра вылетаем, — ответил Габуниа.

— Товарищ Бицадзе, конечно, понимает, что в Тбилиси не должны знать о нашем разговоре, — заметил. Глаголев.

— Не только в Тбилиси, вообще, нигде никто ничего знать не должен, — добавил Габуниа.

Разговор на этом кончился, и я с подписанным пропуском в руках направился к выходу, думая по дороге: «Лаврентьев все равно узнает обо всем и без меня. Надеюсь, он не обидится, что ему придется узнать об этом от других».

Через три дня я уже был в Тбилиси. На открытии сессии, помимо ее непосредственных участников, присутствовали Глаголев и Габуниа. В марте в прессе и по радио объявили список лауреатов Сталинской премии за 1950 год, в котором значился и Илья Векуа. Ему была присуждена Сталинская премия II степени. Как выяснилось позже, самую лучшую характеристику монографии Векуа дал Зерагиа. Правда, в разговоре с Глаголевым и Габуниа он упомянул, что Векуа кое в чем виноват перед ним, однако тут же прибавил, что по его мнению, Сталинской премии он, безусловно, заслуживает. Автором жалобы на Векуа был Цитланадзе. Чем это было вызвано? — спросит читатель. Отвечу: если человек хочет совершить зло, то повод для этого он всегда найдет.

Хотя число сотрудников Института им. Стеклова не так уж велико, этот институт пользуется всеобщей известностью, и основная часть важных математических исследований в Советском Союзе выполнена именно в этом учреждении.

Помимо ежедневной научной деятельности, ради которой меня и перевели из Тбилиси в Москву, я активно продолжал работать над решением проблем, возникших в ходе написания моей докторской диссертации. За год до ее защиты над уравнениями смешанного типа начал работать доцент Академии Жуковского К. Бабенко. Он был близко знаком с членом-корреспондентом Академии Л. Седовым, при содействии которого стал докторантом Института им. Стеклова. Его консультантом считался Келдыш.

Между мной и Бабенко возникло своего рода соревнование по научной линии. Вокруг наших докладов неизменно разгорались горячие споры. Седов не симпатизировал мне и мою горячность всегда старался обернуть мне во вред. Таким путем он пытался заронить в Келдыше сомнение в моей объективности, что ему отчасти удалось. Одним из официальных оппонентов по моей докторской диссертации, как читателю уже известно, был Келдыш. Давая высокую оценку моему труду, он не преминул отметить, что над возникшими в моей диссертации вопросами плодотворно работают и другие математики, применяя собственные методы. Он, без сомнения, имел в виду Бабенко. Через год после защиты мною диссертации на заседании того же совета степень доктора физико-математических наук была присвоена и Бабенко. Его официальными оппонентами выступали Соболев, Векуа и Седов.

Келдыш сделал нам с Бабенко предложение напечатать наши диссертации в одном томе трудов Института математики им. Стеклова и сделать это, не откладывая, чтобы можно было представить нас обоих на соискание Сталинской премии.

Свой труд я отдал в печать летом 1952 года, Бабенко же поначалу как будто медлил с этим, а затем и вовсе отказался печатать свою диссертацию, ограничившись тем, что ознакомил с содержанием своего труда Московское математическое общество и опубликовал аннотацию своего доклада в журнале «Успехи математических наук». Весной 1953 года в трудах Института им. Стеклова отдельным томом была издана моя докторская диссертация под названием «К проблеме уравнений смешанного типа».

Еще осенью 1950 года по инициативе Седова в докторантуру Института им. Стеклова зачислили морского инженера Г. Мигиренко. Через несколько месяцев Седов консультантство Мигиренко передал М. Лаврентьеву.

В течение целого года Мигиренко занимался исключительно партийной работой, в 1951 году его выбрали секретарем партбюро. Лаврентьев посоветовал Мигиренко получать консультации по математике от меня. Тот сначала уклонялся, а потом все же установил со мной контакт, весьма искусно скрывая свое невежество в математике.

В 1952 году Мигиренко на семинарах Келдыша прочитал несколько докладов. Первый носил очень общий, газетный характер. Под конец его попросили доложить о собственных научных результатах. Тогда-то и стало ясно, что никаких научных результатов у докторанта Мигиренко нет, так что его второй доклад провалился. Он попытался свалить все на меня, но на этот раз у него ничего не вышло, зато выяснилось, что Мигиренко обладает талантом сеять рознь между людьми, и что он немало потрудился для того, чтобы обострить отношения между мной и Бабенко.

Хотя в постановлении, на основании которого я был переведен на работу из Тбилиси в Москву, было указано, что в Москве я немедленно должен был быть обеспечен квартирой, я все еще — уже почти год — временно проживал в Доме для приезжих ученых.

Еще в конце 1951 года Илья Векуа с супругой Тамарой и дочерью Ламарой переехал в Жуковский, где занял должность заведующего лабораторией в ЦАГИ (Центральный аэрогидродинамический институт). Кроме того, он по совместительству работал в Московском физико-техническом институте. Векуа очень сблизился с Лаврентьевым, Келдышем, Христиановичем и Соболевым. По предложению Келдыша он, как я уже говорил, стал одним из оппонентов по докторской диссертации Бабенко.

Поздней весной 1952 года были объявлены выборы в Академию наук СССР. Новость заставила взволноваться математиков, занимавших в Тбилисском институте главенствующее положение. Они были уверены, что Векуа непременно постарается стать академиком. Поэтому Магнарадзе и Зерагиа с подачи Купрадзе снова подняли «дело» Векуа. Они обратились в дирекцию Института математики им. А.М. Размадзе с письмом, содержащим разбор научных трудов Векуа и перечень якобы украденных последним трудов советских и зарубежных математиков.

Тогдашний директор института В. Челидзе собрал все материалы, присовокупил к ним собственное письмо и отослал все Сталину. В письме Челидзе говорил, что дирекция Института математики им. А.М. Размадзе полностью присоединяется к рецензии Л. Магнарадзе и П. Зерагиа относительно трудов И. Векуа и выражал опасение, что Н. Мусхелишвили со своими сторонниками на очередных выборах в Академию наук СССР сумеет протолкнуть Векуа в действительные члены. Челидзе настаивал, чтобы «дело» Векуа разобрала авторитетная комиссия в присутствии Магнарадзе, Зерагиа, Купрадзе, Рухадзе и Харазова.

В письме, между прочим, упоминалось о том, что в 1951 году весьма авторитетная комиссия в Грузии уже рассмотрела «вредную» деятельность Мусхелишвили и Векуа, в результате чего оба понесли наказание. Состав комиссии в письме не был приведен по той причине, что в 1951 году Чарквиани и его приспешники были сняты с должностей и примерно наказаны. Разбор поданной на Векуа жалобы был поручен заведующему отделом науки ЦК ВКП (б) Ю. Жданову. Последний связался с главным ученым секретарем Академии наук СССР А. Топчиевым, передал ему поступившие из Тбилиси материалы и поручил выделить авторитетную комиссию для разбора этого дела.

Топчиев пригласил в свой кабинет академика-секретаря физико-математического отдела Академии наук СССР Лаврентьева. После небольшого совещания президиум Академии наук СССР по соглашению с отделом науки ЦК ВКП (б) создал для разбора «дела» Векуа комиссию в следующем составе: академики М. Лаврентьев (председатель), С. Соболев, И. Петровский; члены-корреспонденты Академии В. Голубев, Л. Седов и доктор физико-математических наук А. Бицадзе (секретарь). Комиссия назначила разбор «дела» на июль и пригласила принять участие в процессе кроме Ильи Векуа и В. Купрадзе, В. Челидзе, Л. Магнарадзе и П. Зерагиа. Эти четверо на заседание комиссии не явились.

Комиссия в течение пяти часов изучала все возможные документальные материалы в связи «делом», подробно допросила самого Векуа и вынесла такое постановление: «Поставить в известность президиум Академии наук СССР и отдел науки ЦК ВКП (б) о том, что ни одно из выдвинутых против И. Векуа обвинений не соответствует истине».

106

Тбилисских противников Векуа официально ознакомили с решением комиссии, и Купрадзе понял, что ему придется уже самому как министру образования и коммунисту просить немедленной помощи Сталина в деле ликвидации «вредной» деятельности Н. Мусхелишвили и И. Векуа.

В конце августа 1952 года Лаврентьев по указанию директивных органов вновь собрал комиссию в вышеозначенном составе, объяснил обстановку и попросил еще раз разобрать «дело» Векуа. Заседание было назначено. Кроме того, ЦК ВКП (б) поручил Топчиеву обеспечить присутствие на заседании Купрадзе, Магнарадзе, Зерагиа и Челидзе.

Состоявшееся вскоре заседание проходило в кабинете президента Академии наук СССР. На нем, помимо членов комиссии, присутствовали: А. Тихонов, И. Векуа, В. Купрадзе, П. Зерагиа, А. Рухадзе и Д. Харазов. Челидзе прислал телеграмму о том, что присутствовать на заседании не сможет по болезни, а Магнарадзе прибудет в Москву поездом — ввиду того, что не переносит самолет, — и сможет попасть на заседание только во второй половине того дня, когда назначено заседание комиссии.

Комиссия провела предварительную работу, были сделаны копии поступивших документов и фотокопии всех тех научных трудов, из которых Векуа якобы «похитил» чужие научные результаты. Как секретарь комиссии я раздал всем присутствовавшим папки с материалами. Приступили к разбору дела. В результате документального сравнения «плагиаторство» Векуа не подтвердилось. Купрадзе высказал возмущение по поводу того, что председатель комиссии не дал возможности высказаться прибывшим из Тбилиси товарищам. Лаврентьев назначил вечернее заседание в тот же день. К участникам заседания теперь присоединился и Магнарадзе.

В кабинете президента накрыли стол, принесли кофе, чай, пирожные и «боржоми». Магнарадзе попросил слова у Лаврентьева, тот удовлетворил его просьбу.

— Мы для чего здесь собрались? Чтобы пировать? – оглядев стол, воскликнул Магнарадзе. — Я ученый! Где же доска, мел, тряпка? Почему комиссия избегает встретиться с нами у доски?

Услышав эти слова, Лаврентьев звонком вызвал помощника, что-то тихо сказал ему, затем обратился к присутствующим:

— Товарищи, наш стол не похож на грузинское застолье, однако мы поставили на стол то, что сочли целесообразным для того, чтобы угостить вас. Возможно, кое-кто не успел днем пообедать или выпить кофе. Пожалуйста, угощайтесь.

В это время дверь кабинета отворилась, внесли две большие доски черного и гвоздичного цвета, кусочки белого мела и несколько чистых шелковых тряпок. Через несколько минут Лаврентьев обратился к членам комиссии:

— Начнем заседание, товарищи. Слово предоставим, прежде всего, нашим гостям. Кто из гостей желает взять слово первым?

Гости посмотрели друг на друга, затем Купрадзе, приняв позу певца на сцене, кивнул головой Магнарадзе, чтобы тот начинал. Магнарадзе попросил слова, встал у доски, взял мел и начал говорить:

— Я думаю, товарищи, все присутствующие меня знают. Выступать в ненаучной обстановке не в моих правилах...

— он выдержал паузу.

— Товарищ Магнарадзе, но ведь здесь научная обстановка, почему же вы медлите? — спросил Соболев.

— Товарищи! Прежде всего я хотел бы открыть вам глаза на моего учителя Нико Мусхелишвили. Он присвоил себе имя и славу Г. Колосова. Не удовлетворившись этим, он присвоил еще и классические труды Лауричеллы, Корна, Боджио и других.

— Товарищ Магнарадзе, скажите, пожалуйста, как мог Мусхелишвили присвоить труды, которые давным-давно уже обнародованы и считаются классическими исследованиями?

— Не понимаю, почему академик Соболев не дает мне говорить? — обратился Магнарадзе к Лаврентьеву.

— Продолжайте, товарищ Магнарадзе, — попросил Петровский.

— Расхрабрившись от такой «деятельности» Мусхелишвили, Илья Векуа, подражая своему учителю, стал проделывать те же трюки и присвоил себе труды Синьорини, Леви, Бергмана и других.

— Товарищ Магнарадзе, кажется, в деле находятся труды названных вами авторов. Откройте-ка папку, — прервал его Петровский.

Лаврентьев прочитал подчеркнутые красным карандашом номера подшитых к делу упомянутых трудов, раскрыл их по отдельности и попросил Магнарадзе сравнить формулы Векуа с формулами названных зарубежных математиков и показать на доске, какое он видит между ними сходство. К сожалению, Магнарадзе этого сделать не смог.

Прошел уже час с начала заседания. Теперь слово попросил П. Зерагиа. Как и следовало ожидать, он не добавил ничего существенного к сказанному Магнарадзе, лишь сказал:

— Если бы Векуа действовал корректно и указал в своих трудах источники, о существовании которых он хорошо знал, так же, как и о существовании моих трудов, то лично я не поднял бы вопроса о плагиате.

— О каком именно из ваших трудов идет речь? — спросил Лаврентьев.

— Я имею в виду мою диссертацию, оппонентом по которой является Векуа.

— Однако, по словам Магнарадзе, спор у вас возник в связи с формулой Синьорини!

— Совершенно верно, в связи с формулой Синьорини и ее применением.

— Но тогда вы и сами являетесь «плагиатором», товарищ Зерагиа! — отметил одетый в генеральскую форму В. Голубев.

— Товарищи, это провокация! — подал со своего места голос Купрадзе.

— Провокация — ваше поведение, товарищ Купрадзе! — парировал Лаврентьев.

— Даже безумцу ясно, кто из нас провокатор, — заявил в ответ Купрадзе.

— Прошу товарища Топчиева сказать, как называется поведение Купрадзе на заседании нашей комиссии.

Эти слова отрезвили и жалобщиков, и свидетелей. Лицо Купрадзе покрылось бледностью, и он попросил «Боржоми».

— А что скажет товарищ Харазов? — обратился к Д. Харазову Лаврентьев.

— Векуа присвоил и мой труд, — заявил Харазов.

— Товарищ Векуа, вы согласны с заявлением товарищ Харазова? — спросил Лаврентьев.

— Нет! Харазов был моим аспирантом. Вот эту формулу, — Векуа указал на одну из формул в своей монографии, — вывел я, а товарищу Харазову посоветовал обобщить ее для любого натурального... Он смог ее обобщить, и за это получил ученую степень. В моей книге приведена моя же формула — для случая <...> И указано, что обобщенную формулу для любого натурального <...> читатель может найти в опубликованном Харазовым труде, и здесь же указан этот труд, — ответил Векуа.

— Почему же Харазову угодно, чтобы в книге Векуа была приведена формула Харазова, а не его собственная?

— Это угодно не мне, а читателям, которые предпочли бы, чтобы Векуа в своей книге привел более общую формулу, — возразил Харазов.

Его заявление вызвало некоторое оживление на заседании.

— Товарищи, уже десять часов вечера. Послушаем теперь товарищей Купрадзе и Рухадзе.

— Что касается меня, то я откладываю свое выступление до завтра, — заявил Купрадзе.

— А что скажет товарищ Рухадзе? — вновь спросил Лаврентьев.

— Я на все согласен, — ответил Рухадзе.

— На что именно вы согласны? — переспросил Соболев.

— На все, — повторил Рухадзе.

— По-видимому, товарищ Рухадзе утомился. Вношу предложение продолжить наше заседание завтра с утра. Кто против? Никто. Значит, завтра собираемся в том же составе в 10.00 в этом же кабинете.

— А почему в том же составе? — спросил Купрадзе.

— Другого пока что не назначали. Так что, прошу членов комиссии явиться в полном составе. Если товарищ Купрадзе собирается вызвать новых свидетелей, я думаю что комиссия возражать не будет! Не правда ли, товарищи?

Все члены комиссии выразили согласие.

— Посмотрим, что принесет завтрашний день. Я оставляю за собой право выступить завтра с дополнительным заявлением! — сообщил Купрадзе.

— Это ваше право, товарищ Купрадзе. На этом сегодняшнее заседание объявляю закрытым, — заключил Лаврентьев.

Наутро комиссия вновь собралась в кабинете президента Академии. Среди вчерашних гостей заседания недоставало только Купрадзе.

Лаврентьев начал:

— Товарищи! Перед тем, как объявить открытым третье заседание нашей комиссии, я должен сделать несколько заявлений. Сегодня утром мне позвонили из Центрального комитета ВКП (б) и сообщили, что товарищ Купрадзе выдвинул новые требования. Прежде всего, он дает отвод мне, как председателю комиссии, и товарищу Бицадзе, как секретарю комиссии.

— Товарищ Лаврентьев, мы даем вам, а также Бицадзе, отвод и от участия в комиссии, — перебил Лаврентьева Магнарадзе.

— Центральный комитет этот отвод не принял. Следовательно, в этом деле партия по-прежнему доверяет мне и Бицадзе. Второе требование Купрадзе — ввести в состав комиссии академика Колмогорова, члена-корреспондента Академии наук СССР Тихонова и профессора Михлина. Решить этот вопрос Центральный комитет поручил комиссии по соглашению с президиумом Академии.

— С Михлиным я ни в какой комиссии участвовать не желаю, — заявил С. Соболев.

— А что скажет товарищ Топчиев? — обратился к Топчиеву Лаврентьев.

— Президиум поддержит предложение комиссии, если она сочтет нужным расширить свой состав, включив в нее Колмогорова и Тихонова.

— До тех пор, пока президиум не примет решение о введении в нашу комиссию двух упомянутых математиков и до тех пор, пока мы не получим согласия этих товарищей, я не считаю целесообразным продолжать заседание комиссии. Предлагаю очередное заседание созвать завтра в десять утра. Оно должно проходить в присутствии Колмогорова и Тихонова в качестве членов комиссии.

В эту минуту в кабинет президента с довольным видом вошел Купрадзе.

— Вот и товарищ Купрадзе явился. Вероятно, товарищ Топчиев не откажется дать ему пояснения по поводу принятого нами решения? — закончил Лаврентьев свое выступление.

После этого он отозвал меня в сторону и велел немедленно идти в отдел наук ЦК, пропуск заказан, Глаголев ждет меня. Через час в его кабинете я уже делал сообщение о том, как прошло заседание комиссии. Глаголева опечалило то обстоятельство, что грузинские коллеги упорно стоят на своем, и один Бог знает, куда они еще собираются жаловаться.

— Товарищ Бицадзе, вы сейчас идите по улице Куйбышева в бюро пропусков Совета министров. Там на ваше имя приготовлен пропуск для визита к ответственному работнику канцелярии Совета министров. Пожалуйста, отнеситесь с должным пониманием ко всему, что он вам скажет. Мы полагаемся на вашу совесть ученого, в которой никто не сомневается. Желаю успеха. До свиданья.

Спустя полчаса я уже сидел в кабинете ответственного работника канцелярии Совета министров, слушая и запоминая указания, которыми должны были руководствоваться Лаврентьев и я в ходе дальнейшей работы комиссии. При этом все указания давались устно, записывать что-либо на бумаге было нельзя, я должен был запомнить все наизусть.

Через несколько часов Лаврентьев уже знал содержание этих указаний. Дело в том, что в 1951-1952 годах правительство Грузии вынуждено было провести несколько весьма щекотливых мероприятий, в результате которых возникла угроза провокаций. В деле, разбор которого был поручен комиссии, в роли обвинителей и обвиняемого выступали грузины-мегрелы: П. Зерагиа и Л. Магнарадзе в роли обвинителей, а И. Векуа — обвиняемого.

Не исключено, что вдохновители данного дела являются замаскированными провокаторами. Комиссия при разборе дела должна быть очень объективной и установить истину. Комиссия пользовалась доверием партии и правительства, и никакого изменения в ее составе не предполагалось. Лаврентьев глубоко проанализировал обстановку и наметил подробный план для проведения завтрашнего собрания на самом высоком уровне.

На другой день заседание комиссии началось в точно назначенное время. На этот раз количество участников было на два человека больше, добавились Колмогоров и Тихонов. Лаврентьев вкратце ознакомил их с положением дел, пояснив, какие обвинения предъявлялись Векуа. Он уже собирался приступить к дальнейшей работе заседания, как вдруг его перебил Купрадзе:

— Товарищей Колмогорова и Тихонова ввели в состав комиссии по нашей просьбе. Они должны знать, что Векуа «выдвинулся» за счет других ученых, что является непростительным преступлением. Кроме того, в том, что Мусхелишвили присвоил себе имя и славу великого русского ученого Колосова, есть и его, Векуа, вина.

По этому поводу Лаврентьев сказал:

— Имя Колосова не нуждается в дополнительных эпитета с вашей стороны, товарищ Купрадзе. Будьте уверены, что русские люди сами сумеют защитить интересы соотечественника.

— А кто защитит интересы Гурса, ведь Мусхелишвили присвоил и формулу Гурса! — вставил Магнарадзе.

Тогда слово взял я:

— Если здесь речь идет об общих решениях бигармонических уравнений, то прошу найти в деле фотокопию статьи Синьорини. Упомянутую формулу он вывел раньше Гурса. Выходит, что Мусхелишвили присвоил формулу Синьорини. Есть пословица как раз для этого случая: «Вор у вора дубинку украл».

— Товарищ Бицадзе, эта пословица действительно остроумна, однако сейчас я объявляю ее неуместной из

113

опасения, что жалобщики могут опять поставить вопрос об объявлении вам недоверия, — прервал меня Лаврентьев.

— Так! Выходит, что Векуа предъявлено весьма тяжелое обвинение, — задумчиво сказал Тихонов.

— Товарищ Тихонов! Мы затем и ввели вас в комиссию, чтобы услышать именно эти слова, — включился Купрадзе.

— А мне сказали, что меня ввели в комиссию по просьбе президиума Академии. Товарищ Купрадзе, если бы я знал, что это вы ввели меня в эту комиссию, я бы отказался принимать участие в ее работе, — произнес Тихонов.

Колмогоров за все это время ни разу не подал голоса, он был занят изучением тех документальных материалов, которые лежали в его папке.

Во второй половине заседания все члены комиссии, кроме Колмогорова, высказали свое мнение в присутствии обвинителей, обвиняемого и свидетелей.

Постановление комиссии Лаврентьев сначала сформулировал устно следующим образом:

— Комиссия считает, что выдвинутое в обращении Челидзе и в письме Магнарадзе и Зерагиа обвинение в адрес члена-корреспондента Академии наук СССР товарища Ильи Векуа в том, что он присвоил научные результаты зарубежных математиков, не соответствует истине. Вместе с тем комиссия с сожалением констатирует постыдную склонность советских ученых преклоняться перед зарубежными учеными. Выдвинутое против Векуа обвинение в том, что он помогал Мусхелишвили «выдвинуться» за счет Колосова и Гурса, комиссия также считает лишенным оснований. Кто из членов комиссии против этого заключения, прошу поднять руку. Никто. Может, кто-нибудь воздержался? Нет. Значит, постановление принято единогласно. Теперь послушаем, что еще хотят добавить авторы обвинения.

Первым взял слово П. Зерагиа:

— Я хорошо понимаю, что последует за этим вашим заключением. Прошу мое выступление против Векуа считать критикой. У меня маленькие дети, вы же понимаете, в каком я окажусь положении.

— А что скажет товарищ Магнарадзе? — обратился к тому Лаврентьев.

— Ничего, — ответил с места Л. Магнарадзе.

— Послушаем теперь товарища Купрадзе, может, он объяснит нам, что заставило его стать организатором «дела» Векуа! — объявил Лаврентьев.

— По-моему, товарищи, все вы хорошо меня знаете...

— Как не знать, конечно, знаем! — воскликнул Соболев.

— Раз вы дали мне слово, товарищ Лаврентьев, так позаботьтесь, чтобы мне не мешали говорить.

— Товарищи! Дадим товарищу Купрадзе возможность высказаться! Это совершенно необходимо, если мы хотим разобраться в том, что происходит, — добавил Лаврентьев.

— Так вот, все члены комиссии хорошо меня знают. Видя, что молодым грузинским математикам чинят определенные препятствия в развитии, я проникся их болью и в качестве старшего коллеги решил встать на защиту их интересов. Я считаю, что выступавший до меня Зерагиа прав. Общее письмо, подписанное известными математиками Зерагиа и Магнарадзе, следует понимать как попытку сделать критические замечания своему же коллеге, чтобы тот в будущем не оказался в неловком положении. Товарищ Сталин как-то сказал «Если жалоба верна хоть на пять процентов, то жалобщика нельзя считать клеветником», — так закончил свою речь Купрадзе.

— Не скажет ли товарищ Купрадзе, в каком именно источнике он вычитал это высказывание Сталина? — спросил Соболев.

— Товарищ Соболев, вы коммунист и должны хорошо знать труды классиков марксизма-ленинизма! — ответил Купрадзе.

— Хотелось бы уточнить, товарищ Купрадзе, с чьей точки зрения авторы письма являются известными математиками? Именно с вашей, или таково мнение других математиков? Только что вышел сборник «Математика за тридцать лет», но имена П. Зерагиа и Л. Магнарадзе читатель можно увидеть разве что в библиографии, — заметил Тихонов.

— Не хотят ли что-нибудь добавить к сказанному товарищи Рухадзе и Харазов? — спросил Лаврентьев.

— Я согласен на все, — как и накануне, заявил А. Рухадзе.

— А что вы понимаете под «всем»? Может, хоть теперь поясните? — обратился к нему Лаврентьев.

Рухадзе ничего не ответил.

Харазов тоже хранил молчание.

На другой день заключение комиссии было оформлено в письменном виде. Для читателя это заключение не будет лишено интереса, поэтому привожу его здесь:

Заключение комиссии, рассмотревшей критические замечания о научном творчестве члена-корреспондента Академии наук СССР И.Н. Векуа, приведенные в письме директора Института математики им. А.М. Размадзе Академии наук Грузинской ССР товарищ Челидзе.

Комиссия считает, что в решении ученого совета Тбилисского института математики им. А.М. Размадзе Академии наук Грузинской ССР от 24 апреля 1952 года дана неверная оценка научных заслуг члена-корреспондента Академии наук СССР И.Н. Векуа и безосновательное обвинение его в том, что он недобросовестно цитирует используемые им зарубежные источники.

Комиссия считает И.Н. Векуа выдающимся советским ученым, чьи научные исследования представляют собой значительный вклад в науку. В ряде случаев его результаты предвосхищают и перекрывают успехи зарубежных ученых.

Научные труды члена-корреспондента Академии наук СССР И.Н. Векуа посвящены различным вопросам современной математики. В трудах И.Н. Векуа в области теории сингулярных интегральных уравнений и краевых задач теории аналитических функций получены новые важные результаты принципиального значения, разрешающие ряд ключевых вопросов. Крупные результаты получены И.Н. Векуа в трудах, посвященных вопросам колебаний упругого слоя и т.д.

Особое значение имеют исследования И.Н. Векуа в теории линейных дифференциальных уравнений в частных производных. В этом направлении его заслуги имеют принципиальное значение для дальнейшего продолжения традиций родной науки, поскольку он значительно расширил область применения аппарата теории аналитических функций комплексной переменной при изучении широких классов краевых задач для уравнений эллиптического типа. Особо нужно отметить, что его труды по теории краевых задач для уравнений эллиптического типа далеко обогнали труды зарубежных ученых. Принципиальное значение имеет и то, что полученные им результаты имеют как научно-теоретическое, так и практическое (в теории оболочек и т.д.) значение.

Ряд полученных И.Н. Векуа результатов, о которых здесь идет речь, внесен в его монографию «Новые методы решения уравнений эллиптического типа», на основании которой ему была присуждена Сталинская премия.

Нельзя не отметить также большой заслуги И.Н. Векуа в деле подготовки молодых научных кадров. Среди его учеников сегодня много докторов и кандидатов наук. Все они занимаются плодотворной научно-исследовательской деятельностью как в Тбилиси, так и в других городах Советского Союза.

Ученый совет Института математики им. А.М. Размадзе Академии наук Грузинской ССР не только никак не отметил этих больших достижений И.Н. Векуа, но еще и обвинил его в том, что он систематически не цитирует в своих трудах второстепенных результатов, полученных некоторыми зарубежными авторами (Бергманом, Леви, Сибирани). Ученый совет тенденциозно преувеличивает важность этих результатов в исследованиях И.Н. Векуа и как будто не замечает того, что этих результатов он не присваивал.

В решении бюро отделения физико-математических наук Академии наук СССР детально рассмотрены критические замечания к вышеупомянутой монографии И.Н. Векуа. Все это дает комиссии полное основание считать выдвинутые против И.Н. Векуа обвинения лишенными оснований. Комиссия не может также не отметить, что авторы критических замечаний все еще не могут избавиться от постыдной для советских ученых рабской привычки преклоняться перед всем иностранным и тенденциозно принижать достижения советских ученых.

Выдвинутое против И.Н. Векуа в числе прочих критических замечаний обвинение в том, что он приписывает академику Н.И. Мусхелишвили заслуги Г.Н. Колосова и других, комиссия также считает лишенным оснований.

Председатель комиссии — академик М.А. Лаврентьев,
Члены комиссии:

академик А.Н. Колмогоров

академик С.Л. Соболев

академик И.Г. Петровский

член-корреспондент Академии наук СССР А.Н. Тихонов

член-корреспондент Академии наук СССР Л.И. Седов

член-корреспондент Академии наук СССР В.В. Голубев

доктор физико-математических наук А.В. Бицадзе.

Этот документ тогда же подписали все члены комиссии, за исключением Колмогорова, который на пару дней уехал отдохнуть на дачу в Большево под Москвой. На другой день я отвез документ на подпись Колмогорову на дачу. Он взял у меня документ и, уединившись с П. Александровым, в течение часа знакомился с ним, после чего вернул его мне уже со своей подписью. При этом он вручил мне небольшой листок бумаги, где изложил свое особое мнение по поводу разбиравшегося дела. Там было написано: «С заключением согласен. Мне не хотелось бы, чтобы читатель воспринял некоторые места из этого заключения, как желание комиссии потребовать наказания для авторов письма». Ниже стояла подпись Колмогорова.

Три копии заключения комиссии были разосланы в президиум Академии наук СССР, в отдел науки ЦК ВКП (б) и первому секретарю ЦК КП (б) Грузии товарищу А. Мгеладзе.

По возвращении в Тбилиси, участвовавшие в работе комиссии Купрадзе, Рухадзе и Харазов пустили слух, что дело, возбужденное против Мусхелишвили и Векуа, закончилось полным поражением обоих. Однако через месяц правда вышла наружу. По указанию секретариата ЦК КП (б) Грузии Челидзе был освобожден от должности директора Тбилисского института математики, Зерагиа, Магнарадзе и Цитланадзе были уволены из этого института, а директором его вместо Челидзе был снова назначен Н. Мусхелишвили. Кроме того, Купрадзе был смещен с поста министра образования Грузинской ССР.

Так закончилась еще одна «викторина» в творчестве Виктора Купрадзе.

На заключение комиссии определенным образом отреагировали и в Москве. Хотя И.Н. Векуа не принимал участия в академических выборах 1953 года, его назначили сначала заместителем директора Института точной механики и вычислительной техники М. Лаврентьева, а затем перевели на должность заместителя директора в Институт математики им. Стеклова.

В 1952 году началась кампания по присвоению Сталинских премий по линии науки. Присвоение части премий по некоторым причинам происходило без использования открытых источников информации. В конце декабря 1952 года ректор МГУ И. Петровский вызвал меня в свой кабинет — ректорат тогда помещался в старом здании университета на Манежной площади — и попросил тайно изложить на листке бумаги, на основании каких исследований возможно было бы представить к Сталинской премии Петровского, Семендиева и Бицадзе. Я подумал, что Петровский хочет проверить, насколько я объективен, и сказал:

— Иван Георгиевич! Мои научные результаты не заслуживают того, чтобы за них была присуждена Сталинская премия.

— Ступайте домой, хорошенько обдумайте все и сделайте то, что я вас просил. Желаю успеха, — с этими словами Петровский простился со мной.

Это произошло в пятницу. Всю субботу и воскресенье я думал только о том, какой ответ принести Петровскому в его кабинет в понедельник. По моему глубокому убеждению, на моей новой работе я пока не получил таких результатов, за которые меня можно было бы представить к Сталинской премии. Именно об этом я и доложил Петровскому в понедельник. Петровский пристально посмотрел мне в глаза, а потом с насмешкой сказал:

— Ну, идите, товарищ Бицадзе, больше вы мне не нужны.

Присвоение премий без использования обычных информационных источников произошло в феврале 1953 года

119

В один прекрасный день меня вызвал в свой кабинет Виноградов. Я еще не дошел до директорского стола, а он уже обратился ко мне:

— А вот и Бицадзе! Явился наш объективный Бицадзе!

— Явился по вашему вызову, Иван Матвеевич...

— Вы, наверное, уже знаете новость?

— Нет, Иван Матвеевич.

— Ну как же! Вот постановление, в котором говорится, что Сталинская премия первой степени за выполнение работы под таким-то номером присуждена И. Петровскому, К. Семендиеву и А. Жукову! Как вам нравится эта троица?

Меня передернуло. Я не понимал, наяву это все происходит или во сне.

— Бицадзе! А по каким причинам вы отказались от этой премии?

— Я не сделал ничего заслуживающего этой премии, Иван Матвеевич.

— А эти трое, выходит, сделали?

— Не знаю. Наверное, сделали, кивнул я в знак согласия.

— А я считал вас более умным. Как вас называют Келдыш и Лаврентьев? Андро? Так вот, Андро, я считаю, что вы поступили неправильно.

— Почему же, Иван Матвеевич?

— Потому, что Петровский объяснит ваш отказ либо тем, что вы на самом деле не работаете над теми вопросами, ради которых вас специально перевели в Москву, либо тем, что вы ловкий пройдоха, который, вероятно, стремится сам заполучить премию. В обоих случаях для вас это добром не кончится, Бицадзе.

— Возможно, вы правы, Иван Матвеевич, но я ведь участвую в предусмотренной научным планом работе института и по линии отдела теории функций. По-моему, план я выполняю, так что стыдиться мне нечего.

— Не знаю, кому могут понадобиться ваши теоремы по теории дифференциальных уравнений в частных производных, но хорошо, что вы продолжаете работать и в этом направлении. Андро! Вы член партбюро, почему вы никак не реагируете на деятельность Мигиренко? Мне этот человек не нравится. По-моему, и Келдыш от него не в восторге. Будьте осторожны, он любит настраивать людей друг против друга, чтобы погреть на этом руки впоследствии. Лаврентьев думает, что раз Мигиренко сделали капитаном, то это говорит о его уме. Он уже два года работает в этом институте, моря за это время в глаза не видел, но тем не менее умудрился заработать две новые звездочки на погонах. Еще раз повторяю, будьте осторожны с этим человеком!

Срок обучения в докторантуре у Мигиренко давно истек, однако ничто не предвещало скорого окончания его докторской диссертации. Он вновь оформил дополнительную командировку на несколько месяцев в Институт им. Стеклова, а в марте, после смерти Сталина, был на год оформлен командированным сотрудником в отдел Седова по линии механики, и вновь оказался на посту секретаря парторганизации.

В это время Мигиренко особенно сблизился с Векуа. Однажды Векуа в разговоре высказал мне упрек:

— Мне говорили, что если бы во время разбора моего дела ты оказался на должной высоте, то Колмогоров не написал бы особого мнения по поводу заключения комиссии, и теперь дела шли бы лучше.

— Уважаемый Илья, неужели вы и вправду верите всему, что вам говорят?

— Не сам же я это выдумал, дорогой Андро. Спросите у Мигиренко, он лучше сумеет обрисовать обстановку.

— Мигиренко нехороший человек. Чтобы прикрыть свое невежество, он пускается на всякие уловки. Что же касается заключения комиссии по вашему делу, то я считаю его единственным правильным, уважаемый Илья.

— А известно ли вам, Андро, что Петровский, Келдыш и Соболев резко изменили свое мнение о вас?

— Я это чувствую, Илья Несторович, но не представляю, как смогу заставить их изменить к себе отношение.

— А почему не проанализируете причины? Ничего не происходит без причин...

М. А. Лаврентьев

А.Н. Тихонов

И.Г. Петровский

А.Н. Колмогоров

М.В. Келдыш

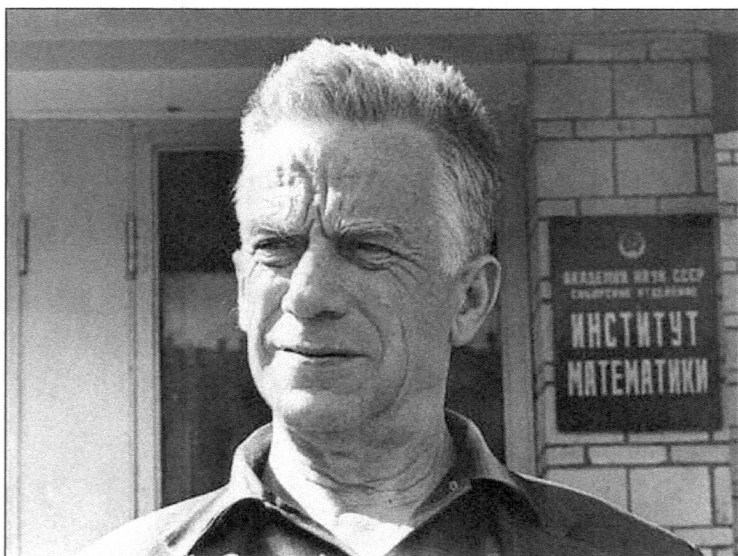

С.Л. Соболев

Глава V

До конца 1951 года Келдыш и Петровский доверяли мне читать статьи, представленные в «Докладах Академии наук СССР», а затем выслушивали мое мнение о том, заслуживают ли они того, чтобы быть напечатанными.

Еще в 1950-м Келдыш дал мне прочесть свою рукопись «Об одном классе эллиптических уравнений», попросил критически проанализировать ее содержание и откровенно высказать свое мнение. Я добросовестно прочитал рукопись, сравнил ее с ранее напечатанными трудами других авторов и объявил Келдышу, что в двух частных случаях его результаты уже известны, но в целом статья, без сомнения, произведет большое впечатление на читателя. Я посоветовал ему процитировать тех двух зарубежных авторов, которым принадлежат полученные им в двух частных случаях результаты.

Келдыш ничего не сказал на это, однако, по-видимому, почувствовал себя немного задетым. Он лишь потребовал показать ему соответствующие источники, что я и сделал. Но Келдыш даже не прочитал подробно, каким основным вопросам они были посвящены. Рукопись его вскоре была напечатана без всякого указания цитированной литературы.

Спустя год Келдыш вновь обратился ко мне с просьбой сделать критический разбор его рукописного труда. Мне вновь пришлось сообщить ему, что у него имеется предшественник в лице Тамаркина и показать изданную в 1918 году на русском языке монографию. Что же касается самой рукописи, то я выразил восхищение ею. Этот труд Келдыш опубликовал также без всякой библиографии. Оба упомянутых труда привлекли внимание исследователей, автор же их, надо сказать, начал коситься на меня. Раньше Келдыш нередко приглашал меня к себе на квартиру для обсуждения научных вопросов, а сейчас даже не всегда удостаивал кивком. Однажды он с раздражением сказал мне:

— Вот теперь, товарищ Бицадзе, я верю, что вы проявляете субъективность в отношении Бабенко.

— Если бы я был субъективен, то во время защиты Бабенко докторской диссертации по крайней мере один голос был бы «против», я ведь являюсь членом ученого совета.

— Вы этого не сделали намеренно, знали ведь, что выдадите себя, — отрезал Келдыш.

— То, что я подал за Бабенко голос, вовсе не означает, что я изменил мнение о его труде. Там есть одна ошибка. Если он ее не исправит, то не сможет напечатать свою докторскую диссертацию, вы сами в этом убедитесь, — добавил я.

Петровский еще до этого попросил меня подробно ознакомиться с кандидатскими диссертациями его аспирантов О. Олейника и Н. Гаврилова. В кандидатской диссертации Олейника были параграфы, в которых приведены хорошо известные из курса анализа Гурса результаты. Хотя мне легко удалось убедить в этом самого Олейника, тот все же остался недоволен. Что же касается диссертации, то вся она была построена на явной неувязке. Когда я откровенно сказал об этом Гаврилову, он заявил:

— Мой труд настолько глубок и сложен, что у вас может не хватить интеллекта, чтобы его понять.

— Тогда я вынужден буду сообщить вашему руководителю Петровскому, что вашей кандидатской диссертации я не понял. На самом же деле я могу на одном из семинаров показать вам и остальным, что в вашей диссертации есть ошибка, — ответил ему я.

— Вы правильно поступите, если скажете Петровскому, что не смогли понять мою диссертацию, — закончил разговор Гаврилов.

Спустя месяц в коридоре Института им. Стеклова меня остановил Гельфонд и между нами состоялся такой разговор:

— Товарищ Бицадзе, вы, наверное, знаете, что я являюсь главным оппонентом Гаврилова?

— Нет, не знаю.

— Ладно, теперь вы знаете, что я являюсь официальным оппонентом. Насколько мне известно, Иван Георгиевич просил вас сделать разбор диссертации Гаврилова. У меня нет времени читать такую толстую кандидатскую диссертацию.

Иван Георгиевич сказал мне, что читать необязательно, поскольку в этом деле всецело можно положиться на вас.

— Я могу лишь повторить вам то, что уже сказал Ивану Георгиевичу. Я не понял содержания диссертации Гаврилова, — ответил я своему собеседнику.

— Но ведь это абсолютно невероятно. Я знаю, что вы обладаете хорошим критическим чутьем. Дело, наверное, совсем в другом, вы просто не хотите сказать — в чем, не так ли?

— Да. Диссертация построена на неверном постулате.

— Покажите мне в диссертации Гаврилова то место, где содержится этот неверный постулат.

Я показал ему это место. Результатом стало то, что защита кандидатской диссертации Гаврилова тогда не состоялась. В июле 1952 года на открытом заседании ученого совета Института математики им. Стеклова М. Вишик защищал докторскую диссертацию на тему «Сильно эллиптические системы». И сам диссертант, и его оппоненты несколько раз упомянули мой труд, опубликованный в 1948 году в журнале «Успехи математических наук», в котором я утверждал, что условие равномерной эллиптичности в случае систем уравнений, в отличие от одного равномерно эллиптического уравнения, не обеспечивает фредгольмости классической задачи Дирихле для любой взятой системы вообще. Этот труд стал основой для целого ряда исследований в области эллиптических систем как в Советском Союзе, так и за рубежом.

В этом направлении была выполнена и диссертационная работа Вишика. После защиты упомянутой диссертации Келдыш пригласил меня в свой кабинет, чтобы обсудить некоторые вопросы.

— Товарищ Андро, я вызвал вас к себе по вопросу, связанному с вашей квартирой. У нас есть указание Совета министров об обеспечении вас квартирой. У вас пока нет семьи, поэтому вы, я уверен, согласитесь поселиться в двухкомнатной квартире вместе с Бабенко. Разумеется, эта квартира принадлежит вам, однако положение вынуждает просить вас немного потесниться.

— Я согласен!

— Очень хорошо, такого ответа я от вас и ждал. А теперь прошу вкратце ознакомить меня с содержанием того вашего труда, о котором шел разговор сегодня на защите Вишика.

Коротко, но вполне понятно я передал Келдышу содержание моего исследования, после чего сказал:

— А ведь четыре года назад первоначальную тему мой докторской диссертации об эллиптических системах вы с Лаврентьевым сочли неперспективной, теперь же выясняется, что определенную перспективу она все же имела.

— Если бы вы сами были уверены в этом тогда, то не согласились бы так быстро на замену темы. Меня удивляет, что вы недовольны. Перечитайте-ка еще раз мою рецензию на ваш труд «К проблеме уравнений смешанного типа». Я дал ему очень высокую оценку, а теперь вы же упрекаете меня за то, что я будто бы навязал вам неперспективную тематику. Ваш труд в этом направлении был высоко оценен и другими, чего же вам еще надо? Издайте вместе с Бабенко ваши докторские диссертации, и вы, безусловно, получите за них Сталинскую премию.

— Я уже отдал свой труд в печать, но Бабенко что-то медлит, говорит, что ему сейчас не до этого.

— А может, у него действительно нет времени? У меня не вызывает удивления, что он медлит с опубликованием своей докторской диссертации. У меня к вам еще одно дело. Я решил с сентября читать общий курс теории функций комплексной переменной студентам третьего курса механико-математического факультета МГУ. Хорошо, если бы моими ассистентами были доктора наук. Согласием Меньшова, Маркушевича и Гельфонда я уже заручился, может быть, и вы не откажетесь быть ассистентом в одной или двух группах?

— С большим удовольствием, — ответил я.

С осени я начал по совместительству работать ассистентом Келдыша. Группа, в которой я вел практические занятия, оказалась очень сильной. Здесь учились Витушкин, Михлос, Евтушек, А. Ильин и многие другие хорошо известные в настоящее время математики. Студенты были довольны моей работой ассистента, все они сдали экзамены Келдышу на «отлично». Он был весьма доволен.

Однако отношения между нами на основной работе продолжали ухудшаться. Этому способствовало еще и то обстоятельство, что в феврале 1953 года был аннулирован мой высокий допуск. Как выяснилось потом, это было результатом того, что обиженный невыгодным для него окончанием «дела» Векуа Виктор Купрадзе обратился в соответствующие директивные органы с особым письмом, в котором писал, что я не заслуживаю того доверия, которое оказывают мне «партия и правительство».

Пока изучали это заявление, скончался Сталин, Берия потерпел полный крах и где-то, по-видимому, сочли за лучшее приостановить мой высокий допуск. Келдыша же не устраивали специалисты с низким допуском, так что теперь мне пришлось заниматься только научной работой в отделе теории функций Института им. Стеклова, которым руководил Лаврентьев.

В 1953 году, во время выборов в Академию наук СССР, физико-математическое отделение поручило мне руководить группой, которая помогала бюро отделения в подготовке к избирательной кампании. В обязанности группы входило правильное оформление выборной документации и составление научных характеристик участвовавших в выборах кандидатов отдельно для отдела и отдельно для директивных органов. По линии физико-математического отделения были объявлены следующие вакантные места: действительного члена по математике — 1, по физике — 1, по геофизике — 1, по вычислительным устройствам — 1, по астрономии — 1, по кристаллографии — 1, по физике металлов — 1, по радиофизике — 1, по акустике — 1, члена-корреспондента по математике — 3, по физике — 3 и т.д.

Предполагалось избрать действительным членом по математике — Н. Боголюбова, по физике — Д. Арцимовича, по акустике — Н. Андреева, по геофизике — А. Тихонова, по вычислительным устройствам — С. Лебедева, по астрономии — В. Амбарцумяна, по кристаллографии — А. Шубникова, по физике металлов — М. Курдюмова, по радиофизике — В. Котельникова, а членом-корреспондентом по математике — С. Никольского, И. Линника и П. Новикова.

За десять дней до выборов выяснилось, что открыты дополнительные вакантные места действительных членов по математике — 1, по физике — 5 и т.д., а члена-корреспондента по математике — 4. Для многих это явилось неожиданностью. Быстро произошло дополнительное выдвижение кандидатов. Лаврентьев предложил мне дать согласие на выдвижение моей кандидатуры на вакантное место члена-корреспондента по математике, однако я отказался, зная, что Петровский, Соболев и Келдыш меня не поддержат. Векуа разделял мое мнение.

Институт им. Стеклова дополнительно выдвинул кандидатуры А. Маркова и С. Мергелиани, а Московское математическое общество — кандидатуры А. Мальцева и Д. Меньшова. Тайным голосованием академиками по математике были избраны П. Александров и Н. Боголюбов, по акустике — Н. Андреев, по геофизике — А. Дородницын, по астрономии — В. Амбарцумян, по вычислительным устройствам — С. Лебедев, по физике металлов — С. Курдюмов, по радиофизике — В. Котельников, по кристаллографии — А. Шубников, по физике — Л. Арцимович, Е. Там, И. Харитон, И. Кикоин, А. Сахаров и А. Александров, а членами-корреспондентами по математике — И. Гельфанд, П. Новиков, И. Линник, Д. Меньшов, А. Марков, С. Мергелиани и А. Мальцев.

Во время выборов против кандидатуры С. Никольского резко возражал С. Бернштейн, и именно поэтому Никольский не был избран членом-корреспондентом. Такое поведение Бернштейна объяснялось тем, что во время редактирования его избранных трудов Никольский деликатно указал Бернштейну на содержавшийся в его рукописи результат, который в действительности принадлежал А. Маркову.

К сожалению, во время выборов никто не решился встать на защиту Никольского.

Как уже известно читателю, издание сборника «Математика, ее предмет, методы и значение» ученый совет Института им. Стеклова взял на себя для того, чтобы избавить советских математиков от «дискуссии», на которой так настаивал автор упомянутого выше анонимного письма «Положение, сложившееся в советской математике».

За три года были написаны основные главы сборника, но не сложилось сотрудничество тройки редакторов — Александрова, Колмогорова и Лаврентьева. Внешне причиной этого казалась занятая Колмогоровым непонятная позиция, в действительности же дело было в том, что Александров делал все для того, чтобы разжечь непримиримую вражду между Колмогоровым и Лаврентьевым.

Таково было положение, когда по решению партийной организации Института им. Стеклова мне, как члену партбюро, было поручено курировать издание сборника. По этому поводу я несколько раз встретился с членами редколлегии, сообщил им, что парторганизация весьма заинтересована в их согласованной работе и готова оказать им всяческую помощь для того, чтобы сборник был напечатан как можно скорее.

Александрову и некоторым из учеников Колмогорова удалось убедить его в том, что я создаю против него оппозицию в пользу Лаврентьева, и он теперь и близко не подпускал меня к себе. В то время между Колмогоровым, Александровым и Понтрягиным существовали тесные дружеские отношения, так что неудивительно, что и оба последних стали смотреть на меня косо. А вскоре у них появился и еще один повод для этого.

Начиная с лета 1953 года единственным заместителем И. Виноградова являлся С. Никольский. В конце 1953 года Никольский почувствовал, что переутомился, и попросил предоставить ему отпуск на несколько месяцев. На свое место он рекомендовал временно назначить меня. Виноградов не возражал против этого, и я приступил к временному исполнению обязанностей заместителя директора института.

Именно в этот период личный секретарь Понтрягина В. Болтянский решил поступить в двухгодичную докторантуру. Секретарь аспирантской комиссии С. Стечкин возражал против этого фактически из-за того, что Болтянский скрывал свое еврейское происхождение, формально же обосновывал свое возражение тем, что, насколько ему, Стечкину, известно,

131

Болтянский не написал еще не только половины, но даже части своей будущей диссертации.

Поскольку председатель аспирантской комиссии Колмогоров чувствовал себя обиженным и отказался сотрудничать с Институтом им. Стеклова, все вопросы, связанные с аспирантством и докторантством, решал в основном Стечкин. На одном из заседаний ученого совета я сообщил о решении аспирантской комиссии насчет Болтянского, объяснив, по какой причине он не был зачислен в докторантуру. Александров и Понтрягин на этом заседании ученого совета не присутствовали.

Спустя два месяца вернулся из отпуска Никольский, который составил повестку дня следующего заседания ученого совета. В числе других, вынесенных на заседание вопросов, должен был рассматриваться вопрос, связанный с докторской диссертацией Болтянского, чтобы дать ей ход. Я, как член ученого совета, выразил удивление по поводу того, что еще два месяца назад Болтянскому было отказано в приеме в двухгодичную докторантуру из-за отсутствия оснований для этого, а сейчас, то есть через два месяца, он уже, оказывается, представил к защите диссертацию.

На этот раз на заседании присутствовали и Александров, и Понтрягин. Последний в открытую назвал меня «клеветником», а Александров потребовал наказать меня за эту «клевету». Меня спас Лаврентьев, он потребовал от дирекции протокол прошлого заседания и велел ученому секретарю института Тябликову, зачитать его, после чего заявил, что если кого и можно назвать клеветником в данном деле, то уж никак не Бицадзе, а Стечкина.

После окончания заседания я подошел к Александрову, который вел под руку слепого Понтрягина, и, не скрывая негодования, сказал ему, что я не замешан в деле Болтянского и ничего не имею против него лично. Понтрягин грубо отпарировал:

— Не думайте, что это вам сойдет с рук! Лаврентьев и Виноградов не всегда будут вас покрывать. Вы — настоящий антисемит, вас надо отдать под суд.

Тогда я ничего не сказал ему в ответ, но, спустя годы, сам оказался свидетелем того, что именно Понтрягин изгнал

Болтянского из Института им. Стеклова как «бездарного и негодного сиониста».

В 1953 году присвоения Сталинской премии в открытом порядке не состоялось. В 1954 году объявили о выдвижении научных работ на соискание Сталинской премии за 1953-й. Ученый совет Института математики им. Стеклова рассмотрел этот вопрос и на основании научных достижений за 1953 год предложил кандидатуры А. Куроша, А. Хинчина, О. Ладыженскую и меня. Тайным голосованием последние трое получили по семь голосов из тринадцати, в результате чего все трое были выдвинуты на соискание премии. Против моего представления возражали Александров и Понтрягин, однако поставить барьер на моем пути не смогли. Председателем секции математики и физики комитета по Сталинским премиям тогда был Лаврентьев. Государственный комитет присудил премию мне и О. Ладыженской, однако когда встал вопрос об утверждении этого решения, ЦК КПСС и Совет министров по инициативе Н. Хрущева приняли решение о ликвидации Сталинских премий.

В период разоблачения культа личности Сталина меня выбрали секретарем партбюро Института математики им. Стеклова. Это был весьма тяжелый период в партийной жизни. Я согласился исполнять свои обязанности только в течение года, а через год категорически потребовал, чтобы на этот пост меня больше не выбирали.

В течение 1955/56 и 1956/57 учебных годов я читал специальный курс под названием «Несколько классов дифференциальных уравнений в частных производных» на механико-математическом факультете МГУ. Мои лекции регулярно посещало не менее пятидесяти слушателей.

В 1956 году я получил приглашение от болгарского математического общества выступить с пленарным докладом на I съезде болгарских математиков. Съезд состоялся в октябре 1956 года. В работе его от Советского Союза принимали участие С. Соболев (глава делегации), А. Постников и я.

Доклад мой был на тему «Системы эллиптических уравнений в частных производных, которые не удовлетворяют условию сильной эллиптичности». В работе съезда принимало участие не менее сорока зарубежных математиков, с некоторыми я близко познакомился и в дальнейшем продолжал поддерживать научные отношения.

Во время моего пребывания в Болгарии произошел один инцидент, о котором следует рассказать как можно правдивее. Из Москвы делегация советских математиков летела в Софию на реактивном самолете Ил-18. Хозяев же, равно как и представителей советского посольства в Софии известили, что делегация летит обычным самолетом. Поэтому на Софийском аэродроме нас никто не встретил. Надо сказать, что в Москве вместо денег нам выдали чеки. Через полтора часа на аэродром прибыли ведущие математики Болгарии Чакалов, Обрешков, Попов, Илиев и Ценов. Они извинились перед нами за то, что не смогли нас встретить.

Мы познакомились и скоро на машине председателя болгарской академии им. Павлова уже ехали в лучшую гостиницу Софии. После того, как каждому из нас дали отдельный комфортабельный номер, хозяева пожелали нам приятного отдыха до вечера и уехали. Поскольку мы прибыли в субботу, а по субботам банки в Софии работали только до двенадцати, Соболев, на чье имя были выписаны чеки в Москве, не успел получить по ним деньги в банке и, таким образом, наша делегация осталась без денег.

Наступил вечер, но никто из организаторов не появился, и мы уже начинали чувствовать голод. Наконец, Соболев услышал стук в дверь номера (мы все трое находились в его номере в ожидании хозяев). Он открыл дверь, и в номер вошел великолепно владевший русским языком софийский математик И. Тагамлицкий, сын русских эмигрантов. В сопровождении Тагамлицкого мы осмотрели расположенные в центре Софии достопримечательности и в одиннадцать часов вечера вернулись в гостиницу. Тагамлицкий не знал, что за отсутствием денег мы целый день ничего не ели, и, конечно, не предложил нам никакого угощения. У меня были с собой две коробки шоколадных конфет и две бутылки «Хванчкары». Субботним вечером нам пришлось удовольствоваться коробкой шоколадных конфет и бутылкой «Хванчкары».

Соболеву вкус «Хванчкары» не понравился, и мы с Постниковым с трудом убедили его в том, что виноват шоколад, а не вино.

И на другой день, в воскресное утро, о нас еще никто не справлялся. Мы прикончили вторую коробку шоколада и вторую бутылку вина и стали ждать. Вечером Чакалов вручил каждому из нас троих конверт с деньгами и приглашениями. У меня и Постникова в конвертах оказалось по тысяче левов, у Соболева — девятьсот. Мы никак не могли понять, в чем тут дело. Пригласительные карточки у всех у нас были одинаковыми. Загадка разъяснилась на другой день. Оказалось, что с самого начала планировалось пригласить Соболева на особый банкет, поэтому в его конверте оказалось на сто левов меньше. Ошибка была исправлена.

На третий вечер после начала съезда проректор Софийского университета, член-корреспондент болгарской академии, математик Л. Илиев устроил прием у себя на квартире. Было приглашено сорок гостей — все иностранцы. Не прошло и часу с начала застолья, как в квартиру Илиева ввалился одетый в форму шофера советский гражданин. Он был настолько пьян, что еле держался на ногах, и все время повторял одно — пусть, мол, профессор Илиев даст ему ключ от гаража.

Хозяин с супругой изо всех сил старались утихомирить пришельца, но он расходился все больше и больше. Я сидел в конце стола, близко от входной двери. Встав, я пригласил пьяного к столу и указал ему место рядом со мной. Мы едва поместились на одном стуле. Непрошеный гость, увидев на столе торт, схватил всей пятерней кусок и начал пожирать его, как свинья. Сидевший напротив Соболев не вынес этого зрелища и стал громко поносить непрошеного гостя:

— С вами говорит академик Соболев, немедленно убирайтесь отсюда, не то завтра я вам такое устрою, что вы на всю жизнь запомните.

— Потише, академик Соболев! Занимайся лучше своим делом, а я буду заниматься своим, сказал в ответ трезвым голосом «пьяный», спокойно продолжая уплетать торт.

Я прошептал ему на ухо всего одну фразу, после которой он почти сразу поднялся, попросил меня проводить его до дверей квартиры и ушел. Этот инцидент изрядно подпортил нам веселье. Гости разошлись в двенадцатом часу.

Соболев, Постников и я вместе направились в гостиницу. Соболев казался очень взволнованным.

— Завтра в девять утра мы все трое должны явиться к нашему послу и просить его непременно найти и строго наказать этого мерзавца из Советского Союза, который посмел опорочить свою родину в глазах иностранцев.

Мы согласились с ним, попрощались друг с другом и разошлись по своим номерам. Инцидент произвел на меня тяжелое впечатление. К тому же я сильно подозревал, что причиной такого поведения непрошеного гостя был не алкоголь, так как вином от «пьяного» не пахло.

В три часа ночи я включил радиоприемник и стал слушать передачи на разных волнах. Парижское радио на французском языке передавало сообщение, что в первом часу ночи в Венгрии началось народное восстание и несколько городов уже находятся в руках восставших. Потом я нашел московскую волну, по которой осуществлялись передачи для Дальнего Востока. О Венгрии ничего не сообщали. Тогда я включил «Би-Би-Си». Эта радиостанция несколько раз повторила на русском языке, что в Венгрии в результате народного восстания свергнуто коммунистическое правительство Ракоши. Теперь я понял, что могло быть причиной вчерашнего инцидента. Устроенный на квартире болгарского профессора прием для сорока иностранцев, на котором, за исключением самого хозяина и его жены, не присутствовал ни один болгарин, разумеется, требовал проверки соответствующими ведомствами. В половине девятого утра все три делегата во главе с Соболевым отправились в советское посольство. По дороге я настойчиво спрашивал коллег, слушали ли они ночью радио, но ответа так и не добился.

— Сергей Львович, может, не стоит обращаться в посольство по поводу вчерашнего инцидента. По-моему, нам лучше не вмешиваться в такое дело, — сказал я Соболеву.

— Нет, товарищ Бицадзе! Мы обязаны защищать интересы своей родины везде.

Посол Советского Союза Захаров принял нас, выслушал Соболева, потом оглядел каждого из нас в отдельности и спросил:

— У вас в гостинице есть радиоприемник? Вы слушали утреннюю передачу из Москвы, товарищи?

— Мы были так взволнованы, что нам было не до радио, — ответил послу Соболев.

— Я слушал Москву. Вы, наверное, имеете в виду события в Венгрии? — спросил я посла.

— Да, события в Венгрии. Как Ваша фамилия? Бицадзе? Так вот, товарищ Бицадзе, после того, как вы выйдете отсюда, прошу вас ознакомить коллег с содержанием московской передачи, — с этими словами посол привстал, улыбнулся Соболеву и подал руку ему первому в знак прощания.

Но Соболев снова заговорил:

— Сейчас мне все стало понятно, но вы, очевидно, не поняли, что меня так взволновало. Мы двое, я и Постников, северяне и обладаем умеренным темпераментом, но третий из нас, товарищ Бицадзе — горячий, темпераментный грузин. Я просто боялся, что он затеет драку с пришельцем, вот и все.

Слова Соболева задели меня, и я с укором посмотрел на него. Посол подал руку и мне, поблагодарил и вроде бы опять улыбнулся.

— Мы с Постниковым благодарны товарищу Бицадзе за то, что вчерашний инцидент не перешел в драку, — вставил Соболев.

На этом встреча делегатов с послом Советского Союза в Болгарии закончилась. Позже нам стали известны все детали венгерских событий. Я не понимал, для чего Соболеву понадобилось выставлять причиной своего беспокойства мою «грузинскую горячность» и «южный темперамент».

Я вспомнил проводившийся прошлым летом в Москве всесоюзный съезд математиков, в оргкомитет которого входили И. Виноградов, М. Лаврентьев, И. Петровский, С. Соболев и другие. Припомнил, как Соболев возражал против предложения Лаврентьева поручить мне прочесть пленарный доклад (об этом мне поведал Виноградов), как он был раздосадован тем, что на моем секционном докладе присутствовало так много народу. Сейчас недовольство С.

137

Соболева объяснялось, вероятно, тем, что из трех советских делегатов сделать пленарный доклад поручили только мне, и вчера этот доклад был с большим вниманием заслушан всем съездом. Векуа тоже считал, что Соболев всегда старается отодвинуть меня на задний план.

Но в чем причина? Я никак не мог доискаться причины.

Летом 1957 года в Хельсинки (Финляндия) состоялся международный симпозиум по теории функций. В работе его принимали участие 25 советских математиков. Возглавлял делегацию М. Лаврентьев, а научно-туристическую группу Б. Шабат. Вместе с И. Векуа, А. Гельфондом, А. Шагиняном, С. Мергелиани и А. Маркушевичем в делегацию входил и я. Каждый из нас выступил на симпозиуме с докладом.

На этом симпозиуме Лаврентьев еще раз убедился в том, что причина прохладного отношения ко мне со стороны некоторых ведущих советских математиков была вовсе не во мне. Векуа же, напротив, старался убедить его в том, что во всем этом есть большая доля моей «вины» — я, мол, слишком прямолинеен, а в поведении нужна гибкость, что я упорно отказываюсь признавать.

— Илья Несторович! С Соболевым вас связывают дружеские отношения, так убедите его в том, что в Андро как в математике и человеке гораздо больше положительного, чем отрицательного, — предложил Лаврентьев Векуа во время нашей прогулки по лесу поблизости от Хельсинки.

— Михаил Алексеевич! Вы являетесь большим другом и учителем Келдыша, почему же вы не пытаетесь убедить его, что в конфликте между Бабенко и Мигиренко Андро не виноват?

— Келдыш по природе своей садист, он и сам все это хорошо знает, но, по-видимому, испытывает удовольствие, когда ему удается насолить Андро, вот и все. Но он всегда голосовал за кандидатуру Андро во время тайного голосования. Это он сам мне сказал,— ответил Лаврентьев.

Через два месяца после возвращения из Хельсинки я в составе делегации советских математиков отправился в Дрезден (ГДР) на ежегодный съезд математиков Германии (как западной, так и восточной), чтобы сделать на нем пленарный доклад. Членами нашей делегации были П. Александров (глава делегации), П. Новиков, К. Глушков, В. Масленникова и я. Александров имел возможность непосредственно видеть, с каким интересом слушали мой доклад. Новиков тоже похвалил меня, хотя Александров в присутствии Глушкова и Новикова высказал обо мне негативное мнение.

После XX съезда по постановлению правительства были восстановлены Ленинские премии, создан разделенный на секции комитет по Ленинским премиям. Председателем секции математики и механики был назначен И. Виноградов, а секретарем я.

В апреле 1957 года Новикову была присуждена Ленинская премия по математике за труд «Проблема слов в теории групп». Во второй половине того же года началась подготовка к очередному присуждению Ленинских премий. В кулуарах самыми приемлемыми кандидатами на премию считались Петровский и Боголюбов. В то время много разговоров вызвало исследование Петровского о «предельных циклах». Еще до публикации этого исследования он обратился на научных семинарах в МГУ и Институте Стеклова к молодым математикам с просьбой доказать одну лемму из теории функций.

С. Мергелиани, К. Бабенко и Е. Ландис сообщили Петровскому, что они смогли доказать его лемму. Ландис посвятил этому вопросу несколько докладов на семинаре. Я прослушал эти доклады и сказал, что ни один из предложенных вариантов доказательства леммы не является правильным и что я, вообще, сомневаюсь в справедливости этой леммы.

Мое заявление вызвало недовольство Петровского.

— Товарищ Бицадзе все, кроме вас, признают правильным тот вариант доказательства, о котором говорил Ландис, а вы поминутно задавали ему вопросы и не давали возможности закончить доклад.

— Если вы так считаете, то я вообще больше не буду посещать ваши семинары,— ответил я.

— И хорошо сделаете, нам от этого станет только легче слушать доклады,— сказал Петровский.

Довольно скоро после этого было напечатано исследование Петровского, в котором упомянутая лемма принималась без доказательств. Статья Петровского о предельных циклах, по-видимому, вызвала живой интерес у многих математиков. Стали ходить слухи о том, что приведенная в статье основная теорема неверна. Близкие Петровскому математики О. Олейник и М. Вишик предупредили меня об уверенности его в том, что это я пустил слух, порочащий его исследование.

В такой обстановке мне уже не хотелось оставаться секретарем секции математики и механики комитета по Ленинским премиям. Я ждал подходящего повода, чтобы освободиться от этой должности. Именно в это время президиум Академии наук СССР предложил мне поехать на год в научную командировку в Китай. Я немедленно согласился, предложив вместо себя на должность секретаря секции математики и механики кандидатуру В. Захарова. Мне стоило большого труда уговорить Виноградова согласиться на это.

1 октября 1957 года я прилетел в Пекин. В аэропорту меня встретили директор Пекинского института математики Хуа Ло-Гэн, заведующий отделом математической физики этого же института У-Син-Мо, окончившие аспирантуру в Москве Чжоу-Ю-Лин, Фин-Кан и многие другие молодые китайские математики.

Меня устроили в прекрасном номере только что построенной гостиницы европейского типа на окраине Пекина, которая называлась «Дружба», а во второй половине дня пригласили принять участие в торжествах по случаю восьмилетней годовщины образования Китайской народной республики. Праздник продлился до полуночи.

По просьбе китайских коллег я каждую неделю по восемь часов читал два курса лекций: теорию дифференциальных уравнений в частных производных и применение методов функционального анализа и теории функций в математической физике. Помимо этого, один день у меня был выделен для консультаций.

Я с большим энтузиазмом приступил к выполнению возложенных на меня обязательств. Я передавал дирекции института математики текст каждой лекции на русском языке на неделю раньше с тем, чтобы слушатели лекций уже имели на руках ротапринтные копии будущей лекций на русском языке и в китайских иероглифах. Поначалу мне было трудно отличать китайцев друг от друга, но вскоре я уже начал узнавать своих слушателей, число которых на каждой лекции превышало пятьсот человек. Мои лекции приходили слушать как молодые, так и пожилые математики.

В результате консультаций выяснилось, что среди молодых китайских математиков многие обладали высоким математическим интеллектом. Среди последних особенно выделялся Дун, который под моим руководством всего за несколько недель выполнил важное научное исследование. В одном из своих трудов он построил простые примеры, доказывавшие ошибочность исследований известных американских математиков Протера и Гарапедиана, посвященных обобщению так называемой задачи Трикоми в многомерных пространствах. Во второй главе своего труда Дун нашел решение краевой задачи Римана-Гильберта теории функций для случая, который вследствие особой сложности долго оставался открытым.

Рукопись эту я авиапочтой отослал Векуа с просьбой по представлению Мусхелишвили и Лаврентьева как можно скорее напечатать ее в «Докладах Академии наук СССР». Ответ от Векуа пришел нескоро. Я связался с ним из Пекина по телефону и узнал, что ученик Векуа, польский математик Б. Боярский, по его просьбе ознакомился с содержанием рукописи Дуна и сам нашел новый метод решения упомянутой задачи. Я был уязвлен этим известием и принял срочные меры для того, чтобы статья Дуна была напечатана в китайском журнале «Научные рекорды». По воле случая статьи Боярского и Дуна были напечатаны одновременно. Из задаваемых мне во время лекций и консультаций вопросов я сделал вывод, что китайцы готовят теоретическую основу для создания китайского варианта атомного оружия и ракетной техники.

В конце ноября 1957 года в Китае начались кампании по «борьбе с воробьями» и проведению в жизнь «большого скачка». В связи с этим Мао Цзэдун выдвинул лозунги: «Подвергнуть огню критики всех, независимо от занимаемого ими поста», «Пусть расцветают сто цветов, пусть соревнуются сто учений». Эти лозунги были как будто направлены на либерализацию диктатуры пролетариата, но в основе их лежало известное письмо Центрального комитета компартии Китая «Об опыте диктатуры пролетариата», посвященное разоблачению культа личности Сталина на XX съезде КПСС.

Благодаря таким лозунгам, в Пекине не осталось ни одного дома, на стенах которого ежедневно не вывешивались бы напечатанные крупными иероглифами дацзыбао (рукописные стенгазеты), в которых резко критиковались все коммунисты, в особенности руководство ЦК партии.

Вечерами по улицам бродили толпы людей, участились несчастные случаи. Нам, находившимся в Пекине советским специалистам, не разрешали в одиночку выходить из гостиницы.

31 декабря 1957 года рано утром ко мне в гостиницу явился Хуа Ло-Гэн в сопровождении Фин-Кана, исполнявшего роль официального переводчика. Хуа Ло-Гэн развернул газету «Жэньминь жибао», центральный печатный орган коммунистической партии Китая, и указал мне пальцем на один иероглиф на первой странице, который на грузинский можно перевести как «хватит».

С того дня на всей территории Китайской народной республики разгорелась непримиримая борьба против «правых элементов», время от времени доставалось и «левым». В учреждениях ежедневно проводились собрания, где беспощадно разоблачали «врагов» народной республики.

Существовало семь форм наказания. Первая предусматривала расстрел, а последняя — выселение в дальние деревни с целью «повторного перевоспитания». Выселяли анонимных главных виновников, которые обладали правомочиями в государстве и делали все якобы на капиталистический лад. Заставили выступить с самокритикой первого секретаря ЦК компартии Китая Дэн Сяо-Пина и президента академии наук Го Мо-жо. Крайне обеспокоенным казался и профессор Хуа Ло-Гэн, который был членом политбюро официально разрешенной «буржуазной» партии «Демократическая Лига».

Когда Хуа Ло-Гэн подвергся критике в институте математики, он заявил, что о его деятельности на посту директора пекинского института математики хорошо осведомлен советский специалист А. Бицадзе, который может сказать, является ли она вредной. Старший советник посольства Советского Союза в Пекине по линии науки и культуры предупредил всех советских специалистов, работавших в Пекине, чтобы они не вмешивались в проводившуюся в Пекине политическую кампанию. Благодаря этому я отвел от себя неприятности, которые грозили мне, если бы я выступил в защиту Хуа Ло-Гэна.

В честь Нового 1958 года нам, специалистам из Советского Союза и других соцстран, работавшим в Пекине, устроили роскошный праздник. На празднике присутствовали Чжоу Эн-Лаи и его супруга Дэн (сестра Дэн Сяо-Пина).

В середине января в Пекине вспыхнула эпидемия «гонконгского» гриппа. Заболели многие советские специалисты. Какое-то время Бог миловал меня от этой напасти, но в начале февраля я тоже слег, не избежав общей участи. Европейская медицина оказалась бессильной перед этим недугом. Китайские коллеги посоветовали мне обратиться к помощи китайской медицины, но в нашем посольстве о китайской медицине не хотели и слышать. В течение двух дней температура тела не опускалась у меня ниже сорока градусов. Я решил попробовать лечиться при помощи китайской медицины.

Лекарство, которым меня поили, представляло собой отвар смеси, составленной из остатков насекомых, пресмыкающихся и растений. Варили его три раза в день непосредственно перед приемом, потому что принимать его следовало в теплом виде. И случилось чудо — уже через два дня врачи, лечившие по европейскому способу, не могли обнаружить в моем организме никаких признаков гриппа.

С середины февраля политические кампании в Китае пошли на спад. Теперь мне снова, как в октябре и ноябре, позволили совершать поездки на закрепленном за мной автомобиле, черного цвета «Линкольне», в любом направлении в пределах ста пятидесяти километров от Пекина. В этом радиусе в окрестностях Пекина расположены места, богатые фауной и флорой, а также многими интересными памятниками: гробницы императоров, Великая китайская стена, парк Ихэюань, множество буддистских, конфуцианских и языческих храмов и молелен.

С такими прогулками я хорошо совмещал свою повседневную деятельность. Китайские математики были весьма довольны мною.

В Китае я регулярно получал письма от моей будущей супруги Нины из Москвы.

С Ниной я познакомился в августе 1957 года в Сочи — во время отдыха в санатории имени «Правды». Путевку в этот санаторий мне в середине июня выдал лечебно-санаторный отдел Академии. В конце июня я взял отпуск и поехал сначала на неделю в Тбилиси, а оттуда прямо в Сочи. В санатории мне выделили небольшой отдельный номер, так что я оказался полностью изолированным от остальных отдыхающих. Это, вероятно, было к лучшему, так как именно в эти дни обнародовали постановление пленума ЦК КПСС в связи с «антипартийной группой» в составе Маленкова, Молотова и Кагановича, что вызвало большой резонанс везде, не исключая и санаторий.

К тому же я готовился к поездке в Хельсинки, где должен был принять участие в международном симпозиуме по теории функций, и в таких условиях имел возможность несколько раз пересмотреть текст моего доклада на французском языке, чтобы по возможности улучшить его и кстати потренироваться во французском разговорном языке.

Так прошла почти половина срока моего пребывания в санатории. Однажды вечером мне не захотелось смотреть кинофильм — каждый вечер в клубе санатория крутили фильмы — вместо этого я прогулялся по санаторному саду, поднялся на вершину холма и, сидя в беседке, наблюдал, как тонет в спокойном море золотой солнечный диск.

Вдруг в беседку вошла молодая женщина. Она облокотилась на перила и залюбовалась красотой южного побережья. Спускались летние сумерки, превращая окрестности в царство светлячков, и женщина, следя за порханием светлячков, тихо, как бы говоря сама с собой, произнесла:

— О, как украшают тьму светлячки.

Она как будто хотела добавить еще что-то, но тут в саду зажгли лампы, что, по-видимому, вызвало у нее недовольство.

Я повернул голову в сторону молодой женщины и сказал:

— Свет ламп сделал светлячков невидимыми. Как несносен человек, ему непременно надо помешать любовным играм этих маленьких созданий.

— Вы думаете, что пляска светлячков это их любовный марш? — спросила незнакомка.

— Да! Как только стемнеет, они покидают дома и начинают искать предмет своей любви...

— Точно так, как это делают люди?

— С той только разницей, что человек ищет свою суженую везде и после того, как созреет для этого. А светлячки делают это только летними ночами, которые так недолги.

— О-о! Да вы, оказывается, философ.

— Все мы становится философами, когда этого требуют обстоятельства.

— Вы, вероятно, тоже не пошли сегодня в кино потому, что в такой прекрасный вечер не захотели сидеть в душном зале? — как бы между прочим спросила молодая женщина.

— Да и вы, наверное, тоже, раз отпустили вашу подругу одну в кино?

— А откуда вам известно, что я здесь отдыхаю с подругой? — удивилась незнакомка.

— Вы все время ходите вместе с подругой, это легко заметить.

— Почему же легко?

— Ну, может, и не так уж легко, но я это заметил.

Наступило молчание. Фильм, вероятно, должен был закончиться через полчаса. Молодая женщина снова заговорила:

— Хорошо бы сейчас поплавать в море. Не хотите окунуться?

— Почему бы и нет! — ответил я.

Взявшись за руки, мы начали спускаться по узкой тропинке с холма к морю.

На берегу было уже совсем темно.

— Я даже не знаю вашего имени,— сказала молодая женщина.

— Меня зовут Андро.

— Какое хорошее имя, оно, наверное, грузинское?

— Да, грузинское. А вас как зовут?

— Нина. А теперь давайте разойдемся и будем купаться по отдельности, так как ни на вас, ни на мне нет купального костюма.

— Так мы же не увидим друг друга в темноте, не стоит заходить в море слишком далеко друг от друга, это опасно.

— Я скорее стесняюсь, чем боюсь.

— А меня вы стесняетесь или боитесь?

— Если бы я вас боялась, то не была бы с вами наедине в этой темноте. Я стесняюсь вас, мы ведь будем купаться обнаженными. Давайте разденемся подальше друг от друга, а потом поплаваем в теплой ночной воде.

Я поболтал рукой в морской воде — на поверхности появились светлые точки — и сказал Нине:

— А вы знаете, что, если взболтать морскую воду, она начинает светиться?

— Да ну?

— Подплывите поближе, и я вам покажу.

Нина приблизилась.

— Видите маленькие светлые точки в воде около пальцев?

— О! Как интересно. Когда выйдем из моря и оденемся, вы расскажете мне, почему так происходит.

Выйдя из моря, мы — каждый на своем месте — надели сухую одежду, нашли друг друга и, взявшись за руки, вернулись на территорию санатория. Фильм уже окончился. На скрещении прогулочных тропинок Нину ждала подруга.

Увидев нас, она быстро приблизилась, заставила разжать руки и увлекла Нину в сторону их квартиры. Я тоже пошел к себе в номер. Разделся, лег в постель, но заснуть не мог. Я все еще был под впечатлением пережитого в тот вечер. Наконец, заснул и проспал до восьми часов утра.

На завтрак Нина и ее подруга не пришли. Я намеренно затянул завтрак, ожидая, что Нина все же придет в столовую, но она так и не появилась. К обеду они тоже не явились. Я встретил Нину позже, прогуливаясь после ужина по одной из тропинок. Остановившись, я поздоровался с ней и сказал:

— Наверное, эта женщина — ваша мули, которая бранила вас за то, что мы были вместе вчера вечером.

— А что значит мули?

Я с трудом нашел русское соответствие слову мули и привел Нине несколько русских синонимов.

— О-о! Нет, она мне не золовка, а подруга, только очень ревнивая. Как только заметит меня с кем-нибудь наедине, будь то мужчина или женщина, сейчас же старается увести прочь, а потом еще попреками донимает. Вот и сейчас дуется, мы ведь даже не завтракали, а обедать пошли только в четыре часа.

В этот вечер я еще раз встретил Нину Она шла под руку с каким-то крупным мужчиной средних лет в сторону санатория имени Ворошилова, где устраивался вечер танцев под музыку духового оркестра. Я продолжил путь и через несколько минут увидел шедшую навстречу подругу Нины. Она остановилась и с улыбкой поздоровалась со мной.

— Вы, вероятно, ревнуете только ко мне? — спросил я.

— Почему только к вам? Давайте пойдем в санаторий Ворошилова, так вот-вот начнутся танцы.

Я согласился, и мы вдвоем пошли по дороге, которая вела к танцевальной площадке.

— Мы ведь с вами совсем незнакомы, а гуляем по этим неизвестным местам!

— Почему же незнакомы? Я знаю, что вас зовут Андро, что вы доктор математики, а я — Анна Яковлевна, но вы можете называть меня Аней, — теперь спутница взяла меня под руку.

На танцевальной площадке танцы были в самом разгаре. Нина со своим верзилой-кавалером танцевали фокстрот. После окончания фокстрота оркестр устроил минутный перерыв. Вскоре раздались звуки аргентинского танго «Риорита». Нина вновь танцевала со своим верзилой. Анна пригласила меня на танец, и к толпе танцующих прибавилась еще одна пара.

Неожиданно Нина покинула своего партнера и подошла ко мне и Анне. Встав между нами, она отодвинула Анну, положила руку мне на плечо и стала танцевать со мной. Она вроде бы улыбалась, однако я сразу заметил, что ей было неприятно видеть меня танцующим с Анной.

Весь вечер мы танцевали вместе. Аня же куда-то исчезла. Когда поздно вечером танцы окончились, мы с Ниной пошли к себе в санаторий. Приходилось спешить, чтобы не нарушать установленного порядка. В спешке Нина подвернула ногу. Я обнял ее за талию, чтобы она не упала, и хотел так продолжить путь. Нина отвела мою руку и сказала:

— Этого пока нельзя!

— А когда будет можно?

— Не знаю, знаю только то, что пока нельзя. Квартиры наши были в разных корпусах; Нина не захотела даже, чтобы я проводил ее до квартиры. Мы пожелали друг другу доброй ночи и пошли каждый в свой корпус.

Нина мне определенно нравилась. С юности ни к одной женщине меня еще не влекло так, как к ней. Я был как в сладком тумане, этот вечер и ночь были полны для меня неизъяснимого томления, неясным предчувствием счастья.

Утром после завтрака небо заволокло тучами. Нина попросила уделить ей один час, чтобы вместе сходить на телеграф. Я согласился. Когда мы возвращались, пошел дождь. По дороге мы встретили мою двоюродную сестру, которая отдыхала в Сочи со своими детьми — девочкой и двумя мальчиками. Поскольку встреча произошла неподалеку от нашего санатория и к тому же дождь припустил еще сильнее, мы с Ниной пригласили моих родственников пойти с нами. Пока не кончился дождь, мы сидели в клубе и беседовали. Нина подошла к роялю, подняла крышку и заиграла, потом спела кое-что, чем очень развлекла нас. Когда дождь прошел, мы расстались, и каждый пошел своей дорогой. На обед Нина и Аня снова пришли с опозданием. Я не уходил из столовой до их появления. На следующий день выглянуло солнце. Единственной процедурой, которую мне назначил врач, была прогулка на лодке, и после завтрака я приступил к этой процедуре. Нина плавала в море неподалеку. Я направил лодку в ее сторону и окликнул:

— С добрым утром, Нина!

— А-а, это вы, — отозвалась Нина и поплыла в мою сторону.

Я помог ей взобраться на лодку, и мы вместе продолжили прогулку. Солнце скоро высушило купальник Нины. Волна плеснула на мои брюки, сложенные мною на одном из дощатых сидений, и замочила их. Нина взяла брюки, стряхнула с них капли воды, вынула из кармана мою курортную книжку, чтобы она не намокла, открыла ее и стала читать. «Бицадзе Андро Васильевич, практически здоров», — прочитала она вслух те строчки, где записывали диагноз. Мы стали часто гулять вдвоем. Срок моей путевки заканчивался на день раньше. Я был приглашен в Леселидзе к своим коллегам Мальцеву и Никольскому, которые отдыхали там с семьями.

Я сказал об этом Нине и прибавил, что могу вернуться из Леселидзе, чтобы проводить ее на аэродром. Я уже знал от Нины, что она собирается лететь самолетом до Минеральных вод, а оттуда поездом в Кисловодск — к бабушке, которой на днях исполняется семьдесят восемь лет.

Повидав коллег в Леселидзе, я вернулся в Сочи и проводил Нину до адлерского аэродрома. Я тоже уезжал оттуда в Москву. При расставании мы обменялись номерами телефонов. Нина заставила меня пообещать, что если трубку возьмет не она, а кто-нибудь другой, то чтобы я попросил к телефону не Нину, а Нину Александровну.

В Москве мы оба настолько были заняты своими служебными делами, что почти позабыли о нашем курортном знакомстве. В конце августа я должен был лететь в Хельсинки. Вечером я вспомнил о Нине и позвонил ей по телефону, предложив встретиться и пойти в кинотеатр. Я не мог понять, обрадовало или обидело Нину мое приглашение.

— Сегодня я, к сожалению, занята, извините, что не могу с вами встретиться. Таков был ее ответ.

— Жаль, что не можете, но ничего не поделаешь...

— А нельзя ли перенести встречу на завтра? — спросила Нина.

— Завтра утром наша делегация вылетает в Хельсинки, так что отложим встречу на будущее!

— На будущее? Ну, до свиданья, желаю вам счастливого пути!

На этом наш телефонный разговор закончился.

Хельсинки, международный симпозиум, научные встречи и другие впечатления заглушили во мне воспоминания о прошедшем лете и связанные с ним переживания. Во время симпозиума я близко познакомился с такими известными математиками Запада, как Р. Неванлинна, Ф. Неванлинна, Л. Альфорс, К. Хейман, С. Стоилов и др. Делегация советских математиков пробыла в Хельсинки десять дней. Хозяева устроили в нашу честь два банкета, один во время симпозиума, а другой — в вечер его закрытия.

На втором банкете несколько молодых советских и зарубежных математиков договорились провести следующий день на морском побережье. С советской стороны собирались быть С. Мергелиани, Б. Шабат, М. Лаврентьев и его дочь В. Лаврентьева, П. Белинский и Л. Маркушевич (дочь А. Маркушевича). По-видимому, они совсем позабыли о том, что все, кроме Мергелиани, в качестве туристов отправляются на другое утро по специальному маршруту по Финляндии.

Утром меня разбудил Лаврентьев:

— Пора вставать! Разве вы не договаривались вчера с молодежью провести день на пляже? Они ждут вас внизу, в фойе.

— Впервые слышу об этом, может, это Мергелиани обещал?

— Мергелиани либо нет в номере, либо он притворяется спящим, на мой стук он не ответил. Наверное туристы, давая обещание, забыли, что утром уезжают из Хельсинки, — сказал Лаврентьев.

— Может быть и так, Михаил Алексеевич. Не знаю как быть...

— В нашей делегации вы самый молодой после Мергелиани, так что одевайтесь и спускайтесь в фойе. По-французски вы говорите не хуже финнов, так что в их компании вам не будет трудно, — посоветовал Лаврентьев.

Я наскоро побрился, оделся, завернул в полотенце купальный костюм и спустился в фойе гостиницы. Там я увидел двух дочерей Альфорса и дочь Неванлинна. Остальные уже ушли вперед. Я почтительно приветствовал их, и мы пешком направились в сторону пляжа.

Как выяснилось, отправившиеся раньше на пляж молодые люди и эти трое не успели договориться, на каком именно пляже они должны собраться, и вышло так, что я с моими спутницами очутились на пляже, где не было ни одного знакомого лица. Несмотря на это, между нами скоро завязался оживленный разговор. Мы плавали в течение часа, затем оделись и отдали должное завтраку, принесенному с собой дочерью Р. Неванлинна.

Около часа дня пошел дождь, и все мы укрылись под тентом. Через какое-то время как будто прояснилось, но потом разразилась настоящая гроза с громом и молнией. По пляжу неслись мутные потоки воды, так что невозможно было понять где море, а где суша. В два часа дождь, наконец, прекратился, но вокруг стояли лужи, по улице же все еще текли реки. Мои спутницы, как и все бывшие на пляже, разделись, и мы босиком, в одних купальных костюмах, пошли в сторону Хельсинки. По пути смотрели по сторонам, ища хороший ресторан, где можно было бы пообедать.

Однако моим спутницам нигде не нравилось. Им пришелся по вкусу только ресторан при моей гостинице. Гостиница была известна своей кухней, а также дороговизной. Дочери Альфорса сменили купальники на платья.

Выбрав тот зал ресторана, в котором была музыка, я и три мои спутницы сделали заказ. Помимо обеда девушки потребовали принести еще шотландский виски емкостью более литра. Я почувствовал себя неуютно, так как с деньгами у меня было туго. К тому же четыре дня тому назад я заказал себе новый костюм, и теперь меня беспокоил вопрос, сумею ли я рассчитаться за него после того, как оплачу стоимость угощения.

К счастью, в ресторан вошли пообедать Лаврентьев, Векуа и Альфорс. Проходя мимо нас, они приветливо поздоровались. Лаврентьев окинул взглядом наш довольно богатый стол и, по-видимому, заметил на моем лице неуверенность, потому что постарался ободрить меня, дав понять, чтобы я не стеснялся в расходах, после чего присоединился к своим спутникам. Девушки пили виски, не разбавляя его минеральной водой, и веселели на глазах.

Впервые в жизни я сидел в ресторане с тремя девушками, да еще за границей. На секунду я представил себе ресторан в Сочи, куда пригласил Нину. Помню, Нина тогда наотрез отказалась от вина. Как непохожа была она на этих иностранок. Я понимал, что глупо сравнивать их между собой, Нина была куда воспитаннее, красивее и, наверное, умнее... Поход в ресторан обошелся мне в половину стоимости костюма, но, к счастью, делегация на этот раз располагала достаточным количеством валюты.

Как я уже говорил, в Китае работало много специалистов из социалистических стран. Среди них, разумеется, были и женщины, но, наблюдая за их образом жизни и поведением, я всегда возвращался мыслями к родине и почему-то особенно — к Нине, с которой я в общем-то как следует даже не был знаком. Мне казалось, что никто здесь не может сравниться с ней.

В отличие от других, немецкие специалисты в Пекине держались особняком. Даже ресторан у них был свой. С немцами я познакомился в сентябре прошлого года на ежегодном собрании математиков в Дрездене. С немецкими математиками Бляшке, Гольдером, Кнезером, Хассе, Келлером я встречался еще в 1956 году в Москве — на всесоюзном съезде математиков. По новым научным результатам они сильно отставали от советских математиков.

Война нанесла чувствительный удар по немецкой науке. На взгляд постороннего даже семейная жизнь немцев не отличалась упорядоченностью.

После Дрездена делегация советских математиков три дня провела в Берлине. Там нас поселили в известной гостинице «Адлан». Все вокруг еще лежало в руинах, за исключением отдельных зданий, избежавших разрушительного действия советских танков и орудий. В театре Брехта я посмотрел «Кавказский меловой круг». В немецком варианте этого спектакля кавказская женщина походила на женщину, вышедшую из гарема. Не понравилось мне и то, что флаг Грузии с изображением белого (святого) Георгия держали в руках бездарные бойцы.

По сравнению с немецкими женщинами, как в самой Германии, так и здесь, в Китае, Нина в моем представлении стояла на недосягаемой высоте. Каждую неделю я получал от нее письма и в ответных посланиях описывал свои впечатления от Китая. По нашей переписке было заметно, что мы заочно все больше и больше привязываемся друг к другу.

В начале марта 1958 года я получил из Москвы от президента Академии наук А. Несмеянова телеграмму следующего содержания: «Прошу Вашего согласия баллотироваться на вакантное место члена-корреспондента Академии наук СССР по линии Сибирского отделения». Смысл телеграммы был для меня непонятен, поэтому ответа на нее я не послал. Позже я получил телеграмму аналогичного содержания от Лаврентьева, академика-секретаря отделения физики и математики Академии. На этот раз я решил ответить и сообщил, что в середине марта вернусь из командировки в Москву и тогда уже дам ответ.

Когда я объявил китайцам, что служебные дела призывают меня на родину раньше срока, они были весьма опечалены этим известием. Однако дали согласие на мой отъезд и предложили мне в течение двух недель ознакомиться с другими местами Китая, читая попутно один-два доклада в крупных научных центрах, при этом отдохнуть и во второй половине марта отправиться в Москву. Я согласился и в сопровождении заместителя директора пекинского института математики отправился путешествовать по территории Китайской народной республики.

В нашем распоряжении был любой транспорт. Сначала мы взяли курс на Шанхай. На несколько часов остановились в Нанкине с целью осмотреть саркофаг Сунь Ятсена. К сожалению, нам это не удалось. Больше ничего интересного для себя в Нанкине я не обнаружил.

Через сутки мы уже были в Шанхае. На железнодорожном вокзале нас встретили представители шанхайских математиков во главе с Су Буцином. Я знал его еще по Болгарии. Су Буцин, проректор шанхайского университета Фудана, по специальности был геометром. Меня поселили в высококлассной гостинице. На второй день был заслушан мой научный доклад о математических основах трансзонального движения сжимаемой жидкости (газа). Доклад собрал много слушателей.

Вечером я смотрел постановку в «Шанхайской опере», на другое утро осмотрел храм черных буддистов, а вечером опять же поездом отбыл в Ханчжоу. Ханчжоу — город с более, чем миллионным населением. Он построен вблизи моря на берегу красивейшего озера Сиху и окружен вечнозелеными холмами. Китайцы говорят «Если на небе рай, то на Земле Синьчжоу и Ханчжоу». Здесь тоже нашлись математики, которые попросили меня выступить с докладом. Я выполнил и эту просьбу китайцев.

Меня пригласили покататься на лодке по озеру Сиху при лунном свете. За лодкой, в которой сидели гость и хозяева, на небольшом расстоянии следовала лодка, в которой находилась охрана, выделенная органами государственной безопасности Китая. В гостиницу мы вернулись поздно, а с утра я приступил к осмотру окрестностей Ханчжоу. Эти красивейшие места с незапамятных времен населены не менее красивыми людьми. Жители Ханчжоу славятся своей красотой среди других китайцев. Цвет их кожи беловато-медный, черты лица правильны, а сами они, как говорится, стройны как тростник.

Окрестности Ханчжоу изобилуют историческими и религиозными памятниками. Из Ханчжоу я и мой спутник самолетом перелетели в Гуанчжоу (Кантон). Гуанчжоу — самый большой после Шанхая город Китая. Здесь на аэродроме нас тоже встретили восемь представителей математиков из университета Гуанчжоу, в том числе декан физико-математического факультета. В комфортабельной гостинице города для меня уже был приготовлен прекрасный трехкомнатный номер.

Хозяева предложили мне вместе пообедать в ресторане под названием «Змеиное царство», уже с конца XIX века славившемся своими блюдами из пресмыкающихся. Я охотно согласился, мой пекинский спутник же почему-то воздержался, хотя вынужден был сопровождать меня туда, как гостя. Ресторан этот занимал несколько этажей в построенном на берегу полноводной реки небоскребе. Клиентам заранее показали помещенных в плетенку из золотистой проволоки живых пресмыкающихся, которые должны были пойти на приготовление супа из трех змей и второе блюдо под названием «дракон с фениксом». Слово дракон символизирует змею, а феникс — обычного цыпленка.

Через час на берегу реки, на веранде четвертого этажа, был накрыт стол. К столу подали китайские напитки и две большие глубокие чаши, полные лепестков разноцветных хризантем. Над приготовленным из трех змей супом поднимался ароматный пар. Мой пекинский спутник отказался присесть к столу, поскольку его воротило при одном упоминании о змее. Официантки разлили мне и моим хозяевам суп в красивые фарфоровые тарелки, посыпали его сверху лепестками хризантем, затем пожелали нам приятного аппетита и вышли. Мы отдали должное супу, затем в ожидании второго блюда выпили несколько бокалов розового вина, произнося тосты на французском языке, немного передохнули, полюбовались с веранды цветущими холмами на противоположном берегу реки и вызвали официанток.

«Дракона с фениксом» подали на отдельных тарелках. Я спросил, какой из кусочков этого блюда был приготовлен из змеи. Декан поинтересовался, какие из них нравятся мне больше всего. Я указал на кусочки желтоватого цвета. Оказалось, что именно они были приготовлены из змеи. Это известие поразило меня как громом, я боялся, как бы меня не стошнило тут же, за столом и, схватив стакан с вином, молча осушил его. Потом все вошло в норму.

155

Вторая половина дня была посвящена осмотру города. Был воскресный вечер, и улицы города были полны китайцами, разодетыми в цветные одежды (в Пекине все китайцы и в будни, и в выходные дни носят униформу). Среди гуляющих даже я с моим небольшим ростом и мой пекинский спутник выглядели Гулливерами среди лилипутов — южные китайцы темнолицы и маленького роста.

В сумерки мы вернулись в гостиницу, поужинали, а потом мне показали подвешенный в большой комнате к потолку прозрачный конусообразный полог, который нужно обернуть вокруг себя, чтобы защититься от москитов во время сна.

Мой крепкий сон был нарушен громом пушек. Темное южное небо пронизывали зажигательные снаряды. Тут в мою спальню вошли представители охраны — парень и девушка — и объяснили, что это перестрелка, которую каждую ночь ведут между собой части народно-освободительной армии Китая и «засевшие на Тайване военные соединения изменников» (так они называли отступившую на остров Тайвань антикоммунистическую армию генерала Чан Кайши), и что для проживающих в гостинице это не представляет никакой опасности. Когда охрана вышла, я снова погрузился в сон.

Утром в десять часов по местному времени я сделал научный доклад в университете Гуанчжоу, а потом снова отправился осматривать достопримечательности города. Вечером мне предложили сделать на специальном катере прогулку на остров Хайнань, которая должна была продлиться несколько дней. От этого предложения пришлось отказаться, так как я спешил в Москву.

Ректор университета Гуанчжоу, специалист в области конфуцианской философии, устроил на территории университета прощальный ужин в мою честь. Университет Гуанчжоу стоит среди огромного парка, его здания не имеют стен, а крыша на столбах служит лишь для защиты от палящих солнечных лучей и дождя.

Ректор объявил, что в честь гостя сегодня готовится особое угощение. Декан физико-математического факультета прервал его словами: «Боюсь, что такое угощение мы уже устроили нашему гостю в день его прибытия», на что ректор только махнул рукой в знак того, что это ему хорошо известно, и велел официанткам подавать на стол. Вновь была принесена плетенка из золотистой проволоки со змеями. Мне дали выбрать семь из них и самую большую прикрепили головой к спускавшейся с потолка цепи. Затем разделыватель змей операционным ножом выпотрошил живую змею, вынул желчный пузырь, перекрыл веревочной петлей желчный проток и подал ректору. Ректор потребовал наполнить розовым вином стаканы, серебристой иглой проколол желчный пузырь змеи и налил по пяти капель желчной жидкости в каждый стакан. Вино сразу изменило цвет и стало рубиновым. Этим напитком был отмечен тост за дружбу.

Ужин закончился в двенадцать часов ночи. На другое утро я и мой пекинский спутник вылетели самолетом из Гуанчжоу в Пекин. В пути ненадолго сделали остановку в Ухани, где осмотрели металлургический завод — дар Советского Союза Китаю.

В Пекине уже готовились к прощанию со мной. За опубликование моего курса лекций на китайском языке мне предложили четыре тысячи юаней, но я отказался принять их под тем предлогом, что за работу в Пекине мне и без того выплачивают большую зарплату (семьсот юаней в месяц).

Поскольку я отказался принять деньги, мне вместо платы за труд предложили подарок — спальный гарнитур орехового дерева. Я отказался и от этого. Дело дошло до того, что китайцы обратились в советское посольство с просьбой как-нибудь повлиять на меня, чтобы я принял вознаграждение в той или иной форме. По этому поводу советский посол Юдин даже вызвал меня к себе. Разговор зашел о моей работе в Китае. Коснувшись вопроса о дополнительном вознаграждении, он с улыбкой сказал — это ваше личное дело, поступайте как находите нужным.

Накануне своего отъезда из Пекина в Москву Чжоу Эньлай вручил мне «Медаль советско-китайской дружбы», а президент академии наук Китая «Благодарственную грамоту» с приложением специального письма, где давалась высокая оценка моей деятельности в Китае. Думаю, что читателю, будет интересно ознакомиться с этими двумя документами, поэтому привожу здесь их точный перевод:

Благодарственная грамота

Академии наук Китая

Товарищ Андро Васильевич Бицадзе!

Своим высоким интернациональным порывом, богатством научных знаний, самоотверженным трудом Вы оказали нам неоценимую помощь в деле продвижения вперед науки в нашей стране. Ввиду вышесказанного от имени Академии наук Китая примите нашу искреннюю благодарность!

Президент Академии наук Китая Го Мо-жо,

8 марта 1958 года. Пекин.

Глубокоуважаемый, дорогой Андро Васильевич Бицадзе!

Вы отозвались на наш призыв оказать нам помощь в деле развертывания в Китайской Народной Республике научно-исследовательской работы в области теории дифференциальных уравнений в частных производных, приехали в нашу страну и успешно работали здесь с октября 1957 года по март 1958 года. Вы глубоко и всесторонне ознакомили нас с современным состоянием теории дифференциальных уравнений в частных производных, в своих докладах предложили нашим ученым двадцать новых тем для исследования, а во время консультаций дали молодым математикам еще десять тем, которые в будущем войдут в план научных исследований китайских специалистов. Совокупность этих тем, без сомнения, содержит весьма важные исследовательские вопросы современной математики, решение которых так необходимо для прогресса в естествознании и технике.

Прочитанный Вами курс лекций, записанный на китайском языке с помощью семидесяти тысяч иероглифов, скоро будет издан в серии «Достижения математики» и, безусловно, сыграет большую роль в деле исследования дифференциальных уравнений в частных производных в нашей стране. Вы энергично способствовали росту молодых научных кадров. Под Вашим непосредственным руководством молодые китайские математики получили новые высококачественные научные результаты, шесть из которых уже опубликованы в виде журнальных статей. Вы оказали большое как непосредственное, так и косвенное влияние на математиков нашей страны в деле выбора и уточнения научной тематики. Благодаря Вашим лекциям, Вашим консультациям, Вашим выступлениям и научным спорам слушатели получили истинное представление о науке. Вы сумели убедить всех нас в том, что математика создана для того, чтобы удовлетворять потребности производственной практики людей, что она развивается вместе с обществом и всегда служит ему, что диалектика природы определяет диалектический смысл методов изучения протекающих в реальном мире процессов.

Вы всегда прямо и откровенно критиковали существующий в нашей стране неверный стиль математических исследований и обучения математике и помогали нам выработать новый, правильный стиль. Свой интернациональный порыв Вы передали китайским математикам, и это имеет большое значение вообще для всех китайских товарищей. Мы никогда не забудем той неоценимой помощи, которую Вы оказали нам в работе. От души желаем Вам здоровья, всяческих благ и дальнейших успехов!

Президент Академии наук Китая Го Мо-жо, 8 марта 1958 года. Пекин.

Андро Бицадзе, 1957 г.

С финским коллегой – профессором Р. Неванлинна

Ханчжоу

На озере Си-Ху

Нина, будущая супруга Андро Бицадзе; 1957 г.

"Борьба с контрреволюционными элементами" в Китае; 1957 г.

"Борьба с контрреволюционными элементами" в Китае; 1957 г.

Глава VI

В конце марта я уже был в Москве. В аэропорту меня встретили друзья, поздравили с возвращением на родину и с тем, что меня выбрали членом-корреспондентом Академии наук СССР. В начале апреля я позвонил Нине, и мы договорились встретиться возле станции метро «Пушкинская». Встреча состоялась.

Был теплый вечер. Рука об руку мы прогуливались по улице Горького. Мы оба осознавали, что между нами зарождается большое, хорошее чувство. Нина уже знала, что я был выбран членом-корреспондентом Академии наук СССР по линии Сибирского отделения и скоро должен выехать в Новосибирск на постоянную работу. Во время одной из встреч, когда разговор у нас зашел о браке, Нина, потупившись, обняла меня и сказала, что готова поехать жить в любое место, лишь бы быть рядом со мной.

В мае выяснилось, что я вместе с другими советскими математиками должен принять участие в работе проводившегося в Эдинбурге международного конгресса математиков. Я не ожидал этого, поскольку И. Виноградов, который являлся председателем национального комитета советских математиков, был недоволен тем, что я отказался быть секретарем этого комитета.

Эдинбургский конгресс состоялся в августе 1958 года. В секции конгресса, посвященной дифференциальным уравнениям в частных производных, я выступил с докладом «Некорректность задачи Дирихле для уравнений смешанного типа в смешанных пространствах». На докладе присутствовало много математиков. В прениях при обсуждении доклада несколько раз выступали такие известные специалисты в области теории уравнений смешанного типа, как Трикоми, Буземан, Томотика, Гудерлей и другие. Поскольку мой доклад был последним в секции в первой половине дня, продолжать обсуждение можно было еще почти в течение часа. В конце и спорящие, и слушатели убедились в том, что мои научные результаты правильны, и поздравили меня с победой.

На конгрессе в Эдинбурге я был рядовым участником. Руководителями советской делегации и туристической группы назначили И. Виноградова, Н. Боголюбова и Е. Мищенко. Когда они узнали о результатах в связи с моим докладом, реакция первых двух была явно положительной, третий же отнесся к этому равнодушно. На второй день я встретил Е. Мищенко в компании с Л. Понтрягиным и И. Шафаревичем. Ни один из них не ответил на мое приветствие, а И. Шафаревич посмотрел на меня с неприкрытой враждебностью. Зато искренне поздравил с победой в связи с моим докладом Н. Мусхелишвили, которому сообщил об этом И. Векуа.

Советским математикам дали возможность осмотреть немало музеев, выставок и исторических памятников в Эдинбурге и его окрестностях. Незабываемой была коллективная прогулка участников конгресса на пароходе вдоль берегов Шотландии в Атлантическом океане. Прекрасный прием оказали гостям англичане в доме-музее Непера. Во время заключительного банкета на высоком уровне нас принял герцог Эдинбургский, супруг королевы Великобритании Елизаветы.

В Лондоне мы пробыли трое суток. Этого времени нам, советским участникам Международного конгресса математиков, хватило, чтобы осмотреть Картинную галерею Великобритании, лондонские музеи, Вестминстерское аббатство, Тауэр, здание Парламента, галерею восковых фигур и еще множество интересных мест. В Вестминстерском аббатстве мы с чувством особого уважения посетили могилу Исаака Ньютона. В галерее восковых фигур были хорошо представлены расположенные по группам фигуры великих государственных деятелей, в центре — Сталин со своим окружением, справа — Рузвельт, слева — Черчилль. В кабинетах ужасов мы увидели фигуры Фанни Каплан и Шарлотты Корде с выражением ненависти на лицах, с пронзенной грудью истекал кровью Марат, погибший за дело французской революции.

На четвертый день, после завтрака, большая группа советских математиков, в которую входил и я, на комфортабельном океанском советском пароходе «Балтика» отплыла из Лондона на родину. В пути пароход бросал якорь и делал пятичасовые остановки у пристаней Копенгагена и Стокгольма.

До Копенгагена вместе с нами плыл из Лондона известный датский математик Харальд Бор, брат Нильса Бора. В Стокгольме мы посетили известные места из сказок Андерсена. Пароходу нашему понадобился целый день, чтобы через проливы Скагеррак и Каттегат выйти в Балтийское море и достичь Ленинграда. По пути мы ясным утром любовались красивейшим городом-крепостью в море — Кронштадтом. Ленинградские математики, разумеется, остались в Ленинграде, а все остальные разъехались по своим городам.

По возвращении в Москву я позвонил Нине, мы встретились на этот раз у станции метро «Площадь революции» и пешком направились к саду «Эрмитаж». Еще до отъезда в Англию я купил два билета на представление бразильских эстрадных певцов, которое должно было состояться в театре «Эрмитажа». Перекусив в садовом ресторане, мы отыскали в здании театра свои места. В ожидании начала представления мы не сводили друг с друга глаз и тихо говорили о том, что жить друг без друга уже не можем.

На другой день Нина повела меня к себе домой, чтобы познакомить с родителями. Она сказала им, что мы хотели бы пожениться, если они не имеют ничего против. Родители Нины не противились ее выбору. На следующий день мы подали заявление в Дом бракосочетаний. Регистрация брака должна была состояться ровно через две недели после подачи заявления.

Эти две недели мы решили провести врозь, поэтому я поехал в командировку в Новосибирск. Там я познакомился с будущими молодыми коллегами, сделал несколько научных докладов в коллективе математиков, который должен был стать ядром будущего Института математики Сибирского отделения АН СССР.

Десять дней я провел у М. Лаврентьева, хорошо ознакомился с перспективами развития Сибирского отделения и с теми производственными организациями, с которыми это отделение должно было постоянно поддерживать связь. Я поведал Лаврентьеву о своем решении создать семью, подробно рассказав о Нине, о том, чем она занимается в настоящее время и о ее желании переехать вместе со мной в Новосибирск на работу. Лаврентьев отнесся к этому с одобрением, дал мне несколько отеческих советов и посоветовал вылететь в Москву по крайней мере за два дня до регистрации брака, так как в октябре из-за непогоды рейсы реактивных самолетов между Москвой и Новосибирском часто задерживаются.

Регистрация нашего брака состоялась в Москве 18 октября 1958 года. Застолья мы не устраивали, а в качестве свадебного путешествия на двадцать шесть дней поехали по санаторным путевкам в Гагру. День нашего прибытия в санаторий — 22 октября — совпал с днем рождения Нины. Погода в Гагре стояла великолепная, на протяжении двух недель мы каждый день купались в море, гуляли по территории курорта, один день провели на озере Рица. Все это время наша жизнь была такой же безоблачной, как южное небо Абхазии.

Во время прогулки по гагринскому парку к Нине пристала молодая цыганка, дай, мол, я тебе погадаю. Нина согласилась. Цыганка отвела ее в сторону на несколько минут и попросила две сторублевые ассигнации, якобы, нужные для проведения сеанса. Потом она развернула обе ассигнации, несколько раз плюнула на них, склеила их слюной и начала гадать. После окончания сеанса обе ассигнации, конечно, остались у цыганки — взять их обратно после того, как их оплевала цыганка, Нине было противно.

Она вернулась ко мне расстроенная, и мы в молчании продолжили прогулку по побережью. Нину, по-видимому, не столько огорчила потеря двухсот рублей, как слова цыганки об ожидавшем ее нарушении супружеской верности. Мне долго не удавалось вернуть ей хорошее расположение духа.

Скоро окончился срок нашего пребывания в санатории, и мы на легковой машине отправились в Сухуми, где собирались провести несколько дней — номер в лучшей гостинице был уже забронирован. Из Сухуми на несколько дней приехали в Тбилиси. Мусхелишвили и его супруга Рузанна Фаддеевна пригласили нас, молодоженов, к себе домой на ужин. Хозяева остались довольны моим выбором.

16 ноября в международном вагоне поезда «Тбилиси-Москва» мы с Ниной выехали в Москву. На этом наш медовый месяц окончился и начались будни. В конце ноября мы оба вернулись к исполнению своих служебных обязанностей. Я должен был срочно закончить вторую монографию «Уравнения смешанного типа» и еще до конца года отдать ее в печать. Приходилось работать все вечера, проверяя и уточняя целый ряд мест в моей монографии.

Слова, сказанные цыганкой, по-видимому, запали в душу Нине, она ревниво следила за каждым моим шагом, причиняя страдания и себе, и мне. К тому же в начале декабря она поняла, что беременна. Это обстоятельство еще больше усугубило состояние Нины, она замкнулась в себе и часто подолгу молча лежала на тахте, едва сдерживая подступавшие слезы. Все это сильно осложняло нашу совместную жизнь.

Монографию я, в конце концов, оформил, но чувствовал себя таким утомленным, что пришлось обратиться к помощи врачей. Они сказали, что мне срочно требуется отдых и лечение, и я поехал в санаторий «Узкое». Нина согласилась — сама она на это время переехала к родителям.

К весне положение улучшилось. Мне пришлось поехать в командировку в Новосибирск. У меня отлегло от сердца, когда по возвращении я увидел на аэродроме встречавшую меня Нину.

В мае я снял дачу в академическом поселке Луцино под Звенигородом, и мы вместе с родителями Нины переехали туда на все лето. Стояла прекрасная погода, вода в Москве-реке была теплой, и дачники дважды в день ходили купаться. Я забрасывал в реку сеть и несколько раз даже поймал рыбу, за что удостоился похвалы окружающих. Хотя в последние дни беременности Нине было трудно ходить, она по совету гинекологов старалась как можно больше гулять вместе со мной.

Ночью 29 августа она почувствовала первые признаки приближающихся родов. Мы с ее отцом отвезли Нину на его легковой автомашине в один из московских родильных домов. Родители Нины жили тогда в новой квартире на Ленинском проспекте. Все они 30 августа вернулись в московскую квартиру, а я остался ожидать во дворе роддома. Утром я справился о Нине в акушерском отделении и с радостью узнал, что она родила сына. Мне, конечно, пока не разрешили повидать роженицу и новорожденного. В десять часов я заехал к родителям Нины. Антонина Константиновна, как только увидела меня, сразу воскликнула:

— Поздравляю с рождением сына!

Видно, радость, которую я испытывал в связи с рождением сына, так явно отражалась на моем лице, что это не могло укрыться от наметанного глаза тещи.

Нину с сыном выписали из родильного дома на пятый день. А 7 сентября я уже вылетел в Новосибирск, потому что мне, как профессору, скоро предстояло приступить к чтению лекций во вновь открытом Новосибирском университете и к тому же возглавить отдел теории функций в Институте математики Сибирского отделения.

В сентябре 1959 года в результате успешно проведенных экзаменов на первый курс естественного факультета — единственного в то время факультета Новосибирского университета — было зачислено сто пятьдесят студентов по специальностям «физика», «математика» и «химия». Наряду с этим были укомплектованы три сводные группы из семидесяти пяти студентов-второкурсников физико-математической специальности, наиболее отличившихся в учебе в ведущих высших заведениях Советского Союза, которые пожелали продолжить учебу в Новосибирском университете.

В Новосибирский университет молодежь привлекло опубликованное в газете «Правда» выступление сначала председателя Сибирского отделения Академии наук СССР М. Лаврентьева, а затем ректора Новосибирского университета И.

Векуа, а также информация из других источников, в которых убедительно говорилось о целях, которые ставит перед собой Новосибирский университет, и о прекрасных перспективах, ожидающих окончивших курс.

Я приложил много трудов, чтобы как можно лучше построить курс аналитической геометрии для студентов первого курса и курс анализа для студентов второкурсников. Поскольку университет пока еще не имел своего здания, он на первое время разместился на втором и третьем этажах здания средней школы.

В сентябре ударными темпами приступили к строительству общежития для студентов. К тому времени в Академгородке были закончены только здания института гидродинамики и средней школы.

Члены президиума Сибирского отделения Академии все еще жили в Новосибирске. Только М. Лаврентьев, я и несколько учеников Лаврентьева проживали на территории будущего Академгородка в бревенчатой — Лаврентьевской — избе и в трех деревянных бараках, лишенные элементарных условий. Поблизости не было магазинов, не был проведен водопровод, трудно было с транспортом. Однако все это не имело для нас большого значения, мы были веселы и здоровы.

1 октября студенты вернулись с сельскохозяйственных работ, поселились в общежитии и приступили к занятиям. Курс анализа читали первокурсникам П. Белинский и И. Решетняк, аналитическую геометрию — я, высшую алгебру — Л. Овсянников, курс физики читал Чириков. На втором курсе курс анализа вел я, курс физики — в основном Чириков, но когда в Новосибирск приезжал из Москвы Будкер, читал он. (Говорили, что Чириков читает лекции по конспектам Г. Будкера).

Обязанности декана факультета исполнял Б. Солоноуц. Сначала была учреждена только одна кафедра математики, заведующим которой был я. Я напряженно работал весь октябрь. В начала ноября полетел в Москву, чтобы привезти в Новосибирск жену с сыном. К тому времени в Академгородке уже было закончено строительство трех трехэтажных жилых домов. На втором этаже одного из них нам выделили трехкомнатную квартиру.

9 ноября 1959 года Нина, я и наш малыш, которому было два месяца и одиннадцать дней, приехали из Москвы и поселились в Новосибирском академическом городке. Сыну еще в Москве дали имя Андро.

Наша молодая семья оказалась в весьма нелегком положении. Даже еду и напитки приходилось возить из Новосибирска. Хорошо еще, что Нине помогала по хозяйству привезенная нами из Москвы няня Андрюши. К концу ноября в Новосибирском университете открылась кафедра иностранных языков, и Нине предложили заведовать ею. Это было нелегким делом, но она с радостью согласилась, потому что, несмотря на всю ее любовь к мужу и сыну, ни за что не хотела ограничивать свою жизнь одним лишь домашним хозяйством.

Зима в Новосибирске в том году выдалась суровая и долгая. Температура воздуха по ночам достигала минус 50°, а днем — минус 35.

В Институте математики Сибирского отделения я начал руководить научными семинарами, посвященными важным вопросам современного математического анализа. Осенью 1959 года московское издательство «Наука» напечатало мою монографию «Уравнения смешанного типа», весь тираж которой разошелся всего за каких-нибудь две недели. Еще в Тбилиси я занимался изучением некоторых классов дифференциальных уравнений в частных производных. Теперь эта тема становилась все более актуальной. Я еще раз убедился в этом на состоявшемся в 1959 году в Бухаресте международном симпозиуме, посвященном теории дифференциальных уравнений в частных производных, где я выступил с заказанным пленарным докладом на тему «О нормально решаемых краевых задачах для эллиптических систем».

Здесь я вновь встретился с итальянским математиком Ф. Трикоми, румынскими математиками Стойловым, Мойсилом, Теодореску, близко сошелся с известными молодыми европейскими математиками Лионсом, Малгранжем, Стампакиа, Жилисом и другими. По окончании симпозиума хозяева повезли гостей отдохнуть на пять дней в

Трансильванских горах поблизости от Брашова. В Румынии в этих местах располагаются прекрасные дома отдыха, пансионаты и гостиницы.

Прощальный банкет нам устроили в ресторане при одной из гостиниц. За столом сидело пятьдесят человек. Разговорным языком был объявлен французский, руководителем застолья выбрали Ф. Трикоми. Он был представительный, красивый человек, к тому же прекрасный собеседник. Некоторые молодые иностранные математики в шутку стали прохаживаться на счет Трикоми. Дело в том, что в нескольких докладах на симпозиуме упоминались научные заслуги Трикоми. С большим почтением отметил их и я в своем докладе. Это проявление уважения к заслугам старого математика Малгранжу и Жилису показалось несколько неуместным. Жилис попросил слово и сказал:

— Франческо Трикоми, как видно, пользуется большим уважением как на симпозиумах, так и на банкетах. Я хочу предложить за него тост, потому что он напоминает мне Папу Римского.

— Почему Папу Римского? — послышались возгласы сидящих за столом.

— Потому что Папу Римского все католики в знак уважения называют папой, а его собственные дети избегают обращаться к нему так.

Жилис, вероятно, имел в виду, что Трикоми вроде бы не пользовался авторитетом среди итальянских математиков в те времена, когда ему воздавали хвалу математики других стран. Это, по-видимому, понял и сам Трикоми, потому что он вдруг побагровел и нахмурился, но после небольшой паузы сам решил произнести тост:

— Этот бокал я хочу выпить за Жилиса, потому что он напоминает мне священника храма святого Николая.

— Почему священника храма святого Николая? — послышался вопрос.

— Потому что о том, что заштатный священник храма святого Николая в глухом селе действительно является священником, знает только его паства, а когда он появляется в другом селе, то его там ни во что не ставят, даже священником не считают, — так закончил свой тост Трикоми.

Теперь загорячился приятель Жилиса Малгранж, который тоже попросил слово. Тост его оказался до того непристойным, что среди гостей послышался ропот негодования. Выход снова нашел тамада:

— А теперь давайте выпьем за молодого человека, только что произнесшего тост, простите, я вечно забываю его фамилию. Л..?

— Его фамилия начинается не с буквы «Л», его зовут Малгранж.

— О! Совершенно верно! Итак, выпьем за Малгранжа, потому что его фамилия напоминает мне фамилию великого французского математика Лагранжа.

— А что общего у Малгранжа с Лагранжем? — спросили тамаду.

— Малгранж, вероятно, означает «мовез Лагранж» (в переводе с фр. — «несчастный Лагранж»), и именно потому надо его пожалеть и выпить за него.

Слова Трикоми вызвали бурю аплодисментов. Через несколько минут за столом снова царило прежнее веселье. Банкет закончился лишь в полночь.

В конце октября я был уже в Новосибирске. Молодое Сибирское отделение Академии наук СССР ожидало весьма влиятельного и уважаемого гостя — Первый секретарь ЦК КПСС Никита Хрущев по дороге с Дальнего Востока в Новосибирск собирался сделать у нас остановку.

На аэродроме его встречали члены бюро обкома и весь состав президиума Сибирского отделения Академии наук СССР. Гостя поместили на даче областного комитета. На другой день он приступил к осмотру строящегося Академгородка. В первую очередь ему показали Институт гидродинамики. Там он мало что понял, потому от критических замечаний воздержался. В Институте цитологии и генетики его директор Н. Дубинин кратко обрисовал перспективы развития института. Больше всего он говорил о выращивании сортов кукурузы, пригодных для Сибири. Хрущев сначала насупился, а затем сердито обратился к Лаврентьеву

— Это какой Дубинин?

— Известный генетик, член-корреспондент Николай Петрович Дубинин, — ответил Лаврентьев.

— Вейсманист-менделист-морганист? Немедленно освободите его от должности и уберите из сибирской академии, иначе я вам всем такое устрою! — пригрозил Хрущев.

— Никита Сергеевич! Но ведь Дубинин — прекрасный специалист, и он мог бы нам очень пригодиться здесь, в Сибири.

— Пригодиться в борьбе против Лысенко, это вы хотели сказать? — отпарировал Хрущев.

— Разумеется, и в этом, — подтвердил Лаврентьев.

Оробевший Лаврентьев присоединился к хрущевской свите, и теперь все отправились в Институт геологии, чтобы ознакомиться с проектом гостиницы Академгородка. Хрущев никак не мог успокоиться и продолжал кричать:

— Это просто неслыханно! Заставить государство выделить миллиарды для возвеличивания какого-то менделиста Дубинина! Не выйдет, Лаврентьев!

Во время осмотра проекта гостиницы главным докладчиком выступал первый заместитель М. Лаврентьева С. Христианович. Чрезвычайно довольный тем, что Хрущев так здорово осадил Лаврентьева, он с апломбом начал говорить:

— Мы решили построить шестнадцатиэтажную гостиницу для того, чтобы не протягивать коммуникации и сэкономить территорию. Он указал указкой на макет гостиницы.

Хрущев вдруг выхватил из рук Христиановича указку, повернулся к начальнику своей личной охраны Шелепину и сказал:

— Этот человек насмехается над нами или что?

Шелепин ничего не ответил и с надеждой посмотрел на Лаврентьева, а Первый секретарь продолжил:

— Товарищ Христианович, вы отдаете себе отчет в том, что находитесь в Сибири?

— Да, Никита Сергеевич!

— Да на этой огромной территории медведь с медведицей с трудом отыскивают друг друга, а вы тут собираетесь строить американские небоскребы с целью экономии территории?! Не выйдет, Христианович! Пока я жив, разрешения на это вы не получите, — сказав это, он ударил указкой в районе средних этажей злополучного макета.

— Вот! Выше этих этажей подниматься не смейте. Хватит с вас и восьмиэтажной гостиницы!

Затем он посмотрел на чертеж гостиницы, взял красный карандаш и с помощью линейки провел красную линию посередине здания:

— Переделайте чертеж соответственно этому.

Теперь струсил и Христианович. Он обратился к главному инженеру Г. Чхеидзе с просьбой дать Хрущеву пояснения относительно строительства Академгородка.

Чхеидзе начал так:

— Ввиду того, что в Сибири часто дуют холодные ветра, мы решили отказаться от прямых улиц. Наши улицы будут иметь изгибы.

Это заявление совсем вывело из себя Хрущева, хотя он еще сдерживался. Однако после того, как Чхеидзе назвал кирпич самым подходящим материалом для сибирского строительства, Хрущев разразился:

— Что из себя строят эти грузинские инженеры?! Если будете строить по кирпичику, то когда же закончите строительство академического городка, товарищ Кобелев? — обратился он к первому секретарю новосибирского обкома.

— Во всем виноват Лаврентьев, Никита Сергеевич. В нашем министерстве среднего машиностроения имеются прекрасные военные подразделения, которые давно уже освоили строительство крупноблочных домов. Однако Лаврентьев и слышать не хочет о военных организациях, — сказал Кобелев.

— Это правда, товарищ Лаврентьев? — спросил Хрущев.

— Это ложь, Никита Сергеевич! Кобелеву вообще безразлично, как идет строительство академического городка. Его давно следовало бы освободить от должности секретаря обкома.

— Не вам решать, кого снимать или назначать на должность первого секретаря! Приказываю вам обоим — и Лаврентьеву, и Кобелеву — немедленно привлечь к делу военно-строительные полки по линии Министерства среднего машиностроения! Через год я снова приеду. Если вы действительно мужчины, то Академгородок к тому времени должен быть уже построен. Вот тогда и поглядим, кого из вас двоих снимать!

Хрущев отказался присутствовать на банкете, устроенном в его честь на даче обкома, сел в бронированный автомобиль и отправился прямо в аэропорт, где его уже ждал специальный самолет.

Поздней осенью ректор Новосибирского университета И. Векуа ушел в отпуск и поручил мне исполнять его обязанности. Это не понравилось Б. Солоноуцу, поскольку он считал себя вторым лицом в университете после ректора. В ноябре он вне очереди зачислил в университет сорок студентов, большинство из которых были еврейского происхождения, что вызвало много нездоровых разговоров в Академгородке. Я сделал замечание Солоноуцу и порекомендовал ему впредь воздерживаться от подобных акций. Однако тот проигнорировал мое указание. Вскоре в центральной прессе появилась его статья, в которой он говорил о целях и перспективах Новосибирского университета и о поддержке коммунистической партии и правительства. Эта статья попалась на глаза находившемуся в отпуске Векуа, который в газете «Правда» опубликовал большую ответную статью под названием «Правда о Зеленой улице».

После его возвращения из отпуска больше всего упреков от него пришлось выслушать мне. В кабинете ректора между нами произошел такой разговор:

— Я просил вас исполнять мои обязанности потому, что Солоноуц не заслуживает моего доверия, а вы и на этот раз не оправдали моих надежд, — недовольным тоном начал Векуа.

— Илья Несторович! Солоноуц действовал от вашего имени. Когда я попробовал сделать ему замечание по поводу зачисления им вне очереди сорока студентов, он пожаловался на меня в обком партии, говоря, что я мешаю ему проводить политику ректора.

— А чем вы можете это доказать?

— Свяжитесь с обкомом, тогда сами убедитесь, что я говорю правду.

— А мне кажется, что вы настолько же правдивы сейчас, как были правдивы при разборе дела Зерагиа, — снова упрекнул меня Векуа.

— Я убежден, что в деле Зерагиа сыграл положительную роль.

— То есть ваши действия были на руку Зерагиа?

— В первую очередь, я защищал ваши интересы, — с этими словами я покинул кабинет ректора.

Расскажу коротко, в чем заключалось пресловутое дело Зерагиа. Весной 1957 года П. Зерагиа защищал докторскую диссертацию на большом совете Тбилисского государственного университета. Его оппонентами были В. Купрадзе, Э. Цитланадзе и Л. Магнарадзе. Совет единогласно присудил Зерагиа докторскую степень. Примерно в это же время на публичном заседании ученого совета Института математики им. А.М. Размадзе диссертацию на соискание докторской степени защитил Б. Хведелидзе. Он должен был защититься раньше, но этому помешало то обстоятельство, что осенью 1951 года он со всей семьей был депортирован в Казахстан, откуда по амнистии вернулся лишь в 1954 году.

Я с 1953 года являлся членом секции математики и механики Высшей аттестационной комиссии. В сентябре 1957 года упомянутая секция рассмотрела всю документацию по диссертации Хведелидзе. Я выступал докладчиком по этому вопросу и внес предложение утвердить решение ученого совета о присвоении Хведелидзе ученой степени доктора физико-математических наук без дополнительных рецензий. Предложение было принято единогласно. Документация по диссертационной работе Зерагиа к тому времени еще не была готова для представления на рассмотрение в секции. Как уже известно читателю, с 1 сентября 1957 года до конца марта 1958 года я находился в командировке в Китае.

В начале апреля меня вызвал министр высшего и среднего специального образования СССР В. Елютин. Он обратился ко мне с такими словами:

— Товарищ Бицадзе, я всегда относился к вам с полным доверием, уверен, что вы и на этот раз меня не подведете. У меня на столе лежит дело Зерагиа. Уже почти год как он защитил докторскую диссертацию, однако диссертационная комиссия до сих пор не присудила ему степень. К делу приложены три рецензионных заключения по линии ВАК, два из которых явно отрицательны и не позволяют присвоить Зерагиа докторскую степень, третье же — ни положительное, ни отрицательное. Официальные оппоненты Зерагиа обратились ко мне с жалобой, в которой вам предъявляется серьезное обвинение. Я-то уверен, что все это — чистейшая выдумка. Поскольку вы являетесь специалистом, на мнение и опыт которого можно положиться, я решил поручить вам сделать окончательный вывод по делу Зерагиа. Свяжитесь с председателем секции А. Тихоновым и дайте ход этому малоприятному делу.

Я ответил:

— Вячеслав Петрович, мне бы не хотелось впутываться в это неприятное дело, но, по-видимому, выбора у меня нет. Будьте уверены, что правда восторжествует.

Я забрал дело домой и добросовестно изучил его. Первая отрицательная рецензия на труд Зерагиа принадлежала О. Олейнику, вторая — А. Мышкису. Третья рецензия, по существу, была подобна первой, автором ее являлась О. Ладыженская. Заключение гласило: «Когда я просмотрела диссертацию, мне показалось, что Аттестационная комиссия по ошибке сочла ее диссертацией на соискание докторской степени. Если автор уже имеет степень кандидата наук, то достаточно с него и этого». Разумеется, и это заключение следовало считать отрицательным. В жалобе Купрадзе, Цитланадзе и Магнарадзе говорилось: «Если о диссертации П. Зерагиа существуют отрицательные заключения, то организатором этого является А. Бицадзе. Мы требуем вывести его из состава Аттестационной комиссии и примерно наказать».

Можно представить, в каком сложном положении я оказался. Мне пришлось детально ознакомиться с диссертационной работой Зерагиа. После долгих размышлений я пришел к выводу, что диссертация его все же — с грехом пополам — тянет на докторскую степень. Об этом я прежде всего сообщил Векуа:

179

— Уважаемый Илья, Елютин поручил мне разобраться и дать ход вот этому делу Зерагиа. Купрадзе, Цитланадзе и Магнарадзе написали на меня жалобу. Они считают, что это по моей вине задерживается присвоение докторской степени Зерагиа.

— А на самом деле вам угодно, чтобы эта степень была ему присвоена, да, так надо понимать? — закончил за меня фразу Векуа.

— Будь моя воля, я бы вообще не вмешивался в это дело.

— Тогда почему же вмешались?

— Потому что Елютин поручил мне.

— Я еще в 1952 году никак не мог понять, на чьей вы стороне.

— Но потом-то вы, надеюсь, убедились в моей искренности?

— Сейчас вы находитесь у меня в гостях, и поэтому я не хочу вас оскорблять. В общем, поступайте как вам угодно. Я считаю, что нам не о чем больше с вами говорить.

После таких слов мне не оставалось ничего другого, как покинуть квартиру Векуа, захватив с собой дело Зерагиа.

В связи с этим делом я прежде всего связался с А. Тихоновым и с членами секции математики и механики Аттестационной комиссии — С. Никольским, Л. Кудрявцевым и А. Леонтьевым. Мы пятеро собрались вместе и приняли решение на ближайшем заседании выделить нового рецензента. По моему мнению, лучше всего было как можно скорее утвердить В. Ильина доктором физико-математических наук и затем именно ему поручить написать рецензию на труд Зерагиа.

Все так и произошло, и в мае еще одним рецензентом по диссертационной работе Зерагиа был назначен Ильин. Он высказал много критики в адрес диссертационной работы, но все же счел целесообразным присвоить автору докторскую степень. Для принятия окончательного решения по делу Зерагиа секция создала подкомиссию, в состав которой вошли я, Кудрявцев, Никольский, Леонтьев и Ефимов. Возглавил подкомиссию Тихонов. Поскольку сложившаяся обстановка была весьма сложной, я обратился за советом к Лаврентьеву.

Глубоко проанализировав ситуацию, тот вызвал нас с Векуа на дачу в Мозжинке. Разговор он начал так:

— Илья Несторович, теперь, после того как вы стали действительным членом Академии наук СССР, академиком, ваши тбилисские противники вынуждены будут смириться со своим положением. Поэтому в деле Зерагиа вы могли бы проявить больше великодушия...

— Чем кто, Михаил Алексеевич? — спросил Векуа.

— Кто, как не Купрадзе, Цитланадзе и вся эта компания, — закончил фразу Лаврентьев.

— При чем же тут я, Михаил Алексеевич! От меня-то вы что хотите? Прошу вас, скажите...

— Мне кажется, не надо давать вашим недоброжелателям повода для раздражения.

— Я никогда и не давал повода для этого, Михаил Алексеевич!

— Давали, давали. Мне известно о вашем разговоре с Олейником в связи с этим делом. При этих словах Векуа густо покраснел и опустил глаза.

— Ну, значит, так! Андро, сделайте все необходимое для того, чтобы Зерагиа получил ученую степень доктора наук.

— Наверное, такое же указание вы дали товарищу Андро в 1952 году, когда враги возвели на меня напраслину, — вставил Векуа.

— Илья Несторович! То, что «кампания 1952 года» окончилась счастливо, это, прежде всего, заслуга именно Андро. Прошу вас отныне не предъявлять ему никаких обвинений, и давайте на этом закончим наше сегодняшнее собрание.

Вскоре после этого подкомиссия в присутствии Зерагиа рассмотрела его дело и утвердила за ним ученую степень доктора. А между мной и Векуа, как говорится, «черная кошка пробежала» — он никогда не упускал случая напомнить мне о «кампании 1952-го» и о «деле Зерагиа».

В новосибирском Академгородке холодной зимой 1959 г.

В новосибирском Академгородке с М.А. Лаврентьевым, И.М. Виноградовым и другими коллегами летом 1960 г.

В новосибирском Академгородке с супругой, 1960 г.

Коттедж семьи Бицадзе в Академгородке (вид с Золотодолинской ул.)

Коттедж семьи Бицадзе в Академгородке (вид со двора)

Коттедж семьи Бицадзе в Академгородке (вид со стороны леса)

Сын Андрюша в трехлетнем возрасте, 1962 г.

С сыном Андрюшей на "Обском море" летом 1963 г.

Н.С. Хрущев в добром расположении духа

Н.С. Хрущев в недобром расположении духа

С.А. Христианович

Новосибирский Академгородок (в просторечии – «Академ»), созданный в значительной мере усилиями М. А. Лаврентьева (в просторечии – «Деда»).

По тем временам это был ультрасовременный научный, учебный и культурный центр, утопавший в зелени окружающего его сибирского леса.

Глава VII

В том, что мои отношения с И. Векуа обострились, немалую роль еще в Институте им. Стеклова сыграл Г. Мигиренко. Векуа являлся одним из официальных оппонентов по его докторской диссертации. Многие известные военные специалисты были против присвоения Мигиренко степени доктора технических наук. Высшая аттестационная комиссия лишь через два года после защиты насилу утвердила присвоение ему степени, да и то только благодаря моим усилиям.

На людях Мигиренко притворялся моим другом, но втайне желал избавиться от меня как свидетеля его неудач в науке. К сожалению, тогда Лаврентьев не верил этому. Он разобрался во всем только через двадцать лет, когда Мигиренко при его содействии уже сделался контр-адмиралом.

Именно этот Мигиренко появился в 1958 году в Сибирском отделении Академии наук СССР и вскоре оказался на посту секретаря партийного комитета. Он старался выказывать всем дружелюбие, веселил всех за праздничным столом, а в трудную минуту становился деятельным и энергичным. Его подлинную сущность раньше всех разгадала супруга Лаврентьева, Вера Евгеньевна, но ей казалось, что в таком большом деле, как создание Сибирского отделения Академии наук СССР, может найтись применение и для таких людей.

Мигиренко как будто делал все для того, чтобы облегчить условия жизни молодым семьям, подобным нашей с Ниной. Он даже давал нам советы во время тяжелой болезни ребенка. Наш Андрюша действительно часто прихварывал в суровые сибирские зимы. Нина тоже скоро почувствовала неискренность супругов Мигиренко и всячески избегала их общества.

К каким только уловкам не прибегал Мигиренко, лишь бы помешать Нине стать заведующей кафедрой иностранных языков! Нина же энергично и со знанием дела занялась комплектацией кафедры. Даже в нерабочее время она много времени уделяла разработке оригинальных учебных программ. На первых порах студентам нелегко было учиться по этим программам, но через несколько месяцев они уже с большим интересом слушали лекции по английскому языку и регулярно выполняли домашние задания.

Научные семинары, которыми я руководил, стали пользоваться большой популярностью. Многие способные молодые математики заинтересовались моей научной тематикой. Большое значение имело также то, что в работе семинаров нередко принимал участие Лаврентьев.

На состоявшемся в декабре 1959-го ежегодном собрании Сибирского отделения были подведены итоги работы семинара. В своем отчетном докладе Лаврентьев подчеркнул то обстоятельство, что Сибирское отделение массово привлекает талантливую молодежь из всех уголков страны. В своем выступлении он отметил также хорошую работу Новосибирского университета, с похвалой отозвался о многих молодых ученых, в том числе и обо мне. Именно на этом ежегодном собрании Лаврентьев выдвинул основной лозунг о трех китах — то есть о тех трех основных целях, без которых не может существовать Сибирское отделение: фундаментальное исследование, кадры и внедрение научных достижений в производственную практику.

В то время все средства массовой информации наперебой трубили об энтузиазме в создании Сибирского отделения Академии наук знаменитой троицы — М. Лаврентьев, С. Христианович и С. Соболев, называя их его основоположниками.

С самого начала между ними царило полное согласие. Однако Соболев занял несколько странную позицию: он не считал необходимым привлекать в Новосибирск и, в частности, в академический городок будущих ученых Сибирского отделения до тех пор, пока им не будут созданы подходящие условия. Лаврентьев же, напротив, выступал с требованием, чтобы Сибирское отделение как можно скорее вступило в строй, и собственным примером показывал, что талант и энтузиазм могут преодолеть любые трудности на пути научного творчества.

До 1962 года Соболев лишь изредка приезжал в Сибирь, он даже от квартиры в Новосибирске отказался. Христианович был тогда первым заместителем Лаврентьева и проявлял в делах не меньшую активность, чем последний, хотя не только сам отказался жить в «бараках» будущего Академгородка, но и выговаривал Лаврентьеву за то, что тот уже два года, как бы напоказ, продолжает жить в избе.

Начали сказываться и последствия посещения академического городка Хрущевым осенью 1959 года. Всем было известно, что в деле создания Академии наук СССР ЦК партии никогда не чинил никаких препятствий, даже тогда, когда еще не были «выявлены» антипартийные группировки, а Хрущев считал своей большой заслугой то, что всячески поддерживал стремление трех признанных во всем мире ученых создать на востоке страны «большую науку».

Однако Лаврентьев был вынужден в угоду Хрущеву, прежде всего, пожертвовать Н. Дубининым. Он без промедления освободил его от должности директора Института цитологии и генетики и посоветовал вернуться в Москву. Тот, конечно, внял его совету. Вместо Дубинина директором был назначен Л. Беляев, который ловко притворялся, что «нелегально» ведет непримиримую борьбу с Т. Лысенко. Беляев отказался от идеи выращивать в Сибири кукурузу и занялся разведением норок, мех которых высоко ценился.

В строительстве также была проведена «реформа». Гражданские строительные тресты Новосибирска на строительных объектах Академгородка были заменены военно-строительными батальонами и полками. В срочном порядке завершили строительство уже начатых кирпичных домов и без промедления приступили к строительству блочного завода, без продукции которого невозможно было продолжать строительство. Лишь в одном месте оставили нетронутыми изгибающиеся чхеидзевские улицы, от остальных же не осталось и следа.

Продолжалось только строительство отдельных коттеджей, эту работу решено было закончить кустарным способом. По плану для членов Академии должны были построить двадцать два коттеджа. Участок земли для моего выбирал Г. Чхеидзе, сообразуясь со своими грузинскими вкусами. Это был зеленый холм в нескольких сотнях метров от Обского моря. Строительство шло ускоренными темпами, поскольку моя семья считалась «аборигеном» Академгородка и остро нуждалась в улучшении жилищных условий.

Между будущим Академгородком и Обским морем проходила железнодорожная магистраль Турксиб. Само Обское море представляет собой огромное водохранилище, на котором построена Обская гидроэлектростанция. Длина «моря» превышает двести километров, а ширина — сто. Во время непогоды на море поднималось сильное волнение, высокие волны обрушивались на берег вдоль турксибской магистрали. Понятно, что определенной опасности подвергалась и территория Академгородка.

Самым правильным решением железнодорожникам казалось перенесение турксибской линии на сто километров от побережья Обского моря. Однако если бы этот план осуществился, то и строительство академического городка нужно было бы перенести на другое место, в результате чего были бы потеряны впустую уже потраченные на строительство сотни миллионов рублей. Лаврентьев вызвал к себе меня и Чхеидзе и поделился с нами своей озабоченностью по поводу возникших препятствий.

Чхеидзе был весьма опытным инженером и человеком незаурядного ума, он уже почти тридцать лет работал в Сибири и на Дальнем Востоке. Этот самый Чхеидзе послужил прототипом инженера Беридзе, героя романа Ажаева «Далеко от Москвы». Во время войны он рискнул проложить нефтепровод по дну Татарского пролива между Сахалином и Дальним Востоком, обеспечив снабжение фронта топливными материалами, благодаря чему произошел большой перелом в ходе Великой отечественной войны.

Надо было быть поистине бесстрашным человеком, чтобы пойти на подобный риск. Чхеидзе предупредили, что в случае неудачи Сталин его не пощадит. Он не побоялся ответственности и выиграл. По сравнение с грозившей ему тогда опасностью, угрозы Хрущева были не страшнее «комариного укуса». Первой мыслью, которая пришла ему в голову сейчас, было — не мешать морским волнам разрушать берег, потому что после поглощения морем некоторой территории крутизна дна у берегов должна была настолько уменьшиться, что процесс разрушения берега сам собой мог прекратиться. Лаврентьеву соображения Чхеидзе показались убедительными, и одно время он с ними соглашался.

Через несколько дней между мной и Чхеидзе состоялся такой разговор:

— Уважаемый Григорий! Можете ли вы сказать, на сколько километров может продвинуться море на территорию академического городка?

— Нет, этого я сказать не могу.

— Но может ведь случиться так, что под водой окажутся те места, где здания уже построены или находятся в процессе строительства?

— Не исключено.

— Но тогда уже не будет смысла продолжать строительство на этом месте?

— Я знаю, что в пяти — десяти километрах от побережья на территории академического городка уровень воды будет настолько низким, что сила волн значительно ослабнет и процесс разрушения, в конце концов, прекратится.

— Тогда не лучше ли искусственно уменьшить глубину воды в теперешней прибрежной полосе Обского моря вокруг Академгородка и теперь же лишить Обское море возможности затопить нашу территорию? — Мое предложение заставило Чхеидзе задуматься.

После недолгого размышления лицо его прояснилось, нахмуренные черные с проседью брови разошлись, и он сказал:

— Молодец! Правильно говорите! Это, в самом деле, хорошая идея, только надо хорошенько обдумать, что надо сделать, чтобы осуществление ее обошлось как можно дешевле.

Я не замедлил с ответом:

— Григорий Давидович, весной 58-го мы с Лаврентьевым пешком обошли территорию в несколько десятков километров вверх от устья Оби и реки Ини, которая покрыта образовавшимися с незапамятных времен дюнами. Именно из этих мест можно доставить к берегам Обского моря песок и гравий — по трубам большого диаметра — смешав их с водами Ини. И через каких-нибудь несколько месяцев дно прибрежной полосы настолько выровняется, что у волн иссякнет питающий их материал, и разрушение берега прекратится.

— Да к тому же население Академгородка получит прекрасный пляж! — продолжил мою мысль Чхеидзе.

О содержании нашего разговора Чхеидзе тем же вечером сообщил Лаврентьеву. В избе Лаврентьева мы еще раз продумали все как следует, взвесили и приняли решение срочно подключить проектные организации для основательного изучения этого вопроса. Не прошло и трех месяцев, как рабочий проект был разработан. Весной 1960 года, как только с рек сошел лед, воды Ини непрерывным потоком понесли гравий и песок к северному берегу Обского моря. В середине лета море отступило, и по всей длине сорокакилометровой полосы начали уже кое-где проступать контуры пляжа, появились и первые многочисленные группы купальщиков из Академгородка и Новосибирска. Все это обошлось государству в шесть миллионов рублей, расходы же по перенесению Турксиба и Академгородка составили бы как минимум сто пятьдесят миллионов.

Зимняя сессия в Новосибирском медицинском институте закончилась с высокими показателями. Подавляющее число студентов проявили хорошие способности и прилежание. Математический анализ студенты второго курса сдали на «отлично» и «хорошо». На первом курсе положение тоже было неплохим — студенты математической и физической специальностей оказались хорошо подготовлены. По сравнению с ними несколько отставали по математике и физике студенты химфака, где высшую математику читал Солоноуц.

Лето 1960 года я, Нина и Андрюша провели в академическом городке. К нашей радости Андрюша уже начал произносить отдельные слова. Мы теперь легче переносили житейские трудности. В сентябре того же года меня выбрали секретарем партийной организации Новосибирского университета. Это произошло по инициативе Лаврентьева и Векуа. Им казалось, что благодаря мне, авторитет парторганизации поднимется. Я старался исправно исполнять свои обязанности и по партийной линии. Однако это не устраивало секретаря партийного комитета Сибирского отделения Мигиренко. Он желал подчинить партийную организацию университета парткому, но здесь ему это не удалось.

Ранняя осень 1960-го порадовала хорошей погодой. Купальный сезон на Обском море продолжался. Трое сотрудников Института гидродинамики на лодке переплыли из Академгородка на остров, чтобы подготовить там какой-то эксперимент. Когда они возвращались назад, подул сильный ветер, на море поднялось волнение и лодка перевернулась. Один из них, не умевший плавать, чтобы спастись, уцепился за буек, а двое остальных решили добраться до берега вплавь.

Волнение на море перешло в настоящий шторм, и двое пловцов утонули. С большим трудом удалось вырвать у моря того молодого человека, который остался у буйка.

В те дни директор Института гидродинамики Лаврентьев находился за границей, в Японии, заменял его первый заместитель Христианович. Погибшие в море молодые люди были сотрудниками ученика Лаврентьева Б. Войцеховского, поэтому Христианович завел на Войцеховского дело и передал его в прокуратуру. По слухам Войцеховскому грозила тюрьма, тем более что обвинение поддерживал и Мигиренко. Вернувшийся из командировки Лаврентьев воспринял это как выпад против себя лично. С тех пор в отношениях между Лаврентьевым и Христиановичем появилась трещина. В этой обстановке Мигиренко отвернулся от Лаврентьева. Тому же удалось сначала приостановить, а чуть позже и замять дело Войцеховского.

Лаврентьев не без оснований полагал, что Христинович ведет счет ошибкам, вызванным якобы тем, что Сибирское отделение с подачи Лаврентьева было чересчур быстро введено в строй. Среди этих ошибок, главной, по мнению Христиановича, было полное пренебрежение безопасностью.

Одного этого было вполне достаточно, чтобы Лаврентьева подвергли серьезному наказанию.

И Лаврентьев не простил ему этого. Для того, чтобы рассчитаться с Христиановичем, он решил использовать Мигиренко. Ему было известно, что Христианович не отличается высокими моральными качествами. А поскольку партийный комитет контролировал комплектацию Сибирского отделения кадрами, Мигиренко имел возможность устроить на работу любого советского гражданина.

Однажды к нему пришел главный художник новосибирского драматического театра «Красный факел» по фамилии Шапорин и попросил устроить свою жену С. Шапорину на работу по линии Сибирского отделения. Мигиренко познакомился с Шапориной и, увидев, что она достаточно образованна да к тому же недурна собой, устроил ее на должность личной секретарши Христиановича. Тот остался этим весьма доволен.

Шапорина держала себя так, будто главным предметом ее забот был Христианович. Они нередко задерживались на работе до одиннадцати-двенадцати часов ночи. Радости Мигиренко не было предела — между Христиановичем и его секретаршей завязались любовные отношения. Затем Мигиренко подстроил так, чтобы жена Христиановича «накрыла» влюбленных, о чем немедленно доложил Лаврентьеву, который предпочитал не вмешиваться в личную жизнь своего заместителя и этим только толкал его на кривую дорожку.

Помимо увлеченной наукой молодежи, к Академгородку прибилось немало темных людишек. Для того, чтобы внести свою лепту в дело постановки преподавания физкультуры на должном уровне, из Сухуми явился некто Эсебуа. Для «обеспечения изучения истории» в физико-математической школе, объявилась некая Богораз со своим мужем по фамилии Даниэль, который претендовал на звание талантливого литератора. Этот последний вызвал из Москвы некоего писателя по фамилии Синявский. В то время, когда в Академгородке было трудно обеспечить квартирами даже известных специалистов, Векуа вынудили выделить им квартиры из квартирного фонда университета. Я как руководитель парторганизации университета категорически восстал против этого, вследствие чего мои отношения с Векуа стали еще более натянутыми.

Политическая обстановка в Академгородке и особенно в университете осложнилась. Партийные мероприятия в связи с разоблачением культа личности Сталина начали переходить в более сложные игры, для которых как будто самую благодатную почву представляли собой Новосибирский университет и физико-математическая школа.

Создателем физико-математической школы в академическом городке был Лаврентьев. В этом ему помогали все вокруг, в том числе и я. Я считал, что нехватка хороших учителей математики в Сибири и на Дальнем Востоке мешает выявлению среди широких масс населения способных математиков. Необходимо было путем очных или заочных математических олимпиад выявлять способных детей и собирать их именно в физико-математической школе Академгородка, которая должна была быть укомплектована хорошими учителями.

Заботу о физико-математической школе М. Лаврентьев поручил А. Ляпунову, который еще с 1953 года в Москве прилагал все усилия для завоевания дешевой популярности. Именно по милости этого Ляпунова дети из рабоче-крестьянской среды не имели возможности попасть в физико-математическую школу академического городка. Мадам Богораз также «открыл» Ляпунов.

В Новосибирск приезжали в командировку разного рода авантюристы. Чтение «свободных» докладов было поручено супругам Саниной и Венжеру, которые в начале 50-х «помогали» Сталину решать экономические проблемы социализма. Теперь в своих докладах они отрицали существование социализма в нашей стране и доказывали бесперспективность дела социализма вообще. Видя, что все это носит провокационный характер, я попытался вмешаться, но противники делали все возможное, чтобы принизить мой авторитет в глазах высших партийных органов. Мне не оставалось ничего другого, кроме как выступить с самоотводом на очередном отчетно-выборном собрании партийного бюро, в случае, если назовут мою кандидатуру. Это было многим на руку, и в первую очередь Солоноуцу и Векуа. В той обстановке меня очень поддерживала Нина.

В ноябре 1960 года 60-летний юбилей отмечал М. Лаврентьев. Специально в честь этой даты состоялся всесоюзный симпозиум под названием «Проблемы математики и механики». В работе симпозиума принимали участие известные ученые Н. Боголюбов, М. Келдыш, А. Дородницын, С. Соболев, С. Христианович, А. Мальцев, И. Векуа и другие. С часовым докладом выступил и я.

Несмотря на педагогическую и общественную нагрузки, я активно занимался научной деятельностью и получил новые результаты. В то время предметом моих исследований были уравнения смешанно-составного типа. На симпозиуме я подарил Келдышу экземпляр моей вновь изданной монографии «Уравнения смешанного типа» с такой надписью «Дорогому Мстиславу Всеволодовичу с большим уважением и признательностью». Келдыш прочел надпись и сказал мне:

— Я и раньше ничего не имел против вас и теперь не имею, вы явно ошибались относительно наших взаимоотношений.

— А я думаю, что не ошибался. Возможно, кому-то было на руку, чтобы наши отношения обострились, кто знает?

— Тогда тем более. Так будьте осторожнее хотя бы в будущем.

Я вспомнил, что быть осторожнее советовал мне когда-то и Векуа. Я же никогда не мог постичь, зачем нужны осторожность и дипломатические игры, если все мы заняты одним делом, и делить нам нечего?! Юбилей Лаврентьева завершился большим банкетом. Все ожидали, что в связи с шестидесятилетием ему будет присвоено звание Героя социалистического труда, однако его наградили только орденом Ленина.

После зимней сессии мы с Ниной отправились в Москву.

В феврале 1961 года в связи с семидесятилетием Мусхелишвили в Тбилиси состоялся всесоюзный симпозиум, посвященный математическому анализу и его применению. Я также был приглашен сделать доклад на этом симпозиуме, поэтому из Москвы выехал в Тбилиси.

Симпозиум проходил на высоком научном уровне, в работе его приняли участие около трехсот специалистов, в том числе М. Лаврентьев, С. Соболев, И. Векуа, П. Кочина и другие. В честь юбиляра за счет правительства был устроен грандиозный банкет. Тбилисцами не был прочитан почти ни один пленарный доклад, это весьма огорчило Мусхелишвили. Он даже упрекнул меня и И. Векуа за то, что мы покинули Грузию и участвовали в работе симпозиума, как представители Новосибирска.

Со стороны казалось, что в среде тбилисских математиков царят не только мир и согласие, но и большая дружба. К сожалению, это было не так. Я заметил, что В. Купрадзе занимается консолидацией новых сил для борьбы с Мусхелишвили. В этом плане он очень надеялся на Т. Гегелиа, Т. Бурчуладзе и М. Алексидзе. Он вновь восстановил отношения с Н. Векуа и Д. Квеселава, а Хведелидзе и Харазова считал полностью своими людьми. Мусхелишвили знал об этом, однако уже не принимал это близко к сердцу, поскольку считал, что свою миссию ученого на родине он исполнил, за границей были уже переведены его монографии, и никакие Купрадзе не в состоянии были изменить мнение мирового научного сообщества о его заслугах.

В начале марта 1961 года состоялось ежегодное собрание Академии наук. В спорах, разгоревшихся вокруг доклада главного ученого секретаря, принял участие и я. Это был единственный случай моего выступления на академическом собрании. В своем выступлении я отметил, что с тех пор, как Академию лишили санаториев и домов отдыха, у сотрудников Академии (в том числе у ее членов) резко ограничились возможности в отношении санаторного лечения и отдыха. Мое выступление подвергли резкой критике члены Академии Хвостов, Астауров и даже главный ученый секретарь А. Топчиев. К сожалению, не прошло и трех лет, как все они покинули этот мир.

Неудачу потерпела еще одна моя важная инициатива. По поручению общественных организаций Новосибирского университета я составил письмо на имя заместителя председателя Совета министров А. Косыгина, содержавшее вполне обоснованную просьбу приравнять Новосибирский университет в правах к таким высшим учебным заведениям, как Московский государственный университет, Московский инженерно-физический институт и Московский физико-технический институт.

Письмо было подписано председателем Сибирского отделения Академии наук СССР М. Лаврентьевым и министром высшего и среднего специального образования СССР В. Елютиным.

В число привилегий, о которых шла речь в письме, входило разрешение проводить приемные экзамены с 1 июля, а также назначать студентам повышенные стипендии. К сожалению, Косыгин не удовлетворил нашу просьбу. По-видимому, причиной отказа послужили неприязненные отношения, сложившиеся между Косыгиным и Лаврентьевым еще в начале 50-х годов.

В мае 1961 года проводились перевыборы партбюро Новосибирского университета. Я остался очень доволен тем, что меня освободили от должности секретаря парторганизации и к тому же дали более интересную для меня партийную нагрузку — руководить университетским философско-методологическим семинаром.

На первых порах работа семинара шла успешно, однако, спустя полгода, по чьей-то невидимой указке старостой семинара назначили объявившего себя диссидентом И. Алексеева, который стал навязывать семинарам доклады приглашенных из Москвы и Ленинграда горе-ученых с якобы антисоветскими взглядами. В борьбе с этой провокацией я не получил поддержки партбюро, что сильно осложнило мою работу и дальнейшую жизнь.

В конце мая 1961 года моя маленькая семья переехала жить в отдельный комфортабельный коттедж. Красивая природа, тишина и хорошие жилищные условия способствовали повышению уровня и плодотворности нашей с женой творческой работы. В конце июня Антонина

Константиновна привезла Андрюшу, благодаря чему наша жизнь наполнилась еще большим смыслом.

Все лето мы каждый день не менее двух-трех часов проводили на пляже. Андрюша быстро научился плавать, и часы, отведенные для прогулок, для меня и Нины стали еще более приятными. По вечерам нашими частыми гостями были Лаврентьев и его жена Вера Евгеньевна. Мы с Ниной очень высоко ценили их дружбу. В конце мая — начале июня по инициативе Лаврентьева группа молодых ученых Академгородка отправилась в Париж в научно-туристическую командировку. Лаврентьев и там не оставлял нас с Ниной своими заботами.

Я сделал несколько научных докладов в парижском институте высших научных исследований. Мои доклады почтили своим присутствием такие известные ученые как Лерэ, Монтель, Оппенгеймер, Дидонэ, Лионс, Жермэн, Перес и другие.

После моего заключительного доклада хозяева устроили банкет в одном из фешенебельных ресторанов в Люксембургском саду. Помимо меня, на банкете с советской стороны присутствовали М. Лаврентьев и П. Белинский. На другой день Лаврентьева и меня представили на очередном заседании парижской академии, о чем появилась информация во французских газетах и ежегодном журнале парижской академии. В течение шестнадцати дней мы с Ниной осматривали достопримечательности Парижа, смотрели постановки в театрах.

После одного из моих докладов со мной произошло еще одно интересное событие. По возвращении в гостиницу портье передал мне неподписанный конверт. Вскрыв его, я обнаружил в нем записку на грузинском языке следующего содержания: «Парень, если ты действительно Бицадзе из селения Цхруквети и если ты не трус, то я буду ждать тебя в баре напротив гостиницы до 11 вечера». Записка заканчивалась подписью: «Михако Церетели».

В конце XIX века в нашем селе, действительно, родился известный грузинский историк, лингвист, публицист и дипломат Михаил Церетели. В начале XX века этот человек перебрался в Германию, в короткий период независимости Грузии был грузинским послом в Швеции, после установления советской власти оказался политэмигрантом, а в 30-е и 40-е годы даже возглавлял прогитлеровский Грузинский национальный комитет. После войны он долгое время был лидером грузинской антисоветской организации «Белый Георгий». Само собой разумеется, я не счел нужным встречаться тогда с этим человеком — я не был трусом, но вся эта история очень походила на провокацию, и я даже до сих пор не уверен в том, что автором записки был на самом деле Михако Церетели .

Из Парижа в Москву я вернулся вместе с Лаврентьевым. Соболев с недовольством отмечал растущую близость между нами, и мне вновь вспомнились слова, сказанные И. Векуа в августе 1961 года: «Будьте осторожны с людьми».

Поздней весной 1961 года А. Мальцев с семьей перебрался из Москвы в Новосибирск. Ему тоже дали отдельный комфортабельный коттедж, и он был этим весьма доволен. В отделе алгебры Института математики Сибирского отделения, которым руководил Мальцев, было много талантливых математиков, и заведующий отделом относился к ним с большой заботой и вниманием. Между мной и Мальцевым также завязались дружеские отношения.

Это тоже не понравилось Соболеву, который к тому времени уже отказался от «чистой» математики и теперь носился с идеей применения математических методов в областях, достаточно далеких от математики. Следствием этого было то, что в 1961 году в институте, директором которого он был с самого его основания, оказалось много «специалистов» в таких областях как медицина, лингвистика, история, экономика, литература и т.д. Некоторые из них появились в институте только раз, в тот день, когда Соболев назначал их на должность старших научных сотрудников, и даже зарплату в течение многих лет они получали через сберегательную кассу. Квартирами их также с легкостью «обеспечивал» Соболев.

По инициативе Лаврентьева в Академгородке устраивались встречи с представителями различных областей культуры — музыкантами, композиторами, певцами, писателями, театральными работниками и т.д. Такие встречи дважды устраивались поздней весной и ранней осенью 1961 года. На обеих присутствовал известный композитор Дмитрий Шостакович.

Во время первой встречи Соболев до начала банкета пригласил Шостаковича, известного дирижера Бухбиндера, народную артистку СССР певицу Мясникову и других в институт, чтобы продемонстрировать «чудеса», которые проделывает электронно-вычислительная машина М-20. Он заранее велел программистам запрограммировать гимн Советского Союза и дал послушать гостям, как исполняет гимн машина М-20.

Шостакович с интересом прослушал начало гимна, но потом его лицо приняло негодующее выражение, он огляделся вокруг и вышел из машинного зала.

Тамадой на банкете был И. Векуа. Он вел застолье в присущей ему увлекательной манере. Вдруг Соболев встал и сказал такой тост:

— Друзья! Сегодня вы все имели возможность убедиться в том, какими огромными творческими возможностями обладает современная математика, вооруженная вычислительной техникой.

— Хотелось бы знать, что подразумевает академик Соболев под творчеством? — послышался голос Шостаковича.

— Вы сегодня сами убедились, что математическая машина может заменить собой оркестр, — ответил Соболев.

— Какой оркестр? — спросил Бухбиндер.

— Хотя бы оркестр Большого театра.

— Вместе с дирижером? — поинтересовалась танцовщица Н. Александрова и с улыбкой посмотрела на Бухбиндера.

— Да, вместе с дирижером, — ответил Соболев.

— А может ваша математическая машина выступить в роли танцовщицы? — вновь спросил Бухбиндер.

Соболев смешался, но рядом сидел его заместитель по части вычислительной техники И. Евреинов, который воскликнул:

— Да! В роли танцовщиц могут выступать роботы!

— Наверное, они скоро заменят и певцов, — с иронической улыбкой добавила Мясникова.

— Заменят и певцов, — с самоуверенным видом подтвердил Мигиренко.

— А хорошо ли вы представляете себе, что такое певец? — спросил у Мигиренко сидевший там же молодой певец-баритон.

Тогда Соболев обратился к тамаде:

— Илико! Дай-ка слово Мигиренко, пусть он разъяснит гостям, насколько хорошо ученые представляют себе сущность певца.

— Жора! Жора! А ну-ка пропойте что-нибудь вашим замечательным тенором, — обратился тамада к Мигиренко. Тот, нисколько не смущаясь, без всякого аккомпанемента затянул «Дивлюсь я на нэбо...»

Как только Мигиренко закончил петь, все академики, за исключением Мальцева, шумно зааплодировали. Гости хранили молчание.

— Ну что теперь скажет композитор Шостакович? — спросил Соболев.

По разгневанному лицу Шостаковича было заметно, что он с трудом удерживается, чтобы не подняться и не покинуть банкет. Наконец, он овладел собой и произнес:

— Товарищи! Мне всегда казалось, что математики — серьезные ученые, и я с неизменным восторгом встречал известие о вашем избрании академиками, лауреатами. Но сегодня кое-кто из вас делает все возможное для того, чтобы наше мнение о вашей деятельности изменилось к худшему. Если вы называете гимном Советского Союза ту какофонию звуков, которую производит ваша вычислительная машина, или песней только что прослушанный нами искаженный украинский речитатив, то вы жестоко заблуждаетесь. Хорошо еще, что вы не претендуете на композиторство.

— А почему бы и нет? Претендуем, да еще как! Уж не думаете ли вы, что я не знаю правил композиции? Пусть скажет моя супруга Ариадна Дмитриевна, не написал ли я скерцо, когда меня выбрали академиком?

— Со всей ответственностью заявляю, что Соболевым написано не одно скерцо! — воскликнула супруга академика.

— Миша, это выше моих сил, уйдем отсюда! — попросила мужа Вера Евгеньевна Лаврентьева.

— Верушка, не годится покидать гостей, что они подумают?! — ответил Лаврентьев.

— Михаил Алексеевич! Вера Евгеньевна права. В такой ситуации нам остается только извиниться перед гостями и удалиться, — сказал Мальцев.

Гости уже начали подниматься, собираясь уходить, но тут вмешался тамада:

— Друзья! У меня осталось еще несколько тостов, а потом, если вы устали, то можно и расходиться! — начал Векуа.

За этим последовали тост за дружбу между учеными и музыкантами, тост за великое искусство и великую науку и т.д. После первых двух тостов Вера Евгеньевна, Мальцев с супругой, Нина и я поднялись и на цыпочках вышли из банкетного зала. Чтобы сгладить неприятное впечатление, Векуа с супругой пригласили гостей после банкета для продолжения застолья в свой коттедж. Шостакович и Бухбиндер без особого энтузиазма отнеслись к этому предложению, но все же не отказались, чтобы не обидеть супругу Векуа.

На другой день Соболев и Мигиренко получили выговор от Лаврентьева за бестактность, проявленную ими на банкете.

1961 год ознаменовался еще одним весьма важным событием в жизни Академгородка. В середине весны Хрущев по пути из Пекина в Москву на несколько дней задержался в Новосибирске. Еще раньше, когда Лаврентьев узнал о визите Хрущева в Пекин, он по линии Академии наук сам отправился в командировку в Китай. По стечению обстоятельств, из Пекина во Владивосток Лаврентьев летел вместе с Хрущевым специальным самолетом.

В салоне самолета он обратился к Хрущеву с просьбой посетить по дороге Академгородок, который в 1959-60 годах вследствие бездарного руководства бывшего первого секретаря новосибирского обкома Кобелева переживал не лучшие времена. В том, что Кобелев, в конце концов, был снят с должности, была немалая заслуга Лаврентьева, и если бы теперь удалось уговорить Хрущева вновь посетить Академгородок, то это сразу подняло бы авторитет Лаврентьева в глазах нового первого секретаря обкома Ф. Горячева.

Заручившись согласием Хрущева, Лаврентьев немедленно вернулся домой, чтобы организовать встречу дорогого гостя на как можно более высоком уровне. Скоро Хрущев прилетел из Владивостока в Новосибирск и в сопровождении председателя комитета государственной безопасности Шеляпова прибыл в Академгородок. Он еще более внимательно ознакомился с перспективами развития Сибирского отделения Академии наук СССР и строительством находившихся у него в подчинении научных центров в виде академических городков в окрестностях Новосибирска, Иркутска и Владивостока.

С одной стороны, Хрущев остался доволен тем, что Дубинина убрали из Сибирского отделения и тем, что к строительству академического городка под Новосибирском уже подключилось Министерство среднего машиностроения. Однако с другой, он не мог не заметить, что влияние Лаврентьева распространилось на Сибирь и Дальний Восток и скоро, пожалуй, дойдет до Средней Азии и Казахстана. Тогда ЦК партии и советское правительство могут оказаться перед фактом существования новой мощной Академии наук в лице Сибирского отделения, которая станет могучим конкурентом нынешней Академии наук СССР, что может стать еще одним аргументом для оппозиции против Хрущева. К тому же Хрущев находился в дурном расположении духа, потому что был очень недоволен встречей с Мао Цзэдуном в Пекине. В таком настроении он мог своим визитом вместо пользы нанести вред Сибирскому отделению, если только Лаврентьев не проявит особую бдительность.

Лаврентьев и его супруга Вера Евгеньевна пригласили Хрущева накануне его отъезда в Москву в свою избу на обед. Никита Сергеевич охотно принял приглашение. На обеде, помимо Хрущева и хозяев, присутствовали еще академики Соболев, Трофимук, Мальцев, Векуа и несколько членов-корреспондентов. Войдя в избу Лаврентьева, Хрущев сразу отметил два обстоятельства, а именно: повешенный над входной дверью лозунг — «Обезьяны не могут жить в Сибири, в Сибири холодно» — и импрессионистические рисунки непонятного содержания на стенах. Однако хозяйка так доходчиво объяснила ему все это, что говорить больше было не о чем.

Обед состоял из прекрасно приготовленных сибирских блюд с русской водкой, армянским коньяком и винами различных марок. Тамаду не выбирали. Лаврентьев заранее предупредил академиков о том, что Хрущев считает выбор тамады пережитком грузинского застолья и не выносит, когда столом руководит тамада.

Первый тост хозяин посвятил Хрущеву, его славной деятельности и будущим свершениям. Затем тосты примерно такого же содержания произнесли Соболев и Трофимук.

Через некоторое время гости слегка захмелели. Соболев предложил выпить за здоровье хозяев, однако хозяйка сочла это неуместным. По этому поводу Лаврентьев обратился к Хрущеву с такими словами:

— Никита Сергеевич! Второй член нашей тройки, Христианович, сегодня не явился. Причина, возможно, в том, что он оппозиционно настроен ко мне. Как видите, и Соболев пытается меня критиковать, более того, он зовет меня «Держимордой»...

На этом месте Хрущев прервал Лаврентьева:

— А вы и есть «Держиморда», товарищ Лаврентьев! Никто не смеет вам возразить! Какой еще помещик может сравниться с вами? Вы собираетесь сделать своей вотчиной огромную часть территории Советского Союза — Зауралье. Но я вам этого не позволю, товарищ Лаврентьев!

От этих слов Соболев как будто почувствовал прилив новых сил, он поддержал Хрущева и вновь предложил за него тост:

— Никита Сергеевич! Даже за этим столом вы сумели показать нам, что вы — поистине гениальный человек. Вы спасли человечество от страшного культа Сталина, того самого Сталина, чей призрак и по сей день наводит страх на всех! Я — один из тех людей, которые сильно пострадали от Сталина. Всех моих родных, среди которых были видные революционеры, он либо уничтожил, либо сослал в Сибирь.

Мой родной дядя до сих пор находится в ссылке здесь, под Новосибирском, в городе Бердске. Вчера я и академик Векуа ездили его навестить. Видели бы вы, во что превратился мой несчастный дядя...

Теперь Хрущев не дал закончить фразу Соболеву и перебил его с присущей ему бесцеремонностью:

— Довольно, академик Соболев! Не думаете ли вы, что всех ссылали без вины? Всех, кто при Сталине был уничтожен, выслан или пребывал в тюрьме, я либо реабилитировал, либо они попали под амнистию. Если это не коснулось вашего дяди, значит, он был выслан по заслугам, и поделом ему!

После этого было провозглашено еще несколько тостов в честь Хрущева с пожеланием ему всяческих благ. Все это постепенно вернуло Хрущеву хорошее расположение духа, и он незаметно для самого себя принялся поучать сидящих за столом академиков. Под конец он посмотрел на часы, поднялся, поблагодарил хозяйку и пригласил всех присутствующих на собрание городского партийного актива, где он должен был выступить с речью.

Стоявший в дверях избы Шелепин проводил первого секретаря до бронированного автомобиля «Чайка», и кортеж из пяти автомашин в сопровождении десяти мотоциклистов помчался в сторону Новосибирска.

Собрание городского партийного актива, проходившее в здании Новосибирского театра оперы и балета, открыл первый секретарь обкома. Громом аплодисментов встретило собрание Хрущева, когда председатель собрания почтительно предоставил ему слово. Первый секретарь ЦК КПСС в основном говорил о роли Сибири и Дальнего Востока в деле дальнейшего укрепления мощи Советского Союза. Он дал высокую оценку ученым, геологам, инженерам и всем, чьими усилиями в Сибири и на Дальнем Востоке были открыты месторождения алмазов, золота и нефти. Некоторую неловкость вызвал его упрек в адрес бывшего партийного и советского руководства за якобы дискриминацию жителей Сибири и Дальнего Востока установлением для них зональной надбавки к зарплате. По его словам, подобная «подачка» не была нужна им тогда и не понадобится в будущем, и для советских граждан на всей советской территории должны устанавливаться одинаковые условия. Для современного транспорта расстояния уже не имеют значения. Перелет на реактивном самолете из Владивостока в Москву занимает менее восьми часов.

В своем выступлении Хрущев еще раз подчеркнул, насколько верным было решение партии и правительства создать на востоке страны «большую» науку. Несколько критических замечаний были сделаны им в адрес Лаврентьева. Этому предшествовали его слова о том, что, Лаврентьев, правда, славно угостил его сегодня, однако недурно вспомнить русскую поговорку «Хлеб-соль ешь, да правду режь». При этом он похвалил Лаврентьева, отметив его справедливость, его деятельность, хорошо известную ему еще по Украине. Присутствовавших на активе секретарей краевых и областных комитетов он призвал оказывать всяческое содействие приехавшим в Сибирь ученым в их благородном деле. В заключительной части своего выступления он коснулся международного положения, дал оценку деятельности китайского вождя Мао Цзэдуна.

Выступление Первого секретаря ЦК КПСС на партийном активе в Новосибирске скоро принесло свои плоды. Строительство академических городков продолжилось еще более усиленными темпами. К сожалению, была отменена зональная надбавка к зарплате для всех, кто работал в Сибири и на Дальнем Востоке, что вызвало отток специалистов и вообще рабочей силы из этого района. Определенные последствия вызвали и сделанные в адрес Лаврентьева критические замечания.

Поскольку президент Академии наук СССР А. Несмеянов не особенно считался с мнением Н. Хрущева относительно роли науки и путей ее развития, последний решил сместить его с занимаемой должности и назначить на этот пост достойнейшего из двух кандидатов — М. Лаврентьева и М. Келдыша. Предпочтение, в конце концов, было отдано Келдышу, который с 19 мая 1961 года сменил на посту президента А. Несмеянова.

После этого Лаврентьев с еще большим энтузиазмом взялся за преодоление трудностей, которые не могли не возникнуть во время проведения неслыханного в истории мировой науки величайшего эксперимента — создания сети современных научных учреждений в Сибири и на Дальнем Востоке. В конце 1961 года под Новосибирском уже вошел в строй Академгородок, где молодые, но уже сильные научные коллективы в девятнадцати научно-исследовательских институтах успешно решали сложные актуальные проблемы современной науки.

В мае 1962 года по приглашению Лондонского королевского общества (Академии наук Великобритании) я на три недели поехал в научную командировку в Англию. Королевское общество — учреждение представительского характера, оно не подразделяется на отдельные научно-исследовательские институты и лаборатории. Научные подразделения располагаются в университетах или нашли себе приют при крупных и региональных производственных объединениях и комплексах. Несмотря на это, королевское общество оказывает большое влияние на планирование и выполнение научно-исследовательских работ.

Член королевского общества (академик) не только не получает никакого вознаграждения за научное звание, но и сам обязан платить за членство, но если он работает в университете или в другом научном учреждении, то его зарплата значительно превышает зарплату другого сотрудника, работающего на этой же должности, но не являющегося членом общества. Поэтому в Англии членство в королевском обществе считается весьма почетным.

Канцелярия королевского общества насчитывает всего несколько десятков сотрудников, а президент избирается из числа членов общества на два года и то только на один срок. Был лишь один случай, когда пост президента королевского общества Великобритании занимал в виде исключения два срока — то есть, четыре года — физик Дж.Дж. Томсон.

В лондонском аэропорту меня встречали два представителя королевского общества и переводчик, которые устроили меня в трехкомнатном фешенебельном номере

214

Королевской гостиницы и детально ознакомили с планом моей работы в Англии. Переводчик, бывший морской офицер, был неопределенной специальности, но явно не математик. Он хорошо владел русским языком, поскольку в семье, благодаря его супруге, дочери эмигрировавшего в Англию известного русского финансового магната Ипатова, говорили и по-английски, и по-русски.

Мое научное турне по Англии началось с университета в Глазго. В то время ректором этого университета была сестра английской королевы Елизаветы — Маргарита. Надо отметить, что в Англии ректор университета необязательно должен быть ученым. Он может быть весьма далек от учебного процесса и научной деятельности, и лишь раз в году появляться в университете.

Старые университеты Англии подразделяются на колледжи, во главе которых стоят непременно ученые. Именно руководители колледжей составляют совет, который несет ответственность за работу университета, от имени ректора изыскивает материальные и финансовые средства для обеспечения бесперебойной деятельности университета.

Я сделал два доклада на объединенном заседании природоведческого и политехнического подразделений университета Глазго. Организацией этих докладов на высоком уровне руководил известный шотландский ученый, специалист в области математики и механики Снедон, под редакцией которого к тому времени была уже переведена на английский язык моя монография «Уравнения смешанного типа» — ее готовилось напечатать издательство «Pergamon Press». Снедон пригласил меня к себе домой и познакомил со своей маленькой, но очень симпатичной семьей — женой и двумя сыновьями.

Один день я провел в горах Шотландии, видел известные озера Лох-Ломен и Лох-Несс. Тогда экспедиция американских водолазов искала в озере Лох-Несс чудовище, о котором говорили во всем мире, хотя поиски оказались напрасными.

На третий день математики и преподаватели русского языка университета Глазго устроили мне прощальный вечер на квартире одного из преподавателей, а на следующее утро мы с переводчиком отправились поездом в Оксфорд, где я должен был выступить с докладом в департаменте математики Оксфордского университета. Руководил департаментом известный математик, член Лондонского королевского общества Титчмарш.

На докладе присутствовало довольно много слушателей, в том числе и Титчмарш. Именно после этого доклада оксфордские математики заинтересовались спектральной задачей для оператора смешанного типа. Титчмарш пригласил меня к себе на квартиру, которая находилась в жилом здании Оксфордского университета, где я познакомился с его супругой и двумя дочерьми.

Во взгляде Титчмарша угадывалась затаенная печаль, ведь скоро он должен был уйти на пенсию и в связи с этим освободить квартиру, которую университет предоставил ему лишь на время его работы.

Весь день я потратил на осмотр университетской библиотеки, а вечером вместе с молодыми лекторами университета присутствовал на концерте, который проводился в здании главного городского храма, и слушал музыку Баха. Концерт произвел на меня большое впечатление.

В день моего отъезда в Оксфорде началась студенческая забастовка. Она была вызвана тем, что руководство университета исключило нескольких студенток. Формальным поводом для этого послужило то обстоятельство, что студентки оксфордского университета с начала 1962 года ходили в брюках на лекции и на устраивавшиеся в университетской церкви культовые вечера.

Через несколько часов после отъезда из Оксфорда мы с переводчиком прибыли в Кембридж. Согласно составленному в Лондоне плану, я должен был прочитать две научные лекции в колледже Святого Иоанна и колледже Святой троицы (Тринити-колледж) Кембриджского университета. Пост ректора Кембриджского университета тогда занимал Уинстон Черчилль, а кафедрой математической физики колледжа Святого Иоанна заведовал всемирно известный физик Дирак. В прошлом этой кафедрой также руководили такие большие ученые, как Исаак Ньютон, Джеймс Максвелл и другие. Именно колледж Святой троицы в свое время окончили

Ньютон, адмирал Нельсон, Байрон, Максвелл, Черчилль, Дирак и др.

Я готовился со всей серьезностью и ответственностью выполнить свою миссию в этом старейшем университете Англии. Слушатели остались довольны лекцией.

В Кембридже я провел пять дней. По специальному приглашению посетил Женский колледж и колледж Святой Екатерины. Женским колледжем руководила член Лондонского королевского общества женщина-математик Мери Картрайт, которую я хорошо знал по Москве, Дрездену и Эдинбургу.

В английской прессе появилось несколько статей о моей командировке. В первой короткой статье меня называли «красным профессором из Новосибирска» и присовокупляли: «Посмотрим, какими научными новшествами собирается он удивить английское математическое общество». Но в последующих статьях моим докладам в Глазго и Оксфорде уже давалась довольно высокая оценка.

Решение Картрайт пригласить меня в Женский колледж, как выяснилось позже, носило скорее политический, чем научный характер. Дело в том, что начавшееся в начале 60-х, движение хиппи в Западной Европе приобрело некоторое сходство с левым движением студенческой молодежи.

С начала 1962 года во главе этого движения в Кембридже стоял известный авантюрист Кон Бендит. В знак солидарности с оксфордскими студентками забастовало и студенчество Кембриджского университета. В течение нескольких дней все без исключения студентки Женского колледжа Кембриджского университета расхаживали по университету в красных брюках.

Мери Картрайт поставила девушек в известность, что собирается пригласить в Женский колледж своего хорошего знакомого, советского математика А. Бицадзе, после официальной встречи с которым состоится совместный обед. Она сказала, что у гостя может сложиться неважное впечатление, если они не прекратят бастовать и разгуливать в красных брюках. Девушки были польщены тем, что им устраивают встречу с советским профессором. Они обещали прекратить забастовку и перестать носить красные брюки при условии, что им разрешено будет присутствовать на встрече не в униформе, а в обычной одежде. Руководство колледжа пошло на этот компромисс, и утром на четвертый день пребывания в Кембридже меня в сопровождении переводчика на специальной легковой автомашине черного цвета, за рулем которого сидела женщина-шофер, повезли из гостиницы в Женский колледж.

Женский колледж Кембриджского университета окружен оградой, двор его весь в зелени, и по нему проложен небольшой канал. Колледж располагается в нескольких двух-трехэтажных старинных каменных зданиях. Студентки в основном живут здесь же. При колледже имеется до двадцати лекционных и рабочих залов, а также библиотека. Главные лекции по специальности студентки слушают в разных колледжах Кембриджского университета.

У входа меня встретила женщина в профессорской мантии, леди Сквирл, по специальности математик, занимавшая должность заместителя руководителя колледжа. Моему спутнику переводчику не позволили войти на территорию колледжа. Леди Сквирл проводила меня в резиденцию Мери Картрайт. На Картрайт была форма начальницы колледжа, на голове — особой формы шапочка. Разговор шел на французском языке. Меня коротко ознакомили с историей Кембриджского университета, которая начинается с 1209 года, не преминули заметить, что и Женский колледж достаточно стар, хотя и младше университета. Показали несколько кабинетов и помещений для студенток. Под конец пригласили в большой зал для встречи со студентками.

Зал на триста мест был полон наряженных в разноцветные платья студенток. Когда я в сопровождении двенадцати женщин-профессоров поднялся на сцену, все в зале в знак уважения приветствовали нас аплодисментами стоя. Мери Картрайт произнесла пятнадцатиминутную речь на английском, в которой вкратце охарактеризовала научные отношения между Великобританией и Советским Союзом, ознакомила присутствовавших с личностью грузинского профессора и выразила пожелание руководства колледжа, чтобы встреча протекала в форме вопросов-ответов.

Сначала девушки стеснялись, но постепенно осмелели и засыпали меня самыми разными вопросами, в том числе и такими, на которые отвечать искренне было весьма небезопасно.

— Правда ли, что в Сибири бывают морозы ниже шестидесяти градусов?

— Сибирь очень велика, она занимает площадь больше одной восьмой всей территории мира. Ее северная часть покрыта вечными льдами или тундрой. К югу от тундры простирается огромная тайга, еще южнее встречаются смешанные леса, низменности и долины. Есть места, где температура воздуха зимой опускается до минус шестидесяти, однако для той части территории, где располагаются промышленные центры и сельскохозяйственные объединения, характерен умеренный климат. Зима в Сибири продолжается самое большее четыре месяца в году. Летом, как правило, довольно жарко, температура воздуха достигает плюс сорока.

— А нам говорили, что в Сибири раньше жили только медведи и выступавшие против правительства политические деятели!

— Флора и фауна Сибири очень богаты. Начиная с поздней весны туда для размножения слетаются соловьи, кукушки, ласточки, удоды, лебеди, гуси, утки, скворцы, трясогузки и много других пернатых. Ранней осенью разросшиеся семьи улетают в теплые края. А воробьи, песчанки, сороки, дятлы и вороны никогда не покидают Сибири. Кроме медведей, в тайге водятся еще соболи, куницы, олени, лани, норки, зайцы, лисы, волки, пресмыкающиеся и амфибии. Реки и озера полны рыбы. В дореволюционной России в Сибирь массово ссылали врагов самодержавия и уголовников. Да и после революции в Сибири нередко можно было встретить людей, сосланных туда в качестве противников советского государства. Но в последние годы в Советском Союзе сравнительно мало политических заключенных. Уменьшилось и число граждан, совершивших тяжкие уголовные преступления, так что в настоящее время в Сибири представлен в основном свободный народ, люди, добровольно выбравшие Сибирь ареной для творческого труда.

— Вы по происхождению грузин. Неужели вы в самом деле предпочитаете жизнь в Сибири жизни в Грузии?

— К какой бы нации или национальности ни принадлежал человек, он порой вполне добровольно едет туда, где его трудовая деятельность нужна больше всего. Вы, наверное, задаете аналогичный вопрос англичанам, которые едут работать и жить в Канаду, Австралию, Новую Зеландию и кто знает, куда еще? Интересно, похожи ли их ответы на мои?

— В большинстве случаев, наверное, похожи.

— В английских семьях больше радуются рождению сына, чем дочери. А как обстоит с этим дело в Советском Союзе? Говорят, что в вашей стране семьи, как таковой, вообще не существует, это правда?

— Советская семья, по сути, мало отличается от английской. Ее добровольно создают любящие друг друга юноша и девушка, притом безо всяких религиозных ритуалов, а лишь на основании гражданского закона. В семье обязательно должны быть дети. Они одинаково желанны и любимы, независимо от пола. К сожалению, число многодетных семей сегодня довольно невелико, так же как и в других странах Европы.

— Сейчас много пишут о женской эмансипации в Советском Союзе. В чем выражается равенство между мужчиной и женщиной в вашей стране?

— В Советском Союзе все граждане пользуются совершенно одинаковыми правами, независимо от их пола. Женщинам по сравнению с мужчинами предоставляются привилегии только там, где дело касается тяжелой работы. В нашей стране делается все для того, чтобы семья не разрушилась, но если между мужем и женой нет любви, то закон против того, чтобы брак продолжался по принуждению.

— Верите ли вы в Бога?

— ...

Желающих задать вопрос было еще много, однако Картрайт сочла за лучшее завершить встречу и до обеда показать мне портреты руководителей колледжа со времен учреждения этого заведения.

Женский колледж я покинул в три часа дня. Преподаватели и студентки проводили меня до ограды, а оттуда я со своим переводчиком на автомобиле М. Картрайт отправились в колледж Святой Екатерины, где в четыре часа должна была состояться научная беседа с математиками этого колледжа. Помимо молодых математиков, на встрече присутствовали также члены Лондонского королевского общества, математики Ходж и Атья. Именно после этой беседы Атья заинтересовался проблемой индексов для эллиптических операторов. По окончании беседы Атья пригласил меня в кабинет начальника колледжа, где меня угостили бокалом шерри, а затем я был приглашен на совместный ужин педагогов и студентов.

Столовая представляла собой большой зал с рядами голых деревянных столов и стульев. Место для трапезы профессоров на несколько сантиметров возвышалось над местом трапезы студентов. Профессора сидели за одним длинным столом, центральное место за которым занимал начальник колледжа. Он посадил меня справа от себя. Ужин открыл руководитель колледжа словами молитвы на латыни — «...Во имя отца и сына и святого духа... аминь» — которую все выслушали стоя. Профессора за отдельную плату могли выпить бокал вина по желанию, однако желающих воспользоваться этим было очень мало. Ходж на ужине не присутствовал, так как он ждал меня и Атья у себя на квартире к позднему ужину. Будучи в гостях у Ходжа, я с интересом отметил, что хотя Атья был ливанским православным арабом, он, тем не менее, симпатизировал государству Израиль.

Утром я несколько часов потратил на осмотр Кавендишской лаборатории, которой тогда заведовал Джеффри Тейлор, известный специалист в области физики и механики, супруг леди Сквирл. Из Кембриджа я и мой переводчик на автомобиле отправились отдохнуть в родной город Шекспира Стратфорд-на-Эване. По дороге мы специально сделали крюк, чтобы увидеть село в герцогстве Мальборо, где родился Уинстон Черчилль. В гостинице Стратфорда под названием «Красный Пегас» отдельный номер был приготовлен только для меня, переводчик же должен был жить на частной квартире. Трех дней оказалось вполне достаточно для осмотра достопримечательностей, к тому же я с большим удовольствием посмотрел в Шекспировском театре спектакль «Укрощение строптивой» с участием Ванессы Редгрейв.

Из города Шекспира мы поездом отправились в расположенный на самом юге Англии приморский город Саутгемптон, где я должен был прочесть в университете доклад на тему «Сингулярные интегральные уравнения в многомерных областях». Этот университет значительно моложе других английских университетов и по своей структуре напоминает советский университет — тамошние профессора и студенты не обязаны носить униформу.

После доклада декан физико-математического факультета Саутгемптонского университета пригласил меня на ужин на свою дачу в Винчестере. В окрестностях Винчестера много богатых дач. Дача декана представляла собой огромный деревянный дом, окруженный зеленым садом. На ужине, помимо хозяина и его супруги, присутствовало еще шестнадцать гостей.

За столом моей соседкой справа оказалась маленькая худенькая пожилая дама, а слева сидел переводчик. Пожилая дама и сидевший справа от нее молодой гость с особым вниманием слушали, когда я говорил по-русски, во время же перевода моих слов продолжали отдавать должное ужину. Позже я узнал, что старая дама — белоэмигрантка, графиня Эдита Федоровна Соллогуб, супруга генерала деникинской армии Соллогуба, убитого на подступах к Царицыну во время гражданской войны. Рядом с графиней сидел ее старший сын Сергей, преподаватель русского языка одной из средних школ Винчестера.

Как выяснилось, мать с сыном оказались за этим столом не случайно. Им стало известно, что в Саутгемптонском университете выступил с докладом советский профессор грузинского происхождения, который будет на ужине у родителей английской девочки, учителем русского языка которой являлся Сергей Соллогуб. Узнав о горячем желании матери и сына Соллогуб встретиться с иностранным профессором, их тоже пригласили на этот ужин.

В беседе со мной они не скрывали своего враждебного отношения к коммунистическому строю, но их все же интересовало, что происходит сейчас на их далекой родине. До этого они не верили, что Россия, лишенная поддержки элитных слоев царских времен, сумеет сохранить свою государственность, однако после победы над нацистской Германией и милитаристской Японией они вынуждены были признать военную мощь советского государства. Они только не могли понять, благодаря какой силе бывшая царская Россия сумела добиться успехов на поприще науки и техники. Они также очень гордились тем, что первый поднявшийся в космос советский гражданин Юрий Гагарин был русским.

Соллогубы были связаны родственными узами с древней фамилией Гагариных, и им было интересно узнать, не является ли первый космонавт их родственником. Пробыв в эмиграции сорок четыре года, они потеряли всякую надежду вернуться на родину, однако не забывали русский язык, русскую культуру и, как сами же отмечали, и в Англии остались русскими людьми и русскими же окончат свои дни.

К Грузии и грузинам, по-видимому, относились хорошо. Они говорили, что весьма признательны царскому генералу Левану Чичуа, который помог жене своего друга и ее трем сыновьям уехать в эмиграцию и до самой своей смерти не переставал о них заботиться. Соллогубам хотелось как можно больше узнать от меня о родине, но я так устал от всего, что не имел ни сил, ни желания продолжать этот разговор.

После ужина я поехал ночевать в гостиницу, а утренним поездом вернулся в Лондон. По плану командировки я должен был прочесть в Англии еще два научных доклада в главном — имперском — колледже Лондонского университета, где кафедрой математического анализа заведовал член Лондонского королевского общества Вилли Курт Хейман.

В Лондоне меня поместили в ту же гостиницу, где я жил первые дни после приезда.

В главном колледже Лондонского университета я два дня подряд читал доклады на тему «Некоторые нефредгольмовские задачи для гармонических функций в многомерных областях». Слушатели внимательно слушали доклады и живо обсуждали рассмотренные в них научные вопросы.

В течение оставшихся шести дней я осмотрел много интересных мест. Мне была предоставлена возможность ознакомиться с лондонским Национальным музеем, редкими экспонатами картинных галерей и Тауэра. Один день я провел в Лондонском ботаническом саду. По инициативе президента королевского общества я присутствовал на премьере оперы Бенджамина Бриттена «Царь Приам» в Королевском оперном театре.

Считается, что англичане не особенно увлекаются музыкой, однако в Лондоне существует целый коллектив любителей музыки, в котором партии баритона исполнял мой хозяин Хейман. Именно по его рекомендации я как-то вечером прослушал прекрасный концерт этого коллектива, в программу которого входила, в частности, кантата Сергея Прокофьева «Александр Невский», несколько русских романсов и ария Параши из оперы Мусоргского «Сорочинская ярмарка» в исполнении известной русской певицы-эмигрантки Оды Слободской. Несмотря на свои восемьдесят лет, Слободская прекрасно пела, и слушатели наградили ее бурными аплодисментами и криками «браво!».

Мой постоянный спутник в Англии, переводчик по фамилии Хатчин, жил в предместье Лондона. Однажды вечером он пригласил меня к себе домой и познакомил с женой и дочерьми Сюзанной и Ниной. Сюзанна скоро должна была окончить колледж, а Нина была еще мала и училась в школе для девочек. Благодаря матери девочки хорошо знали русский язык.

Хотя Хатчины жили довольно скромно, но супруги неустанным трудом обеспечивали своей семье достойное существование — многие английские фирмы имели связи с торговыми и промышленными организациями Советского Союза, поэтому для лиц, одинаково владевших английским и русским языками, всегда находилась работа, благодаря которой они могли поддерживать более высокий жизненный уровень. Хатчины относились именно к этой категории англичан.

Накануне моего возвращения в Москву Лондонское королевское общество устроило прощальный ужин. Среди гостей был русский химик Г. Боресков, находившийся в это время в Лондоне в командировке. Лучшим подарком для Андрюши, приобретенным мною в Лондоне, была изготовленная в Японии механическая игрушка — гималайский мишка, который наливал из бутылки молоко и пил его. Игрушка была сделана так искусно и так понравилась Андрюше, что он не расстается с нею и по сей день.

Я всегда представлял себе Англию дождливой и туманной страной, но за время моей трехнедельной командировки в этой стране все дни были солнечными. Мне редко приходилось видеть в Западной Европе такие зеленые города, как Лондон. Я побывал в Гайд-Парке, где англичане устраивают свои политические митинги и собрания, чаще же по субботам и воскресеньям, если погода солнечная, располагаются для отдыха прямо на газонах. Я слушал выступления граждан на площади парка, где ораторы проповедуют свои идеи, и был весьма озадачен примитивностью и неубедительностью высказываемых ими мыслей. Впечатления от Альбиона были разными. Если в современной Англии что и осталось хорошего от старой, доброй Англии, то это, вероятно, ее университеты, музеи и картинные галереи. Только английским консерватизмом следует объяснить тот факт, что тягловой силой железнодорожного транспорта, в том числе и метрополитена, является паровоз.

В рабочих районах Глазго и Лондона в дни выдачи зарплаты на улицах, в парках и садах можно встретить людей — и женщин, и мужчин — потерявших благодаря алкоголю человеческий облик.

На лестницах, ведущих в собор Святого Павла, и вообще везде на территории, расположенной вблизи храмов и музеев, толпятся нищие обоего пола и всех возрастов с белым, черным, желтым цветом кожи. Поблизости от кинотеатров, на специально отведенных для этого маленьких улочках и площадях, в ожидании клиентов стоят проститутки.

Магазины, рынки ломятся от промышленных товаров и продуктов питания, однако покупателей очень мало. Часто можно встретить домашнюю хозяйку, покупающую в бакалейном магазине один банан или одно яблоко. Особенно жалко выглядят безработные.

Проповедники в Гайд-Парке ничего не говорят о безработице, так как, по-видимому, знают, что толку от этого все равно не будет, зато с жаром разглагольствуют о взаимоотношениях между Чомбе и Мобуту в Конго, о все усиливающейся напряженности между евреями и палестинцами на Ближнем Востоке и т.д. Кто знает, не является ли это призывом к оголтелым негодяям наняться наемными убийцами в Конго и Палестину?

Разница между парижанами и лондонцами огромна. В то время как на центральных парижских улицах и бульварах слышны песни, шумная болтовня и возгласы гуляющих, лондонцы прогуливаются в молчании, не переговариваясь друг с другом, и можно подумать, что все они — глухонемые.

И все же между Парижем и Лондоном много общего: грязные улицы и замусоренные станции метро, резко отличающиеся друг от друга районы, где проживает отдельно богатое и бедное население.

Полный таких впечатлений, я вылетел из Лондона в Москву на реактивном самолете, имея на руках билет в салон первого класса. Вместе со мной возвращался на родину писатель Корней Чуковский, которому на этих днях было присвоено звание почетного доктора Кембриджского университета.

В Москву мы прилетели теплым июньским днем.

Через три дня я вылетел из Москвы в Новосибирск. Там меня тоже встретила солнечная погода, было даже жарко. В рабочие дни ранним утром и вечером, а по воскресеньям с утра до вечера обский пляж был полон отдыхающими. Люди принимали солнечные, воздушные и «морские» ванны.

За время моего пребывания в Англии в новосибирском Академгородке было созвано учредительное собрание Сибирского математического общества. Президентом общества был избран А. Мальцев, а вице-президентом — я. По предложению Мальцева в конце июня состоялось очередное заседание математического общества, на котором с интересом был заслушан мой доклад о командировке в Англию.

На весенней сессии 1962 года студенты третьего курса механико-математического факультета Новосибирского университета сдали на отлично и хорошо прочитанный мною обязательный курс по теории аналитических функций комплексной переменной. Я и мои ассистенты были очень довольны проявленным студентами глубоким знанием предмета.

Однако Соболев и Ляпунов, когда декан факультета доложил ученому совету об успехах студентов, безо всякого повода отнеслись к этому факту скептически, в то время как сами не могли похвалиться подобными достижениями.

По прочтении ими курса математического анализа студентам факультета математической лингвистики выяснилось, что ни один из этих студентов не смог освоить материал, предусмотренный учебным планом.

Соболев и Ляпунов смотрели на меня косо еще и по другой причине. В 1961 — 1962 году именно по их инициативе два отдела Института математики Сибирского отделения под руководством И. Евреинова и И. Гаврилова занимались письменных памятников майя расшифровкой с помощью электронно-вычислительной машины. В марте 1962 года Соболев сделал сенсационное сообщение о том, что «в результате проведенных в его институте гениальных исследований сделано открытие международного значения — прочитаны письменные памятники майя. Более того — восстановлено звучание разговорного языка майя».

У нас с Мальцевым это заявление вызвало большое изумление, потому что авторы «открытия» не пользовались научным авторитетом в коллективе Института математики. Для изучения этого вопроса ученый совет института выделил специальную комиссию под председательством А. Мальцева. Я также был включен в состав комиссии. Авторы «открытия» не могли представить комиссии ни программ, с помощью которых были расшифрованы памятники, ни, разумеется, принципа расшифровки, как будто не имело значения, была ли письменность майя алфавитной, иероглифической или клинописью.

Как только Соболев и Ляпунов узнали, что комиссия собирается сделать неутешительные для них выводы о проделанной в институте работе по прочтению письменных памятников, они срочно засекретили свою работу в надежде на то, что формы допуска членов комиссии к закрытым работам будет недостаточно.

Не довольствуясь этим, Соболев срочно провел конкурс для переизбрания заведующих отделами, в котором потребовал и моего участия, несмотря на то, что на свою должность в академическом институте я, как член Академии наук СССР, был назначен вне конкурса и бессрочно.

За несколько дней до перевыборов Соболев увеличил количество членов ученого совета института с восемнадцати до двадцати четырех за счет «верных» ему и Ляпунову сотрудников, среди которых было немало посредственностей.

За мое повторное назначение на должность заведующего отделом из двадцати четырех членов ученого совета проголосовало восемнадцать. После тайного голосования на заседании ученого совета выступил с речью Мальцев, который потребовал от дирекции ответа, по какой такой статье действующего устава академических институтов член-корреспондент Академии наук СССР назначается на должность заведующего отделом в конкурсном порядке.

Разумеется, Соболев не смог найти соответствующую статью в уставе, за что с издевательским видом попросил у меня прощения.

В то время Соболев еще не входил в президиум Сибирского отделения Академии наук СССР, однако М. Лаврентьев пригласил его на одно из заседаний президиума и потребовал объяснений по поводу моего избрания на должность заведующего отделом путем тайного голосования. Тот свалил все на А. Ляпунова и постарался оправдаться тем, что в результате тайного голосования я смог получить только три четверти голосов, присовокупив, что товарищ Бицадзе, мол, должен сделать отсюда соответствующий вывод.

На заседании Лаврентьев также попросил Соболева в дальнейшем вести себя скромнее и не трубить на весь свет о ведущейся в его институте работе по прочтению текстов майя до тех пор, пока научно не будет установлено, насколько сделанное ими «открытие» соответствует истине. Эти слова вывели Соболева из себя, и он накинулся на Лаврентьева с обвинениями в том, что тот просто завидует чужим успехам и не только не заботится о престиже Института математики, но, наоборот, старается ограничить его деятельность. Президиум счел это заявление Соболева лишенным оснований.

В конце лета 1962 года в Стокгольме состоялся очередной международный конгресс математиков. Советская сторона была представлена делегацией и научно-туристической группой в составе сорока математиков. Руководство делегацией было поручено директивными органами Михаилу Лаврентьеву, а научно-туристической группой — мне.

Это была большая нагрузка, но пришлось согласиться, так как в случае отказа я потерял бы возможность принять участие в работе конгресса, на котором должен был выступить с научным докладом. Ситуацию осложняло еще и то обстоятельство, что, хотя в научно-туристическую группу входили известные ученые, кое-кто из них отличался капризным характером. Л. Понтрягину и его жене очень не нравилось, что руководителем группы назначили меня, П. Александров и А. Колмогоров были недовольны тем, что руководство делегацией математиков поручено Лаврентьеву, а научно-туристической группой — его ученику Бицадзе. Они опасались, как бы упомянутые не начали притеснять их учеников, которые с подачи Александрова как вице-президента международной ассоциации математиков, должны были выступить на конгрессе с заказанными секционными докладами.

М. Лаврентьев, С. Соболев и И. Векуа за несколько дней до открытия конгресса выехали в Стокгольм для принятия участия в отчетном собрании руководящих органов международной ассоциации математиков. Я присоединился к ним днем позже и передал указание директивных органов относительно двух вопросов: во-первых, если советским математикам будет предложен пост вице-президента международной ассоциации, то Соболев и Векуа должны назвать кандидатуру Лаврентьева; во-вторых, Лаврентьев должен предложить руководству международной ассоциации математиков провести очередной международный конгресс в Советском Союзе.

Работа конгресса протекала нормально, все запланированные советскими математиками доклады в основном были прочитаны. Несколько осложнило обстановку поведение некоторых советских математиков.

Ученик Александрова И. Смирнов своего секционного доклада не сделал якобы потому, что слушание его доклада намеренно назначили на раннее утро, а он не привык рано просыпаться и проспал, поскольку его никто не разбудил. Александров почему-то решил, что это моя вина, и сделал мне замечание, однако сумел устроить так, что слушание доклада Смирнова было вновь назначено на другой день в этой же секции вместо доклада одного американского ученого, который не смог приехать в Стокгольм. Смирнов и на этот раз не явился, так как, по его словам, не смог найти аудиторию, где должно было состояться слушание. В третий раз он не явился для чтения доклада уже по причине головной боли. В тот день он вообще не появлялся на конгрессе.

Довольно нагло держал себя зять Соболева Л. Сабинин. Он не появился ни на одном заседании конгресса, и никто не знал, где он пропадает. Из-за этого мне несколько раз пришлось сделать Сабинину замечания, что Соболев счел притеснениями с моей стороны. К этому добавилось еще одно обстоятельство: Соболеву никогда не поручали делать на международных конгрессах ни пленарных, ни секционных заказанных докладов. Но в Стокгольме, в ходе работы конгресса, он вдруг захотел сделать пленарный доклад на тему «Тайна письменности майя раскрыта».

Как известно, заказанные для прочтения на конгрессе доклады утверждаются тайным голосованием, которое выделенная международной ассоциацией математиков специальная комиссия проводит по крайней мере за год до начала конгресса, и чтение не заказанного заранее пленарного доклада в ходе конгресса не допускается. Соболев настойчиво требовал от нас с Лаврентьевым сделать все возможное, чтобы он мог выступить на одном из пленарных заседаний конгресса с докладом о сделанном в его институте «величайшем открытии международного масштаба». Мы воспользовались нашими хорошими отношениями с председателем организационного комитета конгресса Р. Неванлинна и секретарем международной ассоциации математиков Фростманом и добились для Соболева разрешения сделать часовой доклад вне программы конгресса в часы обеденного перерыва в университетском саду — на большой площади под открытым небом. Были вывешены специальные объявления по линии справочного бюро. На докладе присутствовало несколько тысяч человек. С. Соболев говорил на французском языке, поскольку среди рабочих языков конгресса французский был самым приемлемым для него, если не считать русского. После окончания доклада корреспондент «Геральд Трибьюн» поинтересовался:

— Какой вы считали письменность майя — алфавитной, иероглифической или клинописной, когда занимались расшифровкой их текстов?

— Это не имеет никакого значения, — ответил Соболев.

— Нам хорошо известны принципы записи звуков на фонограф, патефонную пластинку или магнитофон. Какими принципами пользовались авторы письменности майя? Может быть, они применяли другой, не известный на сегодняшний день принцип? – спросил корреспондент «Дейли Телеграф».
— Как вам удалось разгадать тайну этого принципа и восстановить звучание разговорного языка майя?

— Это провокационный вопрос, — вновь коротко ответил докладчик.

— На каком машинном языке вы составили рабочую программу для расшифровки письменности майя? — задал вопрос корреспондент «Фигаро».

— Этого корреспондент «Фигаро» не поймет. Это лучше доверить математикам, — был ответ.

— Существуют другие, пока еще не изученные письменности, например, этрусские. Не пытались ли вы их расшифровать?

— Мы сделаем это в будущем, — не задумываясь, ответил Соболев.

По окончании беседы в форме вопросов-ответов слушатели разошлись. Газеты опубликовали информационную справку о докладе Соболева, однако от комментариев воздержались. После доклада Соболев в разговоре со мной выразил досаду по поводу того, что вопросы корреспондентов газет западных стран оказались идентичны вопросам, которые он слышал от меня в Новосибирске. Я предпочел промолчать, поскольку это обвинение в мой адрес было лишено каких-либо оснований.

На открытии конгресса и вручении премий Фильдса присутствовали король Швеции Густав Адольф VI с супругой и внуком — наследником престола. Вечером накануне закрытия конгресса мэр Стокгольма от имени короля устроил банкет, а последний день был посвящен церемонии закрытия. Вице-президентом международной ассоциации математиков был избран Лаврентьев. При обсуждении вопроса о месте проведения очередного конгресса, его предложение провести международный конгресс математиков в 1966 году в Москве было встречено бурными аплодисментами аудитории.

На другой день делегация советских математиков отбыла на родину, а научно-туристическая группа на речном пароходе «Диана» отправилась из Стокгольма по Гота-каналу в Гётеборг, расположенный на юге Швеции. Сказочное путешествие продлилось трое суток. За это время утомленные после конгресса туристы роскошно отдохнули. В Гетеборге мы целый день посвятили осмотру картинной галереи, а вечером вернулись поездом в Стокгольм, откуда вылетели самолетом в Москву.

Стокгольмский конгресс произвел на меня большое впечатление, хотя после всех хлопот, связанных с обязанностями руководителя научно-туристической группы, я чувствовал себя очень утомленным. Некоторые из членов этой группы считали, что я в качестве руководителя группы грубо стеснял их «свободу», некоторым же, наоборот, казалось, что я как ответственное лицо был недостаточно строг. Вероятно, вследствие всего этого меня до 1969 года ни разу не посылали в научную командировку за границу.

Работа в Новосибирске тоже приносила мало удовлетворения, так как мои отношения с Соболевым все больше накалялись. Я хорошо представлял себе, как велики были заслуги Соболева перед наукой. Одного только опубликованного им в 1936 году труда «Об одной теореме функционального анализа» было достаточно для того, чтобы вызвать уважение к его автору, но в отношениях с людьми этот известный ученый часто допускал промахи, простить которые было нелегко. Раньше я старался не обращать внимания на грубые выходки Соболева и, руководствуясь поговоркой «порой и мудрец ошибается», не позволял себе изменить о нем мнение, но создавшееся теперь положение стало критическим.

По-видимому, все это было хорошо известно И. Виноградову, с которым я по совету М. Лаврентьева в декабре 1962 года встретился в Москве. Прежде всего, Виноградов пожурил меня за то, что в 1959 году я предпочел работе в Институте им. Стеклова работу в Новосибирске — вследствие выбора меня членом-корреспондентом Академии наук СССР по линии Сибирского отделения. Однако он все же вошел в мое положение, постарался меня подбодрить и пригласил к себе на квартиру. Сначала Виноградов и его сестра Надежда Матвеевна угостили меня, а потом мы с Виноградовым продолжили разговор в его рабочем кабинете. Наверное, не лишним будет привести здесь ту характеристику, которую Виноградов дал Соболеву в тот вечер.

А.И. Мальцев

А.Д. Александров

Г.И. Марчук

Г.С. Мигиренко

Д. Д. Шостакович

В воскресный день в своем саду с П.П. Белинским, С.А. Терсеновым.
А.И. Янушаускасом и другими коллегами

С сыном Андрюшей летом 1966 г.

Кембриджский университет

Оксфордский университет

Князь Михако Церетели (тоже уроженец Цхруквети)

Герб М. Церетели и изданная им в швейцарии книга о Грузии

Глава VIII

Во время учебы в Ленинградском университете Сергей Соболев выделялся из среды однокурсников только своей бойкостью. Дипломную работу он писал под руководством В.И. Смирнова и по его же рекомендации начал работать в должности младшего научного сотрудника в Сейсмологическом институте и в Ленинградском университете.

В то время в Ленинграде большинство аспирантов составляли приехавшие с периферии Советского Союза молодые «нацмены» — представители национальных меньшинств из братских республик. Среди приятелей-математиков Соболев выделялся общей культурой и глубиной приобретенных во время учебы в Ленинградском университете знаний. Большая дружба связывала его с В. Купрадзе, И. Векуа и другими математиками, приезжавшими в Ленинград в командировку.

В 1932 году П. Александров и А. Колмогоров приехали в Ленинград на несколько недель, чтобы укрепить контакты между московской и ленинградской математическими школами. В.И. Смирнов представил им Соболева, как талантливейшего молодого человека. Сразу по возвращении в Москву Александров и Колмогоров опубликовали в прессе статью, посвященную Соболеву под названием «Блестящий талант», в которой дали высокую оценку его исследованиям в области построения функционально-инвариантных решений волнового уравнения и их применения.

В 1932 году И. Виноградов пригласил его на должность старшего научного сотрудника в Институт математики им. Стеклова, который тогда еще базировался в Ленинграде. При поддержке Александрова и Смирнова Сергей Соболев в двадцатипятилетнем возрасте был уже избран членом-корреспондентом Академии наук СССР. Надо сказать, что и он, в свою очередь, оказал немалую услугу Александрову,

243

опубликовав в комсомольской прессе критическую статью против Н. Лузина.

В 1939 на вакантные должности действительных членов Академии наук СССР по линии природоведческо-математического отделения были выдвинуты П. Александров, А. Колмогоров и С. Соболев. Во время выборов Н. Лузин разжег конфликт с Александровым, и Соболев, принял сторону последнего. В результате тайного голосования академиками оказались избраны А. Колмогоров и С. Соболев.

После того как Академия наук СССР была переведена из Ленинграда в Москву, Соболев считался в Москве одним из ведущих сотрудников Института им. Стеклова. С 1940 года он по представлению И. Виноградова был утвержден в должности заместителя директора этого института. По рекомендации и действенной поддержке Соболева в институт на крупные научные должности были приглашены Л. Люстерник, А. Плеснер, О. Бермант, Л. Садовский, Б. Сегал, И. Акушский, Н. Мейман, Л. Нейшулер, М. Наймарк, Д. Райков и другие.

В начале осени 1941 года подавляющее большинство действительных членов Академии наук СССР, в том числе и Виноградов, были в связи с войной эвакуированы в Казань. Чтобы остававшийся в Москве коллектив института не остался без руководства, Виноградов поручил исполнять обязанности директора Соболеву, на что получил устное согласие административного сотрудника Академии наук П. Светлова, который в то время исполнял обязанности секретаря Академии. Поздней осенью 1941 года Институт им. Стеклова вместе с Соболевым был эвакуирован в Казань, где уже находился Виноградов. Однако Соболев не собирался возвращать должность директора ее законному владельцу, он продолжал «директорствовать» сам. И после возвращения Института им. Стеклова в Москву пост директора этого института продолжал занимать С. Соболев, заручившись устным согласием вице-президента Академии наук СССР А. Иоффе.

В течение всего этого времени в годовых отчетах Института им. Стеклова в основном превозносились научные достижения Соболева. В известном сборнике «Математика в Советском Союзе на протяжении тридцати лет» Соболев опубликовал статью о дифференциальных уравнениях в частных производных. Вызывает удивление то обстоятельство, что в этой довольно обширной статье говорилось исключительно об успехах Соболева, и лишь кое-где вскользь упоминались фамилии С. Бернштейна, И. Петровского, А. Тихонова, М. Лаврентьева и других известных советских специалистов, работавших в этих областях математики.

Во время рассмотрения и утверждения отчета за 1945 год на заседании ученого совета института П. Александров, А. Колмогоров, Л. Люстерник и Л. Понтрягин подвергли резкой критике деятельность Соболева и категорически потребовали снять его с узурпированной им должности директора и восстановить в своих правах И. Виноградова. Соболев немедленно покинул заседание ученого совета, которое было продолжено лишь час спустя, уже под председательством И. Виноградова.

С 1946 года деятельность Соболева протекала главным образом в институте физического профиля Академии и в МГУ. Непонятно, зачем такому серьезному ученому как Соболев понадобилось захватывать пост директора Института математики им. Стеклова, в то время как президиум Академии наук СССР вовсе не освобождал И. Виноградова от занимаемой должности, да и сам Виноградов такого желания не выказывал. Видимо, этот неоправданный шаг можно было объяснить лишь его непомерным честолюбием.

В своих автобиографических записках С. Соболев всегда отмечает, что в первой половине 40-х он был директором Института математики им. В.А. Стеклова Академии наук СССР. Читатель может спросить, неужели лишь желание быть директором заставило Соболева в 1957 году немедленно согласиться на предложение М. Лаврентьева поехать в Сибирь и стать директором вновь созданного там Института математики? Виноградов считает, что это именно так.

Дело в том, что при оценке заслуг Соболева в математической науке среди известных математиков возникли определенные деформации. Выяснилось, что построенные С.

Соболевым и И. Смирновым функционально-инвариантные решения задолго до того были известны в научной литературе, в частности, в трудах американского математика Бейтмена.

Кроме того, в 1945 году на юбилейной сессии Академии наук СССР, во время доклада С. Соболева на тему: «Об обобщении формулы Кирхгофа», знаменитый математик Ж. Адамар указал, что упомянутое Соболевым обобщение формулы Кирхгофа, которое дает решение задачи Коши для уравнений волн, ему хорошо известно из докторской диссертации, которую в конце 20-х годов защитил в Сорбонне польский математик Маттисон. Свои результаты Маттисон опубликовал в известных математических журналах еще в 1931-1932 годах, первый же труд С. Соболева на эту тему был напечатан в 1932 году. Конечно, никто не сомневался в том, что труд Соболева был выполнен самостоятельно, но слова Ж. Адамара поставили его в неудобное положение с точки зрения новизны результата и фактически лишили приоритета. Все это дало повод П. Александрову, А. Колмогорову, Л. Люстернику и Л. Понтрягину выступить против Соболева на одном из заседаний ученого совета Института им. Стеклова, на котором его сместили с поста директора.

Дело такой государственной важности, как создание большой науки в восточной части Советского Союза, безусловно, требовало присутствия в инициативной группе авторитетных ученых. Скажем без преувеличения: то обстоятельство, что лидерами этой группы были М. Лаврентьев, С. Христианович и С. Соболев, несомненно, можно было считать залогом успеха. К сожалению, скоро среди членов этой тройки возникли разногласия. В таких условиях стремление Соболева при решении любых вопросов руководствоваться девизом «кто мне не сторонник, тот мой враг» не могло быть оправдано, тем более что сотрудники Института математики Сибирского отделения не могли всегда и по всем вопросам быть одного мнения с директором института С. Соболевым.

Естественно, в этом смысле мы, заведующие отделами А. Мальцев и я, проявили определенную самостоятельность. Более того, Соболев считал меня «пятой колонной»

Лаврентьева в своем институте и всячески старался заставить рабски повиноваться ему во всем, намереваясь в случае, если это ему не удастся, совсем убрать меня из института. В этом его всячески поддерживали Канторович, Ляпунов, Полетаев и другие. Я старался не реагировать на чинимые мне неприятности, делал все от меня зависящее, чтобы моя деятельность приносила как можно больше пользы научным исследованиям, делу подготовки научных кадров и педагогической и воспитательной работе в Новосибирском университете. В отношениях же с Соболевым придерживался принципа: лучше худой мир, чем добрая ссора. Соболев вынужден был мириться с этой моей позицией, так как сам он вел тогда непримиримую войну с руководством Института экспериментальной медицины и биологии, того самого института Сибирского отделения, инициатором создания которого несколько лет назад был он сам.

Супругу Соболева, кандидата медицинских наук Ариадну Дмитриевну связывали весьма тесные дружеские и деловые отношения с известным кардиологом Е. Мешалкиным. В отношениях со своими коллегами Мешалкин отличался прямотой и непредвзятостью, вследствие чего не имел никаких перспектив создания собственной клиники в Москве, тем более что такие знаменитые кардиологи, как А. Бакулев, А. Мясников и другие скептически относились к его методу хирургической операции на открытом сердце и близко не подпускали его к своим клиникам.

От Ариадны Дмитриевны Мешалкин узнал, что М. Лаврентьев, С. Христианович и С. Соболев внесли на рассмотрение в Центральный комитет КПСС и в Совет министров проект создания большой научной сети в Сибири и на Дальнем Востоке. Ариадне Дмитриевне и Мешалкину без труда удалось убедить Соболева в том, что в упомянутом проекте должны быть предусмотрены экспериментальный биологический и медицинский научные профили, и это не только желательно, но и необходимо. В связи с этим Соболев устроил Мешалкину встречу с Лаврентьевым и с Христиановичем, на которой полностью поддержал идею Мешалкина представить в Сибирском отделении Академии наук СССР профиль экспериментальной биологии и медицины в виде кардиологического центра со своим научно-исследовательским институтом и клиникой. В результате всего этого тройка инициаторов создания Сибирского отделения Академии наук СССР приняла решение предусмотреть среди входящих в систему научно-исследовательских учреждениях также Институт экспериментальной биологии и медицины с клиникой под руководством Е. Мешалкина.

В 1957 году проект создания Сибирского отделения был утвержден, и быстрыми темпами приступили к строительству Академгородка под Новосибирском. Здания института и клиники Е. Мешалкина строились по специально разработанному проекту. Были приобретены дорогостоящая современная медицинская аппаратура и приборы, а сам Мешалкин со своими сотрудниками и талантливыми учениками переехал из Москвы в Новосибирск. В творческой работе Е. Мешалкину оказывали помощь его старший брат профессор И. Мешалкин и молодые, но уже хорошо известные специалисты Н. Кремлев, И. Медведев, В. Францов, А. Шургаиа и другие. В Новосибирском университете была открыта группа экспериментальной биологии и медицины для подготовки высококвалифицированных специальных научных кадров. На базе одной из городских больниц был создан стационар сердечной хирургии на десять коек. В 1960 году Е. Мешалкину была присуждена Ленинская премия, некоторые его сотрудники получили ученые степени и т.д.

Успехи, достигнутые в этом направлении, превзошли все ожидания, однако скоро между Соболевым и Мешалкиным возникла конфронтация. Первой причиной раскола между ними многие считали тот факт, что Мешалкин не ввел в состав ученого совета института Ариадну Дмитриевну, считавшую себя самым влиятельным лицом. Объективно ничем не оправданная борьба самолюбий привела к тому, что Соболев и Мешалкин стали непримиримыми врагами. Из-за того, что Христианович давно уже был оппозиционно настроен против Лаврентьева, последний вынужден был встать на сторону Соболева в его борьбе с Мешалкиным.

Лаврентьев обсудил с Мешалкиным создавшееся положение и посоветовал ему любой ценой погасить этот конфликт. Мешалкин объяснил, что Ариадна Дмитриевна стала своевольничать, требовала, чтобы в институте и клинике все делалось по ее указке. К тому же она совсем не разбиралась в вопросах экспериментальной биологии и медицины, так что неразумно было вводить ее в состав ученого совета института. Мешалкин же всего за три-четыре года приобрел такую популярность кудесника в области сердечно-сосудистой хирургии, что был уверен, что в споре с Соболевым никто не станет сомневаться в его правоте.

Лаврентьев сделал еще несколько попыток «образумить» Мешалкина, но безрезультатно. Затем супруги Соболевы стали подыскивать замену Мешалкину, но это оказалось нелегко, поскольку тот был настоящим кумиром всего коллектива института, и любого члена этого коллектива, согласившегося занять его место, сочли бы предателем. Тем не менее они постарались перетянуть на свою сторону заместителя директора И. Целариуса и старшего научного сотрудника В. Фуфина. Установление в этих целях тесных контактов с семьей Целариуса дорого обошлось Ариадне Дмитриевне, так как жена Целариуса закрутила роман с Соболевым и впоследствии даже родила от него дочь.

Из-за всего этого Ариадна Дмитриевна сочла кандидатуру Целариуса неприемлемой и остановила свой выбор на Фуфине. Ариадне Дмитриевне, правда, не сразу, но все же удалось добиться согласия выбранного ею объекта, и по решению президиума Сибирского отделения В. Фуфин сменил Е. Мешалкина на посту директора института. Против этого восстал весь коллектив института, который потребовал немедленно восстановить Мешалкина в его правах. После всего этого Ариадна Дмитриевна не могла оставаться в институте.

Под давлением Соболева Лаврентьев вновь сделал неверный шаг, передав Институт экспериментальной биологии и медицины со своей клиникой в распоряжение Министерства здравоохранения РСФСР. Соболев на этом вроде бы успокоился, но, будучи уверенным в неизменной поддержке президиума Сибирского отделения, вознамерился создать в своем институте отделы и секторы медицинского профиля за счет математических отделов. Из-за этого у него вновь осложнились отношения с А. Мальцевым и со мной.

В 1962 году было принято решение провести в Академгородке в августе 1963-го советско-американский симпозиум по дифференциальным уравнениям в частных производных. Председателем организационного комитета был назначен И. Векуа, а заместителем — я. Это была трудная и ответственная работа, прежде всего с точки зрения объективного подбора научных докладов для симпозиума. По этому вопросу возникли разногласия, особенно между М. Лаврентьевым и С. Соболевым.

Показатели плодотворности научной работы и роста научных кадров в Сибирском отделении Академии наук СССР в начале 60-х годов были просто фантастическими. За этот период степени докторов физико-математических наук были присвоены П. Белинскому, А. Боровкову, М.М. Лаврентьеву, М. Каргополову, И. Решетняку и другим сотрудникам Института математики, сотрудникам Института гидродинамики — Б. Войцеховскому, И. Данилюку, Л. Овсянникову, О. Васильеву и т.д. В Академгородке защитили докторские диссертации также москвичи А. Дезин и Б. Шабат. Многие из них под моим руководством активно участвовали в работе проводившихся научно-исследовательских семинаров. Под моим же руководством успешно проходили учебу в аспирантуре и стажировку В. Диденко, Е. Золотарева, А. Нахушев, М. Салахитдинов, Т. Джураев, А. Янушаускас, М. Алиев, Дж. Гвазава, М. Зайнулабидов, В. Пашковский и другие. Среди моих учеников были и зарубежные математики — Г. Каратопраклиев (из Болгарии), Нгуэн Тхиа Хоп (из Вьетнама) и т.д.

В 1960 году был учрежден научный журнал под названием «Сибирский математический журнал», главным редактором которого стал А. Мальцев, а заместителем редактора — я. Авторитет этого журнала с самого же начала был столь значительным, что он стал первым советским научным журналом, который параллельно переводился на английский язык и издавался в США.

Почти все научно-исследовательские институты Сибирского отделения, расположенные в Академгородке под Новосибирском, как магнит, притягивали к себе ученых, особенно научную молодежь из многих научных центров Советского Союза и из-за границы. Даже знаменитые ученые мечтали хоть на время попасть туда для проведения научных работ.

Академгородок стал международным центром, где наука развивалась полным ходом. О его достижениях с живым интересом писали журналы и газеты, говорили и обсуждали по радио и телевидению. Та поистине отеческая забота, которую коммунистическая партия, правительство и все советские люди проявляли к Сибирскому отделению Академии наук СССР с самого дня его основания, принесла свои плоды. Полученные здесь результаты заслужили высокую оценку мирового научного сообщества.

Для того, чтобы познакомиться с Академгородком, в Новосибирск приезжали многие государственные деятели как из капиталистических, так и из социалистических стран, многие делегации из международных научных центров и высших учебных заведений.

Если побывавшая в 1960 году в Новосибирске государственная делегация Соединенных штатов Америки во главе с тогдашним вице-президентом Никсоном еще сомневалась в целесообразности создания научных центров в Сибири и на Дальнем Востоке, то уже через два-три года научная деятельность этих центров приводила в восторг американских ученых.

Осенью 1961 года в Институт математики Сибирского отделения приехал в командировку директор вычислительного центра Обнинска Г. Марчук. С Марчуком я встречался еще в 1949 году в Московском университете на одном из заседаний семинара, который вели И. Петровский, С. Соболев и А. Тихонов. Тогда Марчук был аспирантом И. Кибеля. Ему были присуждены подряд степени сначала кандидата, а потом и доктора физико-математических наук, так что его научная карьера развивалась успешно.

Во время своего первого посещения Академгородка он познакомился с М. Лаврентьевым и быстро сблизился с ним. Лаврентьев решил создать в академическом городке вычислительный центр и пригласить на должность директора Марчука. Соболев не возражал против этого решения, при условии, что вычислительный центр будет создан при Институте математики и Марчук станет заместителем института по линии вычислительного центра.

В 1962 году Марчук перебрался из Обнинска в Новосибирск и занял должность, которую предложил ему Соболев. Марчук быстро разобрался в ситуации, сложившейся вокруг тройки — М. Лаврентьев, С. Христианович и С. Соболев — и взял ориентацию на Лаврентьева. После этого он уже не мог рассчитывать на поддержку Соболева при избрании его членом-корреспондентом Академии наук СССР по специальности «математика» и счел целесообразным предложение Лаврентьева баллотироваться в члены-корреспонденты по линии атомной энергетики в отделе наук о Земле. Это решение блестяще оправдало себя, и в 1962 году он был избран членом-корреспондентом Академии наук СССР по упомянутой выше специальности.

Примерно в это же время вычислительный центр выделился из Института математики и начал вести под руководством Марчука независимое существование в Академгородке. К тому же этому учреждению было передано особое здание, предназначавшееся для Института экспериментальной биологии и медицины. У Соболева вновь появился повод для обиды — у него «отобрали» вычислительный центр, и здание, предназначавшееся для бывшего института его «кровного врага» Мешалкина, вдохновителем проекта которого был он сам, передали Марчуку, а не ему. Поскольку Лаврентьев возлагал больше надежд на Марчука, чем на Соболева, он проигнорировал его обиду, тем более что вопрос о переводе Христиановича в Москву считал решенным.

Три поражения подряд — неудача в деле расшифровки рукописей майя, выделение Института экспериментальной биологии и медицины из системы Сибирского отделения и выделение вычислительного центра из Института математики, без сомнения, свидетельствовали об ослаблении позиций Соболева.

Несмотря на внесенный в свое время Лаврентьевым, Соболевым и Векуа значительный вклад в теорию дифференциальных уравнений в частных производных, их научная тематика после переезда в Новосибирск изменила направление. Отдавая много сил административной деятельности, Лаврентьев в то же время активно занимался решением таких математических проблем прикладного значения, как теория и практика направленного взрыва, сварка различных металлов взрывом и т.д. Он непосредственно участвовал в строительстве методом направленного взрыва мощной селезащитной плотины Медео в Алма-Ате. Строительство было успешно завершено.

Лаврентьев не оставлял без внимания также проблемы гидродинамики, без которых невозможны теория и практика полета искусственных спутников Земли и вообще теория и практика космических исследований. Его непосредственными заботами в лаборатории Б. Войцеховского были созданы гидропушки и импульсные гидропрессы.

После фиаско в деле расшифровки рукописей майя главным объектом исследований С. Соболева стало построение кубатурных формул. Полученные им в этом направлении результаты в вопросе численного вычисления кратных интегралов, к сожалению, до сих пор не нашли себе применения. И. Векуа приступил к разработке новых вариантов математической теории оболочек с помощью тензорного исчисления.

Изучением некоторых важных вопросов теории дифференциальных уравнений в частных производных занимался под моим руководством отдел теории функций Института математики. Полученные в этом отделе результаты по теории линейных дифференциальных уравнений в частных производных смешанного типа и эллиптических систем в многомерных пространствах привлекли внимание специалистов в международном масштабе. Над построением решений отдельных классов уравнений в частных производных методом теории групп успешно работала группа математиков из Института гидродинамики под руководством Л. Овсянникова.

Во всех научных учреждениях и в высших учебных заведениях Советского Союза, где планом предусматривалось проведение работ по проблемным вопросам теории дифференциальных уравнений в частных производных, сотрудники с энтузиазмом готовились принять участие в советско-американском симпозиуме. Весной 1963 года уже стало известно, что на симпозиум в Новосибирск из США приедут такие известные математики, как Курант, Фридрихс, Альфорс, Лакс, Ниренберг, Бергман, Зигмунд, Кальдерон, Мозер, Протер, Спенсер, Зингер, Мор, Шехтер и другие.

При подборе докладов для симпозиума с советской стороны оргкомитет столкнулся с определенными трудностями из-за позиции Соболева. Несмотря на то, что Соболев уже давно не был в курсе относительно того, какие вопросы теории дифференциальных уравнений в частных производных являются актуальными на сегодняшний день и не имел сколько-нибудь известных учеников, за исключением А. Дезина, он старался вынести на симпозиум доклады людей, с которыми его связывали близкие отношения.

В таких условиях оргкомитет все же сумел принять правильное решение относительно состава советских математиков, которые должны были принять участие в симпозиуме. С докладами выступили И. Березянский, А. Дезин, И. Гельфанд, В. Иванов, В. Ильин, М. Красносельский, М. Крейн, Л. Кудрявцев, О. Ладыженская, И. Векуа, М.М. Лаврентьев, А. Самарский, М. Салахитдинов, С. Михлин, С. Никольский, О. Олейник, И. Решетняк, С. Соболев, А. Тихонов, М. Вишик, Б. Левитан и другие.

Участие в работе симпозиума известных специалистов как со стороны Советского Союза, так и со стороны США предопределило тот большой успех, который выпал на его долю. В центре внимания оказались те научные направления и ряд проблем, где приоритет был явно на стороне советских математиков. Одно из таких направлений — краевые задачи нефредгольмовского типа для эллиптических уравнений и эллиптических систем — было хорошо представлено, в частности, в отделе теории функций Института математики Сибирского отделения. Именно полученным в этом отделе научным результатам дал высокую оценку руководитель американской делегации, знаменитый ученый, зарубежный член Академии наук СССР Рихард Курант в своем интервью специальному корреспонденту газеты «Известия», которое упомянутая газета опубликовала после закрытия симпозиума.

Через несколько дней после окончания симпозиума в Новосибирске международная ассоциация теоретической и прикладной механики в знак уважения к научным заслугам Н. Мусхелишвили созвала международный симпозиум в Тбилиси. От Новосибирска в работе симпозиума приняли участие Илья Векуа и я. Состоявшиеся в дни симпозиума научные беседы между Трикоми, Фикера, Лересом и мной оказались весьма интересными и полезными. Все были в восторге как от симпозиума, так и от интересных экскурсий и приемов, которые Мусхелишвили и его научная школа устроили для гостей.

В 1963 году началась подготовительная работа по избранию действительных членов (академиков) и членов-корреспондентов для пополнения персонального состава Академии наук СССР весной 1964 года. С целью отзыва вакантных мест по линии Сибирского отделения состоялось собрание действительных членов, работавших в этом отделении. Было проведено тайное голосование для установления лиц, которых можно было бы рекомендовать на эти места.

В тайном голосовании рассматривались следующие кандидатуры: я (по математике), Л. Канторович (по математической экономике), Г. Будкер (по физике), Г. Боресков, Н. Ворожцов, В. Воеводский и А. Николаев (по химии). Из 10 голосов избирателей больше двух третей получили Г. Боресков, В. Воеводский, Г. Будкер и я.

В соответствии с этим по линии Сибирского отделения было отозвано четыре места — одно по математике, одно по физике и два места по химии. Отрицательное решение вопроса об открытии вакантного места по математической экономике не так расстроило Л. Канторовича, как С. Соболева.

255

Последний был просто вне себя, он не знал, на кого свалить вину за поражение, которое он потерпел во время этой полностью незаконной и неофициальной процедуры.

Самые высокие показатели по выполнению плана научно-исследовательских работ в 1963 году были отмечены в отделах алгебры и теории функций. С. Соболева больше всего раздражали успехи отдела теории функций. Когда ученый совет института тайным голосованием выдвинул на премию вместе с другими сотрудниками А. Мальцева и меня, Соболев заявил отвод якобы по той причине, что премирование заведующих отделами не входит в компетенцию ученого совета. Не имея твердой уверенности в том, что Канторовича удастся сделать моим противником, Соболев стал искать более приемлемого кандидата на звание действительного члена Академии и для начала сделал все возможное, чтобы поколебать мой авторитет.

После долгих размышлений он пришел к выводу, что в качестве такого кандидата следует использовать А. Александрова, которого уже давно собирались сместить с поста ректора Ленинградского университета из-за того, что он был не в ладах с руководством ленинградского обкома партии. В такой ситуации Александров не имел никаких шансов занять единственное вакантное место академика по математике. В первой половине 1964 года он по приглашению Соболева несколько раз приезжал в новосибирский Академгородок.

Поколебать мой научный авторитет не удалось, но при участии Г. Мигиренко мне несколько раз создавали такие условия, что я не мог не поднять голос против безобразий, творившихся в академическом городке. Все хорошо видели царивший во всех сферах жизни протекционизм.

Летом 1963 года во время вступительных экзаменов в Новосибирский университет меня рекомендовали на место председателя предметной комиссии по математике. Поскольку я не имел оснований сомневаться в искренности рекомендантов и к тому же никак не предполагал, что это дело может таить в себе опасность, я, не колеблясь, согласился руководить работой экзаменационной комиссии.

Однако произошло невероятное — число абитуриентов, имевших протекцию, превысило количество приемных мест в университете, в результате чего экзаменаторы искусственно завысили экзаменационные оценки своим протеже и соответственно занизили оценки достойным абитуриентам, не имевшим протекции. В такой ситуации я был вынужден лишить треть экзаменаторов права продолжать участвовать в приемных экзаменах, что некоторые сочли слишком строгой мерой.

В число упомянутой трети экзаменаторов попали зять Соболева Л. Сабинин, сотрудники П. Кочиной, И. Работнова, С. Христиановича и др. Наряду с этим я всячески старался обличить мошенников и негодяев — всех этих прихвостней Мигиренко, уютно устроившихся в учреждениях по снабжению населения продуктами питания и промышленными товарами и неприкрыто воровавших в своей сфере. Из-за этих моих действий Мигиренко открыто обвинил меня в несдержанности в отношениях с людьми, чем надеялся подорвать мой авторитет.

Однако в обкоме были уверены, что это не соответствует истине, и повернули дело так, что на очередной отчетно-выборной конференции Мигиренко не был избран в состав партийного комитета. Соболев считал, что такое развитие событий не понравится Лаврентьеву, и я таким образом потеряю своего единственного заступника. Однако Лаврентьев разгадал происки Соболева и сумел остаться объективным.

Александров почти каждый день приходил к Лаврентьеву домой и делился с ним радужными планами относительно своей деятельности в Сибири, если вакантное место академика достанется ему. Во время выдвижения кандидатов на объявленное вакантное место по математике для Сибирского отделения Соболев на заседании ученого совета Института математики не сумел отвести мою кандидатуру, и на следующих этапах выборов я считался серьезным конкурентом Л. Канторовича. Кандидатура же Александрова была выдвинута не на выделенное для Сибирского отделения вакантное место, а на вакантное место от Ленинграда. По

257

действующему тогда уставу для того, чтобы рекомендовать кандидата на предусмотренное для Сибирского отделения место, необходимо было набрать не менее двух третей голосов участвовавших в выборах академиков из Сибирского отделения. Во время голосования Г. Будкер и Л. Канторович не получили необходимого количества голосов. Однако Соболев не растерялся и немедленно потребовал от Лаврентьева созвать собрание Сибирского отделения и заменить существующий устав новым, в соответствии с которым для получения рекомендации будет достаточно половины голосов.

Лаврентьев удовлетворил это требование Соболева, действующий устав в течение нескольких минут был заменен новым, и по линии Сибирского отделения рекомендации для выдвижения в кандидаты получили я, Г. Боресков, Г. Будкер, В. Воеводский, Н. Ворожцов, Л. Канторович и А. Николаев. Последующее голосование за рекомендованных кандидатов проходило в отделах согласно специальностям.

После того, как отдел математики на общее вакантное место по математике избрал И. Линника, Александров дал согласие баллотироваться на вакантное место, выделенное для Сибирского отделения, и оказался избранным на это место. Потом дополнительно было выделено еще одно общее место академика и одно место для Сибирского отделения. На эти места были избраны соответственно В. Глушков и Л. Канторович.

Летом 1964 года Александров ушел с поста ректора Ленинградского университета и перешел на постоянную работу в Институт математики Сибирского отделения.

Он надеялся, что ему предложат должность ректора Новосибирского университета, которое тогда было свободно в связи с переходом И. Векуа на постоянную работу в Тбилиси, однако директивные органы не пожелали этого. Обиженный этим Александров, потребовал от Лаврентьева дать ему «хотя бы» Ленинскую премию. Лаврентьев попытался исполнить требование Александрова, однако это у него не вышло, поскольку комитет по Ленинским премиям не счел Александрова достойным премии. Этого оказалось достаточно, чтобы Александров занял оппозиционную позицию по отношению к Лаврентьеву.

Выяснилось, что у Александрова была сложная и запутанная биография. По образованию он был физик, а математикой заинтересовался после того, как в течение нескольких лет участвовал в туристических походах вместе с Б. Делоне. Его докторская диссертация, посвященная выпуклым телам, была написана в контакте с Б. Делоне. Именно Делоне сумел убедить Виноградова в том, что Александров представляет собой блестящий талант, и при поддержке их обоих он в 1946 году был избран членом-корреспондентом Академии наук СССР. Столь легкая победа дала Александрову повод считать, что он может сделать еще большую карьеру.

В 1951 году, путешествуя по индивидуальному туристскому маршруту в горах Северного Кавказа, Александров «случайно» познакомился в Теберде с двумя молодыми женщинами, также увлекавшимися индивидуальным туризмом. Одна из них была немногословной молчаливой блондинкой, а другая — разговорчивой брюнеткой. Он подружился с этими женщинами и предложил сопровождать их в пешем походе до Домбайской долины.

Поход продлился двое суток. Александров не сказал им, кто он такой, и сам тоже не просил их открывать свое инкогнито. В Домбае женщин ожидал молодой парень среднего телосложения, оказавшийся супругом блондинки. Блондинка оказалась дочерью Сталина, Светланой, а супруг ее — сыном известного политического деятеля А. Жданова, заведующим отделом науки и высших учебных заведений ЦК партии Юрием Ждановым, который сразу узнал в спутнике молодых женщин А. Александрова.

Александров провел в обществе дочери Сталина и ее супруга еще неделю. В разговоре со своими молодыми спутниками Александров проявил хорошее знание философии, истории, политики, искусства, литературы и музыки, к тому же он «по всем вопросам разделял мнение И. Сталина и А. Жданова» и с восторгом говорил о трудах Сталина, посвященных языкознанию и экономическим проблемам социализма. Молодые женщины были в восхищении от его эрудиции и проявляемых к ним внимания и заботы.

Еще раньше, с целью привлечь внимание широкой общественности, Александров опубликовал несколько статей, посвященных философским вопросам физики. В то же время он являлся не только членом редакционной коллегии монографии «Математика, ее содержание, методы и значение», но и автором вводной статьи, в которой говорилось о методологических и философских вопросах математики. Почти на каждой странице этой статьи упоминались труды Сталина.

После смерти Сталина Александров полностью переделал эту статью, имя Сталина упоминалось в ней теперь лишь один раз. После разоблачения культа личности на XX съезде КПСС Александров, который тогда был ректором Ленинградского университета, выступая перед многотысячным коллективом университета, подверг критике политику, проводимую партией в период, когда пост генерального секретаря занимал Сталин, говорил, что по вине партии Ленинград в годы Великой отечественной войны оказался в блокаде. Это способствовало распространению «диссидентского» движения в некоторых студенческих кругах. Партийное руководство Ленинграда неоднократно пыталось «убедить А. Александрова в беспочвенности распространяемых им взглядов», но он твердо стоял на своем. Все это стало причиной раскола, возникшего между А. Александровым и партийным руководством Ленинграда в начале 60-х годов.

Помимо обязательного курса теории аналитических функций комплексной переменной, я с 1963 года читал студентам старших курсов Новосибирского университета и работавшим в Сибирском отделении молодым научным сотрудникам специальный курс под названием «Краевые задачи для эллиптических уравнений второго порядка». На основании этого курса я написал третью монографию, которую в 1966 году опубликовало московское издательство «Наука». Эта книга вскорости была переведена на английский язык и издана издательством «Нордхоланд».

Во второй половине 60-х годов в Институте математики еще более плодотворной стала работа научно-исследовательского семинара, которым руководил я. С научными докладами выступали как постоянные участники семинара, так и сотрудники советских и зарубежных научных учреждений.

Глава IX

22 мая 1966 года Сибирское отделение Академии наук СССР отмечало 50-летие со дня моего рождения. На официальном юбилейном заседании, которое вступительным словом открыл М. Лаврентьев, научный доклад сделал я сам, а затем с приветственными речами и обращениями по случаю юбилея выступили представители научных учреждений и высших учебных заведений. В такой обстановке принято говорить о юбиляре только хорошее, однако бывает приятно, когда многое из сказанного отражает истину.

В адресе Института математики Сибирского отделения говорилось:

Дорогой Андро Васильевич!

Мы все хорошо знаем, что Вы с ранних лет проявляли страстную любовь к знаниям, поиску научных истин. Вы всегда были верным рыцарем науки; свой талант и самоотверженный труд Вы отдали на службу науке.

Вас привлекают все стороны научной деятельности, Вы с большим увлечением работаете над сложными проблемами, решаете их и продвигаете вперед науку. Вы учитесь и глубоко проникаете в содержание важных исследований Ваших современников, которые порой достаточно далеки от непосредственного объекта Ваших исследований. Вы проявляете живой интерес к идеологии, истории, философии и будущему науки.

В то же время Вы ничуть не похожи на тех традиционных представителей ученых, которые замыкаются в своей скорлупе, ученых-отшельников. Научную работу Вы прекрасно совмещаете с общественно-научной и общественно-организационной деятельностью.

Мы знаем Вас также как прекрасного педагога. Вы всегда находитесь в окружении талантливой молодежи, помогаете ей, заботитесь о ней, и за все сделанное им добро они ответят Вам горячей любовью.

Вы не представляете себе существование вне коллектива, всегда стоите на передовых и актуальных позициях.

Эти яркие и привлекательные стороны Вашей личности, Ваш талант обусловили Ваш быстрый научный рост, Ваши славные научные достижения, создание целых направлений в науке, тот важный вклад, который Вы внесли в развитие советской математики, в благородное дело подготовки научных кадров.

Ваши научные исследования хорошо известны как в Советском Союзе, так и за его пределами; неслучайно, что многие фундаментальные научные факты, постановки задач и понятия неразрывно связаны с Вашим именем.

Институт математики Сибирского отделения Академии наук СССР горячо поздравляет Вас с 50-летним юбилеем, желает Вам здоровья, долгих лет жизни и надеется, что Вы вновь и вновь будете радовать его новыми большими научными успехами.

Адрес подписали более шестидесяти научных сотрудников института, в том числе С. Соболев, Л. Канторович, А. Александров, А. Ширшов, М. Каргополов, И. Решетняк, П. Белинский, Д. Смирнов, Е. Ершов и другие.

Не меньше тепла и любви чувствовалось в адресе Института математики им. Стеклова. В нем говорилось:

Дорогой Андро Васильевич!

Коллектив Института математики им. Стеклова Академии наук СССР горячо поздравляет Вас с 50-летним юбилеем и приветствует Вас, как одного из выдающихся советских математиков.

Уже первые Ваши работы, посвященные применению сингулярных интегральных уравнений в теории краевых задач, привлекли внимание исследователей своей глубиной, изяществом и новизной результатов.

Пример эллиптических систем, который сегодня носит Ваше имя, для которого область решений однородной задачи Дирихле бесконечной мерности стал первым толчком к развитию общей теории эллиптических операторов.

Ваши монографии, посвященные изучению уравнений смешанного типа и вырожденных уравнений, хорошо известны во всем мире.

Вы, как блестящий специалист по теории функций комплексной переменной, внесли важный вклад в дело решения проблем, которые уже давно волнуют математиков. Рассмотренные Вами многомерные аналоги этой теории, многомерные интегралы типа Коши, проблема индекса краевой задачи с наклонными производными сегодня лежит в основе многих исследований, посвященных этой важной и быстро развивающейся области современного анализа.

Мы всегда будем с теплым чувством вспоминать годы Вашей деятельности в нашем Институте, Вашу научную увлеченность, заботу о научной молодежи, энергичность и высокую принципиальность.

Примите наши поздравления с юбилеем и добрые пожелания. Будьте всегда здоровы, и пусть никогда не покидает Вас радость творческого труда.

Адрес подписали почти все сотрудники института, в том числе И. Виноградов, П. Новиков, С. Никольский, К. Марджанишвили, Н. Смирнов, А. Гельфонд, И. Прохоров, Л. Келдыш, С. Тябликов, А. Марков, В. Захаров и другие.

Тбилисский Институт математики им. А. Размадзе также не забыл своего бывшего сотрудника. Вот их поздравительный адрес:

Глубокоуважаемый, дорогой Андро!

Коллектив Института математики им. А.М. Размадзе Академии наук Грузии горячо приветствует Вас, выдающегося советского ученого, и сердечно поздравляет Вас с 50-летием со дня рождения.

Нас искренне радуют Ваши большие достижения в науке. Ваши исследования в теории дифференциальных уравнений эллиптического типа, в теории функций комплексной переменной и теории потенциалов, теории сингулярных интегральных уравнений принесли Вам заслуженную славу глубоко и оригинально мыслящего математика.

Вас одинаково привлекают проблемы как теоретического, так и прикладного характера. Этим слиянием обоих аспектов математики — теоретического и прикладного — Вы даете хороший пример своим ученикам и последователям.

Вы всегда активно участвуете в тех общественных мероприятиях, которые направлены на улучшение научной или педагогической работы и их лучшую организацию.

Дорогой Андро! Старшее поколение нашего Института хорошо помнит период Вашего аспирантства и Ваши первые шаги в науке. Вы с самого начала зарекомендовали себя как способный, трудолюбивый и принципиальный молодой человек. Поэтому коллектив нашего Института, в котором Вы получили свою первую научную закалку, с особым чувством отмечает Вашу юбилейную дату. У нас нет сомнений в том, что Вы и в будущем с не меньшей энергией и увлечением продолжите свою научную деятельность и будете радовать нас все новыми и новыми достижениями.

Весь коллектив Тбилисского института математики, для которого Вы всегда будете близким и любимым, от всей души поздравляет Вас с этим замечательным днем и желает Вам здоровья, счастья и дальнейшей плодотворной творческой работы во славу советской науки.

Директор Института математики
Академии наук Грузинской ССР
академик Н. Мусхелишвили

Родной Тбилисский государственный университет обратился ко мне с такими словами:

Дорогой Андро!

Тбилисский государственный университет, воспитанником которого Вы являетесь и где впервые началась Ваша плодотворная научная и педагогическая деятельность, искренне поздравляет Вас с 50-летием со дня рождения и 25-летием научно-педагогической и общественной деятельности.

Результаты, полученные благодаря Вашему выдающемуся математическому таланту и трудолюбию, в самых разных отраслях математики стяжали Вам славу выдающегося советского математика.

Ваши глубокие исследования в теории дифференциальных уравнений в частных производных, в области краевых задач теории аналитических функций, в

266

теории дифференциальных уравнений смешанного типа, теории многомерных сингулярных интегральных уравнений признаны везде и заслужили одобрение как в Советском Союзе, так и за его пределами.

Вы обладаете особым талантом организатора и педагога; Вы воспитываете молодых не только в процессе обучения, но и на примере всей Вашей научной жизни.

Тбилисский государственный университет, где Вы на протяжении ряда лет вели плодотворную педагогическую деятельность, высоко ценит Ваши заслуги в деле воспитания молодых научных кадров. Вы по праву можете гордиться тем, что многие Ваши бывшие ученики стали уже известными учеными.

Дорогой Андро! Желаем Вам здоровья и дальнейшей плодотворной научной деятельности во славу советской науки.

От имени коллектива Тбилисского государственного университета

ректор университета
академик И. Векуа.

Среди полученных мною к юбилею от многих других научных коллективов более чем ста приветственных обращений и адресов особой оригинальностью отличается присланное мне поздравление от коллектива Института истории, филологии и философии:

Глубокоуважаемый Андро Васильевич!

От имени коллектива Института истории, филологии и философии Сибирского отделения Академии наук СССР приветствуем Вас и поздравляем с Вашим 50-летним юбилеем.

В этот знаменательный день особенно радостно отметить, что Вы, маститый математик, выдающийся ученый и педагог, не жалеете сил для развития общественных наук в Сибири.

Археологи и историки весьма благодарны Вам за ценные советы в деле изучения тонких и сложных проблем, в частности, расшифровки изображений эпохи палеолита, при решении вопросов, касающихся древнейших истоков изобразительного искусства и математики. Это яркий пример контактов математики с гуманитарными науками для решения общих задач. Мы высоко ценим Ваш страстный темперамент общественного деятеля, Вашу неустанную горячую заботу об идеологической закалке молодых научных кадров, об их воспитании в соответствии с философией марксизма-ленинизма.

Желаем Вам долгих лет жизни, здоровья, личного счастья и новых творческих свершений на благо нашей великой Родины.

И.о. директора Института истории, филологии и философии Сибирского отделения Академии наук СССР А. Окладников, секретарь партбюро Н. Гущин, председатель месткома А. Копылов, секретарь комсомольского бюро А. Деревянко. От имени аспирантов Б. Фролов.

«Сибирский математический журнал» и журнал «Дифференциальные уравнения» опубликовали статьи о моей творческой деятельности с портретами.

В 1965 — 1966 годы в Советском Союзе по линии математики были проведены два важных мероприятия: международный конгресс математиков в Москве и международная конференция в Ереване, посвященная проблемам теории функций. Меня очень утомила туристическая экскурсия по Болгарии в июле, поэтому в работе Московского конгресса я не участвовал, если не считать председательства на одном из заседаний секции дифференциальных уравнений в частных производных, а в Ереване — выступления с заказанным секционным докладом.

В работе ереванской конференции приняли участие многие зарубежные и советские математики, в том числе президент международной ассоциации математиков де Рами и вице-президент М. Лаврентьев. На этой конференции молодые математики заняли вызывающую позицию по отношению к математикам предыдущего поколения, хотя, как выяснилось несколько лет спустя, им нечем было особенно гордиться.

На банкете, устроенном организационным комитетом в прекрасном ресторане на берегу озера Севан, Лаврентьев произнес тост в честь молодых математиков, сопроводив его следующей притчей:

«Вор-мастер и его ученик»

В одном городе жил вор — великий мастер своего дела, и у него был подмастерье. После трех лет обучения ученику захотелось самостоятельности, однако учитель не удовлетворил его требование, поскольку считал, что он еще недостаточно понаторел в воровском ремесле. Была еще только ранняя весна, но в городе стояла сильная жара. Однажды мастер со своим учеником отправились отдохнуть за город, в лес. На берегу реки они закусили и в полдень разлеглись в тени деревьев. Мастер внимательно осмотрел ветки дерева и сказал ученику: «Дорогой Сако! Посмотри-ка на ветки вон того дерева и скажи мне, что ты заметил среди листьев».

Сако — так звали ученика — добросовестно осмотрел ветки дерева и ответил мастеру: « Господин! Я вижу там гнездо».

«А какая птица сидит в гнезде, дорогой Сако?»

«Горлица, господин».

«Ты утверждаешь, что поднаторел в воровском ремесле, не так ли?»

«Да, господин».

«Тогда поднимись на дерево и достань из гнезда горлицы одно яйцо так, чтобы она не улетела».

Сако осторожно вскарабкался на дерево, раздвинул ветки, но не успел он дотронуться до гнезда, как горлица улетела.

«И ты еще говоришь, что понаторел в воровстве, дорогой Сако? Ну, ничего не поделаешь, спускайся с дерева».

Сако спустился с дерева и недовольно сказал мастеру: «Господин! Давай немного подождем, пусть горлица вернется в гнездо, а потом я посмотрю, как ты сумеешь достать яйцо так, чтобы она этого не заметила».

«Ладно, дорогой Сако, подождем».

Спустя час горлица в самом деле вернулась к гнезду и села на яйца. Вор-мастер сначала снял обувь, шапку, затем перекрестился и с большой осторожностью поднялся на дерево. Затаив дыхание, он приблизился к гнезду и по очереди одно за другим достал из гнезда оба яйца (горлица откладывает два яйца в сезон) так, что мать-горлица даже не шевельнулась. Положил яйца в карман своей рубахи, так же

269

осторожно спустился с дерева, перевел дыхание и, не оборачиваясь, спросил: « Дорогой Сако! Теперь ты понял, как надо воровать?». Не получив ответа, он повернулся к тому месту, где, по его представлению, должен был находиться Сако. И что же он увидел? Сако исчез, и вместе с ним исчезли его обувь, одежда и шапка.

— Долго искал мастер своего ученика, а не найдя нигде его следов, утешился мыслью, что ученик превзошел его в воровстве. За здоровье молодых математиков! — так закончил Лаврентьев свою речь, которую синхронно переводили на английский и французский языки.

Тост-притча произвел большое впечатление на слушателей.

Февраль 1967 года мы с Ниной провели для лечения в Карловых Варах. В то время начинались известные события в Чехословакии. На улицах и в учреждениях на советских граждан некоторые местные жители стали посматривать косо. В прессе, по радио, в телепередачах много писали и говорили о стиле жизни и работы в Чехословакии и притом критиковали их. Не осуждая сам социализм, чешские средства массовой информации требовали его «демократизировать», придать ему «человеческое лицо».

Во второй половине 1967 года отголоски чехословацких событий странным образом отозвались и в новосибирском академическом городке. Поскольку я как председатель бюро философско-методологического семинара по партийной линии отвечал за идеологическую работу, сложившаяся в Академгородке обстановка заставила меня крепко призадуматься. С целью получения консультации по этим вопросам я несколько раз обращался к ответственным товарищам областного комитета партии и к Лаврентьеву, однако они считали, что в общественной жизни Академгородка все обстоит благополучно. К сожалению, это было не совсем так.

К 1968 году положение настолько осложнилось, что руководство обкома партии для изучения дела и принятия мер вынуждено было создать специальную комиссию в составе: А. Бицадзе (председатель), М. Каргополов и М. Слинко. Все трое были членами-корреспондентами Академии наук СССР и членами КПСС. Комиссия работала целый месяц. Выявлено было много странных и очень темных фактов, выходивших на самом деле далеко за пределы компетенции нашей комиссии и нуждавшихся в специальном расследовании.

Читателю не лишним будет ознакомиться с выводами комиссии:

«Нами было установлено, что, начиная с 1966 года, в Академгородке началась масштабная провокационная деятельность политического и культурного характера, явно покрываемая кем-то сверху, в том числе в Новосибирском университете, в школах Академгородка, научных учреждениях и среди населения.

Непонятно кем были созданы клубы с экстравагантными названиями («Под Интегралом», «Сигма», «Вороний клуб», «Клуб интересных встреч», «Клуб бессемейных» и т.д.), которые имели очень странную направленность. Имелись проявления явного снобизма, особенно среди учащейся молодежи и молодых ученых.

Кроме того, со второй половины 1967 года в общественной жизни академического городка имели место факты, которые получили огласку и могли восприниматься как грубое нарушение общественного порядка:

а) в Доме культуры неудачей окончилось такое положительное начинание, как устройство художественных выставок. Среди выставленных экспонатов некоторые носили откровенно порнографический характер и вызывали нездоровые разговоры. Поддержанная министерством культуры инициатива устройства выставок произведений выдающихся зарубежных скульпторов и художников (М. Шагала, П. Пикассо и др.) оказалась в руках темных личностей, и дело дошло до того, что расследованием нарушений в этом направлении вот уже полгода занимается уголовный розыск, и дело, по всей вероятности, будет передано в суд;

б) в связи с судебным процессом Голанского, Гинзбурга, Добровольского и Дашковой, настроенные кем-то отдельные представители молодежи (в основном — студенты, отчисленные из университета за неуспеваемость) на стенах

271

общежития академического городка пишут масляной краской провокационные лозунги, реакцией на которые могли быть только еще более репрессивные меры со стороны КГБ и советских властей. Более того, в связи с этим же делом восемьдесят два молодых научных сотрудника из Сибирского отделения Академии наук СССР поставили свои подписи на эпистолярном письме с требованием об освобождении вышеупомянутых лиц. Документ был послан президенту США и в редакцию газеты «Нью-Йорк таймс». При этом информационные каналы западных стран сделали содержание упомянутого письма достоянием гласности;

в) в Доме культуры Академгородка систематически устраиваются эстрадные вечера и постановки с участием самодеятельных коллективов, драматических кружков при учебных заведениях, приглашенных из крупных городов Советского Союза исполнителей, в выступлениях которых содержались грубые, но явно профессионально сработанные провокации;

г) клубы «Под Интегралом», «Сигма», «Вороний клуб», « Клуб бессемейных» и т.д. превратились в рассадники пьянства и разврата. Венцом их «деятельности» стал салон некой «Кати Черной», на самом деле представляющий собой подпольный бордель (дом терпимости);

д) интернациональный клуб студентов при Новосибирском университете вместо того, чтобы служить делу международной солидарности студентов, использует любой повод, чтобы устраивать студенческие пикеты и забастовки.

На фоне больших успехов, достигнутых в научных учреждениях Академгородка и в Новосибирском университете, все эти и без того неприглядные факты выглядят еще более безобразными, и существование их бросает тень на весь проект сибирского академического городка».

Этот отчет и некоторые рекомендации по преодолению сложившейся непростой ситуации подписали все три члена комиссии.

Содержание отчета было одобрено председателем Сибирского отделения Академии наук СССР академиком М.

Лаврентьевым и ректором Новосибирского государственного университета академиком С. Беляевым. Работой комиссии остались недовольны вдохновители имевших место в академическом городке негативных явлений, в том числе А. Александров, Г. Будкер, С. Соболев, Р. Берг, заместитель секретаря парткома Новосибирского университета М. Шершевский и т.д.

Сейчас от себя я должен сказать следующее: все мы прекрасно знаем, что советская действительность не была идеальной, и в упомянутый период времени СССР начал клониться к закату. Однако вышеуказанные факты и события, имевшие место в Академгородке никоим образом не способствовали решению назревших проблем. Напротив, они только провоцировали власти и карательные органы к «завинчиванию гаек» и ликвидации того, что с таким большим трудом удалось создать в Сибирском отделении Академии наук М. Лаврентьеву и другим настоящим ученым. Не говоря уже о том, что в конце 60-х массы населения СССР не был готовы к замене советского строя каким-либо другим.

Повторю: налицо была явная провокация со стороны КГБ и части партийных органов. Сказанное мной подтверждают такие факты, как, например, то, что текст протестного письма, отосланного в адрес президента США и в «Нью-Йорк таймс», доставили в академический городок некие граждане из Москвы и Ленинграда, прибывшие в командировку в Институт математики и Институт ядерной физики, которых хорошо знали упомянутые выше лица. Редактировал это письмо лично Александров. Да-да! Тот самый Александров, который в недалеком прошлом холопски лебезил перед членами семей Сталина и Жданова и так неумеренно восторгался советской властью на публике!

Несмотря на это, как читателю уже известно, в документах комиссии не фигурировала ни одна фамилия. Тем не менее, после подписания мною этих документов Александров и Соболев даже перестали со мной здороваться, они просто «не замечали» меня при встрече. Более того, на одном из заседаний Александров обратился ко мне с такими словами:

— Вы думаете, вам сойдет с рук вся та чепуха, которую нагородила ваша комиссия? Это вам припомнится в другое время и в другом месте, товарищ Бицадзе!

— Что вы собираетесь мне припомнить «в другое время и в другом месте», Александр Дмитриевич?

— Знайте, пока я жив, вы никогда не получите моего голоса на выборах в Академию, товарищ Бицадзе.

— Ну раз на то пошло, так Бог с вами и с вашим голосом, — позволил я себе сказать Александрову.

Указанные события подозрительно совпали с интервенцией в Чехословакию в конце августа 1968 года войск стран-участниц «Варшавского договора», в результате которой было покончено с попытками реформ в этой стране, находившейся в сфере влияния СССР.

29 октября 1968 года С. Соболеву исполнилось 60 лет. По моей инициативе в Академгородке в его честь состоялся всесоюзный симпозиум по дифференциальным уравнениям в частных производных. При моем же активном участии был устроен юбилейный вечер. Несмотря на это, Соболев продолжал смотреть на меня с ненавистью и всячески старался изгнать меня из Академгородка. Лаврентьев знал об этом, но молчал. В октябре 1969 года президент Академии наук Грузинской ССР Н. Мусхелишвили обратился ко мне с предложением баллотироваться на вакантное место действительного члена (академика) Академии наук республики. Проконсультировавшись по этому вопросу с Лаврентьевым, я с большим удовлетворением принял это предложение. Через два месяца 12 декабря 1969 года Мусхелишвили прислал мне в Новосибирск следующее официальное письмо:

«Действительному члену Академии наук
Грузинской ССР А. Бицадзе.

Уважаемый Андриа!

Имею честь сообщить Вам, что общее собрание Академии наук Грузинской ССР, учитывая Ваши выдающиеся заслуги в науке, 12 декабря 1969 года на декабрьском заседании избрало Вас действительным членом Академии наук.

Желаю вам новых успехов в Вашей дальнейшей научной деятельности.

Академик Н. Мусхелишвили».

К письму была приложена выписка из постановления общего собрания Академии наук Грузинской ССР от 12 декабря 1969 года:

«Выборы действительных членов Академии наук Грузинкой ССР

На основании итогов тайного голосования общее собрание Академии наук Грузинской ССР постановило: избрать действительным членом Академии наук Грузинской ССР отделения математики и физики — Бицадзе Андриа Васильевича (математика).

Президент Академии наук Грузинской ССР,

академик Н. Мусхелишвили.

Академик-секретарь Академии наук Грузинской ССР

С. Дурмишидзе».

Позже я получил более подробные сведения. В частности, выяснилось, что из девяти действительных членов физико-математического отделения мне дали голос семеро, а на общем собрании Академии из пятидесяти одного действительного члена — сорок восемь.

В 1969 году исполнительный комитет международной ассоциации математиков предложил мне выступить на международном конгрессе математиков в Ницце (Франция) в 1970 году с пятидесятиминутным секционным (заказанным) докладом на тему «Нефредгольмовские эллиптические краевые задачи». Я начал усиленно готовиться. Шли месяцы, однако мои отношения с Соболевым и Александровым ничуть не улучшались.

В такой обстановке я получил из Тбилиси письмо, датированное 20 марта 1970 года:

Академику Академии наук Грузинской ССР А. В. Бицадзе.

Глубокоуважаемый Андро Васильевич!

От имени Академии наук Грузинской ССР обращаюсь к Вам с просьбой перейти на постоянную работу в Тбилиси. Мы уверены, что Ваша работа здесь будет особенно полезной для дальнейшего подъема математических исследований в Грузии, где много талантливых молодых математиков, которые будет иметь возможность получить под Вашим руководством выдающиеся научные результаты. Мы просим Вас занять должность заведующего отделом Института математики, который будет открыт специально для Вас.

Желательно, чтобы Ваш переход сюда произошел как можно скорее. Гарантируем, что Вы будете обеспечены соответствующей квартирой. К сожалению, в настоящий момент я не могу с уверенностью сказать, в какие сроки будет готова Ваша квартира, но, насколько мне известно, квартиру в Тбилиси Вы получите в течение этого года. Как только я буду располагать более подробными сведениями, я немедленно сообщу Вам об этом.

С большим уважением Н. Мусхелишвили.

На второй день после получения этого письма я вновь получил письмо от Н. Мусхелишвили. Весь текст письма был написан им собственноручно вечером 20 марта:

Дорогой Андро Васильевич.

Простите за то, что официальное письмо пришло с опозданием. Я хотел иметь возможность сообщить вам точную дату готовности вашей квартиры, однако это не получилось. Как я вам уже писал, мне дали гарантию, что она будет готова в этом году, и есть надежда, что вы сможете вселиться уже к 1 сентября. Как только мне станет известна точная дата, я вас немедленно уведомлю. Вместе с этим письмом я отправляю М. Лаврентьеву официальное обращение. Надо ли посылать официальное письмо в Новосибирский университет о переводе в Тбилиси Нины Александровны?

Сердечный привет Нине Александровне и вам,

ваш Н. Мусхелишвили.

Лаврентьев получил письмо Мусхелишвили относительно моего перехода на постоянную работу из Новосибирска в Тбилиси и, поскольку это был официальный документ, вынес его на рассмотрение заседания президиума Сибирского отделения Академии наук СССР. Все присутствующие на заседании выразили сожаление по поводу моего отъезда из

Новосибирска, за исключением Г. Будкера и С. Соболева. Последний заявил:

— Я очень люблю товарища Бицадзе, мы с ним хорошо сработались, но он является действительным членом Академии наук Грузии и, поскольку республике нужно, чтобы он работал в Тбилиси, то ничего не поделаешь, нам придется уважить просьбу академика Мусхелишвили.

В этом ему подыграл Г. Будкер.

Что же касается Лаврентьева, этого большого ученого и чрезвычайно сдержанного человека, то он после выступления Соболева назвал его ханжой, а решение рассматриваемого вопроса отложил на потом. Обо всем этом Лаврентьев сообщил мне и при этом спросил, как ему поступить. Немного подумав, я ответил:

— Есть грузинская пословица: «Как бы хорошо ни было, а перемена лучше».

Лаврентьеву пословица понравилась. Затем он переменил тему разговора.

16 февраля 1971 года Н. Мусхелишвили исполнялось 80 лет со дня рождения. По мнению президента Академии наук СССР М. Келдыша юбилейный комитет должен был возглавить М. Лаврентьев, а тот предложил мне быть заместителем председателя. Кроме нас двоих в организационный комитет входили семь представителей Грузии.

По предложению Лаврентьева я должен был документально обосновать целесообразность вторичного присвоения Н. Мусхелишвили звания Героя социалистического труда. До юбилейной даты оставалось еще восемь месяцев. Чтобы успеть все сделать в срок, нам следовало как можно скорее внести необходимые документы на рассмотрение правительства. В конце мая 1970 года уже была готова научная и политическая характеристика Н. Мусхелишвили, а также его характеристика как общественного деятеля:

Мусхелишвили Николай Иванович, 16 февраля 1891 года рождения, по национальности грузин, член КПСС, действительный член Академии наук СССР и Грузинской

ССР, президент Академии наук Грузинской ССР, член президиума Академии наук СССР, известный во всем мире ученый, большой специалист в области математики и механики, создатель всемирно известной научной школы, 55 лет бескорыстно служит науке и благосостоянию нашей великой Родины — Союзу Советских Социалистических республик. Его исследования в области комплексного анализа и теории упругости представляют собой фундамент, без которого такие отрасли современной науки, как механика, физика и т.д. оказались бы перед большими трудностями. Исследования Н. Мусхелишвили сыграли большую роль в области атомной энергии, атомного оружия, в деле освоения космоса. Среди его непосредственных учеников сегодня много известных ученых, как в нашей стране, так и за ее пределами.

Н. Мусхелишвили является большим организатором науки, государственным и общественным деятелем: руководителем Академии наук Грузинской ССР со дня основания этого учреждения в 1941 году, одним из активных участников чрезвычайного съезда Советов в 1937 году, членом редакционной комиссии проекта новой конституции, депутатом всех созывов Верховного Совета СССР, делегатом XX, XXI, XXII, XXIII и XXIV съездов КПСС, членом ЦК коммунистической партии Грузии и т.д.

Н. Мусхелишвили сыграл большую роль как член комиссии по проблемам атомного ядра при президиуме Академии наук СССР. Среди советских ученых ему одному из первых было присвоено почетное звание Героя социалистического труда и звание лауреата Государственной премии СССР.

Он и сегодня неустанно занимается активной, научной, государственной и общественной деятельностью. Вторичное присвоение Н. Мусхелишвили звания Героя социалистического труда будет иметь огромное значения для последующих успехов нашей науки, которой он служит всю свою сознательную жизнь.

Лаврентьев и Келдыш одобрили эту характеристику и приступили к подготовке внесения соответствующего предложения на рассмотрение правительства. Для того, чтобы дело увенчалось успехом, необходима была активная поддержка руководства компартии Грузии, которую с большой надеждой ждал юбилейный комитет. Все это время между Мусхелишвили и мной продолжалась переписка. В открытке, датированной 6 июня 1970 года, Мусхелишвили писал мне:

Дорогой Андро Васильевич,

наконец-то мне представилась возможность сообщить вам кое-что определенное о выделении вам квартиры в Тбилиси. Вчера я имел беседу с Ш. Бухрашвили (председателем Тбилисского горсовета). Он подтвердил, что получил указание от В. Мжаванадзе относительно вашей квартиры и, разумеется, выполнит его, но только ему трудно сейчас назвать точную дату. Он думает (и в этом я с ним согласен), что вы в ближайшее время должны приехать в Тбилиси, чтобы подобрать возможный вариант квартиры. Для этого вам нужно приехать как можно скорее. Вызов для чтения научных докладов (или доклада) в Тбилиси я вышлю из нашего института (тему доклада выберите сами). Это письмо вы можете считать моим официальным предложением. Расходы по командировке мы, конечно, возьмем на себя. Тогда же решим вопрос о подыскании в Тбилиси работы для Нины Александровны. Хорошо, если бы вы захватили с собой ее соответствующие документы.

О дне вашего приезда телеграфируйте либо мне, либо Манджавидзе, притом сообщите, едете ли вы вместе с Ниной Александровной.

Сердечный привет Нине Александровне и вам.

Ваш Н. Мусхелишвили.

В ответном письме я сообщил ему о том, что по инициативе Лаврентьева на очередных выборах в Академию наук СССР 1970 года по линии Сибирского отделения предусмотрено одно место по математике для меня, однако я не имею желания баллотироваться на это место, потому что уже принял решение уехать из Сибири. Директор Института математики им. В.А. Стеклова поднял вопрос о моем возвращении в его институт на должность заведующего вновь открытого отдела. По этому вопросу И. Виноградов заручился поддержкой академика-секретаря математического отделения

279

Академии наук СССР Н. Боголюбова. Вопрос с квартирой в Москве решится легко. Я думаю, позже мне будет легче перевестись из Москвы в Тбилиси.

В открытке, датированной 27 июня 1970 года, Мусхелишвили писал мне:

«Дорогой Андро Васильевич,

Письмо из Москвы, датированное 21 июня, я получил только вчера. Разумеется, мы хотели бы, чтобы вы перевелись в Тбилиси не из Москвы, а прямо из Новосибирска. Вопрос вашего устройства на работу, как я вам уже писал, решен. На первых порах вы будете заведующим специально для вас созданного в Институте математики отдела, вам дается разрешение укомплектовать ваш отдел сотрудниками из других отделов нашего же института по вашему желанию. Вы можете привезти из Новосибирска нескольких ваших сотрудников, если сочтете это целесообразным. Для них мы на первых порах можем выделить два-три места. Мы все очень рады вашему переезду в Тбилиси и возлагаем на вас большие надежды. Университет также желает видеть вас заведующим кафедрой по совместительству. Я думаю, что подыскать подходящую работу для Нины Александровны также будет нетрудно. В июле я буду в Москве на сессии Верховного Совета, там встречусь с И. Векуа, и мы с ним уточним некоторые вопросы. Что же касается вопроса квартиры, то, как я вам уже писал, он будет нами решен (и легче, чем москвичами).

С сердечным приветом, ваш Н. Мусхелишвили».

Глава X

В конце лета 1970 года в Ницце собрался очередной международный математический конгресс, в работе которого приняли участие более двухсот советских математиков. Делегация была представлена семнадцатью математиками, среди которых были М. Лаврентьев (глава делегации), Н. Мусхелишвили (с супругой), И. Векуа (с супругой), Г. Марчук, Л. Понтрягин (с супругой) и т.д. Но подавляющее большинство советских математиков на конгрессе входили в две научно-туристические группы. Руководство обеими группами было поручено мне. Среди туристов были, в частности, А. Колмогоров и С. Соболев. На инструкционном собрании в Москве Колмогоров заявил протест в связи с тем, что руководителем научно-туристических групп был выбран я, однако его протест не был принят.

Математики из первой группы по дороге сделали двухдневную остановку в Париже. На большинство из них Париж даже за столь короткий срок произвел большое впечатление. В Ницце члены научно-туристических групп были размещены в общежитии студентов университета, построенном на высокой горе под названием Бэ-дэ-Занж, а делегаты — в одной из гостиниц Ниццы.

Конгресс сначала проходил хорошо. Среди призеров Фильдса были советский математик С. Новиков, которому не разрешили принять участие в конгрессе, как и нескольким математикам еврейского происхождения. Этого оказалось достаточно для того, чтобы некоторые западные математики подвергли обструкции Советский Союз. В числе их были Атья и Гротендик, получившие на Московском конгрессе премию по инициативе И. Петровского. Под их предводительством была организована соответствующая демонстрация и распространение прокламаций.

Тем не менее, доклады советских математиков имели на конгрессе большой успех. После моего доклада группа советских математиков в составе С. Соболева, О. Олейника, Г.

Марчука и меня была приглашена на дачу под Ниццей, принадлежавшую отцу Ж. Лере, где нас ожидал теплый прием.

Несмотря на то, что Ницца исторически считается жемчужиной побережья Средиземного моря, прилегающая к ней акватория весьма загрязнена. По словам остальных участников конгресса, если кто и отваживался купаться в этих местах, то только американские и советские математики. Участники конгресса остались весьма довольны экскурсиями в Монако, осмотром стоявшей на берегу мастерской Пикассо и дома-музея Шагала.

Эти светлые впечатления были слегка омрачены тем, что в одной из французских газет некто Мишель Гордеи опубликовал статью, в которой он откровенно восторгался рядом явлений, имевших место в новосибирском Академгородке, которые советскому руководству и КГБ могли показаться «антисоветскими». По-видимому, один или два советских математика необдуманно дали эту информацию французскому корреспонденту — любителю сплетен.

Еще в Ницце Лаврентьев и Мусхелишвили вызвали меня и с сожалением сообщили, что некоторые из советских участников конгресса недовольны мной, как руководителем научно-туристских групп, особенно Соболев и Колмогоров, которые порицали меня за «строгость». Легко было убедиться в том, что все это не соответствовало действительности, потому что в Москве меня, напротив, обвинили в чрезмерной либеральности, проявленной мною в Ницце при выполнении возложенных на меня обязанностей.

Осенью 1970 года С. Соболев на выделенное Сибирскому отделению вакантное место действительного члена Академии наук СССР выдвинул кандидатуры А. Боровкова, А. Ширшова, И. Ершова и мою кандидатуру. Я не дал на это своего согласия по той формальной причине, что Институт математики им. Стеклова уже выдвинул мою кандидатуру действительного члена по математике на общее место. На выборах математики не сумели освоить выделенного Сибирскому отделению места академика по математике, а во время выборов на общее вакантное место я, правда, в первом туре получил самое большое число голосов (Мусхелишвили по болезни не смог принять участие в выборах), но в следующем туре на это место был избран академиком В. Владимиров.

Казалось, кто-то умышленно затягивает решение вопроса о моем переходе на постоянную работу в Тбилиси. К тому же меня перестала удовлетворять моя работа в Академгородке, поскольку Новосибирский университет, где я находился на партийном учете и в недавнем прошлом был председателем бюро философско-методологического семинара, стал местом скопища так называемых «негативных явлений». Ответственность за работу интерклуба и сейчас лежала на Нине, а те, кто организовывал и покрывал все эти «явления» решили в этом деле взвалить всю вину именно на нас.

Близился конец 1970 года, но президент Академии наук СССР М. Келдыш все еще не получил никаких известий от руководства компартии Грузии относительно того, какое решение они приняли по поводу вторичного присвоения Н. Мусхелишвили звания Героя социалистического труда, а вносить предложение об этом в правительство СССР независимо от них он не имел права.

В январе 1971 года М. Лаврентьев встретился с В. Мжаванадзе в Москве, чтобы обсудить этот вопрос, и между ними состоялся следующий короткий разговор:

— Василий Павлович, скоро Мусхелишвили исполняется 80 лет, а юбилейный комитет, председателем которого я являюсь, ничего не знает о том, как будет отмечаться эта дата.

— Михаил Алексеевич! Сейчас в республике проводятся другие, более масштабные мероприятия, поэтому мы приняли решение отметить юбилей Мусхелишвили осенью.

— Василий Павлович, нас беспокоит, как бы приказ Верховного Совета в связи с этой датой не запоздал. Известно ведь, что все это требует предварительной подготовки.

— Товарищ Лаврентьев! Не знаю, о чем тут беспокоиться. Передайте всем, кто в этом заинтересован, что мы никому не позволим обидеть Мусхелишвили.

На этом разговор между Лаврентьевым и Мжаванадзе был окончен. Судя по ситуации, Лаврентьев понял, что

Мусхелишвили вторично Героем социалистического труда не станет. Это мнение разделял и М. Келдыш.

В начале февраля 1971 года Мусхелишвили по телефону связался из Тбилиси с Новосибирском и сказал Лаврентьеву:

— Мой день рождения 16 февраля. Я был бы очень рад, если бы вы к этому времени посетили Тбилиси. Прошу передать мое приглашение также и Андро.

Лаврентьев поблагодарил Мусхелишвили за приглашение и перевел разговор на другую тему.

В начале февраля я приехал в Тбилиси в научную командировку. Во время беседы с Мусхелишвили я убедился, что мой перевод в Тбилиси связан с определенными трудностями. Мусхелишвили же был уверен в поддержке Мжаванадзе и посоветовал мне немедленно обратиться к нему с письмом, в котором я должен был высказать желание перейти на постоянную работу в Тбилиси, и дожидаться ответа здесь же, в Тбилиси. Я последовал совету Н. Мусхелишвили и действительно обратился к Мжаванадзе с письмом:

Кандидату в члены политбюро ЦК КПСС,
первому секретарю ЦК коммунистической партии Грузии товарищу Василию Павловичу Мжаванадзе.
Глубокоуважаемый, дорогой Василий!

С этим письмом к вам обращается математик, научный работник, рожденный в 1916 году в селе Цхруквети Чиатурского района (в то время Шорапанского уезда) Андро Васильевич Бицадзе. После окончания мною в 1940 году физико-математического факультета Тбилисского государственного университета я начал работать в Академии наук Грузинской ССР и в Тбилисском государственном университете. Академия наук Грузии в январе 1948 года направила меня в Москву, в докторантуру Института математики им. Стеклова с сохранением должности старшего научного сотрудника Тбилисского института математики им. Размадзе и зарплаты.

После защиты мною в 1951 году докторской диссертации я все время имел желание вернуться на постоянную работу в Грузию. Такое желание имею и сейчас. Осуществить это мое желание в 1961 году мне не удалось, поскольку обстоятельства требовали, чтобы я перешел работать (как математик-исследователь) в Москву. На упомянутую работу в Москве меня перевели в сентябре 1951 года на основании ходатайства соответствующих научных учреждений по распоряжению председателя Совета министров Советского Союза, за этим последовало выделение мне соответствующей жилой площади и немедленная прописка в Москве.

В 1953 году я по просьбе академиков И. Виноградова и М. Лаврентьева был переведен в Институт математики им. Стеклова для работы над новой открытой научной тематикой. В 1958 году я был избран членом-корреспондентом Академии наук СССР по математике и соответственно был переведен в Новосибирск по линии Сибирского отделения Академии наук СССР на должности заведующего отделом Института математики и заведующего кафедрой Новосибирского государственного университета.

В 1966 году советское правительство (на основании представления Академии) дало соответствующую оценку моей научной деятельности и именно после этого я вскоре получил предложение от руководства Института математики им. Стеклова (академика И. Виноградова) вернуться к ним на работу. Я воздержался от этого и постарался заручиться поддержкой Н. Мусхелишвили и И. Векуа для ежегодных поездок в командировку из Новосибирска в математические учреждения Грузии и к тому же найти возможность перейти на постоянную работу в Тбилиси прямо из Новосибирска.

Мои научные доклады и циклы лекций были нацелены на то, чтобы внести посильный вклад в математическую науку в Грузии.

В декабре 1969 года я был избран действительным членом Академии наук Грузии по математике. Как бы в ответ на это руководство Сибирским отделением Академии наук СССР, не согласовавшись со мной, сумело открыть вакансию на место действительного члена (академика) Академии наук по математике, предположительно для меня. Я отказался баллотироваться на это место, потому что в случае положительного исхода выборов мне, естественно, пришлось бы навсегда остаться в Сибири, чего я, конечно, не желал (этим я вовсе не хочу сказать, что получение мной упомянутой вакансии было гарантировано).

Я и моя супруга Нина Александровна Бицадзе (1924 года рождения, заведующая кафедрой иностранных языков Новосибирского университета, кандидат наук, доцент) имеем желание переехать в Грузию на постоянную работу. К сожалению, в 1963 году нашу московскую квартиру мы вернули государству, что, как оказалось, было необязательно, так как бронь на квартиру была бессрочной. Наша жилая площадь в Новосибирске 100 кв.м. в виде отдельного коттеджа по закону не может быть обменена на другую площадь, кроме Новосибирска. На приобретение же кооперативной квартиры у нас нет средств.

Мы с супругой очень хорошо понимаем то обстоятельство, что таких условий работы и жизни, которые создали нам в Новосибирске, мы уже нигде не найдем. Несмотря на это, если в случае ходатайства научных или учебных учреждений Грузии руководство республики сочтет желательным перевести нас на работу в Тбилиси и если это не повлечет за собой резкого ухудшения условий, то я заверяю Вас, что, насколько мне позволит возраст, сделаю все для того, чтобы принести пользу тому делу, которое мне доверят.

На основании устного соглашения с академиком М. Лаврентьевым я надеюсь, что руководство Академии наук СССР не станет препятствовать нашему с женой отъезду из Сибири.

С уважением, А. Бицадзе.

7 февраля, 1971 г., Тбилиси.

9 февраля это письмо секретарь ЦК КП Грузии М. Гогичайшвили по моей просьбе передал адресату. Ответа на письмо я ждал в Тбилиси, где через неделю должен был быть в гостях у Н. Мусхелишвили на его 80-летнем юбилее.

16 февраля 1971 года газеты опубликовали приказ Верховного Совета Советского Союза о награждении Н. Мусхелишвили орденом Октябрьской революции, а вечером на квартире у юбиляра состоялся прием. В числе гостей был председатель президиума Верховного совета Грузии Г. Дзоценидзе, заместитель председателя Совета министров

республики В. Сирадзе, заведующий отделом культуры ЦК КП Грузии Д. Чхиквишвили, И. Абашидзе, С. Дурмишидзе, Н. Векуа, А. Харадзе, Р. Гамкрелидзе и другие. В том числе и я. (И. Векуа, как выяснилось позже, был нездоров и не выходил из дому).

До конца февраля я ждал в Тбилиси ответа на посланное на имя Мжаванадзе письмо, однако ответа все не было. Больше всего надежд я возлагал опять же на И. Виноградова, который обратился с официальным письмом в президиум Академии наук СССР с просьбой разрешить ему утвердить меня заведующим отделом Института им. Стеклова. Лаврентьев этому не препятствовал.

12 мая 1971 года уж в Академгородке мне передали с почты открытку следующего содержания:

Постановление президиума Сибирского отделения Академии наук СССР

№ 203 от 5 мая 1971 г.

г. Новосибирск

"О внесении изменений в состав членов

Сибирского отделения Академии наук СССР"

Президиум Сибирского отделения Академии наук СССР постановляет:

1. На основании §12 устава Сибирского отделения Академии наук СССР рекомендовать общему собранию Сибирского отделения Академии наук СССР вывести из состава Сибирского отделения члена-корреспондента Академии наук СССР Андро Васильевича Бицадзе в связи с его переходом на другую работу за пределами Сибири.

2. Объявить Андро Васильевичу Бицадзе благодарность за активное участие в создании Новосибирского научного центра и за многолетнюю плодотворную научную и научно-педагогическую деятельность.

Председатель Сибирского отделения Академии наук СССР

академик М. Лаврентьев

Исполняющий обязанности главного ученого секретаря президиума

Сибирского отделения Академии наук СССР А. Романов.

287

В конце мая в Москве в зале заседаний президиума Академии наук состоялось общее собрание Сибирского отделения, на котором среди прочих вопросов была рассмотрена вышеупомянутая рекомендация президиума Сибирского отделения. На рассмотрении присутствовал президент Академии М. Келдыш, который заявил:

— Товарищи, я нисколько не сомневаюсь в плодотворной работе члена-корреспондента Бицадзе и во втором пункте постановления президиума Сибирского отделения, однако мне не совсем ясно содержание его первого пункта. После того, как товарищ Бицадзе 12 лет отработал в Сибирском отделении, где он в 1958 году был избран на вакантное место члена-корреспондента Академии, а с 1969 года является академиком Академии наук Грузии, было бы естественно, если бы он перешел на постоянную работу в Академию наук Грузии. Но директор Института математики им. Стеклова Виноградов просит у меня разрешения пригласить товарища Бицадзе на должность заведующего отделом, что активно поддерживает академик-секретарь отделения математики Н. Боголюбов. Это, товарищи, мне не кажется естественным.

— Я полностью согласен с академиком Келдышем. Члена-корреспондента Бицадзе я очень люблю и не понимаю, почему он уходит из моего института, — заявил Соболев.

— А что скажет сам товарищ Бицадзе? — обратился ко мне председатель собрания Лаврентьев.

— Товарищи! Можно понять, как обидно сотруднику, когда его работу неверно оценивает руководитель, но поверьте, гораздо хуже, когда сотрудник разочаровывается в человечности и гражданской честности руководителя. Именно в такой трагической ситуации и оказался я. Я хочу, чтобы все вы знали, что я не могу больше работать под руководством Соболева. Я потерял веру в него, как руководителя учреждения. Не может он быть для меня примером и в частной жизни, — высказав все это, я сел на свое место.

Общее собрание Сибирского отделения единодушно приняло рекомендацию президиума отделения, хотя некоторые высказали искреннее сожаление по поводу моего ухода.

После этого собрания Лаврентьева стало еще больше беспокоить мое будущее. После долгих раздумий он решил обратиться к Келдышу со следующим письмом:

23 июня 1971 г.

Президенту Академии наук СССР

академику М. В. Келдышу.

Глубокоуважаемый Мстислав Всеволодович!

Доктор физико-математических наук профессор А. В. Бицадзе в 1958 году был избран членом-корреспондентом Академии наук СССР по вакансии, выделенной Сибирскому отделению.

За 12 лет непрерывной работы в Сибирском отделении Академии наук СССР он показал себя с наилучшей стороны. За научные заслуги в области математики он в 1966 году был награжден Орденом Трудового Красного Знамени, а в 1969 году был избран академиком Академии наук Грузинской ССР. Соответственно А. Бицадзе обратился к президенту Сибирского отделения Академии наук СССР с просьбой о выводе его из состава этого отделения и одновременно об освобождении его от занимаемой им должности в Институте математики Сибирского отделения (на что у нас имеется согласие академика С. Соболева).

Президиум Сибирского отделения Академии наук СССР на заседании 5 мая 1971 года рассмотрел заявление тов. А. Бицадзе и принял следующее постановление:

1. Согласно §12 устава Сибирского отделения Академии наук СССР рекомендовать общему собранию Сибирского отделения Академии наук СССР вывести из состава Сибирского отделения члена-корреспондента Академии наук СССР Андро Васильевича Бицадзе в связи с его переходом на другую работу за пределами Сибири.

2. Объявить члену-корреспонденту Академии наук СССР Андро Васильевичу Бицадзе благодарность за активное участие в создании Новосибирского научного центра и за многолетнюю плодотворную научную и научно-педагогическую деятельность.

А. В. Бицадзе, как академик Академии наук Грузинской ССР, приглашен на работу в системе Академии наук Грузинской ССР. Ему также было предложено вернуться на постоянную работу в Институт им. В. А. Стеклова, где он до отъезда в Сибирь проработал 12 лет. Сибирское отделение Академии наук СССР предпочло бы, чтобы тов. Бицадзе остался работать в Москве, откуда у него будет больше возможностей принимать участие в подготовке научных кадров для Сибирского отделения.

Я с нетерпением ждал ответа президиума Академии наук СССР на письма И. Виноградова, Н. Боголюбова и М. Лаврентьева относительно моего перевода из Сибири на постоянную работу в Институт математики им. Стеклова.

Чтобы как-то облегчить ожидание, начальник управления кадрами Академии Г. Цыпкин в середине июля 1971 года посоветовал мне дней на десять выехать из Москвы и отдохнуть, а к моему возвращению, по его словам, ответ придет обязательно. Начиная с 7 июля 1971 года, мы с Ниной ровно десять дней провели на международной туристической базе в Кабардино-Балкарии. После этого краткого отдыха 18 июля вернулись в Москву, где нас ожидала весьма приятная новость:

Академия наук СССР

13 июля 1971 г.

№ 30-32-330

Москва-71, Ленинский проспект, 14

Директору Института математики им.В.А. Стеклова Академии наук СССР

академику И.М. Виноградову.

Президиум Академии наук СССР разрешает вам утвердить члена-корреспондента Академии наук СССР А. В. Бицадзе заведующим отделом дифференциальных уравнений в частных производных Института математики им. В.А. Стеклова в порядке перевода его из Сибирского отделения Академии наук СССР.

Вице-президент Академии наук СССР

академик В. А. Котельников.

На письме стояла резолюция:

Ознакомить

И.В. Прохорова

К.Ф. Мищенко

М.В. Глушко

Г.С. Монастиной

15.VII.71

И. Виноградов.

После этого я взял до 1 сентября отпуск, который провел в новосибирском Академгородке. 20 августа 1971 года в Академгородок на мое имя пришло следующее письмо:

Академия наук СССР

10 августа 1971 г.

Члену-корреспонденту Академии наук СССР

А. В. Бицадзе.

Глубокоуважаемый Андро Васильевич!

Приказом №1931 VIII Президиума Верховного Совета СССР от 20 июля 1971 года за большие заслуги в развитии советской науки и техники и внедрение результатов исследований в народное хозяйство, что способствовало успешному выполнению плана народного хозяйства СССР, вы награждаетесь Орденом Ленина. Президиум Академии наук СССР поздравляет вас с высокой правительственной наградой и желает вам здоровья, счастья и дальнейших творческих достижений.

Президент Академии наук СССР академик М. В. Келдыш.

Исполняющий обязанности главного ученого секретаря Академии наук СССР

член-корреспондент Академии наук СССР Г.К. Скрябин.

В августе же первый секретарь партийного комитета Советского района Р.Г. Яновский в торжественной обстановке вручил мне Орден Ленина.

С 1 сентября 1971 года я вновь приступил к работе в Институте математики им. Стеклова, теперь уже в должности заведующего отделом. По совместительству меня пригласили в Московский инженерно-физический институт профессором высшей математики.

Осенью 1971 года в здании Грузинской государственной филармонии состоялся торжественный вечер, посвященный 80-летию со дня рождения Мусхелишвили. После вступительного слова, с которым выступил М. Лаврентьев, к юбиляру с приветственным словом обратился Мжаванадзе и вручил ему орден Октябрьской революции.

Теплотой и искренностью отличалось выступление президента Академии наук СССР М. Келдыша. После официальной церемонии состоялся концерт, а еще позже партийным и советским руководством республики в честь юбиляра и его гостей в ресторане на Тбилисском море был устроен банкет.

В дни юбилея в республиканской прессе было опубликовано несколько статей, посвященных Мусхелишвили. Ежемесячный научно-популярный журнал Академии наук Грузинской ССР «Наука и техника» напечатал в своем девятом номере и мою статью, в которой я писал:

«В не столь уж многочисленных рядах величайших ученых нашего времени почетное место занимает славный сын грузинского народа Нико Мусхелишвили.

Научная деятельность этого талантливого, обладающего ясным разумом и неиссякаемой энергией человека в области механики сплошных сред и математическом анализе давно уже получила международное признание и окружила его имя ореолом славы. Член нескольких академий народов мира, почетный доктор известных старых университетов, лауреат международной премии и Государственной премии Советского Союза, Нико Мусхелишвили сегодня является признанным классиком точных наук.

Когда Нико Мусхелишвили участвует в работе международных и всесоюзных съездов или конференций по математике или механике, он всегда находится в центре внимания присутствующих. Многие известные ученые считают за честь сняться рядом с ним на фотокарточке или запечатлеть себя вместе с ним в наскоро отснятых кинолюбителями фильмах. Этот живой, остроумный и необыкновенно вежливый человек, и находясь в обществе, в нерабочей обстановке, неизменно привлекателен и интересен.

Нико Мусхелишвили является человеком, о котором всегда хочется поговорить, и встреча с которым неизменно желанна и приносит радость. Поэтому все желают ему здоровья и долгих лет жизни.

Жизнь и деятельность Нико Мусхелишвили, так же как жизнь и деятельность всех великих людей, есть явление эпохального значения и должна служить будущим поколениям примером для подражания.

Мать Нико — Дарья Александровна Сагинашвили — была весьма образованной женщиной, любящей грузинскую культуру, отец — Иванэ Леванович Мусхелишвили — был известным военным инженером высокого ранга. Оба они принадлежали к грузинской дворянской знати. К чести их нужно сказать, что своих детей — Нико, Александра и Маргариту — они воспитывали в не столь широко распространенных в привилегированных кругах в конце XIX — начале XX века прогрессивных традициях. Поэтому вовсе не удивительно, что все трое встретили октябрьскую революцию не только лояльно, но с самого же начала активно включились в дело построения и внедрения новой жизни в нашей стране. Переезд в Грузию (1920 год) на постоянную работу Нико Мусхелишвили, одного из талантливых представителей знаменитой петербургской математической школы, имел неоценимое значение для совсем еще молодого Тбилисского государственного университета.

Нико Мусхелишвили вместе с Георгием Николадзе, Андриа Размадзе и Арчилом Харадзе внес большой вклад в очень нужное и почетное дело внедрения математической культуры в Грузии. Курс лекций по аналитической геометрии и теоретической механике написан им на таком высоком научном уровне и таким доступным для молодежи языком, что и сегодня, спустя 40 лет, он по праву занимает одно из первых мест среди известных во всем мире курсов.

Еще в детстве мне приходилось слышать много хорошего о Нико Мусхелишвили, но впервые я увидел его в сентябре 1935 года, когда меня зачислили студентом физико-математического факультета Тбилисского университета. В то время Нико Мусхелишвили был деканом этого факультета. Я не пробовал пойти к декану, да и нужды в этом не было, но все студенты знали, что попасть на прием к Нико Мусхелишвили очень легко, поскольку он всегда приходил на работу в точно указанное на дверной табличке деканата время и вежливо принимал посетителей. Мы, студенты, порой даже удивлялись, что какое бы наказание ни накладывал Нико Мусхелишвили на студента (разумеется, всегда находились такие студенты, которые заслуживали примерного наказания), в разговоре с ним он никогда не повышал голоса, а лишь по-отечески наставлял наказанного и спокойно провожал из деканата.

Случилось так, что Нико Мусхелишвили не читал студентам нашего потока ни одного курса лекций, но мы всегда говорили о нем с большой любовью и благоговением. Не говоря уже о вышеупомянутых известных учебниках Нико Мусхелишвили. Чего стоило одно то, что все мы мечтали о том, чтобы как-нибудь заполучить и переписать для себя его рукописные лекции по теории обыкновенных дифференциальных уравнений, прочитанные им в разное время студентам третьего курса физико-математического факультета Тбилисского университета.

Поздней осенью 1935 года студентам 144а и 144б групп математической и механической специальности устроили встречу с Нико Мусхелишвили. Нас, студентов, сначала попросили рассказать о том, почему мы выбрали названную специальность и о том, что составляет предмет наших мечтаний. На этой встрече выступил и я, сказав, что «математика привлекает меня своей внутренней логической строгостью и красотой». Некоторым из присутствующих слова мои, вероятно, показались слишком выспренними, потому что во взглядах их читалась насмешка. Помимо студентов, выступали также ассистенты и аспиранты нашего факультета.

В конце встречи Нико Мусхелишвили обратился к нам всего с несколькими словами. Сейчас я не могу точно восстановить его слова, но их основной смысл навсегда запал мне в душу: «Назначение математиков, равно как и специалистов других отраслей, в творческом труде. Такой труд имеет смысл только тогда, когда творческий процесс неразрывно связан с ощущением внутреннего удовлетворения. Если плоды труда окажутся нужными науке, то это ведь служение всенародному делу, и от сознания этого человек испытывает не просто чувство удовлетворения от творческого процесса, а ощущает, как будто у него выросли крылья».

Вскоре после этой встречи Нико Мусхелишвили перевели на основную работу в грузинский филиал Академии наук СССР.

Это было время, когда Нико Мусхелишвили счел законченной свою работу над основными двумерными задачами математической теории упругости (научным направлением механики сплошных сред, неразрывно связанным с его именем) и занялся подготовкой к созданию одного из весьма важных новых направлений современного математического анализа — линейных краевых задач теории функций и теории сингулярных интегральных уравнений.

30-е годы в Грузии, как и в других уголках нашей страны, были годами обострившейся внутренней политической борьбы, что вызвало на некоторых участках науки и культуры временные, но ощутимые перебои. Однако именно этот период считается началом резкого подъема грузинской математической школы, и в этом огромная заслуга Нико Мусхелишвили. В то время по инициативе Мусхелишвили талантливых молодых грузинских математиков с целью повышения квалификации на несколько лет отправляли в командировку в математические научные центры Москвы и Ленинграда. Под его же непосредственным руководством в Тбилиси широко развернулась глубоко научная семинарная работа по таким отраслям математической физики, как теория упругости, теория дифференциальных уравнений в частных производных, теория интегральных уравнений и т.д. Результатом осуществления этих мероприятий было то, что очень скоро более десяти грузинским математикам были присвоены степени докторов и кандидатов физико-математических наук, и стало возможно углубить и расширить научную тематику Исследовательского института математики и механики в Тбилиси.

Осенью 1940 года Нико Мусхелишвили учредил при Тбилисском институте математики научно-исследовательский семинар по проблемным вопросам краевых задач теории функций и теории сингулярных интегральных уравнений. На протяжении почти целого года на заседаниях этого семинара постоянно выступал Нико Мусхелишвили с докладами о весьма значительных результатах, полученных им в этом направлении в конце 30-х годов, и притом привлекал внимание слушателей к еще не решенным сложным научным вопросам, некоторые из которых представляли собой предмет его тогдашней исследовательской работы.

В годы войны коллектив Тбилисского института математики, воодушевленный личным примером самоотверженной научной деятельности Нико Мусхелишвили, получил блестящие научные результаты, большая часть которых регулярно обсуждалась на семинарах и, после надлежащего научно-критического рассмотрения, печаталась в ведущих математических научных журналах нашей страны. Так под непосредственным руководством Нико Мусхелишвили создавалась важнейшая отрасль математики, которая сегодня известна под названием «краевые задачи теории аналитических функций и теории сингулярных интегральных уравнений».

Более 23 лет мне пришлось находиться довольно далеко от Грузии. За все эти годы я нечасто, но по крайней мере раз в год встречался с Нико Мусхелишвили в Москве и Тбилиси. Я всегда восхищался его деятельностью, его нравственной чистотой, полным сознанием своей гражданской ответственности и, что самое главное, тем мужеством, с каким он встречал препятствия в процессе, которые, к сожалению, не так уж редко сопровождают деятельность великих людей.

16 февраля 1971 года Нико Мусхелишвили исполнилось 80 лет. Неумолимое время посеребрило его волосы, так же как и волосы его учеников, и учеников его учеников, но отрадно было одно: Нико Мусхелишвили и сегодня не только с живым интересом наблюдает за ходом развития современной науки, но и сам является одним из активных участников процесса развитии».

Редакция журнала приложила к статье фотографию, на которой Нико Мусхелишвили был снят вместе с Г. Николадзе, А. Размадзе и А. Харадзе.

«Что или кто помешал Нико Мусхелишвили стать дважды Героем социалистического труда?» — спросит, вероятно, читатель. По-видимому, причина была в том, что в случае получения этой правительственной награды Нико Мусхелишвили, безусловно, был бы избран президентом

Академии наук Грузинской ССР на следующий срок. В 1976 году, уже после смерти Нико Мусхелишвили, этот вопрос более детально осветил Келдыш в частной беседе с Лаврентьевым и со мной. Я воздерживаюсь приводить здесь содержание этой беседы.

В конце 1971 года редакция газеты «Чиатурский шахтер» обратилась ко мне с просьбой предоставить им некоторые сведения о моей трудовой деятельности для освещения темы «Наши славные соотечественники». Мой ответ был напечатан в № 141 этой газеты от 14 июля 1972 года в следующем виде:

«Суть всей моей жизни определили счастливое детство, проведенное в трудах и стараниях в Цхруквети и Чиатура, педагогическая деятельность на заре юности — в школах Цхруквети, Чала и Нигозети; период студенчества в Тбилисском государственном университете, мои первые шаги в науке в Институте математики Академии наук Грузии, размышления и мечты на скалистых берегах реки Садзалихеви во время летних каникул, красивая природа Грузии, энергичный и трудолюбивый, свободолюбивый и талантливый грузинский народ.

Математическая наука, которой я служу на протяжении всей моей сознательной жизни, своей методической строгостью и логическим строением очень интересна и привлекательна. Один великий математик назвал ее королевой и служанкой наук. Эпитет «королева» отражает ее красоту и строгость, а эпитет «служанка» — ее нужность везде. Из истории нам известно, что в основе всех великих научных открытий или важных технических изобретений лежит математическая наука. На современном же этапе развития общества математика если и не является основой почти всех отраслей человеческой деятельности, то, во всяком случае, служит инструментом исследований. Поэтому в технически передовых странах этой отрасли современной науки уделяется особое внимание.

Коммунистическая партия и советское правительство принимает все меры для того, чтобы тот высокий уровень исследований фундаментальных математических проблем, который был достигнут в Советском Союзе в 40-х — начале

50-х годов XX века, повысился еще больше. Решение фундаментальных проблем обусловливает возможность автоматизации всех форм как физического, так и умственного труда, без которой невозможно представить нашу будущую жизнь. Отрадно, что сегодня советские математики в целом ряде отраслей занимают ведущее место в мире.

Обстоятельства сложились так, что с начала 1948 года мне пришлось жить и работать за пределами Грузии В течение двенадцати лет моя научная работа протекала в Институте математики им. Стеклова всесоюзной Академии наук. Следующие двенадцать лет я посвятил работе в сибирском Институте математики и профессорству в Новосибирском государственном университете. Год назад по решению вышестоящих органов в Институте математики им. Стеклова был создан отдел дифференциальных уравнений в частных производных, руководство которым поручили мне. Согласно постановлению президиума Академии наук СССР от 13 июля 1971 года я был переведен из Новосибирска в Москву, где совмещаю научную работу в Академии наук с заведованием кафедрой высшей математики Московского инженерно-физического института.

Первое научное крещение я получил в грузинской математической школе, которую возглавляет наш славный ученый Н. Мусхелишвили. Большая часть моей научной деятельности протекала в крупных научных математических центрах на севере нашей страны. На мое творчество большое влияние оказали известные во всем мире ученые — классики современной науки И. Виноградов, М. Лаврентьев и Н. Боголюбов.

Начиная с 1956 года, я регулярно участвую в работе международных конгрессов и конференций, как специально приглашенный специалист.

Я, разумеется, не порывал связи с грузинской научной математической школой, но, наверное, мое участие в делах этой школы незначительно. С этой стороны мне частично облегчает положение то, что математическая наука по своей природе носит международный характер, и недопустимо искусственно замыкать ее в национальных рамках. Я все же не теряю надежды вернуться в свою родную республику и по мере своих возможностей внести свой вклад в дело развития науки».

В марте 1972 года по просьбе Мусхелишвили я приехал на два дня в Тбилиси. Хозяин по секрету сообщил мне о своем решении уйти с поста президента Академии наук Грузии. Мы оба пришли к выводу, что на эту должность желательно избрать И. Векуа. На другой день Мусхелишвили прочитал мне свое письмо на имя ЦК компартии Грузии, в котором убедительно обосновывал целесообразность освобождения его с поста президента и при этом рекомендовал на это место кандидатуру И. Векуа.

Через несколько месяцев состоялось общее собрание Академии наук Грузинской ССР, посвященное выбору президента и членов президиума. Слово было предоставлено В. Мжаванадзе, который сообщил собранию содержание поступившего в Центральный комитет заявления Н. Мусхелишвили и рекомендацию ЦК об избрании И. Векуа президентом Академии наук Грузинской ССР. В результате тайного голосования выяснилось, что за кандидатуру И. Векуа дали голос все действительные члены, за исключением одного. Это же собрание открытым голосованием избрало Н. Мусхелишвили почетным президентом. К сожалению, он не был избран в президиум Академии, он остался только директором Тбилисского института математики.

Летом 1972 года в финском городе Ювяскюля состоялась международная конференция, посвященная теории функций. В ней со стороны Советского Союза приняли участие М. Лаврентьев, И. Векуа, П. Белинский и я. С заказанным докладом выступил только я. Участникам конференции сверх плана показали привезенный Лаврентьевым научно-популярный фильм, который рассказывал об использовании направленного взрыва при выполнении различных трудоемких работ. Фильм, который комментировал Лаврентьев, все, кто находился в демонстрационном зале, встретили с большим интересом.

Во время пребывания в Финляндии мне бросилось в глаза неважное настроение Векуа. Я приписал это его болезни — он с 1967 года страдал тяжелым заболеванием. После показа фильма Лаврентьев, Векуа и я присели отдохнуть в тени ювяскюльского сада, и тут между нами состоялся очень неприятный для меня разговор:

— Михаил Алексеевич! В вашем присутствии я хочу сказать Андро, что в Грузии многие им недовольны.

— Об этом мне известно и из других источников, и хорошо было бы, если бы сейчас, в присутствии Андро, вы все нам поведали, Илья Несторович, — ответил Лаврентьев.

— Я месяц назад специально пригласил Андро в Тбилиси и предложил ему посмотреть хорошую двухкомнатную квартиру, которую руководство республики сочло возможным ему выделить с тем, чтобы он согласился прописаться в эту квартиру и переехать в Тбилиси на постоянную работу. А он забраковал квартиру и вообще отказался переезжать в Тбилиси. Этого я от Андро не ожидал.

— Андро должен знать, что и мы, сибирцы, им тоже недовольны. Мы надеялись, что из Москвы нам будет легче контактировать с ним, чем из Тбилиси, но он в этом не проявляет никакой инициативы. Пусть теперь сам Андро скажет, правду я говорю или нет.

— Михаил Алексеевич! В настоящее время я готовлю для Сибирского отделения одного аспиранта. Тот отдел Института математики Сибирского отделения, которым я руковожу, развалил Соболев. Одних сотрудников этого отдела он изгнал из института, других раскидал по иным отделам. Не осталось никого, с кем бы я мог продолжать контактировать, к тому же мою научную тематику аннулировал тот же Соболев. Я мог бы приезжать в командировку из Москвы в ваш Институт гидродинамики, но приглашения мне никто не прислал.

— Но ведь я прислал вам приглашение из Тбилиси. Что вы скажете по этому поводу, чем будете оправдываться? — наступал на меня теперь уже Векуа.

— Я не чувствую себя виноватым, поэтому мне нет нужды оправдываться. Дело не в двухкомнатной квартире. Вы предлагаете мне быть заместителем Мусхелишвили в Тбилисском институте математики имени Размадзе, в то время как сам Мусхелишвили вполне доволен свои теперешним заместителем. Кроме того, Виноградов перевел меня в

Институт Стеклова не на год. Как же я могу позволить себе отказаться от взятых на себя в Москве обязательств? — ответил я ему.

Лаврентьев заметил, что наш разговор принимает все более опасный оборот, поэтому сменил тему беседы, одобрил прочитанный мною на конференции в этот день доклад, а потом заговорил о погоде.

Во время конференции в Финляндии мне по секрету сообщили, что несколько математиков еврейского происхождения из Западной Европы и США зондируют почву для того, чтобы присудить Нобелевскую премию Л. Канторовичу на основании его трудов по математической экономике. Сообщили мне и что несколько лиц, занимающих в Советском Союзе высокие должности, тоже считают Канторовича достойным этой премии. Этой тайной я поделился с Лаврентьевым, но он счел слухи провокацией. Однако через некоторое время Канторович действительно стал лауреатом Нобелевской премии.

Хорошо пошла научно-исследовательская работа и в отделе дифференциальных уравнений в частных производных. Весной 1972 года дирекция Московского инженерно-физического института обратилась ко мне с просьбой по совместительству занять должность заведующего кафедрой высшей математики этого института. Поскольку я уже занимал одну административную должность, то чтобы принять предложение Московского инженерно-физического института, необходимо было получить разрешение министра высшего и среднего специального образования СССР и президента Академии наук СССР. Ректорат сумел получить это согласие, и я приступил к работе, заняв предложенную мне должность.

В Инженерно-физическом институте деятельность кафедры высшей математики нуждалась в существенных преобразованиях. Прежде всего было необходимо пополнить ее такими кадрами, которые успешно занимались бы и научной деятельностью. В основательном пересмотре нуждались также учебные программы по математике — чтобы привести их в соответствие с требованиями, которые жизнь ставила перед инженерами-физиками.

Решение этих двух задач оказалось трудным делом, однако я успешно справился с ним, благодаря полному доверию и поддержке со стороны ректората. На кафедру были приняты двенадцать новых молодых математиков, которые в 1972 году успешно защитили кандидатские диссертации, а восьмерым сотрудникам Института математики им. Стеклова разрешили работать на этой кафедре по совместительству.

Работа по пересмотру программ была рассмотрена на методической конференции института, в работе которой принимали участие представители всех кафедр института и заведующие кафедрами математики ведущих высших учебных заведений Советского Союза. После этой конференции были еще более уточнены и усовершенствованы учебные программы, которые единогласно утвердил ученый совет института, после чего они вступили в силу. Я взял на себя разработку и реализацию курса уравнений математической физики на основе этих программ.

Личный состав академий наук — действительные члены и члены-корреспонденты, как правило, известные ученые. Несмотря на то, что представители явно ненаучных отраслей, таких как литература, искусство, музыка и т.д., объединены в профессиональные союзы, некоторых из них избирают и в академию наук. В свое время действительными членами Академии наук СССР были избраны М. Шолохов, Л. Леонов, К. Федин и т.д. Эта тенденция распространилась и на академии наук союзных республик. Действительными членами Академии наук Грузинской ССР были избраны Г. Табидзе, Д. Аракишвили, И. Гришашвили, К. Гамсахурдиа, Г. Леонидзе, И. Абашидзе, Д. Шенгелаиа и Г. Абашидзе.

Мусхелишвили всегда заботился о том, чтобы в Академию наук Грузии не попали случайные лица и частично преуспевал в этом. Как я уже отмечал выше, в ненаучной, неофициальной обстановке Мусхелишвили был весьма остроумным человеком, но его шутки не имели ничего общего с насмешкой и тем более с цинизмом. После проведения выборов он иногда любил в узком кругу в шутку повторять слухи, распространяемые среди соответствующих специалистов об уже избранных действительных членах.

В 1960 году, за несколько дней до проведения очередных выборов в грузинскую Академию наук, из Москвы в Тбилиси в международном вагоне ехали Мусхелишвили, К. Гамсахурдиа и И. Абашидзе. Ехавшие в одном купе Гамсахурдиа и Абашидзе всю дорогу проводили время в пирушках. Утром, когда поезд шел уже по территории Грузии, Мусхелишвили вышел из своего купе и стал любоваться красотой открывавшихся перед его взором гор и полей Грузии. В это время Абашидзе тоже вышел из своего купе. Увидев Мусхелишвили, он подошел к нему и пожелал доброго утра. После ответного приветствия Мусхелишвили задал ему вопрос:

— Ираклий, как поживает твой голос?

Абашидзе слегка смутился и ответил:

— Господин Нико, по-грузински так не говорят. Надо сказать: у тебя все в порядке с голосом?

— Ираклий, мне это хорошо известно, но через несколько дней мы проводим выборы в Академии, и я имел в виду Гамсахурдиа, чей голос для тебя, вероятно, будет иметь решающее значение.

Конечно, все это Мусхелишвили сказал собеседнику с улыбкой. Именно в то время Абашидзе был избран академиком.

Во время выборов 1969 года на одно вакантное место в академию наук Грузии было выдвинуто два кандидата — И. Андроников и Д. Шенгелаиа. Все, в том числе и Мусхелишвили, были уверены, что на упомянутое место будет избран Андроников, в действительности же выбрали Шенгелаиа. Говорили, что в этом решающую роль сыграл Гамсахурдиа. После выборов он подошел к президенту и сказал:

— Николай Иванович! Бог свидетель, я не желал провала Андроникову на этих выборах, но...

— Но все-таки провалили, не так ли?

— Нет, что вы! Как бы я мог его провалить! Я только задал вопрос заведующему отделом: «Когда товарищ Андроников будет выступать в Колонном зале профсоюзов

Москвы, если он будет избран членом нашей Академии, интересно, что скажет конферансье, объявляя его номер? Сейчас перед вами выступит заслуженный деятель РСФСР или действительный член Академии наук Грузинской ССР?»

— Товарищ Константинэ, существует мнение, что, возможно, в этом деле нет вашей вины. Недавно наш юрисконсульт Сагинашвили сказал мне, что один мингрел украл коня. А когда его поймали, заявил в суде: «Я нашел на дороге веревку и взял ее себе. Откуда мне было знать, господин, что к ней привязан конь?» И этого заявления оказалось достаточно для того, чтобы вор не получил слишком строгого наказания. Я думаю, ваша позиция в этом деле не хуже, чем признаний того мингрела.

Да не подумает читатель, что Мусхелишвили относился без достаточного уважения к названным здесь именитым людям. Напротив, он никогда грубо не вмешивался в дела, в которых не был специалистом, и лишь с помощью шутки давал понять, что когда дело идет об Академии наук, он твердо стоит на своей позиции.

Однажды в Москве он высказал свое серьезное отношение к членству в академии при весьма щекотливых обстоятельствах. В 1958 году, когда стоял вопрос о том, чтобы лишить В. Молотова, как одного из активных участников антипартийной группировки, звания почетного члена Академии наук СССР, общее собрание по предложению Мусхелишвили открытым голосованием упразднило звание почетного члена АН СССР. Этим он сослужил сразу две службы своим коллегам. Во-первых, лишить Молотова звания после того, как он в 1939 году его избрали тайным голосованием, было неудобно для тех членов Академии, которые тогда находились в рядах избирателей; а во-вторых, вследствие упразднения звания почетного члена стало невозможно избрать Хрущева членом Академии, и, таким образом, Академии не попала в неловкое положение.

Шутки Мусхелишвили, как правило, были направлены на защиту высокой морали. В 1956 году он, будучи участником XX съезда КПСС, слушал доклад Хрущева о культе личности Сталина. В своем выступлении Хрущев, между прочим, сказал, что Сталин дошел до того, что с целью подкупа ученых дарил им дачи, автомашины и назначал большие зарплаты. После доклада в фойе Дворца съездов один довольно высокопоставленный делегат обратился к Мусхелишвили, который в это время был занят беседой с коллегами:

— Николай Иванович, как могло случиться, что вы, наши славные ученые, принимали взятки от Сталина?

— Мы, конечно, не взяточники, но разве мы могли отказать Сталину? — с улыбкой ответил Мусхелишвили.

Во время выборов президиума Академии наук СССР Мусхелишвили всегда избирали в состав президиума единогласно, за исключением одного случая, когда он получил на один голос меньше. Когда объявили результаты выборов и затем был устроен перерыв в фойе Дома ученых, к Мусхелишвили, стоявшему в небольшой группе людей, подошел один академик и сказал:

— Николай Иванович, наверняка тем, кто не подал голос за вас, были вы сами. Разве кто-нибудь мог не подать за вас голос?

— Мне помнится, что вы не присутствовали на всех предыдущих выборах президиума Академии. Не думаю, чтобы я ошибался, поскольку никогда бы не пошел против себя.

Собеседник не сразу понял скрытый намек, потом до него дошел смысл слов, и он, пристыженный, удалился.

После окончания Второй мировой войны во время предвыборной кампании Мусхелишвили и его доверенное лицо, встретились с избирателями одного из районов Кахетии. После собрания был устроен банкет, произносились тосты, в которых в прекрасных словах отдавалась дань уважения Мусхелишвили. Один старый крестьянин с разрешения тамады задал вопрос кандидату в депутаты:

— Не скажете ли нам, Николай Иванович, что вы делаете такого, что повсюду так прославляют ваше имя?

— На этот вопрос лучше всех может ответить мое доверенное лицо.

Тот не растерялся, взял в руки столовый нож, слегка согнул его, затем отпустил руку и сказал:

— Видите? Я чуть согнул нож, но как только отпустил руку, он вновь распрямился. Теория упругости как раз и изучает такие тайны тел, и наш кандидат в депутаты является величайшим специалистом в этой области.

— А я-то думал, что Мусхелишвили в самом деле серьезный ученый. То, что вы нам говорили, товарищ доверенное лицо, мы тоже знаем.

Мусхелишвили шуткой разрядил напряженную обстановку:

— Клянусь честью, я правда серьезный человек. Несерьезность я проявил тогда, когда позволил моему доверенному лицу говорить о моей научной деятельности.

Как я уже говорил, было время, когда Мусхелишвили обвиняли в «аракчеевщине». Именно на собрании, где это произошло, один математик якобы в защиту обвиняемого заявил:

— Мусхелишвили не похож на Аракчеева. Он виновен только в том, что способствовал созданию аракчеевского режима в Академии наук. На Аракчеева больше похож его ученик Илья Векуа.

Этого математика всегда поддерживал А. Харадзе. После окончания собрания Харадзе зашел в кабинет президента, и увидев, что друзья Мусхелишвили говорят ему слова утешения, сам тоже сказал:

— Товарищ Нико! Ты, наверное, в обиде на меня за то, что среди ваших сегодняшних противников оказался человек, которому я покровительствую. Я не думаю, что я в нем ошибся, но сегодня он действовал под чужим влиянием. Знаешь ведь грузинскую поговорку: привяжи быка к быку...

— ...и тогда будет два быка, не так ли, Арчил? — закончил предложение Мусхелишвили.

Однажды Мусхелишвили пригласили в Министерство внутренних дел Грузинской ССР и в торжественной обстановке вручили удостоверение почетного работника Министерства внутренних дел. При этом ему сказали, что сам министр не смог присутствовать на этой церемонии, поскольку его вызвали по очень важному делу.

— Не значит ли это, что и я должен пойти к нему по тому же важному делу? — в шутку спросил Мусхелишвили

На приеме, посвященном годовщине Октябрьской социалистической революции, устроенном партийным и советским руководством республики, супруга одного известного ученого подошла к Мусхелишвили со словами:

— Мне очень приятно, что я вижу вас здесь, Николай Иванович. Мой супруг нездоров и поэтому не смог присутствовать на этом приеме. А кое-кто распускает слухи, что он недоволен тем, что ему не предлагают стать президентом Академии.

— Вы, верно, хотите этим сказать, что ваш супруг не желает быть президентом? — спросил Мусхелишвили.

— Что вы, кто же откажется от президентства! Но пока вы живы...

— Если вы полагаете, что последние ваши слова я приму как тост за здравие и поблагодарю вас за него, то вы глубоко ошибаетесь. О санкта симплицитас! — воскликнул на латыни Мусхелишвили.

Дама сначала не поняла, что имел в виду Мусхелишвили, потом, наконец, до нее дошла бестактность ее слов, и она прекратила разговор.

Когда хлопоты Мусхелишвили о моем переводе на работу в Тбилиси окончились безрезультатно, он в присутствии нескольких грузинских коллег сказал мне:

— Андро, на этот раз, как видишь, у нас ничего не вышло, но в будущем постарайтесь все же вернуться на родину!

— Если и в будущем мне будут чинить столько препятствий в этом деле, то есть ли смысл пытаться еще раз?

— Смысл есть, конечно. Разве вы не знаете, что в Грузии умеют очень пышно хоронить? — с оттенком печали улыбнулся Мусхелишвили.

На том же предвыборном собрании после войны, о котором уже была речь выше, один из избирателей искренне сказал Мусхелишвили:

— Николай Иванович, вы очень хороший человек, но я не понимаю одного...

— Скажите, чего именно.

— Я не понимаю, почему вы не отказываетесь быть президентом.

— А вы считаете, что надо отказаться?

— Конечно, считаю, особенно когда слышу, как поносят президента Трумэна и президента Тито.

— Их должностей мне никто и не предлагает, иначе я бы обязательно отказался, — ответил Мусхелишвили.

Один недовольный ученый начал поносить Мусхелишвили в разговоре с довольно высокопоставленным лицом, и тот сообщил Мусхелишвили:

— Недавно ваш коллега в разговоре со мной поносил вас, просто сравнял с землей.

— А что на это сказали вы?

— Я сказал ему — вы лет на двадцать моложе Мусхелишвили, подождите немного, кто знает, может, после него и вы станете академиком.

— Он верно вас понял, как вы думаете?

— Да, правильно, но знаете, что он ответил? Он ответил? «Мусхелишвили только за свое звание академика получает пять тысяч рублей, при таких условиях он будет жить и жить».

— По-моему, он прав. Говорят, есть люди, которым регалии продлевают жизнь, — закончил разговор Мусхелишвили.

Вычислительный центр Академии наук Грузинской ССР, который сейчас носит имя Н. Мусхелишвили, впервые был создан при Институте математики им. А. Размадзе, так что директор вычислительного центра должен был быть заместителем директора этого института, а на эту должность прочили Г. Маниа. Мусхелишвили сначала согласился с его кандидатурой, но потом вызвал того в свой кабинет и сказал:

— Товарищ Маниа, я не могу назначить вас на это место.

— А кого вы хотите назначить, Николай Иванович?

— Кого? Квеселава.

— Наверное, оттого, что его поддерживает ЦК, не так ли?

— Да, это так.

— Интересно, кто это так радеет за Квеселава в ЦК? — спросил Маниа.

Мусхелишвили ответил по-русски:

— Разве вы не знаете, что у него в ЦК брат?

Из-за того, что Мусхелишвили букву «р» выговаривал как «л», Маниа кивнул головой и ответил Мусхелишвили так:

— Я не ожидал, Николай Иванович, что вы, такой серьезный человек, тоже считаетесь с блатом, — и, взволнованный, вышел из кабинета президента.

Читателю могут показаться излишними приведенные здесь анекдотические случаи из биографии Мусхелишвили, однако автор хотел показать ту простоту, которая сопровождала полную глубокого смысла жизнь этого великого ученого и человека чистой души. После того, как Мусхелишвили был освобожден от должности президента Академии наук Грузии и уже не так активно участвовал в организационной и общественной деятельности, он сразу как-то сдал и состарился. Теперь он редко посещал собрания и встречи, а если порой и появлялся в обществе, то уже не выказывал свойственные ему раньше бойкость, хорошее настроение и остроумие, как будто чувствовал, что он больше никому не нужен.

И все же он до конца дней своих сохранил ясность ума. С искренним восхищением наблюдал за героическими усилиями нового партийного руководства по преодолению накопившихся в течение десятков лет негативных явлений, с болью в душе вспоминал о несправедливом отношении к нему прежнего руководства, укорял себя за то, что не смог защитить интересы своих непосредственных учеников, когда их беспричинно притесняли Купрадзе и его приспешники. Он думал о том, что даже И. Векуа не только ничем не помог ему в трудное время, но не выказал и простого сочувствия.

Очень недоволен он был и результатами проводившихся в 1974 году выборов в Академию наук Грузии. Несмотря на то, что кандидатуры продолжателей его научного направления А. Каландиа и Г. Манджавидзе на объявленные вакантные места членов-корреспондентов были почти единогласно поддержаны общим собранием математического отделения Академии наук СССР, ни один из них не был избран. Его возмущало грубое нарушение процедуры, допущенное во время выборов членов-корреспондентов по математике, однако он воздержался от того, чтобы обличить виновных публично. Позже к этому добавилось еще и то, что был пущен слух, дескать, Мусхелишвили желает еще при жизни передать И. Векуа должность директора Института математики им. Размадзе.

Такая напряженная обстановка не пошла на пользу здоровью Мусхелишвили, и 16 июля 1976 года сердце его перестало биться. Благодарный грузинский народ горько оплакивал своего славного сына. В день похорон вся Грузия собралась в Тбилиси. У могилы я простился с ним следующими словами:

Дорогой Нико! По поручению Ваших многочисленных учеников, с поистине родительской заботой, старанием и любовью созданной Вами и выведенной на международную арену научной школы, я с тяжелым сердцем обращаюсь к Вам с прощальной речью. Вы с честью прошли долгий, наполненный глубоким смыслом и прекрасный жизненный путь. Как бы долго Вы еще не прожили, Ваша смерть все равно была бы для нас всех огромным несчастьем. И вот сейчас это несчастье так неожиданно обрушилось на нас. Из рядов живых классиков мировой науки в Вашем лице сегодня выбыл прекрасный представитель, наука Советского Союза лишилась одного из своих надежных и мощных столпов, а грузинский народ потерял полководца своей науки.

Вы ушли из этой жизни так, что не только не оставили после себя долгов, но все мы остались в долгу перед Вами. Созданные Вами, очень нужные сейчас и притом имеющие большое будущее научные направления в современной математике и механике, Ваши научные монографии, переведенные на языки всех культурных народов мира и ставшие настольной книгой специалистов, Ваш первенец — грузинская математическая школа — являются залогом Вашего бессмертия. С сегодняшнего дня Вы принадлежите не только истории, но и настоящему, и еще более — будущему. Несомненно, будущие поколения ученых будут по-прежнему беседовать с Вами на научные темы, как с живым, будут находить в Вашем творчестве нужные советы и наставления, бесспорные факты, имеющие большое значение, основу для будущих исследований.

Наш народ видел в Вас верного и славного сына, всегда относился к Вам с уважением и высоко ценил. Сегодня по воле народа земля Мтацминды примет Ваш прах в знак того, что Вы навсегда останетесь в его сердцах. Мир Вашему праху, непорочный, заслуженный, всеми любимый и поистине великий человек.

На похоронах Нико Мусхелишвили присутствовали члены бюро Центрального комитета коммунистической партии Грузии во главе с Э.А. Шеварднадзе. После похорон участвовавшим в церемонии приезжим гостям был подан ужин, устроенный президиумом Академии наук Грузии. Руководителем стола был И. Векуа. Слова, посвященные памяти Мусхелишвили, сказанные за этим столом, показались мне настолько непонятными, что через полчаса после начала ужина я почувствовал, что очень расстроен, и покинул зал, где ужинали гости.

21 июля утренним самолетом я вылетел в Москву. В самолете мне не давала покоя мысль о том, что вместе с этим великим ученым и человеком я потерял и ту главную силу, которая связывала меня с Тбилиси.

В Тбилиси с Н.И. Мусхелишвили и коллегами, 1972 г.

В Асари (Латвия) с сыном, 1972 г.

В Тбилиси с двоюродным братом, Г.С. Бицадзе, 1975 г.

И.Н. Векуа

В.Д. Купрадзе

Глава XI

За три месяца до смерти Мусхелишвили, в Дармштадте (ФРГ) состоялся международный симпозиум «Методы теории функций в дифференциальных уравнениях в частных производных», в работе которого от Советского Союза принимали участие И. Векуа, В. Купрадзе, А. Джураев и я.

Я выступал с часовым заказанным докладом от Советского Союза. Тема доклада: «Об одном классе нелинейных уравнений в частных производных». Мне было приятно, что большая часть докладчиков среди основных источников почтительно называли труды Мусхелишвили. В вынесенных на симпозиум докладах нередко упоминались труды И. Векуа и мои.

По окончании получасового доклада Купрадзе между ним и американским математиком С. Бергманом разгорелся непривычный для научной обстановки спор. Бергман утверждал, что метод, примененный в докладе Купрадзе, в действительности в 30-х годах был опубликован им, Бергманом, в немецком математическом журнале. В ответ Купрадзе заявил, что «знает Бергмана уже сорок лет и всегда поражался его строптивости. Вот и сейчас Бергману кажется, что этот метод принадлежит ему. Если он честный человек, пусть докажет это документально».

Бергман вышел из зала заседаний и через два часа принес из научной библиотеки высшей технической школы Дармштадта немецкий математический журнал первой половины 30-х годов, в котором действительно был напечатан труд Бергмана о том методе, который Купрадзе в 1976 году выдал за собственный. В тот же день, во время паузы между докладами, Купрадзе был вынужден публично извиниться перед Бергманом за нанесенное ему оскорбление.

В ходе симпозиума И. Векуа, польский математик Б. Боярский, итальянский математик Риччи и я стали свидетелями еще одного весьма неприятного разговора — на этот раз между Купрадзе и итальянским математиком Г.

Фикера. Предметом их спора была одна задача, приведенная в монографии «Пространственные задачи математической теории упругости» авторства Купрадзе и его учеников, которая полвека назад была решена и опубликована итальянским математиком Марко Лонго. Подобно Бергману, Фикера сумел документально опровергнуть приоритет Купрадзе в упомянутой задаче.

Город Дармштадт исторически принадлежал Гессенскому княжеству. Для осмотра пригородов города хозяева симпозиума устроили нам экскурсию. Они показали крепости феодальной эпохи, маленькую деревянную церковь и «парк мертвых деревьев».

Эта крепость ничем не отличалась от других средневековых немецких оборонительных строений, оснащенных сетью тайников, охотничьих залов, потайных ходов, темниц, комнатой, полной комплектов орудий и приспособлений для пыток, предназначенной в свое время для палача.

Стоявшая на возвышении церковь была построена в 1919 году в стиле, характерном для русских православных религиозных строений. Над главным входом масляной живописью был изображен поясной портрет женщины, вокруг головы которой художник изобразил нимб, как у святых. Очарованный, я несколько минут не мог оторвать глаз от этого портрета. Обратили на него внимание и Векуа с супругой Тамарой, и Купрадзе, и Джураев, которые присоединились ко мне. И даже наш экскурсовод.

Осенью 1975 года, во время пребывания в Узбекистане, мы с моей женой Ниной осматривали дворец бывшего эмира Хивы и расположенный там же музей. Показали нам и закрытые фонды музея, где среди прочих экспонатов находятся портреты бывшего самодержца России Николая II и его семьи, а также Распутина, выполненные итальянским художником масляными красками в 1913 году.

Вспомнив это, я уже не сомневался, что на портрете, помещенном над главным входом Гессенской православной церкви, была изображена бывшая российская императрица Александра. Когда я высказал вслух свое мнение относительно портрета, мои коллеги подняли меня на смех. Однако экскурсовод сообщил, что церковь, которую мы осматривали, построена за упокой души дочери гессенского правителя, русской императрицы Александры, которую после мученической смерти причислили у нее на родине, в Гессене, к лику святых. И на портрете, который привлек внимание советского профессора, изображена именно она. Читателю, вероятно, известно, что всех членов семьи Николая II в 1918 году бессудно казнили в Екатеринбурге, поэтому словами «мученическая смерть» экскурсовод определил отношение своей страны к данному вопросу.

Странно выглядел территория «парка мертвых деревьев» в окружении редколесья, где росли вечнозеленые деревья различной формы. Мы обратили внимание на обвитые плющом уже трухлявые, но еще стоявшие деревья, среди которых здесь и там группами росли кусты разных видов дурмана и рододендрона. Глядя на этот парк, я вспоминал Пицунду с ее реликтовыми соснами, где каждое дерево обвито плющом и этот «симбиоз» двух растений, по мнению тамошних лесников, считается даже полезным для сосен.

После экскурсии мы немного отдохнули, а потом нас на нескольких автобусах повезли осматривать гористые берега Рейна. Уже наливались гроздья раскинувшихся на склонах гор вдоль реки виноградников. С заходом солнца на виноградники с помощью механических приспособлений накинули капроновые покрывала, так как прогноз погоды предсказывал ночью град. Видя все это, я в душе удивлялся, почему в Кахетии считается вредным укрывать виноградные плантации от града?

Нам устроили довольно богатый ужин в винном подвале на Рейне. За одним столом сидели советские и польские математики. Помимо вкусной еды нас угощали двенадцатью сортами вина разных цветов и вкусов. Женщины-виночерпии перед каждой пробой наполняли стаканы гостей. На каждом столе стоял довольно большой кубок серебристого цвета. Посмотрев на другие столы, я догадался, что если кто-нибудь не желал допивать стакан до конца, остатки вина мог вылить в этот кубок, чтобы не прекращать процесс дегустации и в то же время не опьянеть. Я поступал точно так же, несмотря на то, что получил толчок в бок от А. Джураева.

Векуа поглядывал на меня косо после каждой пробы. В конце ужина все члены нашего стола, за исключением супруги Векуа Тамары и меня, оказались в стельку пьяными. Более того, Купрадзе, который в течение всего ужина отдавал должное прохладному приятному вину, так застудил себе горло, что после этого целый месяц лечился в Москве.

В начале июля того же 1976 года я и действительный член Академии наук Украины, директор Института математики Академии наук Украинской ССР И.А. Митропольский принимали участие в работе первого панафриканского математического конгресса, который состоялся в столице Марокко Рабате. Среди трех тысяч участников было две тысячи африканских математиков. Многие докладчики отметили, что вынесенные ими на конгресс научные результаты были получены с применением методов грузинского ученого Мусхелишвили.

Первый панафриканский математический конгресс был интересен со всех сторон. От Франции в конгрессе принимали участие около трехсот математиков. Многочисленной была французская официальная делегация, которую возглавлял тогдашний председатель математического общества Франции Кахане.

В центре внимания оказался доклад французского математика Ж. Лере, посвященный обучению математике в средних школах. Споры, разгоревшиеся вокруг этого доклада, продолжались два дня, что соответственно увеличило предусмотренное по плану рабочее время конгресса. Лере обоснованно отрицал стремление к абстрагированию в обучении математике в средней школе, полностью неправильным считал увлечение «бурбакизмом» при обучении математике.

На открытии конгресса должен был присутствовать король Марокко Хасан II, который взял на себя значительную часть расходов по организации конгресса, но поскольку вклад республики Конго и Туниса значительно превышал его собственный вклад, присутствию на открытии конгресса он предпочел охоту в Атласских горах. Это решение Хасан II принял всего за два часа до открытия конгресса, когда узнал, что в случае его присутствия на этой церемонии обязательно будет прочитано весьма прочувствованное приветствие президента Народной республики Конго. Поскольку король Марокко не принял участия в открытии конгресса, приветствие президента Конго раздали главам делегаций в письменном виде. А всего через несколько дней после написания этого документа пуля пронзила сердце его автора в ходе очередного в Конго военного переворота.

По поручению делегаций математиков из неафриканских стран я при закрытии конгресса обратился к участникам конгресса с такой короткой речью на французском языке:

«Дорогие африканские коллеги, дамы и господа!

По поручению делегаций математиков из неафриканских стран, приглашенных на первый панафриканский конгресс математиков, разрешите мне выразить вам глубокую благодарность за прекрасный прием, который Вы нам оказали. Для нас было большой честью принять участие в работе конгресса, на долю которого выпал такой большой успех.

Сегодня, когда государства нашей планеты по своему социальному содержанию и политическим системам разделены на два лагеря, не существует более разумной альтернативы мирному сосуществованию. Этот принцип прибавляет дееспособности и обогащает стремление к экономическому и культурному кооперированию миролюбивых народов с учетом полного равенства и взаимной выгоды. В условиях мирного сосуществования африканские народы достигли свободы и политической независимости, они достигли прогресса во всех сферах человеческой деятельности. В то же время, к сожалению, некоторым народам Африки все еще приходится ценой серьезных жертв бороться с апартеидом и неоколониализмом.

Сегодня, когда мир вступил в период научно-технической революции, математическим наукам придается большое значение. Жизнь ставит перед математиками проблемы, которые своей актуальностью, сложностью и масштабностью радикально отличаются от математических проблем прошлых лет.

Несмотря на то, что не прошло еще и четверти века с тех пор, как народы Африки избавились от колониального ига, они не только приобщились к современным достижениям цивилизации, но и сами вносят заметный вклад в мировую сокровищницу культуры, науки и техники. В этом смысле не является исключением и математика.

На пленарном и секционном заседаниях первого панафриканского математического конгресса мы внимательно заслушали доклады африканских математиков о полученных ими новых, весьма важных результатах. В работе конгресса принимали участие делегации математиков почти из всех стран мира. Установившиеся между нами в эти дни научные и дружеские контакты являются несомненным залогом успеха в деле нашего дальнейшего сотрудничества.

Мы, математики, можем сделать много полезного для того, чтобы в мире царили мир и прогресс. С полным осознанием этого мы сегодня прощаемся друг с другом и говорим: до свидания, дорогие товарищи, да будет счастливым настоящее и будущее народов мира!»

Церемониал закрытия конгресса и мое выступление транслировались по телевидению.

Вечером, накануне закрытия, на банкете, устроенном в загородной летней резиденции правительства Марокко, выступавшие с речами главы делегаций математиков из государств Африки дали высокую оценку вкладу, внесенному учеными социалистических стран в дело создания современной математической культуры в Африке.

Поскольку Франция старается сохранить свое влияние в северных, северо-западных и западных государствах Африки, она делает все для того, чтобы в этих государствах научные исследования и школьное образование оказалось в руках, ориентирующихся на Францию и получивших воспитание в этой стране людей негритянского происхождения.

Это было видно и невооруженным глазом во время приема, который французское посольство устроило для участников конгресса на своей территории.

Посольство расположено в красивейшем месте к северу от Рабата, которое представляет собой заповедник с богатой флорой и фауной. Посол Франции в Марокко с особым вниманием отнесся к И. Митропольскому и ко мне. В этом ему помогала крашеная блондинка бальзаковского возраста, которая, помимо французского языка, прекрасно владела русским. Эта женщина по имени Надя оказалась дочерью известного врача Абрама (Александра) Соломоновича Залманова — того самого Залманова, который после установления советской власти в течение нескольких лет возглавлял курортное управление и государственную комиссию по борьбе с туберкулезом, а затем переселился во Францию с семьей, где и умер в 1964 году в возрасте 89 лет.

Посол, его супруга и Надя внешне как будто вполне лояльно были настроены к нашей стране, но все же не могли скрыть, что и теперь, и в будущем считают необходимым бороться за главенство Франции в деле «окультуривания» народов Африки. Они выразили свою радость по поводу того, что в национальном комитете математиков Африки на проведенных во время конгресса выборах победили кандидаты французской ориентации, хотя среди избранных оказалось несколько математиков, ориентированных на Советский Союз.

Столица Марокко Рабат, утопающая в вечнозеленых растениях, раскинулась на невысоких холмах на побережье Атлантического океана. Численность населения составляет чуть больше полмиллиона человек. Среди городских зданий выделяется пятиэтажный дворец короля Марокко Хасана II. Никто не имеет права (в том числе b посольства иностранных государств) иметь в городе дом выше, чем в четыре этажа. Так постановил отец Хасана II — Мухаммед V. Мечеть имени последнего с его могилой делегации иностранных государств коллективно осмотрели на третий день после начала конгресса.

По окончании религиозной мусульманской церемонии в мечети нас попросили написать несколько слов в книге впечатлений. И. Митропольский припомнил грузинскую притчу. У вороны умер вороненок, и она подбросила его сове: «У тебя голова большая, вот и плачь» — и возложил эту тяжелую обязанность на меня. Я сделал в книге впечатлений такую запись на грузинском языке: «Вечная Вам память, славный предводитель национально-освободительного движения народов Марокко во время Второй мировой войны Мухаммед V. От имени советской делегации на первом панафриканском конгрессе математиков А. Бицадзе».

После окончания конгресса мы с Митропольским еще на два дня остались в Марокко. Советское посольство предоставило в наше распоряжение машину, на которой мы осмотрели марокканское побережье от Рабата до Касабланки. Стояла солнечная погода, и сказочно выглядели побережье, прилегающие к нему субтропические поля и высившиеся вдали Атласские горы с покрытыми вечными снегами вершинами.

Касабланка со своим двухмиллионным населением является главным океанским портом африканского побережья. По сравнению с Рабатом его здания производили впечатление небоскребов. Центральная часть города — Медина — и сегодня выглядит, как в старину. Там много богатых магазинов, мечетей, темниц. Говорят, что здесь можно купить все — от «атомной бомбы» до молодого живого человека. Немного поодаль от богатства царят бедность и нечистоты.

Улицы и магазины города полны моряков из разных стран. В отличие от начисто лишенного музыкальности Рабата, здесь слух всегда услаждают музыка и песни на разные лады. Водитель нашей машины предложил нам продолжить путь в южном направлении от Касабланки, но поскольку в это время происходили военные столкновения между Алжиром и Марокко из-за районов западной Сахары, касабланкские полицейские посоветовали нам отказаться от этого намерения. Из-за сложившейся в этой части военной обстановки правительство Марокко не позволило алжирским математикам принять участие в работе конгресса. По решению организационного комитета южноафриканской республики было также запрещено посылать на конгресс делегацию математиков из-за политики апартеида.

Последний день перед отбытием на родину был свободным, и мы с И. Митропольским долго гуляли по улицам Рабата. Книжные магазины были полны политической, художественной, научной и бульварной литературы на разных языках, в том числе и на русском. В кинотеатрах показывали фильмы, в основном о бандитах и сексе. Утомленные за день, мы рано пошли спать, а на другой день на советском реактивном самолете вылетели на родину.

Из иллюминаторов хорошо были видны Атласские горы, Алжир, Средиземное море, Рим, Адриатическое море, Югославия, горы Трансильвании, поля Украины и России и, наконец, перед нашими глазами промелькнули окрестности московского международного аэропорта Шереметьево.

Во время моего пребывания в Тбилиси на похоронах Мусхелишвили, как сообщила моя супруга Нина, мне на квартиру по телефону звонил М.А. Лаврентьев и просил передать, чтобы по возвращении из Тбилиси я связался с ним. С поздней осени 1975 года Лаврентьев уже не занимал должности председателя Сибирского отделения Академии наук СССР и вице-президента этой же Академии. Освобождение его с этих постов лично для меня явилось полной неожиданностью.

Весной 1975 года А.Д. Александров, Л. Канторович и Г. Будкер от имени академиков и членов-корреспондентов Сибирского отделения потребовали от М.А. Суслова, чтобы партийное руководство СССР больше не поддерживало Лаврентьева и освободило его от должности председателя Сибирского отделения Академии наук СССР. Якобы по той причине, что он, благодаря своей «грубости» в обращении, не только лишился популярности в научных кругах, но даже стал «мешать» продвижению науки в Сибири. В этой ситуации большинство работавших в Сибири ученых считали, что заменить Лаврентьева на занимаемом им посту должен С.Л. Соболев. Лаврентьев не мог поверить, что вышеупомянутые лица, которых он в 1964 году, не жалея усилий, сам же «протолкнул в академики», даже изменив ради этого устав, могли так поступить с ним. Ему оставалось только подчиниться и уйти в отставку. На свое место он рекомендовал Г.И. Марчука.

В процессе выборов на пост председателя Сибирского отделения Академии наук СССР никто не выдвинул кандидатуру С.Л. Соболева, кандидатуру же Г.И. Марчука выдвинул Лаврентьев, и из семидесяти одного голоса членов Сибирского отделения Марчук получил пятьдесят один. Лаврентьев же остался «почетным председателем». После этого он весной 1976 года с обидой в душе вернулся в Москву. В столице вновь восстановились дружеские отношения между Лаврентьевым и М.В. Келдышем, к тому времени уже экс-президентом Академии наук СССР.

Сразу же по возвращении из Тбилиси я по телефону связался с Лаврентьевым, который предложил мне вместе навестить Келдыша, который в это время находился в Кунцево, в Кремлевской больнице. 25 июля выдался хороший день, и мы с Лаврентьевым отправились в больницу. Гуляя в лесопарке больницы, я, по просьбе Лаврентьева и Келдыша, вкратце рассказал им о церемонии похорон Мусхелишвили на Мтацминде, после чего стал свидетелем весьма откровенного разговора между этими двумя большими учеными.

Беседу начал Келдыш:

— Николай Иванович, бесспорно, был большим ученым и благородным человеком. В начале моей научной деятельности я получил от него много полезных знаний. На его 80-летнем юбилее в Тбилиси я в своем выступлении вполне искренне заявил, что считаю его своим учителем.

— А я познакомился с Николаем Ивановичем пятьдесят лет назад в Париже. Оттуда же и началась наша дружба и научное сотрудничество, никогда ничем не омрачавшееся, — вставил Лаврентьев.

— Хотя в мелочах мы не похожи, но конец деятельности всех нас троих — Николая Ивановича, твоей, Михаил Алексеевич, и моей — оказался одинаковым. Нас всех троих сняли с занимаемой должности, и мы сами назвали кандидатуры своих преемников, уверенные в том, что не ошиблись, — продолжил Келдыш.

— А помнишь, Мстислав Всеволодович, как, начиная с 30-х, мы критиковали Николая Ивановича за допущенную им ошибку в деле продвижения кадров? Он признал тогда свою ошибку только в том, что поддерживал Купрадзе. Среди своих грузинских учеников он с самого начала считал самым перспективным Илью Векуа.

— В том, что среди грузинских учеников Николая Ивановича Векуа является одним из лучших, я не сомневаюсь и сейчас. Как он отплатил ему за потраченный на него труд, это другой разговор. А разве наш труд был оценен по достоинству теми, кому мы создавали все условия для творческого труда? Разве Андро прямо не говорил нам о том, что мы ошибаемся? А мы ему не верили. Разве я не прав, Михаил Алексеевич?

— К сожалению, именно из-за этого я не раз сомневался в правоте, честности и порядочности Андро. А помнишь, Мстислав Всеволодович, как в конце марта 1953 года ты мне сказал: «С Андро сняли высший допуск, при таких условиях он не может работать у меня, и я не знаю, как поступить»?

— Тогда меня сумели убедить, что Купрадзе решил пожертвовать Андро, и допуск с него сняли по его милости, но когда я спросил у Векуа, могу ли я восстановить допуск Андро по личному требованию, Векуа коротко ответил мне: «Не советую». Мои сомнения относительно Андро после этого усилились даже больше, чем при снятии с него допуска. Михаил Алексеевич, мне известно, что Векуа сумел заронить зерно сомнения и в твою душу, ты тоже сомневался в порядочности Андро во время работы в Новосибирске.

— Это правда, но кое в чем Андро сам набрасывал на себя тень. В это и ты одно время верил, Мстислав Всеволодович.

— Это было раньше, но в 1970-71 годах я лично убедился в беспочвенности моих подозрений. Тогда Николай Иванович очень старался перевести Андро на постоянную работу в Тбилиси, но Векуа убеждал меня, что Купрадзе сумел так опорочить Андро в глазах партийного руководства республики, что инициатива Мусхелишвили вряд ли оправдает себя. А его переводу в Институт им. Стеклова, да еще на должность заведующего отделом, всячески противился Л.С. Понтрягин со своими учениками и Л.И. Седов. Вот потому-то я в то время избегал вмешиваться в дело Андро.

— Мстислав Всеволодович! Я вам очень признателен за это, так как ваша нейтральная позиция в 1971 году по отношению ко мне принесла мне только пользу. В моих глазах вы всегда были великодушным и справедливым ученым, но одного я не могу понять до сих пор. Неужели вашей поддержки было недостаточно для того, чтобы Мусхелишвили в 1971 году вторично наградили званием Героя социалистического труда? — включился в разговор я.

— О! Вы и сейчас глубоко ошибаетесь в том, что я был всемогущ. В феврале 1972 года, после окончания ежегодного собрания Академии наук СССР, ко мне в кабинет, который находился в главном здании президиума Академии, зашел мой личный секретарь и сказал, что ко мне на прием явились два грузинских академика — вице-президент Академии наук Грузинской ССР И. Абашидзе и главный академик-секретарь той же Академии С. Дурмишидзе. Я принял их, и сейчас еще хорошо помню, как все было. Я уточнил их имена и отчества в справочнике академий союзных республик, открыл двери кабинета и пригласил их: «Добро пожаловать, Ираклий Бесарионович и Серго Васильевич! Что за нужда привела вас ко мне?». Гости поглядели друг на друга, Дурмишидзе подал знак, после чего Абашидзе приступил к разговору, начав так: «Мстислав Всеволодович, мы хорошо знаем, какие добрые отношения связывают вас с Мусхелишвили. Мы тоже любим нашего достойного, уважаемого Нико, но «время идет», как говорят французы. Состарился наш президент». «Товарищи, всего год назад Николай Иванович выглядел прекрасно. Вспомните, на своем восьмидесятилетии он публично заявил: «Через десять лет жду всех вас на моем девяностолетнем юбилее». Что же с ним случилось, что он не может быть президентом Академии наук Грузии?». «У нашего уважаемого Нико обнаружился сильный склероз, Мстислав Всеволодович, теперь все мы это замечаем и просто не знаем, как нам быть», — ответил мне Дурмишидзе. «Товарищи! После шестидесяти лет склероз для всех является обычным явлением. Я не понимаю, что вы хотите этим сказать». «Мстислав Всеволодович! Партийное руководство республики считает, что пришло время заменить Мусхелишвили на посту президента Академии другим, более молодым ученым», — продолжил Абашидзе. «Кого вы имеете в виду, говоря о партийном руководстве республики, и кто этот ученый, которым оно желает заменить Николая Ивановича?». «Василий Павлович Мжаванадзе считает самым лучшим, я бы сказал, единственным кандидатом на пост президента

Академии наук республики молодого, известного во всем мире ученого Реваза Валерьяновича Гамкрелидзе», — сказал И. Абашидзе. «Прошу прощенья, товарищи, но я такого ученого не знаю». «Как же не знаете, он ведь ученик Понтрягина и к тому же лауреат Ленинской премии», — закончил предложение Дурмишидзе. «Все, что вы говорите, товарищи, для меня ничего не значит. Если Николай Иванович напишет письменное заявление о своем желании уйти с поста президента Академии наук, то я считаю, что самым подходящим кандидатом на этот пост будет Илья Несторович Векуа. И считаю нецелесообразным для вас задерживаться долее в моем кабинете. Прощайте». Таким был мой окончательный ответ Абашидзе и Дурмишидзе. А что было дальше, вам хорошо известно.

Разговор на некоторое время прекратился. Я не сомневался в истинности сказанного Келдышем, однако не думаю, что об этом было известно Гамкрелидзе. Зачем бы ему понадобилось подсылать посредников к Келдышу? Мжаванадзе мог на месте привести в исполнение свое решение и «де-факто» сообщить об этом Келдышу. А Келдыш уже сменил тему разговора:

— Михаил Алексеевич! Каковы твои планы относительно деятельности в Москве? Александров говорил мне, что ты на него обижен?

— Конечно, обижен. Советует мне пристроиться либо к Келдышу, либо к Ишлинскому, либо к Виноградову. Никто, мол, не доверит вам руководство самостоятельным научным учреждением.

— Что ж, он говорит правду. Довольно тебе быть самостоятельным.

— А что в этом было плохого?

— Я не говорю, что ты плохо работал, но ты допускал много ошибок. Несмотря на это, ты имеешь большие заслуги перед страной. Сейчас нам обоим лучше отдохнуть и заняться воспитанием внуков!

— Это еще успеется. Я мог бы еще внести свой вклад в науку. Я хочу открыть Комплексный институт Черного моря, но, по-видимому, Косыгин не даст на это разрешения. Я надеялся, что Векуа поможет мне создать институт республиканского подчинения на грузинском побережье Черного моря, но и он мне отказал.

— Михаил Алексеевич, а ты обращал когда-нибудь внимание на то, как успевают твои внуки по математике? Моим внукам математика дается с трудом. Не только они, но даже я иногда не могу решить задачи, которые им задают на дом.

— Это я тоже заметил. Колмогоров совсем погубил дело обучения математике в нашей средней школе.

— При таких обстоятельствах, не лучше ли нам позаботиться о том, чтобы исправить это запутанное дело? Колян (так ласково называли дома Н.Н. Боголюбова) сказал мне, что в конце августа на расширенном заседании бюро отделения математики Колмогоров будет говорить о составленных под его руководством программах и учебниках для средних школ. Я хочу присутствовать на этом заседании. Хорошо, если бы пришел и ты, Михаил Алексеевич!

— Если я в это время буду в Москве, то обязательно приду, Мстислав Всеволодович.

С этого места я тоже отважился включиться в разговор. Вкратце ознакомил обоих с содержанием доклада Ж. Лере и разгоревшимися вокруг него спорами на панафриканском конгрессе математиков в Рабате в начале июля. Кроме того, ввиду того, что на протяжении 1972-76 годов я руководил работой совета телекурсов по математике для поступающих в высшие учебные заведения, мне в течение четырех лет приходилось быть в курсе того, как протекает обучение математике в средних школах. Я знал, в каком трудном положении оказались наши абитуриенты в последние годы. Возможно, это и было одной из причин того, что интерес молодежи к физико-математическим и техническим наукам значительно упал.

Наша беседа затянулась, и, простившись, мы расстались с Келдышем.

Беседа между двумя большими учеными заставила меня глубоко задуматься и опечалиться. Мне не хотелось верить в непреложность старого восточного изречения: «Никто не делает добра ради добра». Припомнились поздравления,

330

присланные мне 22 мая в связи с 60-летием всеми подразделениями Московского инженерно-физического института (торжественной церемонии по моей просьбе не устраивали). Мне вдруг захотелось вновь пересмотреть эти адреса, несмотря на то, что я был уверен, что содержавшиеся там восхваления в адрес моей особы в несколько раз превосходили мои реальные заслуги.

Вот что написало мне руководство института:

«Глубокоуважаемый Андро Васильевич!

Профессорско-преподавательский состав и студенческий коллектив Московского Краснознаменного Инженерно-физического института приветствуют Вас, крупного специалиста в области математики, известного руководителя научных направлений и выдающегося педагога, и поздравляет Вас с днем Вашего рождения и Вашим славным 60-летним юбилеем. Вы, автор более чем 90 научных трудов, среди которых 9 монографий, внесли большой вклад в современную теорию функций и в теорию дифференциальных уравнений в частных производных. Ваши исследования в области теории упругости, в теории дифференциальных уравнений смешанного типа, в теории краевых задач для эллиптических и гиперболических уравнений и систем, в теории нелинейных уравнений гравитационного поля сегодня известны повсеместно. Ряд уравнений, задач и формул по справедливости носят Ваше имя. Вы являетесь автором учебников, написанных с высоким педагогическим мастерством. Нам особенно приятно, что один из них «Уравнения математической физики» был создан на основании лекций, читавшихся в течение ряда лет в нашем институте. Вы как ведущий профессор кафедры высшей математики, тратите много сил и энергии для подготовки специалистов высокого класса.

Вы создали крупную научную школу, направления исследований которой успешно развиваются в трудах Ваших учеников и последователей во всем мире.

Ваша разносторонняя научная, педагогическая и общественная деятельность является ярким примером самоотверженного служения народу, что характерно только для больших ученых.

Дорогой Андро Васильевич, в связи с днем Вашего шестидесятилетия желаем Вам дальнейших творческих успехов, здоровья и большого счастья.

Ректор института В. Калабашкин.

Секретарь парткома В. Хромов.

Председатель месткома Т. Петрова».

На долгом пути моей педагогической деятельности я нигде не чувствовал такого уважения и почтения к себе, как в Московском инженерно-физическом институте. Это выражалось не только в ежегодном награждении почетными грамотами и официальном объявлении благодарности, оно проявлялось в каждодневных деловых контактах со студентами этого учреждения, с профессорами, преподавателями и руководством. Никогда не забуду аудиторий, полных студентов, аспирантов и молодых ученых. Внимание, с которым они слушали мои лекции, отличалось ответственностью, желанием, силой и энергией.

Еще во время моей работы в Новосибирском университете я убедился, что в обучении в средних школах либо в связи с переходом на новые школьные программы и новые учебники, либо по каким-нибудь другим причинам наблюдаются определенные недоработки, отголоски чего ощущались в высших учебных заведениях. К тому же это вызвало позорный факт — массовое появление репетиторов и протекторов в школьно-просветительной жизни.

Именно с целью борьбы с этими негативными явлениями осенью 1972 года я согласился на просьбу государственного комитета телевидения и радиовещания возглавить методический совет, который должен был осуществлять работу телекурсов по математике на высоком уровне для поступающих в вузы. Значение и необходимость этого дела стали для меня совершенно ясными после того, как ежегодно на имя совета тысячами стали приходить письма, в которых телеслушатели выражали свою благодарность ведущим лекторам телекурсов. В 1976 году после того, как я по собственному желанию оставил заведование кафедрой, я отказался и от председательства упомянутого совета. Чтобы это не вызвало недоразумений среди слушателей телекурсов, меня в начале 1976/77 учебного года попросили выступить со следующей короткой речью по каналу учебных программ московского телевидения:

Дорогие товарищи!

Роль математики в производственной деятельности очень велика. Без математики невозможно представить важных открытий в науке и изобретений в технике. За последние годы математику с успехом применяют и в гуманитарных областях. Совершенствование вычислительной техники сделало доступным применение математических методов во всех сферах творческой жизни людей. В результате этого математика повсеместно стала одной из фундаментальных дисциплин в деле подготовки специалистов и, естественно, что во время приемных экзаменов в высшие учебные заведения ей отводится большое внимание.

Желание миллионов советских юношей и девушек получить высшее образование стало у нас действительностью. В нашей стране существует несколько различных организационных форм действенной помощи поступающим в высшие учебные заведения. Хорошей репутацией пользуются телекурсы по математике для абитуриентов. По времени, уделяемому в телепередачах, математика занимает первое место. В текущем году приемные экзамены по математике проводятся как по старой, так и по новой программе средней школы. Вследствие этого и лекции в соответствии с программами резко отличаются друг от друга. В передачах примут участие такие наши признанные во всем мире математики, как В. Ильин, В. Виноградов, А. Дезин, В. Садовничий, Ш. Алимов, а также авторы известных учебников по математике для поступающих в высшие учебные заведения П. Дибов, И. Сидоров, М. Шабунин, Н. Шолохов.

Методическое руководство курсами поручено совету, председателем которого, по моей рекомендации, утвержден заведующий кафедрой высшей математики Московского инженерно-физического института, известный профессор А. Прилепко. Для успешной работы телекурсов решающее значение имеет правильная организация работы каждого слушателя. Последнее выражается в том, что вокруг телевизора должна быть тишина, занятия не должны пропускаться и каждое данное лектором задание должно регулярно выполняться.

Пусть сбудется ваше желание поступить в высшие учебные заведения, дорогие слушатели телекурсов!

В пятницу 10 сентября состоялось расширенное заседание бюро отделения математики Академии наук СССР, которое заслушало и рассмотрело доклад А.Н. Колмогорова о состоянии обучения математике в среднебразовательных школах по новым программам и учебникам.

На заседании присутствовали все члены бюро (за исключением М. А. Лаврентьева и А.И. Ширшова), некоторые члены отделения (в том числе и я), несколько ответственных работников из Министерств образования СССР и РСФСР и специально приглашенные Колмогоровым семь заслуженных учителей математики из Москвы и Московской области.

Свой доклад Колмогоров построил вокруг следующих тезисов:

1. Жизнь отвергает старый принцип построения школьных программ по математике и составленные на его основе учебники.

2. Почти двадцатилетняя практика физико-математических школ доказала, что дети обладают способностью усваивать современную математику уже с 1 класса.

3. Обучение математике по старым программам не только затрудняет, но и гасит в учениках стремление к математическому абстрагированию.

4. В результате обучения по новым программам легко происходит раннее выявление математических способностей, так что в средней школе создается возможность подключать обладающих такими способностями детей к научно-исследовательской работе.

5. Работу по новым программам тормозит только то, что большинство учителей не владеют математикой в том объеме, которого требуют новые программы.

6. Как можно скорее необходимо осуществить переподготовку учителей в соответствии с новыми программами, а те, кто не одолеет успешно этот процесс,

должны быть освобождены с должностей учителей математики.

Упомянутые в докладе тезисы активно поддержали в своих выступлениях заслуженные учителя. В речи, произнесенной от имени министра образования Г.А. Прокофьева, его заместитель полностью поддержал все предложения Колмогорова и сделал это в таком тоне, как будто считал, что обсуждать здесь больше нечего. Даже со стороны было заметно, что на членов бюро отделения и сам доклад, и речи гостей, выступивших в начале рассмотрения, произвели явно отрицательное впечатление.

Наступившую кратковременную тишину нарушил М. Келдыш:

— Если министр, товарищ Прокофьев, счел все сказанное здесь обоснованным, то непонятно, что требуется от нас.

— Желательно, чтобы Академия наук СССР была в курсе этого дела. Больше нам ничего не нужно, — ответил заместитель министра.

— Тогда я хотел бы узнать у Колмогорова, читал ли он сам новые программы и учебники, или так, без прочтения, позволил коллективу их авторов использовать его имя, — продолжил Келдыш.

Этот вопрос внес некоторое оживление в ход заседания. Обиженный этим Колмогоров спросил:

— На каком основании у товарищей возникли сомнения в том, что я не являюсь одним из авторов новых программ и учебников?

— Потому что невозможно, чтобы математик такой квалификации, как Колмогоров, был автором так ненаучно составленных программ и таких низкопробных учебников, — пояснил Келдыш.

Из реплик А.А. Дородницына и А.Н. Тихонова было видно, что они разделяют точку зрения Келдыша.

— Какое моральное право имеет только что выступавший товарищ порочить программы, разработанные в результате многолетней коллективной деятельности ведущих математиков, и учебники, составленные на их основе? — спросил один из заслуженных учителей.

— Я не знаю, о каких ведущих математиках здесь идет речь, но должен заявить, что в непригодности плодов их «творчества» я убедился, когда увидел, что мой внук не справляется с предусмотренным этими программами материалом даже с моей помощью.

— А кто вы, собственно, такой, что хотите нас этим удивить? — отпарировал самый молодой из заслуженных учителей.

Колмогорову это замечание как будто прибавило сил для дальнейшей борьбы.

— Жаль, что кое-кто из присутствующих здесь товарищей не знает, что подвергает оскорблениям величайшего математика нашего времени, главного теоретика современной космонавтики, академика Мстислава Всеволодовича Келдыша, — пояснил Н. Н. Боголюбов.

При упоминании имени Келдыша гости вздрогнули, более того, их охватил страх.

— Самое грустное заключается в том, что когда я ознакомился с задачей из учебника Колмогорова, чтобы позаниматься с внуком, я убедился, что она неправильно составлена, и этот случай не единственный, — произнес Келдыш с присущим ему спокойствием и убежденностью.

— После занятий с моими внуками у меня от новых программ и учебников осталось такое же впечатление, как и у Мстислава Всеволодовича, — добавил Боголюбов.

Это же мнение высказали Дородницын и Тихонов.

Из членов бюро отделения лишь один А.А. Гончар занял позицию «и нашим, и вашим» и в своем выступлении поддержал как Колмогорова, так и его противников. Он, в частности, сказал:

— Я согласен с Келдышем и не сомневаюсь, что в составленных под руководством Колмогорова программах и учебниках существуют некоторые недоработки, но то, что он сделал на протяжении ряда лет для усовершенствования обучения математике в наших школах, без сомнения, должно приветствоваться. Мы должны сделать все для того, чтобы прогресс в этом направлении не останавливался. Нужно исправить неточности, как в программах, так и в учебниках.

— Я лишь частично согласен с товарищем Гончаром. Программы по математике, составленные под руководством Колмогорова, прекрасны. Многие видные математики разделяют мою точку зрения по этому вопросу, в том числе и иностранцы. Если в составленных по этим программам учебниках есть недостатки, в чем я не сомневаюсь, то это вполне естественно. Их легко исправить в новых изданиях, — сказал С.Л. Соболев.

— Не назовет ли академик Соболев тех известных ученых, которым нравятся программы Колмогорова? — спросил Понтрягин.

— Из советских математиков эти программы очень нравились недавно скончавшемуся Ляпунову. Этими программами восхищаются Гнеденко и Маркушевич, — ответил Понтрягину Соболев.

— А кто из иностранных математиков восхищается этими программами? — вновь спросил Понтрягин.

— Достаточно назвать члена парижской академии и зарубежного члена нашей Академии Ж. Лере. Мою правоту может подтвердить товарищ Бицадзе.

Всего за несколько дней до этого заседания я получил от Ж. Лере из Парижа в виде пяти отпечатков уже упомянутый выше топографический текст сделанного на французском языке в Рабате доклада и небольшое письмо, в котором Лере просил меня четыре копии раздать Виноградову, Колмогорову, Боголюбову и Соболеву. Поскольку Соболев вызвал меня принять участие в споре, я встал, передал отпечатки присутствовавшим на заседании адресатам и при этом попросил Боголюбова, очень хорошо владевшего французским, прямо здесь, на заседании, перевести содержание доклада Ж. Лере на русский язык. Боголюбов с удовольствием исполнил мою просьбу. Это заняло всего сорок пять минут.

Колмогорова, Соболева и присутствовавших на заседании гостей повергло в уныние высказанное Ж. Лере мнение об обучении математике в школе.

— Как мог себе позволить Соболев вводить в заблуждение бюро. Неужели он не знал, что взгляды Ж. Лере

337

и Колмогорова на обучение школьной математике диаметрально противоположны? — спросил Понтрягин.

Ответа на этот вопрос не последовало.

— Товарищи! Наше заседание продолжается уже пять часов. Время закончить работу. Вношу предложение поручить бюро отделения математики Академии наук СССР создать специальную комиссию для детального изучения состояния обучения математике в среднеобразовательных школах и подготовки соответствующего документа для представления его партийному и советскому руководству. На основании их указаний нам будет дана возможность сделать все для ликвидации той недопустимой бреши, которая появилась в сфере школьного образования по милости некоторых безответственных товарищей, — подвел итог Боголюбов.

Предложение поддержали все члены бюро, за исключением Соболева и Гончара. Во время голосования первый был против упомянутого предложения, а второй воздержался. Так закончилось это весьма бурное заседание бюро отделения математики Академии наук СССР.

Для более детального рассмотрения вопроса позже, осенью 1979 года, отделение математики Академии наук СССР под руководством И.В. Прохорова провело специальное расширенное заседание, в работе которого приняли участие около 200 представителей всех заинтересованных ведомств Советского Союза. С докладом снова выступил А.Н. Колмогоров, содокладчиком был А.Н. Тихонов. Большинство участников дебатов подвергли резкой критике составленные под руководством Колмогорова школьные программы и учебники по математике. В результате по решению заседания отделения было создано три комиссии под руководством И.М. Виноградова, А.Н. Тихонова и А.Н. Колмогорова.

Иоганн Карл Фридрих Гаусс

Юбилейная медаль И-К-Ф. Гаусса

Храм Святой Равноапостольной Марии Магдалины
в Дармштадте

Глава XII

Я ничего не пишу в своих воспоминаниях о беззаветной любви к математической науке и о главной цели моей жизни — о личной исследовательской работе. Представление об этом может сложиться лишь у специалиста на основании моих трудов, напечатанных в научной литературе. Приведенные здесь в определенной хронологической последовательности факты в общей форме отражают жизнь и деятельность математиков моего времени.

Еще в конце 1975 года я получил приглашение президиума Академии наук ГДР принять участие в работе юбилейного заседания, посвященного 200-летию со дня рождения Гаусса, в начале 1977 года в Берлине. К этому времени я уже заканчивал свое исследование, посвященное построению точного решения одного варианта системы уравнений Эйнштейна общей теории относительности. О полученных результатах я в конце октября 1976 года частично доложил на состоявшемся в Москве симпозиуме, посвященном 70-летию А. Тихонова.

По решению Академии наук СССР мне с 1972 года было поручено руководить организацией сотрудничества по математическому анализу между советскими математиками и математиками Германской демократической республики. Я хорошо справился с заданием, хотя и не мог регулярно принимать участие в мероприятиях, которые проводились в этом направлении в ГДР, несмотря на то, что всегда вовремя получал соответствующие приглашения.

3 июня 1976 года я получил письмо от профессора В. Шульце, заведующего отделом дифференциальных уравнений в частных производных центрального института математики и механики Академии наук ГДР:

«Глубокоуважаемый профессор Бицадзе!

Директор нашего института профессор Матес в отправленном в Ваш адрес письме от имени немецких коллег обратился к Вам с просьбой выбрать удобное для Вас время в

341

течение 1976 — 1977 годов и приехать на несколько недель к нам. Нам было бы очень полезно углубить научные контакты непосредственно с Вами. В мае этого года мы провели в Берлине международную школу, посвященную в основном Вашим исследованиям уравнений смешанного типа и нефредгольмовских эллиптических краевых задач. Мы все весьма сожалели, что Вы не смогли лично принять участие в работе этой школы. По нашей просьбе президент Академии наук ГДР обратился к президенту вашей Академии с просьбой вновь рассмотреть вопрос о вашей командировке в нашу страну за наш счет. Надеемся, что, по крайней мере, на этот раз вы сможете принять наше приглашение.

С наилучшими пожеланиями В. Шульце

Берлин, ГДР».

В январе 1977 года управление по связям с зарубежными странами при Академии наук СССР по указанию президиума Академии обязало меня принять участие в двух научных мероприятиях, проводившихся в ГДР: 21 — 22 апреля 1977 года в Берлине — в международных юбилейных заседаниях, посвященных 200-летию со дня рождения Карла Фридриха Гаусса, величайшего немецкого математика; 10 — 15 октября 1977 года в Ростоке — в международном симпозиуме, посвященном уравнениям эллиптического типа.

9 марта 1977 года помощник президента Академии наук Грузинской ССР И. Векуа сообщил мне по телефону, что тот хочет встретиться со мной инкогнито по неотложному делу у себя на квартире в Тбилиси. Эта встреча произошла 15 марта 1977 года. Векуа чувствовал себя очень плохо, большую часть времени проводил в постели, а в разговоре со мной использовал грифельную доску. Я искренне был озабочен его болезнью, переживал, что его жизненные силы, по словам врачей, уже на исходе.

Как выяснилось, целью встречи был поиск подходящих кандидатур на посты директоров Института математики им. Размадзе и Института прикладной математики при ТГУ. Обязанности директора Института математики им. Размадзе исполнял Г. Манджавидзе, а Институт прикладной математики при ТГУ фактически прибрал к рукам Р.

Кордзадзе и, по мнению Векуа, если немедленно не принять мер, оба эти института могут оказаться в безвыходном положении.

Векуа в первую очередь интересовал вопрос о кандидате на вакантное место директора Института математики им. Размадзе. По его мнению, единственным кандидатом на этот пост был я. Конечно, я был далек от того, чтобы воспринять это всерьез, поскольку почти тридцать лет был оторван от Грузии, к тому же после смерти Мусхелишвили меня уже ничто не связывало с этим институтом. Кроме того, в упомянутом институте работали такие коренные сотрудники этого института, как Н. Векуа, Б. Хведелидзе, Г. Манджавидзе и т.д. Я был уверен, что они гораздо лучше, чем я, смогут руководить институтом.

После того, как мы тщательно обсудили все названные кандидатуры, я убедился, что И. Векуа отдает предпочтение Н. Векуа, хотя, по его мнению, последний не согласится занять должность, которую когда-то занимал Мусхелишвили. В конце нашей беседы он поручил мне поговорить с Н. Векуа и убедить его в том, что тот не имеет «морального права» отказываться от поста директора Института им. А. Размадзе.

В тот же день, 15 марта, поздним вечером я встретился с Н. Векуа у него на квартире и «с большим трудом» уговорил его занять этот пост, но только с условием, что И. Векуа немедленно уберет из института Г. Манджавидзе и назначит заместителем директора его верного «соратника» Т. Бурчуладзе. На следующее утро я подробно рассказал И. Векуа о результатах моей встречи с Н. Векуа. Я чувствовал, что он примет «ультиматум» Н. Векуа, и подумал, что так же легко решится вопрос о выборе директора для Института прикладной математики при ТГУ.

По моему мнению, многие годы, проведенные Г. Манджавидзе в тесном сотрудничестве с Н. Мусхелишвили, давали ему по сравнению с другими большое преимущество для занятия поста директора этого института. Но Векуа даже не мог скрыть своего негодования, когда я осмелился высказать эту мысль. Он категорически отверг мои соображения и написал на грифельной доске «рано или поздно тебе придется самому, уже без меня, решать этот вопрос». В тот момент, впервые в моей жизни, я увидел слезы у него на глазах. Через несколько минут я простился с ним и 16 марта вечерним самолетом вернулся в Москву.

19 апреля 1977 года делегация Академии наук СССР вылетела в Берлин для принятия участия в церемонии, посвященной юбилею Гаусса. В составе делегации были А.Н. Тихонов (глава делегации), А.В. Погорелов, В.А. Крат, А.Н. Пушков, Б.И. Девятов (секретарь делегации) и я.

21 апреля в первой части юбилейного заседания я на немецком языке прочитал пятидесятиминутный заказанный доклад на тему «Построение точных решений уравнений Максвелла-Эйнштейна». В эти юбилейные дни из докладов немецких ученых я узнал много ранее не известных мне сведений о жизни и деятельности Карла Фридриха Гаусса. Этого величайшего математика XIX века Александр Гумбольдт считал титаном, который с помощью математики произвел революцию в таких областях естествознания как физика, астрономия, геодезия, геомагнетизм т.д.

Отец его, едва разумевший грамоте брауншвейгский каменщик, с трудом содержал свою маленькую семью, занимаясь укладкой мостовых и садоводством, а вечно занятая хозяйством мать читала по складам на немецком языке набранные готическим шрифтом тексты, писать же вовсе не умела.

Рассказы о том, как трехлетний Карл Фридрих поправлял ошибки в списке зарплат своего отца и других укладчиков мостовых, а в девятилетнем возрасте моментально складывал составленные из натуральных чисел прогрессии, скорее напоминают анекдоты, чем действительность. Документально подтверждено, что одинаково влюбленный в филологию и математику, молодой Гаусс неожиданно стал отдавать предпочтение математике и сделал ее объектом своего творчества.

В деле создания математической картины мира, наверное, ни одним ученым не сделано столько, сколько Гауссом. В гетингенской «семерке» (в которую, между прочим, входили физик Вебер и братья Гримм) утренней звездой сияло имя Гаусса. Без его фундаментальных трудов невозможно представить такие отрасли современной математики, как теория чисел, алгебра, анализ, геометрия, вычислительная математика, теория вероятностей и математическая статистика. Хотя Гаусса не считали родоначальником научной школы, но знаменитые математики Риман и Дедекинд и хорошо известный астроном Энке почитали его своим любимым учителем.

Отцу большого семейства (четыре сына и две дочери), Карлу Фридриху Гауссу материально было трудно обеспечивать благосостояние семьи, поэтому он, в принципе, и принял предложение Российской императорской академии наук переехать работать в Петербург, где созданы были все условия для жизни и научной деятельности. Когда об этом узнали влиятельные правители разбитой на маленькие государства Германии, они поспешили улучшить финансовое положение семьи Гаусса, в результате чего ему уже незачем было покидать Геттинген. За особые заслуги в области науки Российская Академия наук 31 января 1802 года единогласно избрала его своим членом-корреспондентом, а 24 марта 1824 года — почетным членом.

К двухсотлетию со дня рождения Гаусса юбилейный комитет учредил медаль мейсенского фарфора с грамотой. К моей большой радости мне вместе с другими учеными 21 апреля 1977 года была вручена эта весьма почетная награда.

В начале июля 1977 года большая комиссия под председательством вице-президента Академии наук СССР В.А. Котельникова, в которую входил и я, была направлена в Свердловск для проверки работы научного центра. Неделей раньше в Свердловском институте математики и механики — с целью изучения создавшегося положения — начала работу специальная комиссия, которую я возглавил. В комиссию также входили Е.Ф. Мищенко, Е.П. Попов и заведующий отделом науки свердловского областного комитета партии. Мищенко в Свердловск не поехал под предлогом болезни.

Предшественник Уральского научного центра математики и механики, Свердловское отделение Института математики им. В. А. Стеклова, было создано еще в 1963 году. Работой его до 1967 года руководил как заместитель директора Института

Стеклова С.Б. Стечкин. Несмотря на то, что в этом научном учреждении весьма плодотворную научно-исследовательскую работу проводили такие известные математики, как Н.Н. Красовский, Е.А. Барбашин, В.К. Иванов и другие,

Стечкин не сумел придать ему вид цельного научного коллектива. При подборе, выдвижении или поощрении кадров он руководствовался в корне неправильным принципом, принимая то или иное решение в зависимости от того, в какой мере он мог рассчитывать на преданность сотрудников института. По этой причине он был смещен со своего поста, а на его место был назначен А.И. Старостин.

В 1972 году Уральский филиал Академии наук СССР был преобразован в Уральский научный центр и соответственно на базе свердловского отдела Института им. В.А. Стеклова был создан Свердловский исследовательский институт математики и механики, директором которого назначили Н.Н. Красовского. Вскоре основной профиль этого института «Обыкновенные дифференциальные уравнения» оказался в центре внимания специалистов в мировом масштабе.

Со всем этим и со своей личной судьбой не мог смириться вернувшийся в Москву Стечкин. Он сумел создать против Красовского и его учеников оппозицию внутри института. Дело дошло до того, что с конца 1976 года Красовский фактически перестал исполнять свои обязанности, так что управление целиком перешло в руки ученика Стечкина Н.И. Черныха и верного ему А.Ф. Сидорова.

Наша комиссия должна была разобраться в обстановке, создавшейся в институте, примирить, если это окажется возможным, враждебно настроенные группы и выбрать приемлемого для всех кандидата на пост директора.

В течение пяти дней комиссия разобралась во всех болезненных вопросах и накануне проведения общего собрания сотрудников согласовала свое заключение в виде письменного документа с руководством свердловского обкома партии. На пост директора института также однозначно была названа кандидатура А.Б. Куржанского. Как председатель комиссии, я ознакомил общее собрание с нашим заключением. Споры вокруг него продолжались пять часов. С речами выступили почти все сотрудники. Собрание осудило действия «оппозиции» и целиком приняло заключение комиссии как решение собрания.

Вскоре после этого Куржанский был избран директором.

Стечкин старался уверить Виноградова и Понтрягина в том, что работа нашей комиссии в Свердловске была проведена необъективно, и с помощью Мищенко это ему удалось, хотя только на время. Выяснилось, что Мищенко намеренно не принял участие в работе комиссии. Если бы комиссия не поддержала Красовского, Понтрягин этого не одобрил бы и как председателя комиссии осудил бы меня. А если бы оппозиция была побеждена, Стечкин непременно объявил бы кое-кого из сторонников Красовского «сионистом», и мой авторитет в глазах обоих — и Виноградова, и Понтрягина — заметно бы упал.

Несмотря на это, наша комиссия была довольна тем, что препятствия, возникшие на базе оздоровления работы Свердловского института математики и механики, довольно легко и быстро были преодолены. В отчете о проверке работы Уральского научного центра научная деятельность свердловских математиков под руководством Н.Н. Красовского и В.К. Иванова получила высокую оценку, что было особенно подчеркнуто в постановлении президиума Академии наук СССР.

Двухнедельная командировка в Свердловск довольно сильно утомила меня, но в октябре я все же смог принять участие в работе международного симпозиума в Ростоке, посвященного эллиптическим дифференциальным уравнениям. Этот симпозиум открылся 10 октября моим пленарным докладом «Задачи Дирихле и Неймана для некоторых классов нелинейных уравнений эллиптического типа».

2 декабря 1977 года в Тбилиси в своей квартире после продолжительной и тяжелой болезни скончался Илья Несторович Векуа. Опубликованный во всесоюзной прессе некролог, который наряду с партией и правительством подписали несколько известных ученых, был составлен мною (из грузинских ученых его подписали только А.Н. Тавхелидзе и Е.К. Харадзе). Я присутствовал на похоронах как член

делегации Академии наук СССР. Векуа был похоронен в пантеоне Мтацминды рядом с Мусхелишвили. На ужине, посвященном его памяти, я не присутствовал, вернулся в Москву.

Весь 1978 год был заполнен работой. По плану я должен был принять участие в трех международных научных мероприятиях: в международном конгрессе математиков в Хельсинки, в торжественном коллоквиуме, посвященном 100-летию со дня рождения Леона Лихтенштейна в Лейпциге (ГДР) и в осеннем семестре Центра Банаха по дифференциальным уравнениям в частных производных в Варшаве (Польша).

При подготовке к последнему мероприятию мне, как руководителю семестра, выпало много хлопот. А 2 августа Виноградов вызвал меня к себе и ознакомил с содержанием следующего письма:

Директору Института математики ордена Ленина им. В.А. Стеклова

академику И.М. Виноградову

Глубокоуважаемый Иван Матвеевич!

В президиуме Академии наук Грузинской ССР хорошо знают, с каким интересом Вы следите за судьбой математики в Грузии и делаете все для успешного развития науки в нашей республике. В последние годы мы понесли невосполнимую утрату, потеряв двух больших ученых, что не может не оказать отрицательного влияния на дальнейший ход математических исследований в республике, если не будут приняты особые меры.

Одной из таких мер мы считаем установление тесного сотрудничества между нашими математиками и заведующим отделом Вашего института членом-корреспондентом Академии Наук СССР А.В. Бицадзе.

С 1969 года А.В. Бицадзе является действительным членом нашей Академии. Руководство республики готово предложить ему по совместительству должность научного руководителя Института прикладной математики им. И.Н. Векуа при Тбилисском государственном университете, если на то будет Ваше согласие. Мы обращаемся к Вам с просьбой разрешить члену-корреспонденту Академии Наук СССР А.В. Бицадзе остаться на основной работе во вверенном Вам институте и по совместительству работать в Тбилиси.

Президент Академии наук Грузии Е.К. Харадзе.

Вместе с этим Виноградов предложил мне прочитать его ответное письмо:

Президенту Академии наук Грузинской ССР

академику Академии наук Грузинской ССР

Е.К. Харадзе.

Глубокоуважаемый Евгений Кириллович!

Я полностью поддерживаю ваше предложение относительно приглашения в Тбилиси члена-корреспондента Академии наук СССР А.В. Бицадзе с целью более активного сотрудничества с грузинскими математиками, в частности, назначения его по совместительству директором Института прикладной математики им. И.Н. Векуа. Вы можете ссылаться на мою поддержку во время переговоров с официальными инстанциями.

С уважением, директор Института математики Академии наук СССР

академик И. Виноградов.

Я дал согласие, и письмо было немедленно отослано адресату.

Самый большой научный форум, который когда-либо проводился в Финляндии — международный конгресс математиков состоялся 15 — 23 августа 1978 года. В работе его приняли участие около 5 000 математиков. Советский Союз на этом конгрессе представляли 15 делегатов (главой делегации был Л. Понтрягин) и 60 туристов-ученых (туристической группой руководил Н. Остиану).

Международные конгрессы математиков имеют довольно давнюю традицию. Впервые такой конгресс состоялся в 1897 году в Цюрихе, второй — в 1900 году в Париже. На парижском конгрессе выступал Д. Гильберт с итоговым докладом, в котором были сформулированы еще не решенные математические проблемы. Впоследствии они стали известны как проблемы Гильберта. На парижском конгрессе было принято решение проводить такие мероприятия периодически

— каждые четыре года. Это правило временно было нарушено тем огромным несчастьем, которое принесли человечеству две мировые войны.

После Второй мировой при ЮНЕСКО была создана Международная ассоциация математиков, которая назначает специальный консультационный комитет для подготовки и проведения очередных международных конгрессов. В консультационный комитет, созданный в 1974 году, входили два представителя США и по одному представителю от СССР, Японии, Великобритании, Польши, Франции и Финляндии. Этот комитет запланировал конгресс в Хельсинки в виде 19 секций (панелей), охватывавших все отрасли современной математики. На пленарных и секционных заседаниях хельсинкского конгресса из 137 приглашенных докладчиков 43% приходилось на США, 22% — на СССР, и 35% — на все остальные государства. Такое неравномерное распределение докладчиков было показателем того, что международные конгрессы лишь формально не имеют отношения к политике.

Выше несколько раз упоминалось о том, что на международных конгрессах математиков молодые математики за особенно весомые результаты в области математических исследований награждались медалями Фильдса.

Поскольку Нобелевская премия не распространяется на математиков, необходимо было учредить высшие международные награды за сделанные большие открытия в математике. Причем возраст награждаемого не должен превышать 40 лет. В 1924 году на конгрессе, проведенном в канадском городе Торонто, канадский математик Джон Чарльз Фильдс, который руководил работой конгресса, выдвинул предложение, чтобы на каждом очередном конгрессе была установлена специальная награда. Это предложение было принято в 1932-м, уже после смерти Фильдса. Именно тогда и была учреждена медаль Фильдса. Вопрос о том, кому присуждать медаль, решает консультационный комитет. На конгрессе в Хельсинки были присуждены четыре золотые медали Фильдса с денежной премией. Их получили Пьер Делин (Бельгия), Чарльз Феферман (США), Квилин (Франция) и Г. Маргулис (СССР).

350

Заключительное заседание прошло на весьма деловом, высоком уровне. Было принято постановление о проведении очередного конгресса в Польше. По возвращении из Хельсинки в Москву, мне пришлось срочно собрать комитет, которому предстояло заниматься подготовкой к осеннему семестру Центра Банаха в 1978 году. 16 сентября я вылетел в Варшаву. Работа семестра должна была начаться 18 сентября в 10.15 моим докладом на тему «Волновые движения на поверхности переменной плотной жидкости».

Работа семестра шла нормально. Но через несколько недель в Ватикане трон папы римского занял краковский архиепископ Иоанн Павел II. В связи с этим на главной площади Варшавы собрался многолюдный митинг, который носил скорее политический, чем религиозный характер. Начиная с того времени, политическая ситуация в Варшаве все больше осложнялась. Мне вовсе необязательно было оставаться там до конца семестра. Поскольку в Советском Союзе меня ждало много дел, я передал руководство над семестром местному комитету во главе с моим заместителем профессором Б. Боярским и в октябре вернулся на родину.

Между тем из Грузии не поступало никаких известий относительно моей работы по совместительству. Будучи уверенным в том, что руководство республики со всей серьезностью относится к делу развития науки, я решил послать в Тбилиси следующее письмо:

Первому секретарю Центрального комитета коммунистической партии Грузии товарищу Э.А. Шеварднадзе

Дорогой Эдуард Амбросиевич!
В апреле 1978 года президент Академии наук Грузинской ССР академик Е.К. Харадзе ознакомил меня с тем, что Вы считаете целесообразным усилить мои научные контакты с грузинскими математическими учреждениями, на что я немедленно согласился. Будучи уверенным в том, что Ваше мнение разделяют ведущие математики и математическая молодежь Грузии, я взял на себя инициативу рассмотреть

351

вместе с академиком Е.К. Харадзе и ректором ТГУ профессором Д.И. Чхиквишвили вопрос о том, в какой форме было бы полезнее подключить меня к математической жизни республики.

В начале лета упомянутые товарищи сделали мне предложение занять, пока что по совместительству, пост директора Института прикладной математики им. И. Векуа при ТГУ. Хотя я всегда избегал занимать административные должности, но на этот раз дал им свое согласие. В связи с этим я с июля 1978 года отказался работать по совместительству в должности профессора Московского инженерно-физического института. При этом, по соображениям морали, воздержался отказаться от моей основной работы в Институте математики им. В.А. Стеклова, где я, согласно специальному решению президиума Академии наук СССР, в порядке перевода из Новосибирска был в 1971 году утвержден в должности заведующего отделом, до тех пор пока мне не найдут замену.

На просьбу академика Харадзе, направленную на имя директора Института математики им. В.А. Стеклова академика И.М. Виноградова, существует положительный ответ. Несмотря на это, Президиум Академии наук СССР не может оформить мое совместительство, если не будет получено соответствующее указание вышестоящих органов. Неопределенность положения, в котором я оказался, мешает мне работать, поэтому я вынужден обратиться к вам с этим письмом.

С глубоким уважением, А. Бицадзе

16 октября 1978 г.

Через неделю после того, как я написал это письмо, президиум Академии наук СССР, государственный комитет по науке и технике и министерство высшего образования создали комиссию, которая должна была проверить состояние науки в Белоруссии. Руководил комиссией известный авиаконструктор академик Н.Д. Кузнецов.

Среди математиков республики сложилась довольно неприятная сложная обстановка из-за того, что директор Института математики Академии наук Белоруссии, академик этой академии В.П. Платонов занял монопольное положение и довел до полного уничтожения в главную отрасль математики — математический анализ. Этот человек руководствовался конъюнктурными соображениями, из-за чего мне не так легко было занять принципиальную позицию. В результате работы комиссии обстановка, сложившаяся в среде математиков Белоруссии, стала мало-помалу улучшаться.

7 — 9 декабря 1978 года в Лейпциге (ГДР) на международном торжественном коллоквиуме, посвященном 100-летию со дня рождения известного математика Леона Лихтенштейна, я выступил с докладом на тему «Математические вопросы распространения волн в жидкости». Нельзя не отметить высокого научного уровня этого международного форума.

В понедельник 29 декабря в полдень президент Академии наук СССР академик А.П. Александров вызвал меня в свой кабинет, чтобы поговорить о моей работе по совместительству в Тбилиси. Между нами состоялся такой разговор:

— Андро Васильевич, руководство компартии Грузии считает, что усиление ваших контактов с тбилисскими математиками стало особенно необходимо после кончины Николая Ивановича Мусхелишвили и Ильи Несторовича Векуа. А что об этом думаете вы сами?

— Меня никто не просил перейти на постоянную работу в Академию наук Грузии. Мне предлагают работать по совместительству ученым-руководителем, директором Института прикладной математики им. И. Векуа, но, насколько мне известно, совместительство в двух разных городах запрещено.

— Именно это нас и заботит, и мы не знаем, какой ответ дать грузинским товарищам. Институт прикладной математики, руководство которым вам предлагают, по-моему, не относится к Академии?

— Да, Анатолий Петрович! Этот институт существует при Тбилисском университете. С 1940 года я непрерывно работаю в системе Академии наук и полностью переходить в систему высшего образования из-за моего возраста мне бы не хотелось.

— Ну, о возрасте вам пока еще рано говорить. Что же касается перехода в Тбилиси на постоянную работу, то, насколько мне известно, так вопрос не стоит. Давно ли вы уехали из Грузии?

— Скоро исполнится тридцать один год, как я работаю в России.

— О, это почти целая жизнь. Не забыли ли вы грузинский язык?

— Грузинский язык я, конечно, не забыл, но в моей семье говорят по-русски.

— При таких условиях, даже если поставить вопрос о вашем переводе на постоянную работу в Грузию, семье на первых порах, наверное, будет трудно жить в Тбилиси.

— Ну, конечно. При этом после стольких лет работы в России работать в Грузии и мне будет трудно, поскольку я не уверен, что ведущие математики республики на самом деле желают, чтобы я работал в Тбилиси.

— Насчет математиков ничего не могу сказать, но то, что в вашей работе в Тбилиси действительно заинтересован Эдуард Амвросиевич Шеварднадзе, я знаю совершенно точно. Хотя вам придется работать не с ним, а с математиками. В такой ситуации я ничего не могу посоветовать. Вам, вероятно, лучше остаться на основной работе в Институте им. Стеклова. Говорят, правда, что и там ситуация не совсем спокойная, однако там вы пользуетесь заслуженным авторитетом, и никто не желает вашего ухода из этого учреждения. Я же могу послать товарищу Харадзе только такое письмо.

Анатолий Петрович протянул мне следующий текст:

Президенту Академии наук Грузинской ССР
академику Академии наук Грузинской ССР
Е. К. Харадзе.

Глубокоуважаемый Евгений Кириллович!
Постановлением Центрального комитета СССР и Совета министров СССР от 12 мая 1962 года Академия наук СССР может разрешить члену-корреспонденту Академии наук СССР А.В. Бицадзе в течение одного года читать лекции в Тбилисском государственном университете и оказывать

помощь в научно-исследовательской работе Институту прикладной математики им. И.Н. Векуа.

Решить поставленный Вами вопрос по-другому мы не имеем возможности, поскольку в соответствии с постановлением №1367 Совета Министров СССР от 10 декабря 1959 года совмещение служебной деятельности допускается только по тому месту (в городе, поселке), где сотрудник находится на основной работе.

Просим сообщить нам свое решение. Президент Академии наук СССР академик А.П. Александров. 25 декабря 1978, Москва.

— На основании этого письма руководство республики может использовать вас так, как найдет нужным на месте, но такое разрешение вам придется возобновлять каждый год. К тому же будьте осторожны, как бы к вам не начали придираться финансовые органы, — предупредил Александров.

В тот же день, 29 декабря я по брони для представительства Грузинской ССР приобрел билеты на самолет, следовавший по маршруту Москва Error! Not a valid link.Тбилиси на 1 января 1979 года. В оставшиеся до отъезда дни я все время думал о том, не сделал ли ошибку, приняв такое решение. Если это окажется ошибкой, то, наверное, совершать другие у меня уже просто не будет возможности, так как этим я погублю себя окончательно. После долгих размышлений и анализа, ситуация, сложившаяся в математической науке в Грузии, показалась мне весьма сложной.

В Тбилиси три крупных математических научных учреждения: Институт математики им. А. Размадзе, Вычислительный центр им. Н. Мусхелишвили (наверное, в будущем Институт вычислительной математики) и Институт прикладной математики им. И. Векуа при ТГУ.

Учреждением математического профиля был также многоколлективный Институт кибернетики. При этом научно-исследовательская работа ведется в Грузии на кафедрах математики почти всех высших учебных заведений. С точки зрения качества и количества научной продукции, по мнению некоторых, положение оставляет желать лучшего. Улучшить это положение было нелегко даже во времена Н. Мусхелишвили и И. Векуа, а сейчас, вероятно, стало еще трудней.

Насколько мне известно, в грузинской действительности не получается подключать студенческую молодежь к научно-исследовательской работе. Эпизодический характер носят также научные семинары в математических научных учреждениях. У меня есть опыт научно-семинарной работы, сотрудничества с научной молодежью, но поймут ли тбилисские математики разного поколения, что в этом направлении нужно проявлять больше активности?

Кто знает, может быть, мой добрый порыв сочтут за желание выставить себя напоказ? Рискованно подключать меня к научно-исследовательской работе в Тбилиси. Но ведь говорят, что риск — дело благородное. Будущее покажет, насколько верным окажется это изречение.

Глава XIII

Новый 1979 год я встретил в Москве, в кругу своей маленькой семьи — в квартире на двенадцатом этаже дома по улице Губкина. А 1 января я уже летел самолетом в Тбилиси. Весь самолетный рейс № 939 из Москвы до Тбилиси превратился для меня в океан бушующих мыслей. Через тридцать один год я возвращался, пусть даже не совсем, а только наполовину, но все же возвращался на мою любимую родину, в Грузию. Сквозь рой нахлынувших самых разнообразных чувств вновь и вновь слышались мне слова президента Академии наук СССР академика Александрова, которые он сказал мне несколько дней назад в своем кабинете: «Тридцать один год, который вы провели на севере — это почти вся ваша жизнь, проявляйте осторожность на новой работе».

В детстве страх казался мне уделом трусов, потому я всегда шел навстречу опасностям. Теперь же... Кто знает, не понадобится ли мне теперь, в самом деле, проявлять осторожность.

В памяти всплыло одно из стихотворений Константина Бальмонта:

Я был в России. Грачи кричали,
Весна дышала в мое лицо.
Зачем так много в тебе печали?
Нас обвенчали. Храни кольцо.

Я был повсюду. Опять в России.
Опять тоскую. И снова нем.
Поля седые. Поля родные.
Я к вам вернулся. Зачем? Зачем?

Значительный период своей творческой научной деятельности провели в России образованнейшие Иванэ Джавахишвили, Нико Мусхелишвили и Иванэ Бериташвили.

Сколько горечи пришлось им испытать, совершенно без вины, по милости размножившихся благодаря им же проходимцев! Сейчас эти великие ученые уже ушли из мира сего. К сожалению, нет в живых и непосредственных продолжателей их дел.

Я не имею права сравнивать себя с ними, хотя не меньше других люблю свое дело, которому служу уже почти сорок лет. Плоды моих научных исследований не столь велики, но они не лишены интереса, и я ни у кого их не отнял и не присвоил. Трудно мне будет на новой руководящей работе, ведь в ней не обойтись без неприятностей. Все это будет отнимать у меня много времени и энергии, трудно будет с прежней интенсивностью заниматься научно-исследовательской работой.

Это, разумеется, очень нежелательно, тем более что мои научные интересы относятся к сфере весьма актуальных проблем. Никуда не уйти и от того факта, что я уже далеко не молод. Мне, без сомнения, будет трудно, но в этом мире ничего не дается легко. Знаю, что мое возвращение в Грузию не устраивает многих математиков, но это меня не пугает. Я буду, как всегда, ориентироваться на молодых математиков. Правду и честность не обойти, в конце концов, они должны будут понять, что предметом моих стремлений не является притеснение других и личная карьера.

На тбилисском аэровокзале меня встретили несколько знакомых математиков, в том числе мои будущие заместители Р. Кордзадзе и К. Лоладзе, губы которых кривились в такой насильственной улыбке, что я избегал на них смотреть. А что еще оставалось делать? Мне забронировали номер в гостинице «Иверия». К сожалению, в номере стоял такой холод, что жить в ней можно было, лишь не снимая пальто. В городе лежал снег и стоял сильный мороз.

Приказом ректора Тбилисского государственного университета от 2 января 1979 года я был назначен на полставки на должность научного руководителя, директора Института прикладной математики им. И. Векуа. Ректор университета Д. Чхиквишвили любезно принял меня в своем кабинете в высотном здании университета и обещал всяческую помощь на новой работе. На приеме присутствовали два проректора, секретарь парткома университета и два моих заместителя. После этого я незамедлительно приступил к детальному изучению сложившейся в институте обстановки, встретился с коллективом его подразделений, лабораторий, отделов.

На это ушел почти весь январь. За счет набравшихся в Институте им. В.А. Стеклова не использованных дней отпуска я оставался в Тбилиси до середины марта 1979 года. Меня весьма опечалило то обстоятельство, что годами царивший в институте прикладной математики режим «аракчеевщины» совсем развалил его работу. Враждовали между собой отделы, некоторые из них превратились в гнезда внутренних раздоров. Большая часть сотрудников появлялись в институте только в дни зарплаты, приходить же на работу по утрам некоторым представлялось зазорным. Многие требовали премий и повышения зарплаты, а делом совсем не интересовались.

Несмотря на это, на фоне математических научных учреждений Тбилиси деятельность института казалась удовлетворительной. Из 372 сотрудников шестеро были докторами наук, а 42 — кандидатами. Ежегодно они печатали до 40 научных статей (большую часть — в институтском издательстве). Содержания этих статей никто не знал, за исключением самих авторов, но они, без сомнения, создавали научное лицо института.

Все учреждение представляло собой конгломерат из трех подразделений, не связанных друг с другом. Научными исследованиями занималось подразделение, состоявшее из восьми теоретических отделов. Семь отделов обслуживали состоявший из четырех электронно-вычислительных машин парк, а остальные семь занимались математическим обеспечением и программированием. Часть машинного времени уделялась пользователям со стороны, и каждую неделю несколько часов отводилось для создания двух пакетов программ института. Вычислительные машины не осваивались даже на половину рабочего времени, предусмотренного по паспорту, и стояли без действия в замусоренных залах.

Начало моего руководства институтом совпало с приемом приехавшей из Москвы государственной комиссией пакета программ, посвященных численному решению пространственных задач теории упругости. Пакет программ создавался несколькими отделами института под общим руководством члена-корреспондента Академии наук Грузинской ССР Т. Гегелия.

После того, как комиссия дала высокую оценку упомянутому пакету программ, я потребовал в моем присутствии загрузить в машину одну из простейших пространственных задач теории упругости, которую, как сказал Т. Гегелия, можно было решить с помощью одной из программ пакета. К сожалению, они не сумели решить эту задачу, несмотря на то, что авторы пакета и члены комиссии разными способами пытались пропустить ее через вычислительную машину. Это обстоятельство вызвало у меня сомнения, имею ли я право подтвердить своей подписью заключение государственной комиссии о пригодности пакета. Члены комиссии дрогнули, о чем-то посовещались между собой и объявили мне:

— Товарищ директор! Этот пакет рассчитан на потенциального пользователя, и если решение той или иной задачи с помощью входящих в пакет программ затруднено, это не дает оснований комиссии не принять выполненную работу.

Мне не оставалось ничего другого, кроме как подписать заключение комиссии. Я и раньше знал, что во время теоретических исследований в математике люди не так уж редко ошибаются. Иногда лишенные совести соискатели ученых степеней унижаются даже до лжи, но когда речь идет о вычислительной математике, невольно допущенная ошибка может нанести большой урон народному хозяйству, не говоря уже о пущенных на ветер средствах, потраченных на создание пакета программ.

Мои заместители избегали со мной встречаться, они обвиняли друг друга в провале дела, дулись друг на друга. В начале марта я убедился, что оздоровление деятельности института возможно, если я не ошибусь в выборе еще одного заместителя по научной части, тем более что есть сотрудники, которые, в случае необходимости, меня поддержат и будут работать с полной отдачей.

Самым неприятным был факт существования в институте финансовых нарушений и хищения материальных ценностей. Министерство финансов по моей просьбе прислало специальную ревизионную комиссию, созданную для проверки положения и выработки необходимых мероприятий для его исправления. Эта комиссия выявила в институте много нарушений. Самым острым (с точки зрения исправления) был существующий прорыв в фонде зарплаты, который ежегодно составлял 150 тысяч рублей. К этому добавилось и то, что Грузия в тот период вошла в зону прибавления зарплаты низкооплачиваемым сотрудникам. Это мероприятие должно было быть проведено без увеличения ранее утвержденного фонда, поэтому необходимо было уволить 85 сотрудников института и устроить их в другие учреждения с прибавлением зарплаты. К счастью, именно тогда открылся вычислительный центр при министерстве высшего и среднего специального образования Грузинской ССР, куда стало возможно перевести определенное количество сотрудников института.

Положение осложнялось тем, что мои заместители постоянно находились на бюллетене за счет страховой кассы. Поэтому я потребовал назначить мне еще одного заместителя по научной части. Мою просьбу удовлетворили и назначили на это место Д. Гордезиани. Как только Д. Гордезиани приступил к исполнению своих обязанностей, на работу немедленно явился мой заместитель Кордзадзе и потребовал, чтобы я сохранил за ним должность первого заместителя. В этом ему было отказано на том основании, что согласно статусу научного учреждения поста первого заместителя директора не существует.

Коллегия министерства высшего и среднего специального образования Грузии на основании акта вышеупомянутой ревизионной комиссии Минфина рассмотрела сложившееся в нашем институте финансовое положение, признало его разваленным и поручило мне срочно его исправить. Из моих заместителей на коллегии присутствовал только Д. Гордезиани. Кордзадзе и Лоладзе на коллегию не явились, опасаясь, что за этим последует снятие их с должностей с соответствующим взысканием. В свое оправдание они привели ту причину, что числились на бюллетене.

В середине марта 1979 года я вернулся в Москву на свою основную работу и вновь занялся научными исследованиями, коей возможности был лишен в Тбилиси. Дирекция Института математики им. В.А. Стеклова, начиная с этого времени, разрешила мне в 1979 году в течение полугода каждый второй месяц использовать для исполнения возложенных на меня в Тбилиси обязанностей.

В середине апреля 1979 года я снова оказался в Тбилиси. Кордзадзе возбудил против меня «дело» перед президентом Академии наук Грузинской ССР Е. Харадзе, ректором ТГУ Д. Чхиквишвили и супругой И. Векуа Тамарой. Он обвинял меня в том, что якобы я делал все для того, чтобы опорочить имя Векуа и развалить его институт. Первую атаку повела на меня Тамара. Сначала она пригласила меня к себе на квартиру, якобы чтобы попросить у меня совета, а затем потребовала, чтобы я восстановил Кордзадзе в должности первого заместителя. Мне кое-как удалось убедить ее в безосновательности этого требования.

Создавшейся в институте ситуацией заинтересовался центральный комитет КПСС. 11 апреля 1979 года к нам с официальным визитом пожаловал кандидат в члены политбюро ЦК КПСС первый секретарь ЦК КП Грузии товарищ Шеварднадзе. На трехчасовой встрече с ним присутствовали 40 представителей коллектива института (я, как директор, три моих заместителя и заведующие отделами). Среди гостей были ректор ТГУ Д. Чхиквишвили и академик-секретарь отделения математики и физики Академии наук Грузинской ССР В. Купрадзе.

Встреча началась моей часовой речью, в которой я сделал анализ сложившейся в институте обстановки и назвал задачи, которые стояли перед коллективом института. За этим последовали ответы — мои и представителей коллектива — на вопросы, заданные товарищем Шеварднадзе. Встреча закончилась часовой речью Шеварднадзе, которой все участники встречи остались весьма довольны. Заметно недоволен был только Купрадзе, в особенности из-за того, что

Шеварднадзе правильно разобрался в создавшейся в институте обстановке, заинтересовался его будущим и пообещал оказывать нам любую посильную помощь. Он счел необходимым, чтобы я обратился по этому поводу со специальным письмом в бюро ЦК КП Грузии.

Из Института прикладной математики Шеварднадзе отправился в старый корпус ТГУ, где должен был выступить с докладом. Среди участников актива находились десять сотрудников нашего института, в том числе и я. Как всегда, Шеварднадзе в своей речи рассматривал весьма важные вопросы. Он заострил внимание на проблемах, которые ставит жизнь перед высшими школами и научными учреждениями. Упомянул и о задачах, которые стоят перед Институтом прикладной математики им. И. Векуа. Подчеркнуто отметил, что очень интересной была его встреча час назад с коллективом этого института и, в частности, выступление товарища Бицадзе. При этих словах Купрадзе, сидевший в президиуме актива, побледнел и просто не знал, куда деться!

Я не удивился этому, поскольку знал, что Купрадзе считал Институт прикладной математики «незаконнорожденным ребенком» науки и вовсе не был заинтересован в его преуспевании. Более того, он готов был до основания развалить это научное учреждение, представься ему такая возможность.

После собрания актива Д. Чхиквишвили пригласил к наскоро накрытому столу с фруктами Э. Шеварднадзе, В. Купрадзе, секретаря парткома университета, проректоров и меня. Купрадзе завел разговор на политическую тему. В частности, он раскритиковал политику правительства в отношении Китайской народной республики. Он сказал:

— Товарищ Эдуард, мы должны проявлять осторожность. Дэн Сяопины не должны нас одолеть, — сказал он. Потом посмотрел на меня и спросил: — Товарищ Андро! По-моему, вы одно время работали в Китае, не правда ли?

— Да, уважаемый Виктор, в 1958 году я даже получил награду от правительства Китая за проведенную там мной работу, однако это вовсе не значит, что я китайский шпион, — с улыбкой, адресованной Купрадзе, ответил я.

Шеварднадзе никак не прореагировал на слова Купрадзе. Он как будто даже не расслышал их.

В середине мая проректор университета С. Джорбенадзе посетил наш институт. Разговор с ним происходил в моем кабинете. Неожиданно, без спросу, в кабинет ворвался мой заместитель Кордзадзе и уселся напротив Джорбенадзе. После небольшой паузы он обратился к гостю с такими словами:

— Уважаемый Серго! Почему вы меня так притесняете после смерти того человека?

— После смерти какого человека? — спросил Джорбенадзе.

— Какого? Я, конечно, имею в виду Векуа.

— И в чем выражается это притеснение с моей стороны, не объясните ли, уважаемый Резо?

— Да во всем! И не только меня, вы притесняете всех близких к И. Векуа людей, которые осмеливаются выразить протест против вашего безобразного поведения.

— Какое же безобразие я совершил?

— Какое? Вы же изъяли из фонда заработной платы института восемьдесят тысяч рублей. Более того, вы занимаетесь взяточничеством, и за это вас надо арестовать.

— Почему вы называете меня взяточником? Объясните, Резо! А что касается фонда заработной платы, то вам никто ничего не урезал. Союзный комитет по науке и технике не удовлетворил вашу просьбу о ликвидации прорыва в фонде заработной платы, вам просто пообещали, что помогут. Но, как видно, обещания не выполнили.

Я сначала терпеливо слушал разговор, но когда Кордзадзе обвинил гостя во взяточничестве, я, чтобы показать, что не согласен с заместителем, одернул Кордзадзе:

— Товарищ Резо! Как вы смеете позволить себе в моем присутствии называть проректора университета взяточником? Уж не думаете ли вы, что я разделяю ваше мнение?

— Вы нанесли мне оскорбление, товарищ директор. Этого я вам не прощу. Во-первых, вы сместили меня с поста первого заместителя директора, а теперь выгоняете из кабинета.

— Товарищ Резо! Сейчас вам и впрямь лучше покинуть этот кабинет и успокоиться. А когда у вас будет ко мне какое-нибудь дело, приходите снова. Я не просил вас вмешиваться в деловой разговор проректора.

После этих слов Кордзадзе вышел из моего кабинета, а мы с Джорбенадзе поспешили закончить беседу.

К концу рабочего дня заведующий отделом кадров А. Твалчрелидзе занес мне заявление Кордзадзе, в котором он просил освободить его от должности в институте. Я велел А. Твалчрелидзе отложить на две недели рассмотрение заявления Кордзадзе и, если за это время его автор не переменит своего решения и не заберет его обратно, то я освобожу его от занимаемой должности на основании заявления в присутствии представителей профкома и парторганизации. Через несколько дней ко мне в кабинет ворвался (в полном смысле этого слова) Джемал Векуа и категорически потребовал, чтобы я извинился перед Кордзадзе за нанесенное ему оскорбление и восстановил его в должности, иначе, по его словам, со мной расправятся его отец и В. Купрадзе.

— Джемал, немедленно покиньте кабинет и в будущем не смейте ко мне входить! — строгим тоном сказал ему я.

— Посмотрите-ка на него, что он себе позволяет! Вы думаете, вам так и сойдет с рук ваша наглость? Мы вас лишим и этой должности, и московской тоже, — гневно бросил мне Джемал Векуа, выходя из кабинета.

Именно в эти дни состоялось общее ежегодное собрание Академии наук Грузинской ССР. В разгоревшихся на собрании спорах принял участие и я, выступив с речью, в которой говорил о комплексных проблемах, имеющих большое значение в народном хозяйстве, в частности, подчеркнул роль прикладной математики и вычислительной техники при решении таких проблем. Мое выступление собрание выслушало с большим вниманием. Только на лицах В. Купрадзе, Н. Кецховели и Н. Ландиа читалось явное недовольство. Им, как видно, не понравилось мое выступление.

Немного позже в здании Тбилисского государственного театра оперы и балета состоялся День ученых в Грузии. Меня тоже пригласили в президиум и посадили рядом с Н. Кецховели.

— Послушай! Чего это ты там грозился сегодня с трибуны? — укоризненным тоном спросил меня Кецховели.

— А в чем выражались мои угрозы, уважаемый Нико?

— Ты еще толком не переехал на работу в Тбилиси, а уже начинаешь учить нас уму-разуму!

Я понял, что бесполезно его убеждать, он все равно не переменит мнения о моем выступлении, поэтому предпочел промолчать.

На другой день я вызвал в свой кабинет Кордзадзе для рассмотрения его заявления. Он не явился и через Твалчрелидзе передал мне, чтобы его немедленно освободили от занимаемой должности и вообще из института. Я был вынужден рассмотреть дело Кордзадзе в присутствии секретаря партбюро и председателя профкома и удовлетворить его заявление.

Купрадзе после этого встречался с Е. Харадзе, Д. Чхиквишвили и министром высшего и среднего специального образования Г. Джибладзе и требовал моего немедленного освобождения от должности, ввиду того, что я якобы преследую учеников Ильи Векуа и достойных продолжателей его дела и довел институт до порога уничтожения. Эта его жалоба, разумеется, осталась без последствий.

13 июля 1979 года бюро Центрального комитета компартии Грузии приняло весьма важное решение об оказании действенной помощи Институту прикладной математики им. И. Векуа для успешного решения важных задач, над которыми работают в этом научном учреждении. Среди прочих основных пунктов постановления предполагалось:

1. Увеличить фонд заработной платы института на 18 тысяч рублей.

2. Выделить 1 млн. рублей на приобретение вычислительной машины БСМ-6/7.

3. Построить 1 кооперативный жилой дом специально для сотрудников института.

4. Построить в Даба Коджори семинарно-научный комплекс для института в виде 24 финских домов и одного

капитального здания для проведения научных конференций и семинаров и отдыха семей сотрудников в летнее время.

Коллектив института с большой радостью встретил это решение. На чрезвычайном собрании, посвященном постановлению, выступавшие категорически потребовали немедленной выработки мероприятий по укреплению дисциплины сотрудников и интенсификации творческого труда и неуклонного проведения их в жизнь. В течение 1979 года я очень напряженно работал, стараясь как можно скорее завершить рукопись моей монографии «Некоторые классы дифференциальных уравнений в частных производных».

Уход из института Р. Кордзадзе не огорчил почти ни одного члена коллектива, за исключением Джемала, сына Н. Векуа. Он несколько раз поднимался ко мне в Цхнети, где я жил на квартире, считавшейся правительственной дачей, и делал все от него зависящее, чтобы вернуть Кордзадзе — как большого ученого, «не жалеющего сил» для дела и для меня — в институт на ту же должность. Следствием этого стало то, что я запретил ему являться ко мне, как к директору.

В то время особенно активно действовал Т. Гегелиа, который поносил Кордзадзе, считал правильным, что его убрали из института, и притом обещал мне всяческую помощь в административной работе. Несколько раз приходили ко мне Н. Векуа и В. Купрадзе, которые расхваливали Гегелиа и советовали мне назначить его своим заместителем. Этот ажиотаж вокруг Гегелия вскоре объяснился с его же помощью. Он без стеснения попросил меня поддержать его во время очередных выборов 1979 года в Академию наук Грузинской ССР на вакантное место действительного члена Академии по математике. Эту просьбу во время моего пребывания в Тбилиси он неустанно повторял каждый понедельник в моем кабинете, куда позволял себе входить, не спрашивая разрешения. Во время одного такого визита он прямо сказал мне:

— Уважаемый Андро! Из восьми действительных членов нашего отделения все дают мне голос, за исключением Р. Гамкрелидзе. Если и вы дадите мне свой голос, то я стану академиком и так поведу дела в нашем институте, что враги позавидуют.

— Тенгиз! Насколько мне известно, на ближайших выборах в нашей Академии предполагается одно вакантное место действительного члена по физике и одно по математике. Я считаю, что из математиков на это место должен быть избран ваш учитель, известный грузинский ученый Борис Хведелидзе.

— Уважаемый Борис не так уж предан вам, как старается показать. Он давно уже отошел от науки, и я не думаю, что с моральной точки зрения его кандидатура на место академика была бы приемлемой.

— Товарищ Тенгиз! Борис — настоящий ученый. Он с юности влюблен в математику, а в верности его я не нуждаюсь. Что же касается моральной стороны, то я не знаю, что вы подразумеваете под «моралью»!

— Уважаемый Андро! Разве вы забыли, как в 1951 году Хведелидзе пошел против своих учителей Нико Мусхелишвили и Ильи Векуа и примкнул к стану их врагов?

Эти слова Гегелиа повергли меня в шок, тем более что мой собеседник и сам действовал тогда заодно с врагами названных ученых.

После небольшой паузы он продолжил разговор, приводя все новые доводы в обоснование своей просьбы:

— А в случае, если откроют два места действительных членов по математике, могу я рассчитывать на ваш голос?

— Два места не откроют ни в коем случае.

— Откроют, если устроить так, что у меня с Борисом будет одинаковое число голосов. Это мне обещал Купрадзе.

— Не думаю, что это удастся устроить. У нас нет кандидатов для освоения двух вакантных мест академиков. На этот раз вы сами должны сделать все от вас зависящее, чтобы академиком был избран Хведелидзе, а на следующих выборах он в свою очередь примет все меры для вашего избрания. Разве вы забыли, как самоотверженно Борис Хведелидзе боролся в 1964 году за то, чтобы вам была присвоена докторская степень, а в 1974 году — за то, чтобы вы стали членом-корреспондентом Академии наук Грузинской ССР?

— Как вы можете такое говорить, уважаемый Андро! Разве я не был достоин степени или звания, которые мне были присвоены?

— Лично мне и тогда казалось преждевременным поддерживать вас, но именно по настойчивой просьбе Хведелидзе я сыграл роль, благодаря которой все решилось в вашу пользу.

— Этого я от вас не ожидал, — заключил Гегелиа и, недовольный, вышел из моего кабинета.

Начиная с этого момента, среди тбилисских математиков еще больше усилилось движение за избрание Гегелиа академиком. В особенности Н. Векуа и В. Купрадзе расхваливали его на всех перекрестках. Говорили, что эти два академика ведут борьбу за то, чтобы было выделено два места академиков. Составной частью предвыборной кампании Академии наук Грузинской ССР стали несколько неприятных фактов в жизни грузинских математиков.

Приспешники Гегелиа ловко сумели воспользоваться провалом защиты докторской диссертации А. Харазишвили, старшего научного сотрудника Института прикладной математики им. И. Векуа. Случилось так, что после выступления официальных оппонентов, давших высокую оценку труду Харазишвили, прения не состоялись, а в результате тайного голосования степень соискателю присуждена не была. Я не присутствовал на защите, но, как мне потом сообщили, после голосования перед ученым советом с речью выступил Купрадзе, который заявил, что причиной провала было враждебное отношение к диссертанту Б. Хведелидзе, Л. Жижиашвили, Ш. Пхакадзе, Ф. Харшиладзе и Г. Манджавидзе, и потребовал проведения повторного тайного голосования. И это противозаконное мероприятие было действительно проведено, но оно прошло не в пользу диссертанту.

После этого в тбилисских научных кругах пошли слухи, порочившие имена известных математиков. Купрадзе дошел до того, что в своем выступлении на комсомольской конференции Орджоникидзевского района назвал их врагами молодежи. (Наряду с Купрадзе на упомянутом заседании среди почетных делегатов должен был присутствовать и я, но по определенным причинам явиться не смог).

Свое выступление он повторил и на заседании ученого совета Тбилисского университета, добавив к списку уже опороченных им математиков Н. Берикашвили и О. Церетели. Он категорически потребовал снять Жижиашвили с поста председателя того докторского совета, на котором провалилась защита. Харазишвили. Под конец своего выступления — намеренно или нет — Купрадзе заявил, что на очередных академических выборах безобразное поведение названных ученых обязательно должно быть принято во внимание.

После выступления Купрадзе на районной комсомольской конференции я детально разобрался в деле Харазишвили и позволил себе на упомянутом заседании ученого совета сделать заявление по поводу выступления Купрадзе. Я сказал, что как директор научного учреждения, сотрудником которого является Харазишвили, основательно ознакомлюсь с его научным трудом и если уверюсь в пригодности его докторской диссертации, то через год (в соответствии с уставом аттестационной комиссии) при поддержке ученого совета нашего института дам ход упомянутой диссертации в соответствующем совете какого-нибудь другого научного центра нашей страны. Мое заявление несколько разрядило обстановку, сложившуюся на заседании.

После этого я убедился, что при пополнении Академии наук Грузинской ССР вновь нужно ждать каких-нибудь выпадов против некоторых названных кандидатов. Так оно вскоре и случилось.

Президента Академии наук Грузинской ССР Харадзе убедили в необходимости упразднить сектор теории вероятности и статистики, помещавшийся в Институте экономики и права. Сектором этим руководил один из возможных кандидатов в члены-корреспонденты Академии профессор Г. Маниа. Автором упомянутого предложения тоже оказался Купрадзе. Он вызвал меня в кабинет академика-секретаря отделения математики и физики и безапелляционно заявил:

370

— Товарищ Андро! Мы приняли решение, чтобы вы произвели проверку сектора теории вероятностей и статистики.

— Товарищ Виктор, кого вы имеете в виду, говоря «мы»?

— «Мы» — это президент академии, я, как академик-секретарь, и мой первый заместитель, академик Нико Векуа.

— Как же вы доверяете одному человеку проверку работы сектора, состоящего из шестидесяти человек? Для такого дела нужно создать комиссию, в состав которой должны войти известные специалисты данной отрасли.

— Вы вполне заслуживаете нашего доверия в этом деле, Андро, мы уверены, что вы выявите темные дела, которые творятся в упомянутом секторе и творились в течение ряда лет под руководством Г. Маниа.

— Выявление темных дел — дело следственных органов и прокуратуры, а не математика, товарищ Виктор!

— Да, товарищ Андро, мы верим, что вы сможете исполнить роль таких органов.

Я был вынужден принять задание Купрадзе. Мне понадобилось две недели, чтобы изучить деятельность упомянутого сектора, встретиться со всеми его сотрудниками, присутствовать на научных семинарах.

Деятельность сектора получила от меня высокую оценку, что я письменно удостоверил в документе, посланном мною на имя бюро отделения математики и физики. Купрадзе, ознакомившись с моим заключением, выразил недовольство и посоветовал забрать его назад. Я отказался и отослал копии составленного мною документа Е. Харадзе, председателю Совета министров Грузинской ССР З. Патаридзе и заведующему отделом науки и школ ЦК компартии республики Э. Сехниашвили. Я попросил Е. Харадзе, чтобы копию моего заключения переслали комиссии по теории вероятностей и статистике при отделении математики Академии наук СССР, председателем которой был академик И. Прохоров.

Харадзе ознакомил с моими соображениями Купрадзе. Последний на этот раз сам пожаловал в мой кабинет в Институте прикладной математики и с деланной улыбкой обратился ко мне:

— Не советую вам, товарищ Андро, предпринимать шаги, о которых мне сообщил президент нашей Академии.

— А почему не советуете?

— Потому что это может обернуться против вас самого.

— Что вы имеете в виду?

— А то, что, как выяснилось, вы являетесь другом Маниа. И эта дружба вас, безусловно, порочит.

— В этом человеке нет ничего такого, что может опорочить меня.

— Вот увидите, что будет с вами после этого. А Маниа никогда не быть членом-корреспондентом Академии наук Грузии. Есть у нас в Грузии кандидаты и получше его.

— Товарищ академик-секретарь! Если бы я знал, что вас так беспокоит это обстоятельство, то вы бы не получили моего согласия на проверку работы сектора Маниа, — так я закончил свою беседу с Купрадзе.

После этого меня вызвал Харадзе и ознакомил с планом проведения очередных выборов в Академию наук Грузии. Он сказал, что уже выделено по одному месту академика и по три места члена-корреспондента по математике и физике. Единогласно решено выдвинуть на место академика Т. Гегелиа, а на место члена-корреспондента Н. Ваханиа, Т. Бурчуладзе и Д. Баладзе. Я был категорически против избрания всех названных кандидатов. По математике единственным приемлемым кандидатом в академики я считал Б. Хведелидзе. «Я не ожидал, что разговор у нас пойдет в таком тоне», — сказал мне Е. Харадзе, и наша встреча в тот раз на этом и закончилась.

Теперь я убедился, что Купрадзе успел принять особые меры для избрания Гегелиа академиком, Бурчуладзе членом-корреспондентом и для того, чтобы опорочить Хведелидзе, Жижиашвили, Манджавидзе, Маниа, Берикашвили, Пхакадзе, Церетели и Харшиладзе.

В середине ноября ко мне в Институт прикладной математики пришел Нико Векуа и сказал: «Если Вы действительно заинтересованы в избрании Хведелидзе академиком, тогда во время тайного голосования не давайте голос Гвердцители, так же поступим я, Купрадзе, Тавхелидзе и, наверное, Харадзе. Тогда место по физике будет снято и одинаковым количеством голосов академиками будут избраны Т. Гегелиа и Б. Хведелидзе, а второе место по математике президиум выделит нам легко.

Это предложение Н. Векуа вызвало во мне негодование, потому что Гвердцители я хорошо знал с юности, как ученого и человека, и я никогда не сделал бы ничего, что пошло бы ему во вред. Под влиянием Купрадзе и Н. Векуа решить судьбу сектора Маниа Харадзе поручил Гвердцители, как исполняющему обязанности главного академика-секретаря Академии наук Грузинской ССР. При этом он посоветовал ему подумать над тем, не будет ли лучше перенести этот сектор в Институт прикладной математики им. И. Векуа.

Если бы я повел дело таким образом, я бы оказал дурную услугу Гвердцители, тогда бы все уверились в неправильности моего вышеупомянутого заключения, каждый бы подумал, если бы дело в секторе было поставлено хорошо, почему бы я отказался перенести его в Институт прикладной математики? А если бы Гвердцители все-таки навязал мне то, что ему посоветовал Харадзе, то это, без сомнения, обострило бы отношения между нами, а именно этого и добивались Купрадзе и Векуа.

После того, как мы встретились по этому поводу с Гвердцители, я обратился со специальным письмом к заведующему отделом науки и школ ЦК компартии Грузии Э. Сехниашвили, в котором объяснял целесообразность переноса сектора теории вероятностей и статистики в Институт математики им. А. Размадзе. Товарищ Сехниашвили вмешался в это дело, счел неправильным перенос упомянутого сектора в Институт прикладной математики и на некоторое время отложил решение вопроса.

С середины ноября до второй половины декабря я находился на своей основной работе в Москве. Меня очень опечалила тяжелая болезнь М. Лаврентьева. Врачи уже почти потеряли надежду на его спасение.

25 декабря в связи с выборами в Академию наук Грузинской ССР я прилетел в Тбилиси. В аэропорту меня встречал Хведелидзе, который с обидой в голосе сказал мне,

что по мнению Векуа, я против его избрания действительным членом Академии, однако он, мол, все же попробует убедить меня дать ему голос. Услышав это, я немедленно поехал на квартиру Векуа и потребовал объяснений.

— Андро! Избрать Хведелидзе и Маниа на этот раз не получится, однако нам с тобой не стоит надевать траур по этому поводу. Дадим голоса обоим, но я очень прошу тебя дать голос Гегелиа и Бурчуладзе, а Гвердцители не давать.

— Нико! Что ты говоришь? Неужели тебе не совестно? Ты уверил Бориса, что я против его избрания, а на самом деле ты дезориентируешь и меня, и Бориса.

— При чем тут дезориентация! Разве тебе неизвестно, что Хведелидзе враг и уважаемого Нико, и уважаемого Ильи? Знай, что он также мой и твой враг. А Гегелиа всегда нас поддерживает.

— Кто на самом деле враг Нико Мусхелишвили и Ильи Векуа, мне хорошо известно. Не возводи поклепа на Бориса, не то в будущем с тебя за все спросится, товарищ Нико Векуа!

— Андро! Ты и тому не веришь, что Гвердцители враг тебе и Маниа?

— Нико! Советую тебе никогда больше не повторять этих слов, не то я завтра же сообщу в секретариат центрального комитета, какими махинациями занимаетесь вы с Купрадзе на этих выборах.

Услышав это, Нико Векуа вздрогнул.

— Андро! Ты ли это говоришь? Неужели ты забыл, что мы с тобой — неразлучные друзья? — положив руку мне на плечо, сказал он и окликнул свою супругу: — Кето, Кето! А ну-ка, поворачивайся, приготовь-ка нам с Андро хороший ужин, а то мы очень погорячились!

Я холодно отказался от ужина. Это как будто изумило его:

— Пренебрегаешь моим хлебом-солью? Этого я от тебя не ожидал!

— Ужин такого друга, каким являетесь для меня вы, товарищ Нико, не пойдет мне на пользу, — сказал я в ответ и, не попрощавшись, вышел из квартиры.

Выборы академиков и членов-корреспондентов 1979 года в отделении математики и физики Академии наук Грузинской

ССР проходили в сложной и трудной обстановке. Случилось так, что оказались нарушенными даже некоторые статьи устава Академии. Купрадзе настаивал, чтобы сначала были проведены выборы в члены-корреспонденты, а потом уже в академики, и сумел настоять на своем. На три места членов-корреспондентов по математике экспертная комиссия рекомендовала шестерых кандидатов, в том числе Н. Ваханиа, Г. Бурчуладзе и Д. Баладзе единогласно. На мой вопрос, кто из членов экспертной комиссии может назвать хоть один научный результат, полученный Н. Ваханиа и Д. Баладзе, ответа я не получил.

Наверное, в результате этого после тайного голосования большинством голосов на три вакантных места членов-корреспондентов отделения математики и физики Академии наук Грузинской ССР по математике оказались избранными Н. Берикашвили, И. Кигурадзе и Г. Харатишвили. Проходное количество голосов набрали Т. Бурчуладзе, Г. Маниа и О. Церетели, но за отсутствием мест они не считались избранными. После этого началась характеристика кандидатур по математике для занятия одного вакантного места академика. Купрадзе и Векуа дали научной деятельности Т. Гегелиа прекрасную характеристику и призвали всех академиков отделения дать ему голос.

О Хведелидзе и Жижиашвили никто не сказал ни слова. Молчание нарушил я. Взяв слово, я коротко, но вполне убедительно пояснил, каким достойным кандидатом в академики является Борис Хведелидзе. В результате тайного голосования Гегелиа, Жижиашвили и Хведелидзе из восьми голосов получили каждый по шесть, но поскольку было открыто только одно вакантное место академика по математике, ни один из них не был признан избранным. Необходимо было провести второй тур.

В прениях перед вторым туром Купрадзе почти сравнял с землей научную деятельность Хведелидзе. Он счел его кандидатуру на вакантное место действительного члена Академии полностью несоответствующей, и при этом — для возвеличивания Гегелиа как ученого — зачитал присланные в его поддержку документы из трех военных организаций и от члена-корреспондента Академии наук СССР А. Илюшина.

Купрадзе пожелал, чтобы я подтвердил достоинства того самого пакета программ, которые создавались на протяжении ряда лет под непосредственным руководством Т. Гегелиа в Институте прикладной математики им. И. Векуа. Я был вынужден в академической форме сформулировать свои критические замечания о научной деятельности Гегелиа и, в частности, о том пакете программ, о котором упоминал Купрадзе в своем выступлении. О Хведелидзе же я сказал, что он является математиком международного масштаба и давно заслуживает звания действительного члена Академии наук Грузинской ССР. После меня с речью в пользу Гегелиа выступил Н. Векуа. После проведения второго тура Гегелиа и Хведелидзе потеряли по два голоса, а Жижиашвили — четыре.

Перед третьим туром Купрадзе объявил Хведелидзе политически ненадежным лицом. Он напомнил собранию отделения то обстоятельство, что в 1952-1954 годах Хведелидзе с семьей был выселен в Среднюю Азию. Он заявил, что тот не только звания академика, но и даже того, чтобы с ним здоровались, не заслуживает. Я счел это выступление Купрадзе бестактностью и призвал действительных членов отделения в третьем туре быть более объективными. В последнем туре голосовали только за Хведелидзе и Гегелиа, но положительного результата не дал и этот тур.

Купрадзе воспользовался своим правом академика-секретаря отделения и после третьего тура обругал меня нецензурными словами, после чего посмотрел на всех, кроме меня, с улыбкой, как будто был доволен создавшимся положением.

Выборы физиков завершились в первом же туре. Гвердцители из восьми голосов действительных членов получил семь. Это произошло, наверное, потому, что неосвоение вакантного места академика по математике сделало ненужным проваливать кандидатуру Гвердцители. Возможно, подействовала и высказанная мною угроза в адрес Н. Векуа у него на квартире.

22 декабря, за несколько часов до начала общего собрания, по инициативе Купрадзе произошло еще одно нарушение устава Академии. Не согласовав свои действия с

общим собранием отделения математики и физики, он обратился в президиум Академии с просьбой вместо неосвоенного места академика считать открытыми по одному месту члена-корреспондента по математике и физике. И предложил избрать на эти места Т. Бурчуладзе (по математике) и Дж. Ломинадзе (по физике), которые получил проходное количество голосов. Однако все места по физике уже были заполнены учеными, получившими большее число голосов. К сожалению, президиум согласился на его предложение, что вызвало большие раздоры среди членов отделения.

Несмотря на это, ни один из нас (из отделения математики и физики) не выразил протест против такого грубого нарушения устава на общем собрании Академии. Купрадзе не скрывал своего удовлетворения тем, что в таких объективно нелегких условиях он, правда, противозаконно, но все же сумел добиться для одного из своих учеников — Бурчуладзе — звания члена-корреспондента.

Проведенные выборы произвели на меня весьма дурное впечатление. Я окончательно убедился в том, каким донкихотством является моя деятельность в Тбилиси, и надеялся, что в 1980 году мне не дадут разрешения работать по совместительству — тогда никто не сможет упрекнуть меня в том, что я сбежал от трудностей.

31 декабря 1979 года я поездом вернулся в Москву. Жена встретила меня новостью, что президиум Академии наук СССР еще на один год продлил мне право работать по совместительству в Тбилиси. Соответствующее решение было подписано вице-президентом Академии академиком Е. Велиховым и направлено в соответствующие директивные органы в Тбилиси.

Глава XIV

Главная причина обострения отношений между людьми — во всех сферах нашей жизни и на всех уровнях — наличие в команде людей, которые с целью возвеличивания собственной персоны идут на все, чтобы отодвинуть на второй план других, особенно — ведущих членов команды, обесценивания в глазах других их имена и плоды их труда или даже присваивая их себе. Угодничеством, лестью и лицемерием они сближаются с руководителями или с влиятельными вышестоящими органами, заручаются подчас их незаконной поддержкой, создают блоки и становятся всемогущими.

Все это, естественно, влечет за собой падение трудоспособности всей группы и ухудшение качества выпускаемой продукции. Такая ситуация сложилась, в частности, в коллективах математических учреждений нашей страны. Особенно после того, как этот мир покинули такие большие ученые, как С. Бернштейн, И. Линник, Н. Мусхелишвили, М. Келдыш и И. Векуа или по возрасту и состоянию здоровья отошли от науки такие ученые, как И. Виноградов, М. Лаврентьев, В. Глушков и др.

Не избежали этой участи и такие известные во всем мире научные учреждения, как Институт математики им. В.А. Стеклова Академии наук СССР. Его директор, великий математик нашего времени И. Виноградов, даже не заметил, как оказался под влиянием Л. Понтрягина, В. Владимирова, А. Гончара, Е. Мищенко, Д. Фаддеева, С. Яблонского.

Эти последние уже давно находятся в окружении людей, чьи научная ценность и моральные качества оставляют желать много лучшего. Они перешли в прямое наступление против молодых талантливых математиков, в особенности после того, как в их руках оказались экспертный совет высшей аттестационной комиссии по математике (под председательством В. Владимирова), математическая секция

379

издательского совета (под председательством Л. Понтрягина) и механико-математический факультет Московского государственного университета им. М.В. Ломоносова (декан А. Кострыкин).

Дальнейшему усилению их влияния противодействовала группа, состоявшая из А. Дородницына, А. Тихонова, А. Самарского и Е. Глушкова, которой сочувствовали М. Лаврентьев, С. Никольский, И. Прохоров, К. Марджанишвили и А. Погорелов. Несмотря на это, в 1976 и 1979 годах результатом проведенных в Академии наук СССР выборов стало быстрое засорение и нарушение существовавшего равновесия в математическом отделении.

В административном совете Института им. В.А. Стеклова вокруг Понтрягина и Владимирова сконцентрировались следующие искатели карьеры: Гончар, Мищенко, Михальский, Розанов, Адиани, Гущин и Яблонский, которые достигли уже господствующего положения, вынуждая совет направлять работу в свою пользу. Они старались распространить свое влияние и на расположенные на периферии математические учреждения. Делали все для того, чтобы создать препятствия Дж. Гвазава, В. Гаврилову, Е. Моисееву, Д. Гордезиани, С. Пономареву, В. Романко, А. Солдатову, Р. Дудучава, И. Лифанову при защите докторских диссертаций и их утверждении высшей аттестационной комиссией. Эти молодые математики были связаны с С. Самарским, В. Ильиным, А. Дезиным, Б. Хведелидзе и со мной. Вышеупомянутый блок математиков считал их своими потенциальными противниками. Отрадно, что на этот раз справедливость восторжествовала, а зло было повержено. Все названные математики сегодня уже являются докторами физико-математических наук.

Ранней весной 1980 года общее заседание отделения математики и физики Академии наук Грузинской ССР рассмотрело вопрос о присуждении премии им. А. Размадзе. В конкурсе участвовали с одной стороны Р. Гамкрелидзе, а с другой — В. Челидзе (посмертно) и А. Джваршеишвили.

Купрадзе, Векуа и Гегелиа прилагали все усилия, чтобы эта премия не досталась Гамкрелидзе. Несмотря на это, после выступлений Бориса Хведелидзе и моего, во втором туре лауреатом упомянутой премии стал Гамкрелидзе. Это вывело из себя Купрадзе и его сторонников. В конце заседания отделения он в своей заключительной речи нанес личное оскорбление как лауреату, так и Хведелидзе. Об этом я был вынужден сообщить президиуму Академии наук Грузинской ССР. Президиум, разумеется, не одобрил безобразную выходку Купрадзе, что вызвало еще большее раздражение его сторонников. Гегелиа в знак протеста подал на мое имя заявление об увольнении из Института прикладной математики им. И. Векуа. Через две недели это заявление было удовлетворено.

Гегелиа, по совету Купрадзе и Н. Векуа, подговорил сотрудников своего бывшего отдела поставить перед вышестоящими органами вопрос о том, чтобы я перед ним извинился и восстановил его на прежней должности заведующего отделом, а в противном случае потребовать перевести их с фондом зарплаты в Тбилисский институт математики им. А. Размадзе.

На эту провокацию поддались 12 из 25 сотрудников упомянутого отдела. Вскоре я действительно перевел их с фондом зарплаты в Институт им. А. Размадзе на работу в отдел, спешно открытый по инициативе Купрадзе и Векуа для Гегелиа.

Это мероприятие значительно очистило Институт прикладной математики им. И. Векуа от бездельников и мошенников. В конце июня 1980 года меня срочно вызвали в Москву. По указанию особой финансовой комиссии группа некой Фрумкиной провела ревизию финансового положения в Институте математики им. В.А. Стеклова. Особое внимание Фрумкина обратила на то обстоятельство, что в первой половине 1980 года я по совместительству продолжил работу в Тбилиси, а разрешение на это в отделе кадров Института им. В.А. Стеклова отсутствовало.

Такое разрешение, как я уже говорил выше, существовало в Академии наук СССР и в ЦК компартии Грузии. Разумеется, Купрадзе мог не знать о существовании разрешения, поэтому он, как академик-секретарь Академии наук, по телефону сигнализировал в особую финансовую комиссию в Москве, чтобы она проверила, по какому праву я нарушаю известный закон о запрещении работы по совместительству и, если не окажется оправдывающего меня мотива, примерно наказала меня за это. Фрумкина действовала именно с этой целью. Составленное ею против меня заключение имело силу только при условии, что его подпишет президент Академии наук СССР или один из вице-президентов.

Упомянутое заключение Фрумкина занесла на подпись в кабинет вице-президента Е. Велихова. Последний вспомнил, что разрешение на мою работу по совместительству в 1980 году он сам лично подписал в конце 1979 года и, вытребовав этот документ из управления кадров, показал его Фрумкиной, при этом посоветовал ей порвать свое заключение и бросить его в мусорный ящик.

Именно по поводу этого возбужденного Купрадзе дела меня вызвали в чрезвычайную финансовую комиссию в Москве. Комиссия разобралась во всем, а Фрумкину примерно наказала. Ей пришлось рассказать о Купрадзе, который фактически оказался в роли указчика дороги, чтобы возвести на меня обвинение.

Поражение еще больше настроило В. Купрадзе и Н. Векуа против меня. Они делали все для того, чтобы опорочить меня перед руководителями Грузии, они потребовали признать незаконным то обстоятельство, что все годы работы в Тбилиси я проживал на даче Совета министров в Цхнети. К моей радости, это положение узаконило управление делами Совета министров. Купрадзе уже просто не знал, чем бы мне еще навредить. Ему оставалось только одно — воспользоваться своими прежними отношениями с И. Виноградовым и вынудить его запретить мне работать в Тбилиси по совместительству. Однако уговорить Виноградова он не смог.

15 октября 1980 года математическая наука понесла тяжелую утрату — на восьмидесятом году скончался большой ученый нашего времени и выдающийся организатор науки М.А. Лаврентьев.

Михаил Алексеевич Лаврентьев был одним из величайших ученых XX века. Его творческая деятельность началась в начала 20-х годов. Его отец Алексей Лаврентьевич

Лаврентьев до октябрьской революции был профессором Казанского университета в области механики. Алексей Лаврентьевич был внебрачным сыном отца, принадлежавшего к одной из самых славных фамилий России, который не смог признать его своим законным наследником. Однако мать его, несмотря на свое мещанское происхождение, сумела не только дать сыну высшее образование, но и послать его для продолжения учебы за границу, благодаря чему он стал знаменитым ученым.

Фамилия Лаврентьев происходит от имени его отца, так что ничего общего с весьма распространенной фамилией Лаврентьев он не имел. Семья Алексея Лаврентьева, состоявшая из трех человек, находилась в тесных дружеских отношениях с семьей известного математика Н. Лузина. Эти две семьи во времена детства Михаила Лаврентьева обычно проводили лето на известных европейских курортах. Тот факт, что Михаил Лаврентьев с юных лет увлекался математикой, безусловно, объясняется влиянием отца и Н. Лузина.

В 1919 году Алексей Лаврентьев с семьей перебрался из Казани в Москву, где при поддержке Н. Лузина и Д. Егорова стал заведующим кафедрой механики в Московском университете, а его сын Михаил был переведен с отделения математики природоведческого факультета Казанского университета на второй курс физико-математического факультета Московского университета. Здесь Михаил Лаврентьев скоро оказался в кружке тех молодых математиков, которые сконцентрировались вокруг Н. Лузина и Д. Егорова.

Предметом его научных стремлений сначала были теория множеств и топология. Со второй половины 20-х годов лидером упомянутого кружка стал Н. Лузин, а его учениками наряду с М. Лаврентьевым были П. Урисон, П. Александров, В. Степанов, Д. Меньшов, А. Колмогоров, Н. Бари, В. Немыцкий, Л. Келдыш, А. Хинчин, А. Тихонов и т.д. Эта группа русских математиков была в то время известна под именем «Лузитания», а позже стала называться Московской математической школой.

В конце 20-х годов Михаил Лаврентьев, будучи уже автором нескольких научных трудов, находился в Париже в длительной научной командировке. Там была напечатана его первая монография «Об уникальных функциях», там же он познакомился и сблизился со своей будущей женой Верой Евгеньевной, от которой впоследствии имел сына Михаила и дочь Веру.

С начала 30-х годов Лаврентьев — уже профессор Московского университета и одновременно занимается руководящей научной деятельностью в ЦАГИ вместе с С. Чаплыгиным. С этого времени он сам становится во главе группы молодых ученых, среди которых своим ярким талантом больше всех выделялся М. Келдыш.

В 1936 — 1937 годах Лаврентьев работает в Грузии, читает лекции в Кутаисском педагогическом институте, а живет на квартире в Гелати. Именно в Гелати он закончил свое уникальное исследование о струйном потоке газа. В это время завязываются его деловые и дружеские отношения с Н. Мусхелишвили.

Во время проведения в 1939 году выборов в Академию наук СССР на два вакантных места академиков среди участвовавших в конкурсе кандидатов сильнейшим по справедливости был признан Лаврентьев, однако среди избранных оказались А. Колмогоров и С. Соболев. Помешало то обстоятельство, что они, в отличие от Лаврентьева, в 1937 году не просто восстали против Лузина, но были ярыми противниками так называемой «лузинщины». Зато в 1939 году Лаврентьев был избран действительным членом Академии наук Украинской ССР и вице-президентом этой же Академии, а также директором Института математики, вследствие чего с семьей переехал на постоянную работу в Киев. И. Виноградов сохранил за ним должность заведующего отделом теории функций Института математики им. Стеклова.

В феврале и марте 1941 года Лаврентьев находился в Тбилиси в научной командировке, где принял участие в работе научной сессии, посвященной открытию Академии наук Грузинской ССР. Его доклады произвели на молодых тбилисских математиков большое впечатление. Именно тогда и произошла моя первая встреча с Лаврентьевым. В период Великой отечественной войны Лаврентьев много сделал в деле снабжения Красной армии современным боевым оружием. В частности, с его именем связано создание т.н. кумулятивных снарядов, имевших неоценимое значение для уничтожения броневой техники. В 1946 году он единогласно был избран действительным членом Академии наук СССР по математике, а с осени 1949 года его перевели из Киева в Москву — сначала директором Института точной механики и вычислительной техники, а затем академиком-секретарем отделения математики и физики Академии наук СССР.

Неоценима его роль и в создании советских электронно-вычислительных машин. Как уже отмечалось выше, с марта 1957 года Лаврентьев возглавил инициативную группу, которая занималась созданием «большой науки» на востоке страны.

Под его непосредственным руководством был учрежден известный сейчас во всем мире научный центр «Сибирское отделение Академии наук СССР», председателем которого он был до 1975 года, занимая в то же время пост вице-президента Академии наук СССР. Большой ученый, великий организатор науки, покровитель талантливых молодых ученых — таким вошел в историю науки М. Лаврентьев.

А. Аганбегян, А. Александров, С. Буляев, Д. Буляев, Г. Будкер, Л. Канторович, Г. Марчук, Н. Скринский — все они в долгу перед ним за то, что он помог им сделать карьеру. Многие из них не оценили этого, пошли против него и способствовали его отставке с того последнего высокого поста, о котором говорилось выше.

Сложившаяся обстановка полностью изменила этого великодушного человека, он потерял прежнюю живость и неиссякаемый интерес к своему делу, стремление к новому. С 1975 года до конца своей жизни Лаврентьев не покидал Москвы. Лишенный активной научной деятельности, он быстро терял силы и скоро ушел из этого мира. Его кончина стала огромной потерей для ученых всего мира.

После кремации на поминальном ужине, устроенном Академией наук СССР, в произнесенной по просьбе Александрова речи я правдиво охарактеризовал великую жизнь Лаврентьева, который не щадил себя ради науки и благородного дела прогресса всего человечества. Под конец речи ко мне подошла Вера Евгеньевна и, обняв по-матерински, трогательно поблагодарила.

Еще в сентябре 1979 года я обратился со специальным письмом в президиум Академии наук Грузинской ССР, в котором обосновывал целесообразность проведения в Тбилиси международного симпозиума, посвященного 90-летию со дня рождения Н. Мусхелишвили. Название симпозиума «Комплексный анализ и его применение в математической физике» и основной состав организационного комитета были согласованы с бюро отделения математики Академии наук СССР и с секретарем международной ассоциации математиков Ж. Лионсом.

Во время рассмотрения моего письма на заседании президиума Академии наук Грузии в декабре 1979 года Купрадзе и Н. Векуа не только не поддержали моего предложения, но Купрадзе даже позволил себе заявить — не пора ли, мол, уже покончить с возвеличиванием Н. Мусхелишвили? Будучи уверенным, что мое предложение не встретит положительного отклика в научных кругах Грузии, я в конце 1980 года был вынужден обратиться с письмом к Э. Шеварднадзе, в котором просил отметить на высоком уровне 90-летний юбилей Мусхелишвили.

По указанию ЦК компартии Грузии 16 февраля 1981 года эта дата была отмечена в торжественной обстановке в здании тбилисского театра оперы и балета. В президиуме заседания сидели члены бюро ЦК во главе с товарищем Шеварднадзе и известные московские и тбилисские ученые. Доклад о жизни и деятельности Н. Мусхелишвили сделал Е. Харадзе. С воспоминаниями выступили В. Котельников, С. Никольский, А. Илюшин, Г. Джибладзе, С. Дурмишидзе и Г. Манджавидзе. Небольшую речь сказал и я.

Купрадзе и Н. Векуа на заседании не присутствовали. Странна природа некоторых людей! Нет другого такого ученого, кроме Н. Векуа, который был бы так обязан своей карьерой Мусхелишвили и который делал все, чтобы предать забвению заслуги этого великого человека.

Глава XV

Только недалекий человек не проявляет интереса к заслугам своих предшественников. Бездарные потомки постоянно вступали в борьбу с гением Руставели, чье творение вот уже почти восемьсот лет является неиссякаемым источником духовной культуры и надежным столпом грузинского народа, а в нашем веке стало собственностью мировой культуры. Герои «Витязя в тигровой шкуре» — рыцарь и его суженая сегодня являют всему человечеству пример мудрости, любви, дружбы и верности несравненной грузинской действительности.

Конечно, неспециалисту трудно оценить по достоинству успехи, достигнутые в ряде отраслей науки. Одной из таких отраслей как раз и является математика. Она — плод исторического процесса производственной деятельности человека, развивается вместе с обществом и всегда служит обществу. Большое научное открытие или важное техническое изобретение невозможно представить без математики. Уровень развития математической науки является в то же время своеобразным показателем общей культуры государства, его экономической, политической и военной мощи. Поэтому математика относится к группе основных школьных дисциплин. В высшей школе она также играет ведущую роль в деле подготовки специалистов не только математических, но и природоведческих, технических, экономических и некоторых гуманитарных отраслей.

Мы, к сожалению, не имеем полного представления о математике древнего Египта, Индии и Китая, зато история хорошо сохранила для нас имена великих ученых античной эпохи — Талеса, Пифагора, Архимеда, Евклида, Диофанта и других, их математические открытия и сочинения. В сокровищницу математической науки значительный вклад внесли математики периода культурного подъема после арабского движения и периода Возрождения (эпохи

Ренессанса) — Аль-Бируни, Аль-Хорезми, Омар Хайям, Леонардо да Винчи, Тарталья, Кардано.

Известно, что заря капиталистической экономической формации характеризуется резким подъемом науки и техники. Если раньше ареал математических исследований охватывал постоянные величины — числа (арифметика), элементарные фигуры (планиметрия и стереометрия) и простые уравнения (алгебра), то в XVII — XIX веках в центре внимания математиков оказались переменные величины — функции и операции над ними совершенно новой природы. На основании гениальных исследований Декарта, Ньютона, Лейбница, Эйлера, Коши, Гаусса и многих других европейских математиков того времени создавалась т.н. высшая математика, в которую входили аналитическая геометрия, дифференциальное и интегральное исчисление, дифференциальная геометрия, вариационное исчисление и элементы теории дифференциальных уравнений. Это обстоятельство обусловило большие открытия XIX века в области алгебры и геометрии, которые связаны с именами Абеля, Галуа, Лобачевского, Римана, Бойяи и Гаусса.

До конца XIX века число математических теорий, идей и методов не было еще настолько большим, чтобы обладавший сильным интеллектом математик не мог охватить почти всех существовавших тогда отраслей математики. С начала XX века положение резко изменилось. Усиление роли математики в физике, механике и технических отраслях повлекло за собой быстрый прогресс математической науки, возникновение новых математических отраслей и значительный рост числа математиков. В математике, так же как во многих других отраслях культуры, материальное обеспечение творческой деятельности перешло от меценатской формы в общественную, государственную.

В научных центрах технически передовых стран собирались математики, работавшие в определенном направлении, преследуя одну и ту же научную идею. Некоторым таким объединениям математиков за их большие научные заслуги мировая научная мысль присвоила название математической научной школы. Понятно, что представители одной и той же научной школы территориально вовсе необязательно должны были работать поблизости друг от друга.

Неувядаемой славой покрыли свои имена в истории математики французская математическая школа — теория функции действительной переменной и теория множеств; гёттингенская математическая школа — математический анализ (Гёттинген — город на территории западной Германии); петербургская математическая школа — теория чисел, теория вероятностей и аналитическая теория устойчивости движения; московская математическая школа — теория функций действительной переменной и теория множеств. Упомянутые школы вошли в историю математики под именем научных школ их основоположников — великих математиков Лебега, Гильберта, Чебышева и Лузина.

Грузинский народ принадлежит к числу тех народов мира, который не только сохранил свое физическое существование, но и внес определенный вклад в мировую культуру. Об этом с непреложностью свидетельствуют развалины крепостей, высеченных в скалах и горах на исторической территории Грузии, например, Мцхетский Джвари. Незыблемость и красота Светицховели, Гелати, Аллаверды, Никорцминда и других грузинских храмов, многие замечательные памятники грузинской духовной культуры. Без сомнения, все эти творения требовали от своих авторов определенных знаний математики, соответствовавших той эпохе. К сожалению, история не сохранила имен грузинских математиков древности, не встречаются они и в истории более поздних веков.

В деле подготовки высококвалифицированных математических кадров особая заслуга принадлежит первому грузинскому высшему учебному заведению — Тбилисскому государственному университету. По математическим дисциплинам (факультет естествознания) там с самого начала на высоком уровне читали лекции талантливейшие математики, получившие образование в ведущих мировых учебных и научных центрах, имевших прекрасные традиции, и там же получившие научную закалку: Андриа Размадзе, Нико Мусхелишвили, Георгий Николадзе и Арчил Харадзе. Они же

389

создали оригинальные учебники по математическому анализу, аналитической геометрии, теоретической механике, дифференциальным уравнениям и алгебре, которые и сегодня не потеряли своего значения.

Безвременная кончина Андриа Размадзе и Георгия Николадзе стала невосполнимой потерей для грузинского научного общества, особенно для грузинской математики. В этой тяжелой обстановке неоценимая роль принадлежит Нико Мусхелишвили. Он возглавил дело математического образования и научных исследований по математике в Грузии. Еще в начале 20-х годов, тогда еще совсем молодой, Нико Мусхелишвили был уже известным ученым. Изданная в 1922 году на французском языке его первая монография «Применение интегралов типа Коши в математической физике» заслужила высокую оценку специалистов как в нашей стране, так и за ее пределами.

Уже давно люди обратили внимание на замечательное свойство твердых тел — их эластичность, или упругость. Хорошее знание именно этого свойства лежит в основе инженерных работ всех видов, в которых применяются твердые тела. Именно поэтому учение об упругости тел — теория упругости — считается одной из главных отраслей прикладной математики. Решение многих интересных задач этой теории оказалось связанным с большими математическими трудностями. Первые свои научные труды Нико Мусхелишвили посвятил именно математической теории упругости. Работая в этом направлении, он вместе со своим учителем Гурием Колосовым вывел весьма важные формулы, которые и сегодня известны под именем формул Колосова-Мусхелишвили. Особенно перспективными оказались созданные Нико Мусхелишвили основные методы двумерных задач теории упругости.

В предисловии изданной впервые в 1933 году второй монографии Нико Мусхелишвили «Некоторые задачи математической теории упругости» крупный специалист в области прикладной математики кораблестроитель Алексей Крылов дал научным результатам автора вполне заслуженную высокую оценку. В 1941 году 2-е издание этой книги удостоилось Государственной премии СССР первой степени, а сегодня существует уже семь переизданий этой книги (в том числе три — на иностранных языках).

В конце 20-х годов многих молодых советских и зарубежных ученых увлекли научные идеи Нико Мусхелишвили по теории упругости. Вскоре они стали его учениками или последователями и успешно включились в работу. За этим последовало учреждение во второй половине 30-х годов научной школы по математической теории упругости, которую возглавил Нико Мусхелишвили. Среди активных деятелей этой школы можно назвать Георгия Бухаринова (Ленинград), Алексея Горгидзе (Тбилиси), Сурабаи Гхоши (Индия), Илью Векуа (Тбилиси), Соломона Михлина (Ленинград), Гарри Порицки (США), Амбросия Рухадзе (Тбилиси), Гурия Савина (Киев), Ивана Сокольникова (США), Армана Стивенсона (Англия), Давида Шермана (Москва).

В конце 30-х к научной деятельности Нико Мусхелишвили примкнул прекрасный представитель тогдашней плеяды молодых грузинских математиков Илья Векуа. Это, естественно, способствовало расширению и углублению тематики исследований научной школы Мусхелишвили в таких областях как краевые задачи теории аналитических функций комплексной переменной, теория одномерных сингулярных интегральных уравнений, теория дифференциальных уравнений в частных производных эллиптического типа, теория обобщенных аналитических функций и актуальные проблемы теории оболочек.

С осени 1940 года в Тбилисском институте математики под руководством Нико Мусхелишвили начал работать еженедельный научный семинар. Если на заседаниях этого семинара в течение первого года с научными докладами о полученных ими результатах выступали в основном Нико Мусхелишвили и Илья Векуа, то, начиная с осени 1941 года, уже неоднократно слушались научные доклады Николоза Векуа, Вахтанга Жгенти, Давида Квеселава, Левана Магнарадзе, Иотама Карцивадзе, Давида Харазова, Бориса Хведелидзе и автора этих записок. В работе семинара принимали участие также Тевдорэ Гахов (Владикавказ), Заид Халилов (Баку) и др.

Важнейшим достижением сгруппировавшихся вокруг Нико Мусхелишвили математиков в годы Великой отечественной войны считается создание теории линейных краевых задач для аналитических функций и теории одномерных сингулярных интегральных уравнений.

В предисловии к своей третьей монографии «Сингулярные интегральные уравнения» (1945 г.) Нико Мусхелишвили отмечает:

Толчком к написанию этой книги послужили мои доклады, прочитанные на семинарах Тбилисского института математики в 1940 — 1942 годах. Под влиянием ряда результатов, полученных участниками семинара, особенно под влиянием выдающихся трудов Ильи Векуа, существенно изменился круг тех вопросов, над которыми я намеревался работать. И я не могу не отметить с чувством большого и понятного удовлетворения, что большую часть содержания этой книги нужно рассматривать, как результат коллективной работы молодых сотрудников Института математики наряду со мной и Ильей Векуа.

Вошедшие в монографию исследования Нико Мусхелишвили в 1946 году были удостоены Государственной премии СССР.

Помимо вышеупомянутой монографии, представителям его научной школы принадлежат многие другие прекрасные научные монографические труды. Среди них в первую очередь нужно назвать «Краевые задачи» Тевдорэ Гахова (1963 год), «Новые методы решения эллиптических уравнений» (1948) и «Обобщенные аналитические функции» (1959) Ильи Векуа, «Системы сингулярных интегральных уравнений» (1950) Николоза Векуа, «Теория приближенных методов и ее применение для построения численных решений сингулярных интегральных уравнений» Виктора Иванова (1968), «Плоские контактные задачи теории упругости» Аполлона Каландиа (1976), «Несколько классов сингулярных уравнений» Зигфрида Пресдорфа (1979) и «Метод интегралов типа Коши в разрывных краевых задачах теории функций одной комплексной переменной» Бориса Хведелидзе (1975).

Некоторым из этих работ присуждены Государственные премии СССР, Грузинской и Белорусской ССР, а также Государственные премии ГДР, международная медаль Модесто Панета. Некоторые монографии переведены на языки народов мира. Все это, безусловно, свидетельствует о том, что одна из сильных научных школ мирового значения неразрывно связана с именем Нико Мусхелишвили.

Сегодня исследовательская тематика этой школы еще больше расширилась, а число занимающихся ею так велико во всем мире, что назвать имена всех просто невозможно. Но одно можно сказать с уверенностью: сегодня, как и всегда, для научной школы Нико Мусхелишвили характерна фундаментальность исследуемых проблем и прикладная (практическая) ценность полученных научных результатов.

Нужно отметить и то обстоятельство, что в научной литературе под широко известными названиями «грузинская математическая школа» и «тбилисская математическая школа» подразумевается, в основном, научная школа Нико Мусхелишвили.

Известные во всем мире специалисты обоснованно доказывают, что научное наследие Нико Мусхелишвили не только не предано забвению и не превратилось в музейный экспонат, но неугасимым факелом горит и будет гореть в творчестве исследователей всех поколений в области математики и смежных отраслей.

Грузинский народ верит этому мнению специалистов и бережно хранит память о своем славном сыне. Еще при жизни своим научным творчеством Нико Мусхелишвили создал себе нерукотворный памятник, который будет стоять в веках.

3 сентября 1983 года на проспекте Ильи Чавчавадзе в Тбилиси Эдуард Шеварднадзе снял покрывало с памятника, в котором ваятель с большим искусством запечатлел незабываемые черты великого ученого. Этот акт был встречен горячими аплодисментами присутствующих.

Приведенную здесь речь я произнес после открытия памятника Нико Мусхелишвили за накрытым в квартире его прямых наследников праздничным столом. К сожалению, некоторые из гостей не совсем поняли смысл моих слов.

Глава XVI

9 декабря 1981 года в большом зале филармонии в Тбилиси на собрании студенческого актива я выступил с речью, содержание которой привожу ниже:

«Успехи, достигаемые на каждом этапе развития человечества, являются плодом сотрудничества трех последовательных поколений. Хотя основную заботу о благоустройстве жизни общества всегда берет на себя среднее поколение — родители, но в этом деле также немалая заслуга принадлежит как старшему поколению, так и юношеству.

Для того чтобы лучше планировать будущее, вероятно, полезно, чтобы представители разных поколений делились между собой опытом. В этом ответственность каждого из нас особенно велика, но, главное, мы всегда должны быть чистосердечны, беспристрастны и искренни. Ниже я постараюсь показать себя достойным этого девиза. В свое время, как каждый молодой человек, я тоже критическим взглядом оценивал некоторые жизненные явления, порой сомневался, может быть, даже ошибался, но под конец накопившийся опыт сделал меня тем, кто я есть.

Детство, отрочество и юность моего поколения совпали с весьма сложным, трудным, но в то же время и интересным для нашей страны периодом. Изолированная от других народов, наша молодежь тем не менее активно развивалась, смело шла навстречу трудностям, делала критический анализ вызвавших их причин и без колебаний выступала с инициативами по их преодолению. Все эти процессы протекали отнюдь не безболезненно, но, несмотря на это, молодежи того времени были чужды внутренняя вражда, протекционизм, пристрастие, чванство, зависть, стремление присвоить себе плоды чужого труда и другие пороки. Главным в жизни для нее было осознание того, что стремление к личной независимости складывает крылья, если оно не сопровождается непрерывным ростом ответственности; что без смелого, бесстрашного преодоления возникающих на творческом пути трудностей невозможно внести новый, важный вклад в сокровищницу науки и культуры; что нигилистическое отношение к прошлому может причинить не меньший вред, чем идеализация этого прошлого, что, хотя личный опыт имеет огромное значение, один лишь личный опыт не может быть гарантом успеха; что быть довольным самим собой и останавливаться на достигнутом — пагубно для творческого процесса; что честолюбие — враг честности и прогресса и, наконец, совершенствование любой отрасли знания невозможно без материалистической философии и диалектики.

Мы не мирились с индифферентностью и рутиной. Поколение, воспитанное и закаленное в таких условиях, героически сражалось во время войны и спасло человечество от нацизма. Родина помнит всех, кто героически защищал ее. Сформировавшийся в то время характер людей нашего поколения обусловил тот факт, что сегодня среди представителей уже пожилого поколения много людей, имеющих славное прошлое.

Сегодняшняя молодежь родилась и живет в новых, лучших и радикально отличающихся от прежних условиях. Она не заслуживает упрека, и никто не должен позволять себе смотреть на нее с осуждением. Упрека заслуживаем мы — представители предыдущего поколения, которые — вольно или невольно — способствовали развитию негативных явлений во многих сферах нашей жизни, тем более что объективные условия для возникновения этих явлений в нормальном обществе существовать не должны. Поэтому сейчас главное — осознать негативные явления, хорошо разобраться в вызвавших их причинах и как можно скорей изъять их из нашей действительности. Только декларации — с такого-то и такого-то времени всем сделаться порядочными людьми — разумеется, недостаточно, если категория порядочности не всеми понимается одинаково.

Сегодня человечество вошло в период, когда с большой скоростью растут материальные и духовные потребности каждого гражданина. Для их удовлетворения необходимо, чтобы с такой же скоростью осуществлялся рост экономических средств (благ) и культурных завоеваний. А достичь этого можно только при условии, что каждый из нас правильно выберет свое место в жизни — соответственно своим способностям — и плодотворным трудом будет выполнять свой долг перед обществом. Систематическое внедрение достижений научно-технической революции во все отрасли народного хозяйства, во все виды творческого труда должно стать гарантом изобилия материальных благ. Только таким путем жизнь каждого из нас станет богатой, разнообразной, интересной и притом приятной. Благодаря этому в нашей стране настанет эпоха, о которой мечтает все прогрессивное человечество, когда, наконец, воцарится братство, единство, реальное равенство, свобода, дружба, справедливость, любовь и все остальные блага.

А теперь несколько слов о тех более конкретных вопросах, которые относятся к области интересов непосредственно нашей студенческой молодежи. Движущей силой научно-технической революции, как вообще любой революции, является трудовая молодежь. Не надо считать лишним прилагательное «трудовая». Революционный процесс перестройки научно-технического знания начался уже два десятка лет назад, и в этот период во время моих длительных научных командировок в Китай, Францию, Англию я оказывался свидетелем движения обманутых хунвейбинов, цаофанов, одурманенных опиумом немытых хиппи. Все эти толпы не имели ничего общего с трудовой молодежью, хотя они часто заигрывали с левым молодежным движением. Были попытки распространения подобного движения и у нас. Но, к счастью, здесь это не получило распространения, если не принимать во внимание собиравшиеся здесь и там отдельные немногочисленные кучки праздношатающихся юнцов и девиц, лишенных, по-видимому, должного внимания со стороны старшего поколения или ощущающих недостаток родительской заботы.

Наша молодежь, в частности, студенческая молодежь — здоровая, талантливая, трудолюбивая, стремящаяся не только усвоить все хорошее, новое, но активно включиться в дело создания лучшего нового. Учащаяся молодежь хорошо знает, что не все они станут Архимедами, Ньютонами или Эйнштейнами, но мы должны сделать все, для того чтобы их, дипломированных специалистов, с нетерпением ждали на соответствующих участках народного хозяйства или общественной жизни, где их вклад будет оценен, а жизнь будет максимально благоустроенной.

Благодаря опыту, который я приобрел за годы руководства кафедрами Новосибирского государственного университета, Московского инженерно-физического института и отделов ведущих институтов математики Академии наук СССР, я могу с уверенностью сказать, что молодые исследователи обладают достаточным умением, чтобы справиться с трудностями, возникающими у меня или у моих зарубежных коллег в процессе научных исследований при решении сложных, с точки зрения науки, но практически — весьма нужных проблем.

Если мы, вместо того чтобы радоваться таким фактам, наоборот, станем притеснять наших «молодых конкурентов», что, к сожалению, не так уж редко встречается, то сама жизнь пригвоздит нас к позорному столбу. Этим я вовсе не хочу сказать, что мы должны «дарить» молодым ученым наши научные труды, хотя в последнее время случается и такое, как результат родственного или порой беспринципного пристрастия, что, безусловно, является одной из форм коррупции. Эту скверну мы должны изгнать из практики высшей школы и научных учреждений, это в наших силах, и мы обязаны это осуществить, иначе нет смысла говорить о получении фундаментальных научных результатов и интеграции науки и производства.

Каждый гражданин, какой бы узкой ни была его специальность, является членом общества и не имеет права игнорировать явления, имеющие место в жизни этого общества. Свобода есть осознанная необходимость, и эта философская категория не имеет ничего общего с волей и судьбой. Но вследствие того, что человек ограничен в праве выбора объективных условий для своих действий, насколько высокий пост он занимает, настолько же ограничена его свобода. Свобода всегда конкретна и относительна. Деятельность каждого члена развитого общества, вообще, всех прогрессивных людей должна сопровождаться двумя неразрывно связанными друг с другом особенностями —

национальной и человеческой. Кто пойдет против своего народа, против лона, в котором он был зачат и пророс, тот даже с космополитической точки зрения является преступником. Уровень культуры нации определяется тем вкладом, который она внесла в сокровищницу человечества в области науки, техники, литературы, культуры, музыки и т.д. Очень хорошо сказано в известной песне «Арагвули мхедрули»: «...Патриотизм — это высокое, святое чувство, обязанность и практический принцип, который всегда должен присутствовать в каждом сыне своего народа; только тогда он имеет право считать, что трудится для человечества и от имени человечества».

Что же касается грузинского языка, культуры и тех прекрасных традиций, которые сложились в Грузии на протяжении многих веков, то залогом их существования и совершенствования является рост числа людей, говорящих на грузинском языке, и новый все увеличивающийся приток талантов в сфере грузинской национальной культуры.

Сегодня необходимо делать все для укрепления грузинских семей, для предотвращения превращения их в разрушенные гнезда, чтобы сегодняшние скромные грузинские девушки стали в будущем любящими матерями и опорой семьи, а юноши стали отцами, которые окружат их присущими для грузин рыцарской любовью и заботой».

В связи с 75-летием со дня рождения И. Векуа 21 — 23 апреля 1982 года в Тбилиси состоялся всесоюзный симпозиум, посвященный уравнениям в частных производных и их применению. В его работе принимали участие много известных специалистов из нашей страны и из-за рубежа, в том числе А. Дородницын, М. Лаврентьев, С. Никольский, А. Самарский, А. Тихонов и т.д.

Симпозиум открылся моим докладом «Жизнь и научная деятельность И. Векуа». Я постарался сделать в нем обширный анализ того периода, на который пришлась деятельность этого большого ученого:

«На каждой ступени развития творческой мысли уровень математической науки обусловлен успехами, достигнутыми в процессе решения следующих трех основных задач: открытие новых математических фактов, разработка новых методов исследования и внедрение математических фактов и методов в другие, нематематические отрасли.

Каждое большое математическое открытие является плодом неустанного коллективного творчества не одного поколения математиков в длительном историческом процессе. Признание этого факта вовсе не означает отрицания и умаления роли личности математика. Напротив, именно коллектив математиков может дать первую верную оценку личным заслугам членов этого коллектива. Притом плод неустанного труда в настоящем не может быть забыт в будущем. Поэтому зачастую кристаллизация имени исследователя и его возвеличивание происходит в следующем поколении. Плоды почти пятидесятилетней деятельности Ильи Векуа в глазах математиков четырех поколений овеяли его имя ореолом славы.

Илья Векуа установлением возможности эквивалентной регуляризации одномерных сингулярных интегральных уравнений, исчерпывающим изучением общих линейных краевых задач теории функций, открытием критериев решаемости широкого класса краевых задач нового типа для эллиптических дифференциальных уравнения в частных производных основал весьма важную отрасль математической физики — теорию нормально решаемых эллиптических краевых задач, которая признана одним из центральных направлений исследований в современной математике.

Проведенные Ильей Векуа исследования, посвященные изучению природы решений систем эллиптического типа первого порядка, легли в основу теории обобщенных аналитических функций, которая, благодаря своей глубине, красоте и общенаучной и практической значимости, уже считается классической теорией.

Метод общего представления решений дифференциальных уравнений эллиптического типа нашел свое завершение благодаря исследованиям Ильи Векуа, и сегодня этот метод вполне справедливо носит его имя.

Первые свои исследования об общем комплексном представлении решений дифференциальных уравнений эллиптического типа и о применении их для изучения краевых задач Илья Векуа опубликовал сорок пять лет назад. Необходимо отметить, что эти труды с течением времени находят все больший отклик среди математиков.

Математические открытия Ильи Векуа имеют большое значение в решении ключевых проблем механики сплошной среды. Прекрасным доказательством этому служит хорошо известный специалистам один вариант теории упругих оболочек, который неразрывно связан с именем Ильи Векуа.

Научные открытия Ильи Векуа занимают прочное и притом весьма почетное место в сокровищнице математической науки, а имя их автора поистине заслуживает самых высоких эпитетов. Все это является плодом глубокого ума, блестящего таланта и самоотверженного творческого труда. В чем легко убедиться, если остановиться на основных моментах, отражающих его жизнь.

Илья Векуа родился 23 апреля 1907 года в одном из красивейших уголков Грузии — древнем Самурзакано, в селе Шешелети (теперешнего Гальского района). Его энергичные и трудолюбивые родители Нестор и Лиза создали большую и по сельским понятиям довольно культурную семью.

Начальное образование Илья Векуа получил в годы первой мировой войны, революции и гражданской войны, что пробудило в любознательном юноше большой интерес к социальным наукам. В Зугдидской средней школе математика привлекла Векуа своей внутренней красотой, стройностью и логикой. Поэтому вовсе не случайным стал его выбор — осенью 1925 года он стал студентом математического факультета Тбилисского государственного университета. После успешного окончания университета в 1929 году Векуа начинает работать в геофизической обсерватории, находившейся в селе Карсани, недалеко от Тбилиси.

В конце 20-х — начале 30-х годов, благодаря резкому росту сети технических училищ в Тбилиси, естественно, возникла необходимость перехода к планомерной подготовке высококвалифицированных научных кадров, особенно математиков, которая до этого была пущена на самотек.

В такой обстановке Н. Мусхелишвили считал необходимым всемерно повышать научную квалификацию талантливой, имевшей высшее математическое образование молодежи в разных отраслях математики того времени. В этом его поддерживали и Центральный комитет коммунистической партии Грузии, и правительство республики. Это была первая важнейшая попытка молодых грузинских математиков показать себя на широком научном поприще. Осенью 1930 года Илья Векуа уже стал аспирантом Академии наук СССР в Ленинграде, где достойно продолжали прекрасные традиции знаменитой петербургской математической школы такие известные в то время советские математики, как Иван Виноградов, Алексей Крылов, Николай Гюнтер, Николай Кочин, Владимир Смирнов и другие.

В развитии математической теории упругости, начиная с 20-х годов, большая заслуга принадлежит Нико Мусхелишвили. Его идеи и методы исследования, поставленные им в этом направлении математические проблемы стали предметом научной деятельности многих молодых математиков, как в нашей стране, так и за ее пределами. Первые оригинальные научные исследования Ильи Векуа относятся именно к сфере научных интересов Мусхелишвили. По возвращении из Ленинграда осенью 1933 года Векуа приступил к научной и педагогической деятельности в Тбилисском университете. Он принимал деятельное участие в организации Тбилисского института математики.

Среди научно-исследовательских направлений теоретической и прикладной математики в творчестве Ильи Векуа особое место занимала теория дифференциальных уравнений эллиптического типа. Еще раньше были хорошо известны общие представления решений бигармонических уравнений и уравнений второго порядка эллиптического типа. В этом направлении важные результаты были получены во второй половине 30-х годов в Тбилиси С. Бергманом и П. Зерагиа. В конце 30-х Векуа приступил к созданию нового метода решения краевых задач для эллиптических уравнений.

Первая половина 40-х годов считается периодом самой интенсивной и плодотворной деятельности грузинской математической школы. Трудами грузинских математиков старшего поколения именно в то время в Тбилиси была создана, в частности, законченная теория линейных краевых задач теории функций и одномерных сингулярных интегральных уравнений. Все эти годы рядом с руководителем грузинской математической школы Нико Мусхелишвили неустанно трудился Илья Векуа, и оба они своим самоотверженным трудом подавали пример молодым математикам, прививая им лучшие навыки научной деятельности.

Большую часть своих исследований Илья Векуа отразил в своей монографии «Новые методы решения дифференциальных уравнений эллиптического типа», за которую в 1950 году был удостоен государственной премии СССР.

Научные заслуги Ильи Векуа получили высокую оценку еще тогда, когда он был довольно молод. В 1943 году он был избран членом-корреспондентом Академии наук Грузии, а еще через три года — действительным членом этой же Академии и членом-корреспондентом Академии наук СССР.

С научной и педагогической деятельностью Илья Векуа успешно совмещал организаторскую деятельность. Он был деканом и проректором Тбилисского государственного университета, потом стал председателем отделения математических и естественных наук Академии наук Грузии, а позже академиком-секретарем. В то же время он параллельно руководил кафедрой геометрии Тбилисского государственного университета и кафедрой теоретической механики Тбилисского института инженеров железнодорожного транспорта.

Поздней осенью 1951 года Илья Векуа получил от научного руководителя Центрального гидроаэродинамического института (ЦАГИ), академика Сергея Христиановича, предложение занять должность заведующего теоретической лабораторией этого института, вследствие чего он переехал на жительство в Москву. Там он, наряду с научной деятельностью, занимался активной педагогической работой в Московском физико-техническом институте в должности заведующего кафедрой теоретической механики, а в Московском государственном университете им. Ломоносова — в должности профессора кафедры дифференциальных уравнений.

Илья Векуа успешно продолжает в Москве начатые еще в Тбилиси научные исследования с целью построения общей теории эллиптических систем дифференциальных уравнений первого порядка. Очень скоро он публикует в московских центральных математических журналах несколько фундаментальных трудов в этом направлении. Полученные в них результаты, как уже отмечалось выше, сегодня лежат в основе теории обобщенных аналитических функций.

Работы Ильи Векуа в московский период его деятельности принесли ему международное признание. Полученным им результатам отводится важное место в монографиях и обширных трудах обозревательного характера всемирно известных ученых.

Научную и педагогическую деятельность в Москве Илья Векуа так же, как в Тбилиси, успешно совмещает с административной работой сначала в должности заместителя директора по научной части Института точной механики и вычислительной техники академика Лаврентьева, а затем — заместителя директора Института математики им. Стеклова АН СССР академика Виноградова.

Научная и организаторская деятельность Ильи Векуа в Москве заслуживает высокой оценки. В 1954 году его избирают членом бюро отделения физики и математики Академии наук СССР, а в марте 1958 года — действительным членом этой же Академии.

В 1959 году Илья Векуа назначен членом бюро президиума Сибирского отделения Академии наук СССР и ректором вновь учрежденного Новосибирского государственного университета, в связи с чем он с семьей переезжает в Новосибирск.

В Сибири Илья Векуа получает известность не только как большой ученый, но и как прекрасный организатор научной работы. Вместе с Михаилом Лаврентьевым, Сергеем Соболевым и Сергеем Христиановичем он внес большой вклад в дело создания крупного научного центра мирового значения на востоке нашей страны. Плодом его героических усилий стало высшее учебное заведение совершенно нового типа — Новосибирский государственный университет, который за каких-нибудь три-четыре года превратился в настоящую кузницу подготовки научных кадров.

Годы, проведенные в Сибири, стали для Ильи Векуа настоящим апофеозом его деятельности. За большие заслуги в деле развития науки и подготовки высококвалифицированных специалистов в 1961 году его награждают Орденом Ленина, а в 1963 году за монографию «Обобщенные аналитические функции» он получает почетное звание лауреата Ленинской премии. В этот период он — активный участник и организатор целого ряда международных научных встреч математиков (конференций, симпозиумов и конгрессов).

В марте 1965 года Илья Векуа вернулся в Тбилиси. Сначала он был ректором Тбилисского государственного университета, а затем — президентом Академии наук Грузинской ССР.

2 декабря 1977 года сердце его перестало биться.

Илья Векуа был человеком высокой гражданственности и высоких духовных достоинств. Страдая неизлечимым недугом, он героически продолжал научные исследования и даже сумел закончить один вариант математической теории упругих оболочек, который вошел в его недавно изданную монографию».

Вклад Ильи Векуа в науку оценен по достоинству: он был награжден золотой звездой Героя социалистического труда и пятью Орденами Ленина, он был почетным членом нескольких зарубежных академий и научных обществ, многое было сделано для увековечивания его имени.

75-летию этого большого ученого и славного сына своей родины телевидение Грузии посвятило специальную передачу, которую вел я. В передаче принимали участие действительные члены Академии наук СССР (академики): А. Дородницын, С. Никольский, А. Самарский и А. Тихонов. Все четверо с большой теплотой вспоминали разные моменты своего общения с Векуа. Впечатляющим было выступление С. Никольского, в котором он рассказал о своем сотрудничестве с Векуа в 1954-59 годах, когда они оба работали заместителями И. Виноградова, директора Института математики им. В.А. Стеклова. Эти годы были годами резкого подъема научной деятельности института, что в значительной степени было обусловлено согласованной работой дирекции, партийной и профсоюзной организаций. В этот же период я был одно время секретарем партбюро этого института.

15 мая 1982 года состоялся VI пленум ЦК КП Грузии, посвященный дальнейшему развитию науки и разработке мероприятий по ускорению научно-технического прогресса в народном хозяйстве республики. В работе пленума принимал участие и я. На заседании одной его секции я выступил с речью, в которой высказал свой взгляд на роль математики в современной науке и жизни:

«Математика, так же как любая другая отрасль, создана для удовлетворения нужд производственной деятельности человека и источником ее фундаментальных проблем сегодня, как и всегда, является производственная практика. Достаточно вспомнить, что гениальный мыслитель античной эпохи, основоположник математической физики Архимед нашел свои объекты математических исследований, изучая вопросы, связанные с техникой и, в частности, с военной мощью его родины. Величайший ученый XVIII века Леонард Эйлер, чье имя связано с началами почти всех отраслей современной математики, вместе со своими учениками, как это видно из документов Петербургской академии, прекрасно умел использовать математические методы при решении практических задач естествознания и техники. Наверное, не лишним будет вспомнить и тот факт, что в 1830 году эта Академии объявила предметом международной премии по математике вопросы морских приливов, возмущенное движение планет и распространение света. Джон фон Нейман, без научных трудов которого невозможно представить такие отрасли современной математики, как топология и теория операторов, в 40-х годах был одним из руководителей проекта освоения атомного оружия в США и создателем первой электронно-вычислительной машины, сыгравшей решающую роль в деле осуществления упомянутого проекта.

Применение математики в той или иной отрасли означает, прежде всего, математическое моделирование изучаемых явлений, то есть перенесение в термины, выражающие на математическом языке пространственные формы и количественные отношения исчерпывающих известных и неизвестных характеристик этих явлений. После этого исследователь с применением математических методов приходит к качественному и количественному постижению искомых характеристик, что проливает свет на все содержание явления. Жизнь давно уже доказала значение этого метода исследования в физике, механике, астрономии, технике и геофизике.

До конца 30-х годов XX века вычислительные технические средства, имевшиеся в распоряжении работавших в этом направлении специалистов, был ограничены арифмометром и логарифмической линейкой, однако полученные с их помощью результаты своей точностью и надежностью превзошли все ожидаемые результаты. Расширение исследователем количества объектов научного исследования, резкое увеличение их комплексности, начиная с 40-х годов, вызвало стремление массового внедрения математических методов почти во все отрасли творческого труда, что, естественно, повлекло за собой существенное расширение вычислительных технических средств в виде быстродействующих электронно-вычислительных машин (ЭВМ).

В таких условиях к принятому еще в XIX веке не совсем оправданному условному разделению математики на «чистую» и «прикладную» добавилось разделение проблем математики на «фундаментальные» и «прикладные» проблемы. Это как будто не должно было вызвать недоразумений, поскольку взятая математическая модель, как правило, пригодна для изучения совершенно разных природных явлений, и к тому же первая из них подразумевает теоретическое изучение математических моделей, а вторая — применение полученных научных результатов при изучении конкретных явлений.

Девальвация такого разделения математических проблем влечет за собой то обстоятельство, что часто под «фундаментальными» понимаются проблемы не такой уж принципиальной важности, и к тому же параллельно происходит неоправданное упрощение «внедрения» сложных и весьма важных проблем. В такой обстановке легко распространяется неправильное мнение о том, что исследованием фундаментальных проблем могут заниматься только ученые, наделенные особым математическим талантом, а внедрение полученных результатов — удел менее талантливых математиков.

Центральную часть математики, начиная с XVIII века, составляет математический анализ. Именно на математическом анализе основывается одна из ведущих отраслей современной математики — математическая физика, целью которой является математическое моделирование протекающих в материальном мире процессов соответственно т.н. законам постоянства и объяснение содержания самих процессов с помощью изучения полученных моделей.

В этой части математики к фундаментальным проблемам относятся ключевые вопросы теории уравнений математической физики. Поскольку перед занимающимся чисто математическими исследованиями часто возникают большие трудности — порой принципиального характера — наука вынуждена обращаться к практике как к непосредственным, так и к математическим, или численным, экспериментам, связанным с изучаемым конкретным явлением, не только как к критерию истины, но и как к источнику внесения корректив в теоретическое исследование. Именно при этом возникает ряд вопросов, фундаментальность которых не вызывает сомнений. По своему значению, сложности и научной глубине не менее фундаментальный характер имеют и вопросы внедрения в производство полученных математических результатов.

В творчестве ученых с высоким интеллектом единство теории и практики всегда являлось предпосылкой научных успехов, и они никогда не считали второстепенным вопрос внедрения полученных теоретических результатов.

В советской Грузии математические исследования с самого начала велись так, чтобы математический анализ, как наука, был представлен на высоком уровне. Соответственно, на долю грузинских математиков во главе с Н. Мусхелишвили и И. Векуа выпал повсеместно признанный успех благодаря их исследованиям в области теории функций, одномерных сингулярных интегральных уравнений, эллиптических уравнений в частных производных и применению их в теории упругости, теории оболочек и в технике.

Грузинские математики посвятили свои исследования фундаментальным проблемам и в некоторых других отраслях. Не случайно сегодня в Грузии исследования по математике ведутся в нескольких научных учреждениях, в том числе, в частности, в Институте математики им. А. Размадзе, в Вычислительном центре им. Н. Мусхелишвили и в Институте прикладной математики им. И. Векуа. Есть все основания полагать, что высокий научный потенциал грузинских математиков и в будущем станет гарантией их еще больших творческих успехов.

Сегодня большие экономические и социальные сдвиги, вызванные научно-технической революцией, сделали необходимым создание новых научных направлений во всех отраслях науки, укрупнение и усложнение фундаментальных проблем. В такой обстановке решающее значение отводится совершенствованию принципа коллективизма, повышению личной ответственности каждого члена коллектива, окончательное изгнание из практики научно-исследовательских институтов пристрастности, зависти и карьеризма. Мы должны сделать все для того, чтобы ряды советских ученых постоянно пополнялись талантливой молодежью.

Научное исследование является одной из сложных и весьма тяжелых форм труда. К счастью, достаточно велико число людей, которые обладают навыками, стремлением и энтузиазмом, для того чтобы, с одной стороны, сделать науку приятным для себя занятием, а с другой, и это главное, отдавать плоды своего труда на службу человечества. В облегчении этой формы труда, без сомнения, решающую роль играют современные ЭВМ и их будущие поколения. В этом направлении достижения пока еще довольно скромные, а в республике положение и того хуже.

Быть может, ЭВМ отечественного производства по своей скорости и другим показателям пока еще отстают от заграничных машин аналогичного назначения, но если бы уровень математического обеспечения имеющейся в нашем распоряжении ЭВМ не был таким низким, положение могло быть гораздо лучшим.

В этом отношении, помимо математиков, не меньшая ответственность лежит на руководителях и работниках многих других отраслей науки и производства, которые пока еще не смогли выработать соответствующих навыков, культуры освоения новшеств — модной стала тенденция приобретать дорогостоящие вычислительные машины (даже из-за границы).

Парк ЭВМ Института прикладной математики им. И. Векуа состоит из четырех машин. Скоро в строй вступит пятая. Это подразделение института представляет собой настоящий вычислительный производственный комбинат, объединяющий более ста ученых, инженеров, техников и рабочих, что составляет одну треть всего коллектива. Благодаря заботе руководства республики, в особенности первого секретаря ЦК компартии Грузии товарища Э. Шеварднадзе, положение института резко улучшилось. В частности, в несколько раз возросла возможность применения ЭВМ на дальних дистанциях благодаря присоединению к ним видеотонов (терминалов), размещенных в разных учреждениях. На этих машинах производятся важные вычислительные работы и численные эксперименты, как в республике, так и по заказам союзных учреждений.

Само название — Институт прикладной математики — говорит о применении и внедрении в науку и производство полученных математических теоретических результатов и разработанных методов, как в институте, так и вне его. Многие союзные и республиканские учреждения установили научное сотрудничество с институтом. Наши достижения были бы значительно больше, если бы учреждения соответствующих ведомств с большим интересом относились к инициативам института в этом направлении.

Хорошо было бы перенять полезную практику республиканского государственного комитета по газификации. Очень полезно было бы установить больше органических связей между упомянутым институтом и теми ведомственными учреждениями, которые создают и осуществляют проекты большого масштаба в республике. В деле сближения проблем мелиорации, энергетики, экологии, автоматических систем управления, строительства крупных производственных объектов с проблемами Института прикладной математики отставание никак не может быть оправдано. Хорошо известно, что только при комплексном применении достижений науки возможно найти среди разных вариантов лучший и более оправданный вариант, когда речь идет о том или ином проекте государственного значения. К сожалению, не приняли периодического, масштабного характера комплексные научно-технические семинары — повсеместно принятая форма коллективного творчества, за создание которых взялись некоторые научно-исследовательские институты.

Все мы, ученые, в долгу как перед средней, так и перед высшей школой. С целью сближения науки с жизнью в средних школах были проведены определенные полезные мероприятия, но формализм и допущенные ошибки, в частности, в программах по математике, и особенно — в учебниках, вызвало некоторое замешательство, как среди учеников, так и среди педагогов. Кто знает, возможно, это стало одной из причин того, что среди молодежи наблюдается падение интереса к точным наукам. Общеобразовательной школе трудно пробудить в учениках сознательный интерес не только к науке, но и вообще к той или иной специальности. Поэтому большинство окончивших среднюю школу толком не знают, какую специальность им выбрать, и при поступлении в высшее учебное заведение руководствуются не всегда верными советами родителей и родственников.

Не лучше положение и в высшей школе. Резкого улучшения требуют существующие отношения между научно-исследовательскими институтами и высшими учебными заведениями. Стоит обратить внимание на инициативу некоторых высших учебных заведений и научных учреждений быть в курсе производственной практики студентов и иметь информацию о самых передовых студентах старших курсов, чтобы без нарушения штатного расписания временно подключать их к выполнению предусмотренных планом научных исследований. В таком случае талантливая молодежь будет иметь возможность как можно правильнее выбрать попрnumерище своей будущей деятельности, раньше поднять целину науки, включиться в систематическую, упорную, глубоко продуманную трудовую деятельность. Молодые люди, получившие закалку в научной атмосфере, с внутренним удовлетворением выполняют свой святой долг перед родиной, а полученные результаты приводят их в восторг, прибавляет красоты и смысла их жизни. К сожалению, не так легко зачислить в постоянный штат молодых ученых, потому что в научно-исследовательских институтах редко бывают вакантные места, к тому же, помимо того, что бесконечное раздувание штатов связано с финансовыми трудностями, это может вызвать и в самом институте неоправданные сложности с точки зрения управления наукой. Там, где руководители научных учреждений и ученые советы с большей ответственностью относятся к повышению научного труда и объективно проводят аттестацию кадров, всегда существует возможность открытия вакантных штатных единиц, а проведение конкурса на высоком уровне обеспечивает пополнение этих учреждений молодыми талантливыми научными кадрами.

Вместе с тем, наверное, нужно смелее использовать «десантный принцип» распределения молодых специалистов, т.е. объединять целые группы способных молодых специалистов смежных отраслей науки в соответствующих ведомственных лабораториях так, чтобы научное руководство над ними осуществляли научно-исследовательские институты, а планы работ отвечали нуждам производственной практики ведомств. Благодаря этому молодые ученые с самого начала включатся в науку и практику в целом, без чего нельзя представить научно-техническую революцию.

Традиционное разделение науки на естественную, техническую и общественную отрасли обусловлено различием объектов их исследования. Было время, когда центробежные силы, отторгавшие эти отрасли друг от друга, преобладали над объединявшими их друг с другом центростремительными силами. Теперь же, в эпоху интеграции науки и производства, центростремительные силы становятся все более и более колоссальными.

При определении значения той или иной науки необходимо иметь ясное представление не только о ее предмете и методах, но и о ее роли в производственной практике и общественной жизни. Наряду с теоретической и практической ценностью науки мы всегда должны учитывать место, которое она занимает в конкретном знании в целом, когда речь идет об общем методологическим содержании последнего. Чтобы не ошибиться в достоверности полученного заключения, вопрос значения науки нужно рассматривать в историческом аспекте. С учетом этого мы легко убеждаемся в том, что при философском анализе накопленного естественнонаучного знания, как и всегда, со всей остротой проявляется борьба между сторонниками материализма и идеализма, диалектики и метафизики.

Стремление к миру, человеколюбию, добру отличает человека от других живых существ. Служить этому великому делу — значит оставить неизгладимый след в этом мире, чтобы будущие поколения с уважением произносили твое имя. Жизнь бездельника лишена смысла. Правосудие покарает зло. Нормальным потомкам природа дает все средства найти соответствующее трудовое поприще, на котором он принесет пользу обществу и будет здоров и счастлив. Человек стал высшей формой эволюции жизни благодаря тому факту, что он — животное, которое может сделать орудие, но это вовсе не значит, что мы не должны разбираться в том, кто как применяет это орудие. Наш долг оказать сопротивление вооруженным злодеям, которые борются против мира, и сделать все, для того чтобы в мире царили братство, равенство, и подлинная свобода».

В связи с 60-тилетием существования СССР мне было поручено выступить 18 ноября 1982 года на расширенном заседании отделения математики и физики Академии наук Грузии с коротким докладом обозревательного характера о состоянии математического анализа как научной и учебной дисциплины в республике. Вступление к докладу носило официальный характер. В своем докладе я, в частности, отметил:

«Без сомнения, оправдано то обстоятельство, что мы собираемся в каждом крупном учреждении для того, чтобы оценить накопившийся опыт, достижения в той сфере деятельности, которой занимается данное учреждение.

Советская наука в ряде отраслей сегодня занимает передовые позиции в мире. В этом смысле не является исключением и математика. Докладчик, находящийся в моем положении, должен быть очень осторожен не только в оценке достигнутых в той или иной отрасли результатов, он должен еще не забыть упомянуть и о тех результатах, которые по каким-либо причинам пока не очень видны, но в будущем могут оказаться перспективными. Когда речь идет о заслугах нации в общем, и в науке — в частности, лучше упомянуть о том вкладе, который сыновья этой нации внесли в мировую сокровищницу в рамках определенной отрасли, тем более что, когда мы называем перед аудиторией имена отдельных исследователей, нам невольно приходится сравнивать их друг с другом, более того — противопоставлять их друг другу, а в этом случае трудно избежать субъективизма.

Каждая наука, каждая отрасль знания имеет свой предмет, методы и содержание или систему. Можно считать повсеместно принятым то факт, что предмет математики составляет изучение пространственных форм и количественных соотношений мира.

Правда, математика существует для удовлетворения потребностей производственной практики людей, для познания тайн природы, но она со своими понятиями, определениями, математическими моделями изучаемых явлений, методами изучения этих моделей и уровнем абстрагирования математических теорий занимает особое место среди всех наук. Несмотря на это, диалектика природы дана в этой науке настолько точно, насколько точно математическая модель соответствует действительности. Нарушение этого соответствия является показателем только математической ошибки.

Развитие математики с самого начала пошло таким путем, что часть ее, которая занимается изучением пространственных форм, получила название геометрии, а та часть, которая изучает математические объекты, выражающие количество, —

арифметики. Соответственно изучение математических объектов происходило путем их построения и измерения. Такое разделение математики, конечно, было чисто условным, поскольку изучение математического эквивалента пространственной формы, геометрических фигур без числовых характеристик (длины, площади, объема, угла и т.д.) в определенной мере потеряла бы свою полноту, а изучение числовых характеристик без геометрической интерпретации потеряла бы свою очевидность. В такой целостности математика, наверное, впервые представлена в творчестве Архимеда. С измерением непосредственно были связаны арифметические операции сложения, вычитания умножения, деления, возведения в степень и извлечения корня.

Нахождение неизвестной величины из соотношения, установленного между известными и неизвестными величинами, является одним из древнейших методов математического исследования. Сами эти соотношения в средние века получили название алгебраических уравнений после опубликования известного трактата Мухаммеда аль Хорезми, посвященного изучению таких уравнений.

Изучением некоторых математических объектов занимались еще во времена Архимеда путем применения бесконечной последовательности арифметических операций, которые сохранились в науке под названием «метода исчерпывания». Именно оттуда берет начало «исчисление бесконечно малых», являющееся методом математического исследования.

После введения в математику координат и переменных величин этому методу стали придавать особое значение. Он перерос в дифференциальное и интегральное исчисление. Начиная с XIX века, понятия действительного числа, предела, суммы ряда, функции, непрерывности, производной, дифференциала, интеграла, операции перехода к пределу, суммирования рядов, операции дифференцирования и интегрирования составляют отдельную отрасль математики — математический анализ. Или, как говорят сегодня, математический анализ в узком понимании.

В результате развития геометрии, алгебры и математического анализа произошло обогащение этих дисциплин математики как в отношении предмета и методов, так и их содержания. Соответственно, математический анализ сегодня понимают более широко. Сегодня в него входят: дифференциальное исчисление, интегральное исчисление, теория функций действительной переменной, теория функций комплексной переменной, вычислительная математика, теория обыкновенных дифференциальных уравнений, теория дифференциальных уравнений в частных производных, теория интегральных уравнений, дифференциальная геометрия, алгебраическая геометрия, вариационное исчисление, теория операторов и функциональный анализ. С математическим анализом органически связана аналитическая теория чисел и теория вероятностей.

Грузия является одной из древних стран мира, обладающих высокой культурой. Памятники грузинской материальной и духовной культуры указывают на то, что их создатели были хорошо знакомы с математикой того времени и разумно пользовались ее достижениями. Если не принимать во внимание школьную математику, то можно с уверенностью сказать, что в Грузии математика стала предметом научного исследования только после революции. Тбилисский Университет, учрежденный в 1918 году, сразу же стал центром подготовки научных кадров, в частности, по математике.

Студентам физико-математической специальности лекции по математическим дисциплинам на высоком уровне читали А. Размадзе, Н. Мусхелишвили, Г. Николадзе и А. Харадзе. Во второй половине 20-х годов к ним присоединились Л. Гокиели и К. Марджанишвили. С этого времени грузинские студенты уже имели оригинальные учебники на грузинском языке по таким отраслям математики, как введение в математический анализ, неопределенные интегралы, аналитическая геометрия, дифференциальная геометрия, дифференциальное исчисление и т.д.

Вместе с тем хорошо был представлен математический анализ, как наука, в широком понимании. Оригинальные научные результаты были получены в деле изучения одномерных задач вариационного исчисления. Включением в поле экстремалов (семью) кусочно-гладких и кусочнопрерывистых кривых до конца были решены задачи экстремумов при их широкой постановке. Полученным результатам дали высокую оценку специалисты вариационного исчисления Тонелли (Италия) и Карафеодр (Германия).

Один из величайших математиков XX века Э. Картан (Франция) считал, что полученные в Тбилиси в 20-х годах результаты изучения непрерывности алгебраических кривых являются важным вкладом в алгебраическую геометрию. Серьезные научные исследования проводились в Тбилисском университете в области специальных полиномов, специальных функций и установления свойств их рядов.

Международный отклик и высокую оценку получили выполненные в Тбилисском университете исследования, посвященные представлению аналитических функций одной комплексной переменной в виде интегралов, аналогичных интегралам типа Коши, и их применению в математической физике. Начиная с 30-х годов, начался быстрый подъем именно в этом направлении научно-исследовательской работы грузинских математиков в области математического анализа.

Безвременная кончина А. Размадзе и Г. Николадзе создала определенные трудности как в обучении математике в высших учебных заведениях Грузии, так и в области научных исследований по математике.

Правительство республики без колебаний поддержали инициативу Н. Мусхелишвили в начале 20-х годов послать для научной стажировки и в аспирантуру в крупные научные центры России окончивших в разное время Тбилисский университет грузинских математиков А. Баркалаиа, В. Гоголадзе, А. Горгидзе, Д. Долидзе, Д. Вашакидзе, И. Векуа, Д. Тоидзе, В. Купрадзе, Н. Ломджариа, И. Мецхваришвили, Ш. Микеладзе, А. Рухадзе, В. Челидзе и Г. Хажалиа, которые еще в студенческие годы привлекли внимание А. Размадзе, Г. Николадзе, Н. Мусхелишвили и А. Харадзе своими прилежанием и целеустремленностью.

В первой половине 30-х годов в Тбилиси прошли хорошую научную закалку еще совсем молодые математики П. Зерагиа, Л. Магнарадзе, А. Саникидзе, А. Чахтаури и Э. Цитланадзе.

Осуществление этого мероприятия обусловило, прежде всего, то обстоятельство, что во второй половине 30-х годов в Тбилисском университете и в других высших учебных заведениях Грузии уровень культуры обучения математическим дисциплинам заметно поднялся. Вместе с тем расширилась и углубилась научно-исследовательская работа во многих отраслях математического анализа.

Особый успех выпал на долю научных трудов грузинских математиков, посвященных краевым задачам теории аналитических функций одной комплексной переменной. Поскольку в случаях двух независимых переменных общие решения уравнения Лапласа, бигармонических и полигармонических уравнений и других широких классов эллиптических уравнений были представлены с помощью аналитических функций одной комплексной переменной, упомянутые труды сразу же привлекли внимание специалистов международного масштаба.

Интерес к исследованиям в этом направлении еще возрос благодаря тому обстоятельству, что с краевыми задачами теории аналитических функций оказались тесно связаны так называемые одномерные сингулярные интегральные уравнения. У истоков сингулярных интегральных уравнений стояли величайшие математики конца XIX — начала XX столетия: Пуанкаре, Бертран, Гильберт, Карлеман и Нетер. Еще в начале 20-х годов нашего века Нетер и Карлеман заметили, что в деле изучения одномерных сингулярных интегральных уравнений важную роль играют краевые задачи теории функций, глубоким изучением которых в свое время занимались Риман, Сохоцкий, Племели, Гильберт, Пикар, Биркхоф и другие.

Развивая и объединяя идеи Племели, Карлемана и Нетера, грузинские математики выполнили научные исследования фундаментального значения в теориях одномерных сингулярных интегральных уравнений и эллиптических краевых задач. Их монографические труды в этом направлении на сегодняшний день переведены и опубликованы за границей почти на всех основных языках народов мира, и считаются настольными книгами специалистов не только в области математики, но и физики, астрофизики, механики и техники.

Эквивалентная регуляризация сингулярных интегральных уравнений, установления условий нормальной решаемости систем сингулярных интегральных уравнений, введение понятий индекса сингулярных интегральных уравнений на открытых кривых и суммарного индекса систем сингулярных интегральных уравнений на замкнутых кривых и установления формул их вычисления составляют первый этап создания в Грузии теории одномерных сингулярных интегральных уравнений.

Если на этом этапе сингулярные интегралы брались на кривых Ляпунова, а все другие данные и плотность сингулярного интеграла не отходили от классов функций Гельдера, то для следующего этапа стало уже характерным введение в теорию сингулярных интегральных уравнений новшеств принципиального характера с применением ряда результатов теории функций действительной переменной, допуская угловые точки на кривых интегрирования, вынесение плотностей из классов Гельдера в более широкие инвариантные классы и, вообще, ослабление степени гладкости всех остальных данных.

На этом же этапе был изучен интересный класс систем сингулярных интегро-дифференциальных уравнений, были установлены условия непрерывности представленных сингулярным интегралом операторов в пространствах типа Гильберта и Лебега, были исследованы начальные и краевые задачи для некоторых классов интегральных и интегро-дифференциальных уравнений с малым параметром. С применением теории одномерных сингулярных интегральных уравнений были изучены общие классы нормально решаемых краевых задач для эллиптических уравнений в случае двух независимых переменных. Вместе с тем, опираясь на методы теории функций комплексной переменной и теоремы включения функциональных пространств, стало возможно новое понимание квазиконформных отображений двумерных пространств и установление новых интересных свойств так называемых обобщенных аналитических функций.

Эти результаты тесно связаны между собой по своему содержанию и методам. Они получены, в основном, группой грузинских математиков под руководством Н. Мусхелишвили, которую мировая математическая мысль называла грузинской или тбилисской математической школой.

Важные результаты были получены в теории уравнений параболического типа. Таким уравнениям придается огромное значение, поскольку с их помощью происходит математическое моделирование явлений переноса, в частности, теплопроводности.

С применением метода Чаплыгина был изучен целый ряд основных и смешанного типа краевых задач для нелинейных уравнений параболического и гиперболического типа. С применением методов характеристик, разветвления и вариационных методов были исследованы краевые задачи и для других классов нелинейных уравнений, в частности, для квазилинейных уравнений смешанного типа.

В 40-х годах в Грузии заметно расширились исследования в области теории функций действительной переменной и в функциональном анализе. В частности, были изучены вопросы мерности, интегрированности функций одной и нескольких действительных переменных, их представления в виде суммы кратных ортогональных рядов (Фурье) в разных пространствах. Была построена теория включения для весовых анизотропных пространств типа Лювиля, введено понятие сингулярного интеграла Стилтеса, с помощью которого было обобщено понятие смежных функций, изучен порядок роста полиномиальных базисов в разных функциональных пространствах и т.д.

Трудно отрицать если не непосредственное, то, по крайней мере, косвенное влияние проведенных в Грузии в 20-х годах исследований по вариационному исчислению на выполненные грузинскими математиками за последние десять лет важные научные работы, в которых установлены структурный и качественный характер оптимальных процессов управления и решений обыкновенных дифференциальных уравнений широкого класса; изучены сингулярные краевые задачи, асимптотика решений неавтономных дифференциальных уравнений, их осцилативные свойства; обработан аппарат теорем сравнения и т.д.

Начиная с 30-х годов, установились хорошие традиции по линии приближенного анализа — современного предшественника вычислительной математики в Грузии. Применением конечных разностей был изучен вопрос построения приближенных решений ряда задач для обыкновенных дифференциальных уравнений и уравнений гиперболического типа. Математическое моделирование проблем физики, техники и вообще современного естествознания происходило главным образом с помощью нелинейных обыкновенных дифференциальных уравнений и дифференциальных уравнений в частных производных, исследование которых осуществлялось большей частью посредством приближенного анализа с применением ЭВМ.

Группа относительно молодых грузинских математиков посвятила важные труды методам переменных направлений, раскола, слабой аппроксимации, суммируемой апроксимации, вариационно-разностному методу и методу конечных элементов, которые давали возможность создать алгоритмы определенной точности для получения численных решений упомянутых решений на ЭВМ.

Математический анализ построен на числовом поле. С конца XVIII века почти одновременно происходил переход с поля действительных чисел в поля гиперкомплексных (комплексных, бикомплексных, кватерниональных и т.д.) чисел. Оказалось, что алгебраически замкнутое поле комплексных чисел, которое построено с помощью действительных и мнимых единиц, является естественной основой для создания так называемого комплексного анализа.

Теорию нелинейных алгебраических, дифференциальных, интегральных и вообще оперативных уравнений невозможно представить без комплексного анализа. Без применения комплексного анализа математики оказались бы перед непреодолимыми препятствиями при изучении линейных (неалгебраических) уравнений. Поскольку проблемы, стоящие перед наукой и техникой, как уже неоднократно говорилось выше, моделируются в терминах уравнений, комплексный анализ играет важнейшую роль в современной математике.

Было бы наивно думать, что комплексный анализ создан для изучения одно- или двумерных задач.

Вообще, теория линейных уравнений построена на применении трех основных методов, которые в исторической последовательности можно представить так: метод разделения Фурье (интегральный или неинтегральный), метод фундаментальных решений и метод априорных оценок в линейных абстрактных пространствах. Применением каждого из них мы, в конце концов, приходим к задачам представлений резольвенты и линейного функционала.

Преобразования Лапласа, Фурье, Мелини и др. и кратные интегральные преобразования, которые дают возможность придти к задачам спектрального анализа многомерных линейных задач, базируются на теории аналитических функций комплексной переменной. Построение фундаментальных решений дифференциальных уравнений в частных производных сводится или к обыкновенным сингулярным дифференциальным уравнениям или к построению параметрикса. В обоих случаях получение окончательного результата происходит с применением либо степенных рядов, либо теории интегральных уравнений Фредгольма второго рода, резольвенты которых по отношению к параметру представляют собой мероморфные функции. Отсюда следует, что построение фундаментальных решений и установление их природы, в основном, опирается на комплексный анализ. Метод априорных оценок основан с одной стороны на свойствах потенциалов, составленных с помощью фундаментальных решений, а с другой — на выходе в линейные абстрактные, но уже комплексные пространства, в силу чего этот метод без применения комплексного анализа стал бы ненужным.

Фундаментальные решения необходимы для построения потенциалов, путем нахождения неизвестных плотностей (или доказательства их существования) которых происходит построение решения изучаемой задачи (или доказывается существование этого решения). Метод потенциалов неразрывно связан с теорией интегральных уравнений. Общие линейные задачи (в том числе — так называемые контактные задачи) применением метода потенциала сводятся к сингулярным интегральным уравнениям, теория которых более или менее разработана только для случая одномерных (простых) интегралов (например, теория Нетера).

Сингулярные интегральные уравнения с кратными интегралами оказались более сложной природы. Почти единственный способ построения теории таких уравнений — их эквивалентная регуляризация (приведение к уравнению Фредгольма), что сегодня возможно только для некоторых частных случаев, когда определенное выражение, в настоящее время известное под названием символа (который впервые ввел в конце 30-х годов французский математик Жиро), отлично от нуля. Грузинские математики изучили класс контактных задач, который приводится к многомерным интегральным сингулярным уравнениям именно с отличным от нуля символом. В случае же, когда символ равен нулю, трудность обобщения вышеупомянутого понятия индекса очень осложнила изучение вопросов нормальной решаемости многомерных сингулярных интегральных уравнений.

В случае эллиптических уравнений те задачи, которые приводятся к многомерным сингулярным уравнениям с символом, равным нулю, за последние годы известны под названием неэллиптических краевых задач, что вовсе не умаляет актуальности таких задач. Вопрос существования решений линейных классических задач для линейных дифференциальных (обыкновенных и в частных производных) уравнений к концу 20-х годов уже считался решенным. С этой стороны метод априорных оценок не внес в математический анализ существенной новизны. Более того, в частых случаях этот метод дает возможность доказать существование лишь так называемых слабых решений, не обладающих необходимыми свойствами гладкости и иногда даже не представляющих собой функций.

Важные научные результаты были получены в Грузии при изучении таких вопросов теории функций действительной переменной и функционального анализа, которые связаны с мерностью множеств и функций, как в конечных, так и в бесконечных банаховых пространствах. Эти результаты сыграли определенную роль, с одной стороны, при детальном изучении интегральных представлений решений эллиптических уравнений, в частности, гармонических функций, когда плотности принадлежат к широкому классу мерных функций, а с другой — при изучении задач распределения в банаховых пространствах. Кроме того, определенные успехи были достигнуты в решении проблемы продолжения мер, которая долгое время оставалась открытой в абстрактной теории мер.

Выше речь шла о достижениях грузинских ученых в математическом анализе. Необходимо сказать несколько слов и о перспективах на будущее. Надо отметить, что основная тематика исследований грузинских математиков является продолжением до настоящего времени уже хорошо известной тематики, теоретическая и практическая ценность которой не вызывает сомнений. Фундаментальность некоторых полученных в Грузии в этом направлении результатов признана международной научной мыслью».

Довольно тяжелая ситуация сложилась в расположенных в Тбилиси математических учреждениях в деле подключения к коллективной работе тех сотрудников, у которых одна тематика. Кроме того, существует опасность, что после смерти Н. Мусхелишвили и И. Векуа мы можем потерять традиционную инициативу в деле проведения научных исследований по комплексному анализу и его применению.

Проведенные в конце 1981 года выборы в отделении математики Академии наук СССР, вызвали у И. Виноградова такое возмущение, что у него — в его служебном кабинете — произошло кровоизлияние в мозг, после которого он, правда, выжил и снова считался директором Института математики им. Стеклова, но ходить на работу уже не мог.

Виноградов был уверен в том, что его намеренно ввели в заблуждение Л. Понтрягин и В. Владимиров, при упоминании их имен его бросало в дрожь. Ему казалось несправедливым избрание инженера В. Мельникова академиком на вакантное место по математике. Понтрягин же уверял всех, что последний не имеет себе равных во всем мире, как создатель электронно-вычислительных машин, в то время как на самом деле, по мнению Виноградова, он даже не понимал назначения вычислительных машин. Понтрягин и Владимиров знали об этом, но избранием Мельникова перекрыли путь избранию в академики неугодного им кандидата, и притом полагали, что смогут рассчитывать на голос Мельникова при следующих выборах.

В первой половине 1982 года я несколько раз виделся с Виноградовым по его просьбе. Он с удовольствием вспоминал лучшие моменты своей жизни и деятельности из прошлого, но с нескрываемым неодобрением относился к сложившейся в современной математике обстановке.

В августе 1982 года он вновь пригласил меня к себе на дачу в Абрамцево. Принял очень ласково, угостил, но при прощании попенял на то, что я не проявил достаточной твердости и присущей мне отваги и, видя, что он со всех сторон окружен проходимцами, не открыл ему глаза, чтобы он мог бороться с этим безобразием. А в результате принесен в жертву институт. После этого мне оставалось только сказать несколько обнадеживающих слов и проститься с обиженным хозяином.

Февраль 1983 года я провел в санатории «Узкое», напряженно работая над своей книгой «Основы теории аналитических функций комплексной переменной». Многое нужно было добавить к этому труду, который в третьем издании должен был выйти из печати в IV квартале 1984 года с грифом учебника. В этом же санатории, по соседству со мной, находился уже совсем состарившийся И. Виноградов, который болезненно переносил процесс расставания «души с телом». 20 марта он скончался на девяносто втором году жизни.

Похоронили его на Новодевичьем кладбище. Я написал о нем некролог, который был опубликован в центральной прессе нашей страны. Некролог подписали члены правительства и ведущие ученые (мое имя, разумеется, вполне справедливо упомянуто не было).

В январе 1982 года Е. Харадзе пригласил меня для беседы в связи с проведением очередных выборов в Академию наук Грузинской ССР.

— Дорогой Андро, как вы думаете, целесообразно ли будет провести в этом году очередные выборы в нашу Академию?

— Думаю, что, безусловно, целесообразно, — ответил я.

— На прошлых выборах мы допустили серьезный промах, потеряли вакантное место действительного члена по математике. Не лучше ли будет воздержаться в этом году от открытия вакантных мест действительных членов по математике и физике?

— Волков бояться — в лес не ходить. На этот раз нам будет нетрудно избежать подобного промаха. Я считаю, нужно обязательно открыть по одному вакантному месту действительных членов по математике и физике.

— Андро! Не скажете ли, кто, по вашему мнению, имеет шансы занять эти места?

— Мне кажется, самым справедливым будет избрать на эти места Бориса Хведелидзе по математике и Гоги Харадзе по физике.

— Вам хорошо известно, что В. Купрадзе и Н. Векуа сделают все, для того чтобы академиком стал Т. Гегелиа, а Гоги — мой племянник, и этого вполне достаточно для того, чтобы его не избрали действительным членом по физике.

— Я думаю, дорогой Евгений, что вы ошибаетесь относительно моральных качеств большинства членов нашего отделения. Поверьте, есть все шансы, чтобы эти двое ученых были избраны действительными членами нашей Академии.

— Андро, вы не обидитесь, если я попрошу вас выразить это ваше мнение на бумаге и отдать этот документ мне, чтобы я имел возможность воспользоваться им, когда в президиуме Академии и в директивных органах республики встанет вопрос об открытии вакантных мест в нашей Академии?

Я, не колеблясь, удовлетворил эту просьбу Харадзе. И, действительно, было принято решение об открытии по одному вакантному месту действительных членов по математике и физике для проведения выборов в 1983 году.

Выборной комиссии пришлось работать в весьма сложной обстановке. Благодаря поддержке В. Владимирова и А. Гончара, Купрадзе и Векуа сумели бросить тень на кандидатуру Б. Хведелидзе, когда отделение математики АН

СССР рассматривало кандидатуры по линии математики для избрания в Академию наук Грузии. Кандидатура же Гегелиа получила единогласную поддержку (на заседании бюро я по уважительной причине не присутствовал).

Выборы были назначены на апрель 1983 года. Несколько пользовавшихся влиянием московских математиков советовали мне проявить терпимость и смириться с мыслью, что грузинские математики, безусловно, выберут в академики Гегелиа. Я только улыбался им в ответ, а в душе думал: «О, как правильно говорили в Грузии во времена моего детства — утро вечера мудренее». Я был уверен, что после выборов им, скорее, придется успокаивать не меня, а Купрадзе и Н. Векуа.

Так оно и вышло. В экспертно-выборную комиссию отделения математики и физики входили В. Купрадзе, Н. Векуа, Э. Андроникашвили, Г. Чогошвили, Р. Гамкрелидзе, А. Тавхелидзе и я. Все считали, что Купрадзе «готовится отдать Богу душу» и в работе комиссии участия не примет, но, к всеобщему удивлению, в начале заседания открылась дверь отделения математики и физики и вошел улыбающийся Купрадзе. Разумеется, все поднялись со своих мест и почтительно приветствовали вошедшего. Он зачитал довольно пространную характеристику научной деятельности Гегелиа и призвал нас единодушно поддержать его избрание в академики. Начали готовиться к голосованию. В зале остались только Купрадзе, Андроникашвили и я. Купрадзе с печалью в голосе сказал нам:

— Я, наверное, в последний раз вижу вас, дорогой Элефтер, и вас, дорогой Андро. Если хотите, можете счесть мои слова завещанием, я очень прошу вас помочь мне в деле избрания Гегелиа академиком.

— То, что вы говорите, будто мы видимся в последний раз, очевидно, следует приписать вашему пессимистическому настрою, Виктор Дмитриевич, а что касается вашей просьбы, то я ее, безусловно, учту, — ответил Андроникашвили.

— А вы, дорогой Андро? — теперь Купрадзе обратился уже прямо ко мне.

— Дай Бог вам долгой жизни, дорогой Виктор! Есть грузинская пословица «Зрелыми кидались, а незрелые падали». Не предавайтесь унынию, если вас и правда что-то

427

беспокоит, то медицина сейчас творит чудеса, и вы скоро поправитесь. Что же касается выборов в Академию наук, то в этом деле здравый смысл должен превалировать над чувствами, а в выборах пусть победит достойнейший.

В проведенном экспертной комиссией голосовании приняли участие все семь ее членов. Хведелидзе получил шесть голосов, Гегелиа, Харадзе и Жижиашвили — по пять, но это почти ничего не значило. На общем выборном собрании отделения все могло сложиться иначе. Так и случилось. Из девяти голосов действительных членов отделения в первом туре по шесть голосов получили Гегелиа, Жижиашвили и Хведелидзе. Возникла необходимость в проведении следующего тура.

На состоявшемся перед вторым туром обсуждении с довольно пространной речью выступил Н. Векуа, который дал очень высокую оценку научным достижениям Гегелиа, заявив, что считает его единственным достойным кандидатом на вакантное место академика по математике. В конце своей речи он не преминул заметить, что, возможно, сейчас сюда выйдет кто-нибудь из его коллег, который будет говорить об ошибке, допущенной Гегелиа. Такая ошибка и вправду закралась в один из его трудов, но эта ошибка в действительности была допущена Хведелидзе, а Гегелиа лишь повторил ее, и если, мол, и надо кого обвинять в этой ошибке, то, прежде всего, Хведелидзе, а не Гегелиа. Последний являлся лишь соавтором известной во всем мире книги «Пространственные задачи теории упругости», английскому изданию которой дал очень высокую оценку известный ученый Снедон в своей рецензии, которая была опубликована в бюллетени математического общества Америки в 1980 году (том 3, №2).

После Векуа с речью выступил я, отметив, что в трудах Хведелидзе нет никакой ошибки. В одной из его теорем случайно пропущено несколько слов, и если считать это ошибкой, то Хведелидзе уже исправил ее в последующих трудах. Гегелиа пытался эту теорему Хведелидзе перенести на многомерные сингулярные уравнения, однако он не заметил, что при доказательстве допустил грубую ошибку, поскольку упомянутая теорема действительна только для одномерных сингулярных уравнений. Что же касается монографии В.

Купрадзе, Т. Гегелиа, Т. Бурчуладзе и М. Башалейшвили, о которой говорил Векуа, то я прямо заявил, что в рецензии Снедона упомянутая монография не получила не только высокой, но даже и положительной оценки.

В своей рецензии Снедон дает пространный обзор математической теории упругости. Он, правда, дал высокую оценку выполненным в прошлом веке в этом направлении классическим исследованиям. На 870-й странице (ниже приведены соответствующие страницы из рецензии Снедона) рецензент пишет:

В XX веке единственной научной школой, которая может претендовать на классичность, является советская школа Н. Мусхелишвили. Ее основная заслуга в изучении двумерных задач с применением теории функций комплексной переменной, хотя об этом говорится довольно скупо в (29) (имеется в виду из всех указанных номеров номер того труда, соавтором которого является сам Н. Мусхелишвили). Рецензионная книга В. Купрадзе и его соавторов посвящена методу потенциалов. В линейной теории упругости, которой посвящена книга В. Купрадзе и др., главное то, что тензор деформации бесконечно мал. В XX веке, особенно в довоенные годы, внимание исследователей теории упругости привлекли краевые задачи. Успешно были разработаны методы построения приближенных решений и методы Мусхелишвили и его последователей, которые известны под именем методов комплексного анализа. На долю этих методов, наряду с методами Винера-Хопфа, выпал особый успех в деле изучения так называемых плоских задач. К сожалению, их применение для изучения пространственных задач слишком затруднено (стр. 873).

В более поздних трудах (18) (рецензент имеет в виду статью двух японских авторов) изучены первая и вторая пространственные задачи. Купрадзе (21) считает, что в этом труде теория Фредгольма применена некорректно, хотя не сомневается в правильности полученных результатов (стр. 874). Купрадзе и его ученики (самые выдающиеся из которых, наверное, являются соавторами книги) применяют двумерные сингулярные уравнения (стр.874).

В рецензионной книге вообще не упоминаются исследования Синьорини и его последователей. Возможно, из поля зрения автора выпали фундаментальные труды крупного современного специалиста Фикеры (8). То, что они не указываются в русском издании книги трудов Лионса и Стампакья (24), еще можно понять, поскольку в то время упомянутый труд этих авторов еще находился в печати, но в английском издании он уже существовал.

Уменьшает достоинство книги и то обстоятельство, что читателю эта книга сначала может показаться вступлением к теории упругости, но потом он должен будет убедиться, что она является сборником отдельных трудов различного характера. Более ранняя книга Купрадзе (21) имеет, по крайней мере, то преимущество, что у нее ясное назначение и цель. Даже заглавие рецензионной книги, к сожалению, не соответствует ее содержанию, поскольку в ней приведены не решения пространственных задач (как, например, в известной книге Лурье), а речь идет о теоремах существования. Мы должны быть благодарны издательству «Норд Холланд» за то, что оно сделало для нас доступной книгу, которую невозможно было достать, так как тираж тбилисского издания на русском языке всего 1500 экземпляров (стр. 876).

Только это и говорится в рецензии Снедона. Где же тут восхваление?!

Удивляюсь, зачем понадобилось Векуа ссылаться на упомянутую рецензию для оценки научных заслуг Гегелиа. Странно, если не сказать сильнее, что Нико Векуа почти во всех своих более или менее значительных трудах опирается на научные результаты Бориса Хведелидзе и в то же время не считает его достойным звания академика.

Эти мои слова заставили задуматься А. Тавхелидзе, Е. Харадзе, Г. Чогошвили, И. Гвердцители и Э. Андроникашвили (Купрадзе участвовал в голосовании, но на выборном собрании не присутствовал). В результате голосования академиком был избран Хведелидзе семью голосами из девяти. Для грузинского математического общества это было торжеством справедливости.

430

Наука — не что иное, как накопленный в производственной практике общества положительный опыт, хорошо проанализированный и обобщенный людьми, которые обладают способностями и носят имя ученых.

Хорошо известно, что в процессе строительства нашего общества было допущено много и притом очень серьезных ошибок. Утверждать, что когда идешь по нехоженой дороге, трудно избежать неприятных неожиданностей, не облегчает тяжесть понесенных жертв. Основные причины ошибок нужно искать в сфере тех негативных явлений, которые существуют в политической, экономической, гуманитарных и естественных науках.

Советскому научному обществу навязывали беспринципные «дискуссии» по биологии и сельскохозяйственным наукам, зашли в тупик перспективные научные направления научно-технического профиля в кибернетике, генетике, химии и т.д. Были попытки «научно обосновать» игнорирование решающей роли тяжелой промышленности при создании материально-технической базы коммунизма. Негативные явления часто имели и продолжают иметь место почти во всех сферах нашей жизни, но они искусно маскируются и потому представляют большую опасность в науке. Бороться с ними в научных учреждениях и в высших учебных заведениях гораздо сложнее, чем в сельскохозяйственных и производственных учреждениях, в торговых или других потребительских организациях.

Легко распознать бездарного писателя, поэта, музыканта, исполнителя музыки, художника, архитектора, врача, в то время, как бездарный ученый может сделать головокружительную карьеру, если совесть и честь для него ничего не значат. Учитывая горький опыт прошлого, мы должны сделать все, для того чтобы хотя бы в будущем не допускать роковых ошибок в нашей благородной и ответственной деятельности.

Не вызывает сомнений, что порой на пути развития науки возникают важные научные проблемы, требующие внутреннего, логического предвидения, но настоящую цену полученных результатов определяет та роль, которую они призваны исполнять в прямом или косвенном удовлетворении потребностей производственной практики. Те, кто в науке руководствуется только принципом чистого предвидения, приводят в пример Леверье и говорят — он, мол, открыл планету Нептун на кончике пера. В действительности же ясно, что причиной аномалии в движении планеты Уран по своей орбите должно было быть еще неизвестное небесное тело из той же солнечной системы. Под влиянием Араго Леверье заинтересовался этим вопросом и с учетом уже накопившегося в астрономии опыта математически вычислил время и местоположение планеты, которую вскоре обнаружил Гале, и сегодня она известна нам под именем Нептуна.

Вызывает определенные сомнения, если не сказать больше, разделение нерешенных научных вопросов на фундаментальные и прикладные проблемы. Тот, кто это делает, без сомнения, считает, что прикладная проблема возникает в производственной практике и в ее решении нуждается само производство. Однако не были ли такими проблемы, которые решены Архимедом, Паскалем, Ньютоном, Эйлером, Гауссом, Гельмгольцем, Максвеллом, Больцманом, Чебышевым, Эйнштейном, Джоном фон Рейманом и другими, являющимися фундаментом для сегодняшней математики, физики, механики и техники? Разве не настало время окончательно определить, какие из современных научных проблем нужно отнести к фундаментальным, для того, чтобы дать соответствующую оценку деятельности человека, независимо от того, занимается ли он теоретической или прикладной наукой?

Работающим в прикладной отрасли науки труднее всего получить научную степень или звание, от которых, как правило, зависит их материальное состояние и привилегии. У них даже не остается времени думать о научных степенях и званиях.

С разделением объектов исследования на фундаментальные и прикладные связаны также трудности при внедрении научных результатов. Безусловно, есть люди, в том числе и занимающие высокое положение, которые препятствуют переводу производства на прогрессивные рельсы, но невозможно представить, чтобы в этом мире не оказалось пользователей уже обнародованных, решенных фундаментальных проблем. Наверное, правильным будет считать, что органический союз между наукой и производством, равноправное партнерство между научными и производственными учреждениями устранят все трудности, связанные с «внедрением». Только таким путем и можно предотвратить нередкие случаи, когда «открытие» с ярлыком якобы высокой ценности, оказывается только средством сделать карьеру.

Иногда с довольно высокой трибуны мы слышим призыв — готовить «организаторов науки». Говорящие так либо не знают, либо забыли то обстоятельство, что рядовой ученый не может стать настоящим организатором науки. Научный коллектив работает под руководством того руководителя, за которым можно смело идти, и который является автором новых научных направлений, хорошо разбирается в созданных другими научных направлениях, и личный научный вклад которого признан повсеместно в одной из отраслей, в которых работают ученые всего мира.

В номере газеты «Правда» от 12 января 1983 года А. Александров писал об И. Курчатове «Не было руководителя, лучше И. Курчатова, когда велись работы по обработке урана. Он был не только величайшим ученым и талантливейшим организатором науки, блестящим экспериментатором, но и необычайно добродушным человеком. Работать с ним было одно удовольствие».

Разве не свидетельствует это о том, что наш долг — подготовить самых талантливых ученых, отбирая их из числа молодежи, обладающей высокими человеческими достоинствами, и отдавая себе отчет в том, что некоторым из них, хотя бы на несколько лет, предстоит взять на себя тяжелый груз руководства коллективом ученых, т.е. роль организатора науки?

Во всех других случаях лицо, возведенное в ранг организатора науки, рано или поздно проявит свою научную беспомощность, начнет льстить своим протекторам и высокомерно держаться со своими сотрудниками, а в результате пострадает то дело, которое он возглавляет. Там, где во главе научного учреждения или его подразделения стоят случайно возвысившиеся «ученые», будет нарушена и трудовая дисциплина, потому что сотрудники учреждения не знают, чем они должны заниматься каждый день в своих рабочих кабинетах, они теряют свою творческую форму и, естественно, не чувствуют ответственности за выполнение плана научно-исследовательских работ.

Неправильное понимание назначения науки, самой роли ученого является причиной бесконечных безобразных, позорных явлений в наших учреждениях и в высших учебных заведениях. Мы избегаем говорить о них, поэтому, естественно, трудно бороться с ними. Мы дошли до того, что люди порой не понимают или не желают понять той непреложной истины, что во всем многообразии трудовой деятельности самым трудным является труд ученого. Если не корыстолюбию, игнорированию интересов общества, то чему же приписать то, что совершенно неподходящие для научного творчества лица (а число их не так уж мало) легко получают за свою научную деятельность ученые степени и звания (в том числе и звание академиков)?

Лицемерие, пролезание в дом, угощение, подношение подарков, которые ничем не отличаются от коррупции, стали самыми удобными способами в руках тех, кто совершенно не подходит для науки и может только нанести ей ущерб. Среди них самые опасные — те, кто всеми правдами и неправдами сумели добиться высоких званий и должностей. Ненасытные, желающие разбогатеть за счет других, подобные псевдо-ученые становятся более непригодными для общества, чем их покровители. Кто не желает заискивать перед ними, не приносит им солидных взяток, не проявляет к ним большой «верности», когда они начинают выступать против своих же протекторов, — на головы тех обрушивается их гнев и всяческие беды, а их талант и способности ни во что не ставятся. Вместо того чтобы радоваться чужим успехам, они вступают во вражду с их авторами, критика и самокритика для них не существует, они выдвигают на передовые позиции своих бездарных учеников и родственников, снабжают их охранными грамотами и делают все, для того чтобы занять монопольное положение в науке. В то время, когда обществу так необходимы решение сложных, комплексных проблем, слаженная работа и партнерство научных коллективов разного профиля, они считают последней инстанцией истины свои бредовые «идеи», сеют рознь и раскол как внутри коллектива, так и между коллективами.

Как уже неоднократно говорилось, наука и, в частности, математика служат удовлетворению потребностей производственной практики. Сложилось такое положение, что большинство наших ученых совсем не думают о том, нужны ли обществу плоды их научной деятельности (или будут ли нужны в будущем). Сегодня ученые стран Запада играют большую роль в ускорении научно-технического прогресса в этих странах. Научные учреждения упомянутых стран поддерживают постоянную связь с производственными учреждениями и, естественно, обеспечение как научных исследований, так и бытовых условий сотрудников этих научных учреждений происходит соответственно тому, на каком уровне выполняют они возложенные на них обязательства.

Ученого, который желает превратить исследовательскую работу в объект своего удовольствия, ни один спонсор, ни одно учреждение западной страны не воспримет всерьез, если полученный им результат непригоден для внедрения в производственную практику. Мы же часто забываем об этом и заботимся только о том, чтобы за счет науки улучшить собственную жизнь. Если мы сами не изменим существующее положение, то оно тяжелым грузом ляжет на плечи нашего общества, и жизнь нам этого не простит.

Глава XVII

Январь 1983 года я провел в санатории «Узкое» Академии наук СССР. Правда, сейчас «Узкое» находится в пределах Москвы, но здесь совсем не ощущается характерной для большого города утомляемости. Наоборот, сохранена характерная для средней зоны европейской России природа и климат. Для отдыхающих в санатории созданы все условия. Каждодневная двухчасовая прогулка на лыжах в лесу, хорошее медицинское обслуживание и рациональное питание стали для меня живительным «эликсиром». Остальное время я занимался исследовательской работой. Пребывание в санатории было плодотворным также и с этой стороны. В последнее время я увлекся поиском точных решений уравнений калиброванных полей и сумел найти новый класс таких решений.

Я решил рассказать об этих результатах в своем часовом докладе на международном симпозиуме в Карл-Маркс-Штадте (ГДР), который должен был состояться в конце июля. Если я сумею еще расширить класс упомянутых решений, наверное, меня не попрекнут, если я выступлю в августе с этим же докладом на международном конгрессе математиков в Варшаве. Но, как говорится, «человек предполагает, а Бог располагает». Кто знает, как пойдет у меня работа в Тбилиси?

Виктору Купрадзе в этом году исполняется восемьдесят лет, и в связи с этой юбилейной датой, по всей видимости, он готовит против меня новые козни. Он никак не может успокоиться с тех пор, как нет Н. Мусхелишвили и И. Векуа, и свою ненависть к ним перенес на меня. А кому я когда-либо сделал что плохое, что мне всячески отравляют жизнь в Тбилиси?!

Дела в институте идут хорошо, но Купрадзе и его приспешники сумели найти недовольных среди ненаучного персонала — бывшего заведующего отделом энергетики С. Лалиашвили и бывшего старшего бухгалтера Н. Чахвашвили. Этих лиц вполне справедливо сместили с их должностей, но

437

они постоянно жалуются на администрацию института. Купрадзе старается с помощью своих знакомых привлечь их на свою сторону в борьбе со мной. Он подстрекает их, дает наставления и даже оказывает им покровительство. Смещение их с должностей было признано законным на всех уровнях — юридическом, административном и профсоюзном, но они все никак не могут успокоиться и нам не дают покоя.

В феврале я уже был в Тбилиси. Без меня в институте слегка застопорилась работа научных семинаров, но сейчас все вошло в норму. Хорошая научная молодежь подрастает в институте, и нужно оказывать ей всяческую поддержку. Мешать им просто грех.

Было приятно, что приказом президиума Верховного совета Грузинской ССР мне было присвоено почетное звание заслуженного деятеля науки Грузинской ССР. К сожалению, это обстоятельство вызвало еще большее раздражение моих недоброжелателей в институте. Они думали только о том, что бы предпринять для того, чтобы вынудить меня уйти с поста руководителя этого учреждения. Рано или поздно порядочные люди (которые составляют большинство), безусловно, убедятся в том, что Виктором Купрадзе движет постоянное стремление к лидерству в науке. Эта черта сохранилась в нем и до сих пор. Сейчас, как никогда прежде, от него можно было ожидать чего угодно. Правильно говорится, что «осенняя муха сильнее кусает». Кто знает, какие беды обрушатся на мою голову по его милости?! Можно ждать всего, но что поделаешь, «беду надо встречать достойно».

Национальный комитет математиков СССР поручил мне укомплектовать группу грузинских математиков для поездки в Варшаву на международный математический конгресс. Я стараюсь коллективным путем справиться с этим как можно лучше. Обратился к руководителям математических учреждений со специальным письмом, в котором просил помочь мне подобрать подходящих кандидатов. Все согласились на это, кроме дирекции Тбилисского института математики им. А. Размадзе во главе с Н. Векуа. Именно Векуа по заданию Купрадзе старается помешать мне в этом деле и по возможности вообще сорвать его. Он задаривает В.

Владимирова и С. Никольского, чтобы восстановить их против меня, и первого из них даже уже можно считать подкупленным, в то время как второй пока еще только «сомневается» в моей порядочности. Посмотрим, что мне принесет будущее.

В конце июня делегация из девяти математиков приняла участие в работе вышеупомянутого симпозиума в Карл-Маркс-штадте. Обязанности руководителя делегации выполнял я. Еще в Москве при формировании упомянутой делегации имел место один неприятный казус. Руководство управления по международным связям АН СССР уведомило меня, что при оформлении тбилисского математика, кандидата в члены делегации Бурчуладзе возникли сложности из-за того, что на первой странице полученного из Тбилиси специального письма было написано «Дело Т. Бурчуладзе», а все остальные документы оформлены на имя некоего Квеситадзе. На анкете же наклеена фотография Бурчуладзе. Выяснилось, что эту штуку проделал сам Бурчуладзе. Он хотел оформить себе командировку на 1983 год в два зарубежных государства — в ГДР и Польшу.

Бурчуладзе не принадлежал к ученым того ранга, для которых могли сделать такое исключение. Поэтому он придумал фамилию Квеситадзе, а в Москве с помощью «друзей» и подкупа Н. Морозовой (в обязанности которой входило оформление дел командированных в ГДР лиц) сумел получить заграничный паспорт для поездки в ГДР. Ему не нужна была валюта, поскольку у него имелось приглашение из ГДР, и это облегчало дело.

В Карл-Маркс-штадте выяснилось, что личное приглашение в ГДР прислано Бурчуладзе неким Нези. Мы нашли этого человека, как-то сумели поселить Бурчуладзе в студенческом общежитии и устроить ему ежедневный паек. Бурчуладзе же счел, что его притесняют, и во всем обвинил меня, как главу делегации. Мне пришлось воспользоваться своими правами и сделать так, чтобы немцы признали Бурчуладзе полноправным членом делегации. Удалось даже вынести его доклад Бурчуладзе на симпозиум, что заставило Бурчуладзе окончательно возомнить о себе. Хорошо еще, что неуспех его доклада немного сбил с него спесь. Более того, меня предупредили, что Бурчуладзе занял у немецких коллег валюту и приобретает на нее много вещей в Карл-Маркс-штадте.

Однажды вечером я со стесненным сердцем вызвал Бурчуладзе на разговор:

— Тенгиз, кто такой Квеситадзе?

— Что еще за Квеситадзе, я об этом ничего не знаю.

— То есть, как не знаете, Тенгиз? К вашим тбилисским документам были подшиты документы Квеситадзе с вашей фотографией. Я видел это своими глазами.

— Не знаю, что вы там видели, сейчас я являюсь членом делегации и никому не позволю себя притеснять.

— А откуда вы взяли валюту?

— О-о, вам уже и это известно? Ну дайте только вернуться в Советский Союз, уж там я сумею разделаться с вами, — сказал он мне с угрозой в голосе.

— Тенгиз, сделайте хотя бы так, чтобы у вас не оказалось много товаров одного наименования, на границе нас могут проверить. Вы попадете в неловкое положение, а товар у вас будет изъят.

— Занимайся-ка лучше своим делом, кто ты там есть, а обо мне не беспокойся. Немцы не станут проверять мой чемодан, а в Советском Союзе у меня друзья-чекисты, которые не дадут меня в обиду, — отпарировал Бурчуладзе.

Он вернулся вместе с нами с набитым разным добром чемоданом. На таможне его никто не проверил. На меня он смотрел с победоносным видом.

Научный доклад, прочитанный мной в Карл-Маркс-штадте, я дополнил новыми результатами и стал готовиться к поездке на международный конгресс математиков в Варшаву. В работе этого конгресса участвовало двести математиков из Советского Союза, из них десять — из Грузии. Я входил в делегацию как московский математик. К моему неудовольствию, мне поручили руководство над группой из пятидесяти советских математиков, которые должны были принимать участие в работе секции «дифференциальные уравнения». В делегацию входил, разумеется, и тбилисский математик Бурчуладзе. Хорошо еще, что он принимал участие в работе другой секции, не то, наверное, устроил бы мне какой-нибудь сюрприз и в Варшаве.

На упомянутом конгрессе советская делегация была хорошо укомплектована. Значительную часть делегации составляли известные математики. В Варшаву мы ехали особым поездом. Я оказался в отдельном купе международного вагона и смог хорошо отдохнуть до прибытия на место назначения. К тому же мне надо было подготовиться к докладу на французском языке на заседании секции дифференциальных уравнений в частных производных, пришлось потренироваться в произношении отдельных французских слов и фраз.

В Варшаве советскую делегацию разместили в четырех разных гостиницах. Мне выделили отдельный номер в гостинице «Гранд отель». Номером я был очень доволен — кроме холодильника, в нем было все необходимое. Больше двух третей заказанных докладов советских математиков пришлось на ленинградцев, что было заслугой Д. Фаддеева. Еще по настойчивому требованию И. Виноградова он был рекомендован на пост вице-президента Международной ассоциации математиков, хотя, надо сказать, что Виноградов считал его непримиримым антисемитом. Однако сейчас именно по его инициативе много советских математиков из числа евреев приехало в Варшаву, чтобы принять участие в работе конгресса. С научной точки зрения это, несомненно, имело большое значение.

Странно складывались отношения между покойным Виноградовым и Фаддеевым. Последнего Виноградов с 1974 года считал своим единственным научным наследником и беспримерным лидером в борьбе против советских математиков еврейского происхождения (Виноградов был известен своими антисемитскими взглядами). О причине сближения этих двух известных ученых я узнал в Варшаве от одного из членов делегации, ленинградского математика.

Еще в 1952 году, когда Институт математики им. Стеклова располагался в девятнадцатом номере на Большой Калужской улице, к Виноградову явился совсем еще молодой человек в военной форме советского моряка и попросил аудиенции. И эта аудиенция действительно состоялась. Войдя в назначенное время в кабинет директора и увидев за столом усталого пожилого человека, моряк прямо направился к нему и с тихим возгласом «папа, папа...» обнял его. Виноградов сначала смешался, но скоро пришел в себя и высвободился из объятий моряка.

— Кто вы, молодой человек?

— Я ваш сын, папа.

— То есть как сын, откуда, каким образом?

— Папа, неужели вы не помните Машу Машкову, мою мать?

Виноградов немного подумал и взволнованно сказал:

— Маша, Маша Машкова? Как же, помню, но, насколько мне известно, у нее не было детей.

— Как же не было, папа! Разве в 1933 году моя мать не поделилась с вами своей радостью, когда сообщила вам «Ваня, я беременна от тебя»?

— Погодите, погодите! Тогда она вправду сказала эти слова, но меня убедили в том, что она все выдумала с целью выйти за меня замуж.

— Я все знаю от матери. Ваши сестры Надежда и Августа приняли все меры к тому, чтобы разлучить вас с ней. А моя мать была самолюбивой женщиной, она предпочла лучше расстаться с вами, чем избавиться от меня. Я родился в мае 1934 года вдали от Ленинграда. Вы об этом ничего не знали, папа?

— Это не может быть правдой. Существует ли кто-нибудь, кто мог бы подтвердить сказанное вами?

— Я — Аскольд Иванович Виноградов. Разве этого недостаточно?

— Виноградовых в России много. Я постараюсь навести справки, а сейчас, Аскольд, давайте закончим этот разговор.

— Папа! Я ничего не хочу от вас. Меня с детства увлекла ваша специальность — теория чисел. Я успешно окончил школу, но вместо университета оказался в мореходном училище.

— А почему мать вам не помогла?

— Мама скончалась в Ленинграде во время блокады, а я вырос в детском доме, как сирота. Я знал, что мой отец большой ученый, но из самолюбия, которое, по-видимому, унаследовал от вас, решил не являться к вам.

— А почему же пришли сейчас?

— Меня нашли подруги моей матери и посоветовали придти к вам.

— Не назовете ли имен этих подруг?

— Как же! Во-первых, Вера. В этом деле, прежде всего, принимала участие Вера Фаддеева, старший научный сотрудник ленинградского отделения вашего института, подруга юности моей матери.

При этом имени Виноградов изменился в лице. Он от души ненавидел Веру Фаддееву, супругу Д. Фаддеева, которая всегда самоотверженно защищала математиков-евреев.

— Чего же вы хотите от меня, молодой человек?

— Ровно ничего. Если возможно, пусть ваши сотрудники составят для меня индивидуальную программу по математике для поступления в высшее учебное заведение.

— Если у вас есть соответствующие способности, то я приветствую ваше желание, независимо от того, являюсь я вашим отцом или нет.

Виноградов немедленно вызвал к себе исполняющего обязанности ученого секретаря института Бороздина и попросил его:

— Константин Васильевич, поговорите с этим молодым человеком, познакомьте его с сотрудниками моего отдела Коробовым и Постниковым, чтобы они выяснили, будет ли целесообразно зачислить его по его индивидуальному плану студентом в московский или ленинградский университет.

После этого он повернулся к моряку:

— Аскольд! Идите с Константином Васильевичем Бороздиным и сделайте все, что он сочтет нужным.

На этом разговор между Иваном и Аскольдом Виноградовыми закончился.

Появление А. И. Виноградова перевернуло жизнь И. М. Виноградова. Этот спокойный, сдержанный и полностью лишенный всяких эмоций человек замкнулся в себе. Он усиленно старался припомнить все детали своей жизни в течение 1932 — 1933 года.

Не имевший семьи И. М. Виноградов всегда, когда хотел отвлечься от науки, старался, особенно летом, уехать куда-нибудь подальше от Москвы и проводить время «инкогнито». Так случилось и летом 1932 года. Он решил провести месяц в Домбае, недалеко от Эльбруса. Об этом знал только Б. Делоне. Последний рассказал об этом Вере, невесте его сослуживца Д. Фаддеева.

В середине июля 1933 года Виноградов с рюкзаком за плечами подошел к дощатому туристическому дому в Домбае. О том, кто он такой, он сообщил только директору, для того, чтобы с ним обращались почтительно. Через несколько дней во время прогулки в горах ему повстречалась привлекательная светловолосая молодая девушка, скакавшая по горным тропинкам, как лань.

— По-моему, я сбилась с дороги. Не скажете ли, товарищ прохожий, в каком направлении отсюда Домбай?

— Конечно, скажу. Через час и я должен отправляться в Домбай.

— Нельзя ли и мне пойти с вами?

— Такую спутницу как вы, наверное, нескоро найдешь. Мы, кстати, могли бы прогуляться вместе.

— О, как хорошо, что я имею возможность прогуляться с вами.

Так началось знакомство Виноградова и Маши Машковой, которое продолжилось и в Ленинграде. Оказалось, что у них есть общая знакомая в лице Веры...

В конце лета 1933 года Маша призналась Виноградову, что забеременела и боится сообщить об этом родителям и близким родственникам, опасаясь их гнева. Это известие заставило Виноградова задуматься. Он не хотел покидать Машу в таком положении.

— Как же нам быть, Маша?

— Откуда мне знать! Я очень хочу ребенка, но разве это возможно, ведь я не замужем, Ваня!

— Вы, наверное, имеете в виду брак, Маша?

— Что вы, я еще так молода, мне не время думать о замужестве!

— Я посовещаюсь с сестрами, может быть, мы и поженимся, Маша. Как вы думаете, это, пожалуй, выход из создавшегося положения?

— Я об этом даже не думала, Ваня. Вы большой человек, разве вам подходит такая простая девушка как я?

— При чем тут, подходит или нет. Главное, чтобы мы любили друг друга, Маша.

— Не знаю. Вашим сестрам я, наверное, придусь не по нраву. Они, возможно, даже не захотят разговаривать с такой необразованной девушкой.

Виноградов, уверенный в том, что Маша беременна от него, решил поговорить с сестрами насчет женитьбы. Сестры с недоверием отнеслись к тому, что рассказал им брат. Они подумали, что какая-то нахальная девка хочет прибрать к рукам их Ваню. Виноградов тщетно пытался уговорить сестер согласиться на этот брак.

Прошло время. Виноградов вместе с Институтом математики им. В.А. Стеклова перебрался в Москву, и с тех пор Машу больше не видел.

В начале войны скончалась младшая сестра Виноградова Августа. Институт математики им. В.А. Стеклова был эвакуирован в Казань вместе с его ленинградским отделом. Там же оказалась и семья Фаддеевых с маленьким Людвигом.

— Иван Матвеевич! Наверное, у вас был бы сын возраста Людвига, если бы вы женились тогда на Маше, — сказала как-то Вера Фаддеева Виноградову.

— Как, разве вам что-нибудь известно о Маше?

— Маша, насколько мне известно, осталась в осажденном Ленинграде. Если вам это интересно, я могу узнать о ее местонахождении.

— Нет, сейчас это уже не имеет смысла, Вера Николаевна.

После этого разговора Вера в присутствии Виноградова больше не заикалась о Маше.

Летом 1974 года умерла старшая сестра Виноградова Надежда. Теперь он остался совсем один. Именно тогда Фаддеева еще раз завела с Виноградовым разговор о Маше Машковой.

— Иван Матвеевич, говорят, что ваш сын Аскольд Виноградов стал хорошим математиком.

— Какой еще сын? Какой Аскольд? О чем вы говорите, Вера Николаевна?

— Никто не осмеливался сообщить вам, что в 1934 году у Маши родился сын, которого она назвала Аскольдом, потому что знала ваше пристрастие к старинным русским именам. Аскольд ведь сам пришел к вам сказать, что он — ваш сын. Сначала, по-видимому, эта новость вас очень обрадовала, но, вероятно, ваша старшая сестра Надежда сумела убедить вас, что вас и на этот раз обманывают. Иван Матвеевич! Хорошенько присмотритесь к Аскольду, ведь вы очень похожи!

Фаддеева часто говорила об этом с Виноградовым у него дома, когда специально приезжала для встречи с ним из Ленинграда. В конце концов, Иван Матвеевич поверил, что Аскольд — его сын, за что был очень благодарен Фаддеевой. Она познакомила Виноградова и со своим сыном Людвигом.

Виноградов сделал все от него зависящее, чтобы в 1976 году Людвиг стал действительным членом Академии наук СССР. В этом, конечно, была большая заслуга и Аскольда. Виноградов был весьма благодарен Фаддеевым за то, что те помогли ему найти потерянного сына, а в лице Людвига обрести достойного продолжателя его дела. Людвиг в лицо расточал ему похвалы, одобрял его антисемитскую деятельность и уверял, что эту его линию он обязательно продолжит в будущем. Виноградов скончался, уверенный в искренности слов Людвига Фаддеева. Перед смертью он хотел оставить часть своего имущества Аскольду и часть Людвигу. По какой-то причине сделать это ему не удалось. Как видно, было составлено завещание совершенно другого содержания, якобы выражавшее волю Виноградова.

В ходе варшавского конгресса Людвиг Фаддеев держался очень серьезно. Для него, совершенно справедливо, не имело никакого значения, кто из участников конгресса — еврей, а кто нет. Работа варшавского конгресса математиков прошла весьма успешно. Не оправдался прогноз некоторых западных математиков, утверждавших, что этот конгресс обречен на неудачу. Из всех заказанных докладов с советской стороны не состоялись только два. Фаддеев присутствовал на всех докладах ленинградцев. Под моим председательством на конгрессе были заслушаны доклады итальянского математика Де Джорджи и ленинградца Буслаева. Мой доклад был назначен в подсекции. На нем присутствовало гораздо больше слушателей, чем на некоторых заказанных пленарных докладах. Содержание моего доклада, по-видимому, понравилось слушателям, потому что аплодисменты не смолкали почти целую минуту.

Несмотря на тяжелую политическую обстановку в 1981-83 годах, в Польше, на взгляд постороннего, царило спокойствие. Варшавяне относились к советским делегатам вполне доброжелательно. Руководство конгресса проявило в отношении нас большое гостеприимство. Это заметили представители всех стран-участниц конгресса. Хорошо прошла и заключительная часть конгресса, если не принимать во внимание того, что было принято решение провести очередной международный конгресс в 1986 году в Соединенных штатах.

29 августа мы тем же особым поездом вернулись в Москву, а 30 августа я вылетел самолетом в Тбилиси. Я был рад, что дела в Институте прикладной математики шли нормально. Вычислительные машины работали с полной нагрузкой. Еще в середине августа в институт поступило известие из Академии наук о том, что 31 августа состоится открытие памятника Н. Мусхелишвили. Хотя лично мне никто не прислал приглашения, я по собственной инициативе присутствовал на этой важной церемонии. Памятник показался мне выполненным не на очень высоком уровне. На наскоро сооруженную трибуну пригласили всех академиков, кроме меня. Е. Харадзе, казалось, не замечал, что я тоже нахожусь среди присутствующих. Покрывало с памятника снял Э. Шеварднадзе, теплыми словами почтив при этом память ученого.

В доме сына Мусхелишвили Гурама был накрыт стол. Приглашая к себе некоторых из тех, кто присутствовал на открытии памятника, он подчеркнуто обошел при этом Н. Векуа, который в последнее время старался стереть самую память о Мусхелишвили. Среди гостей из членов правительства были только В. Сирадзе и Д. Чхиквишвили, а из

447

руководства Академии — Е. Харадзе и Э. Сехниашвили. Руководил столом Сехниашвили.

Когда подняли бокалы в память покойного, я, говоря о заслугах Мусхелишвили, упомянул тот большой вклад, который он внес в мировую науку, подчеркнул огромный труд, потраченный им на то, чтобы в Грузии укоренились лучшие научные традиции. Я сказал еще, что по воле народа руководство республики дало высокую оценку заслугам Мусхелишвили, и в знак большого уважения ему поставили рукотворный памятник.

С сентября в Институте прикладной математики им. И. Векуа снова начал работу научный семинар. Кроме того, по моему предложению математическое общество Грузии заслушало впечатления грузинских участников варшавского международного конкурса. Все они, за исключением Бурчуладзе, выступили с короткой информацией на заседании общества, а он даже не соизволил явиться. Проигнорировали это мероприятие и В. Купрадзе с Н. Векуа.

Некоторые тбилисские математики (П. Зерагиа, Б. Хведелидзе, Г. Маниа и т.д.) в разговоре со мной прозрачно намекали, что в ближайшее время в моей работе в Тбилиси надо ожидать кардинальных изменений. Краем уха я слышал, что по инициативе Купрадзе и Векуа готовится коллективная жалоба относительно моей работы в Тбилиси, но подробности мне не были известны. У меня даже не было времени думать об этом, тем более что мне предстояло решить много актуальных вопросов.

В частности, меня заботило то, как будет проходить работа всесоюзной научной школы механики сплошных сред в Кобулети во второй половине октября. Созыв этой школы был запланирован еще в 1981 году по решению президиума Академии наук СССР. Председателем организационного комитета был назначен академик Н.Н. Яненко, а заместителем председателя я. Предполагалось, что в упомянутом мероприятии примут участие более двухсот советских ученых, но вопрос об их размещении, как говорится, висел в воздухе. Мне пришлось преодолеть много трудностей, чтобы уладить это дело.

448

В конце сентября я снова вернулся в Москву к привычной для меня и приятной работе в Институте математики им. В. А. Стеклова. Научный семинар моего отдела привлек многих советских и зарубежных ученых, на его заседаниях, как и всегда, присутствовало много людей.

16 октября моему соавтору книги «Сборник задач по уравнениям математической физики», профессору Инженерно-физического института Д.Ф. Калиниченко должно было исполниться шестьдесят лет. Эту знаменательную дату он отметил банкетом в ресторане «Прага». На банкете присутствовал и я. Гостей было около сотни человек, среди них помощник вице-президента АН СССР Е.П. Велихова и товарищ его студенческих лет В.Ф. Кулешов, рядом с которым я оказался за столом. Кулешов по секрету сообщил мне, что из Грузии на имя президента Академии наук СССР Александрова поступило несколько коллективных жалоб на меня. В одной из них, подписанной сотрудниками Института математики им. А. М. Размадзе, Чичинадзе и Джавахишвили, говорилось, что работа Бицадзе по совместительству в Тбилиси в должности директора Института прикладной математики противоречит советскому законодательству. Жалобщикам сообщили, что Бицадзе относится к категории ученых, для которых такое совместительство допускается в виде исключения. Кулешов добавил, что неизвестно, удовлетворит ли такой ответ тбилисских жалобщиков. После этого я уже не сомневался, что Купрадзе и Векуа объявили мне войну не на жизнь, а на смерть.

Во второй половине октября я уже был в Грузии. Ценой больших хлопот работа научной школы механики сплошных сред в Кобулети была проведена на высоком уровне. Н.Н. Яненко по болезни смог присутствовать лишь на заключительном заседании. Погода в Кобулети стояла солнечная, выдалось много теплых дней. Гости остались весьма довольны как работой школы, так и ласковым приемом, который им оказало Черное море. Мне пришлось поехать из Кобулети в Сухуми, чтобы посмотреть, как идут дела у участников научной школы вычислительной физики. Этой школой руководил А.А. Самарский. На его долю, разумеется, тоже выпал успех.

В конце октября я вернулся из Сухуми в Тбилиси, а оттуда в начале ноября выехал в Москву. В Москве я почувствовал, что очень устал от бесконечной работы и от жизни. С 20 ноября я снова продолжил свою научно-административную деятельность в Тбилиси. По инициативе комсомольского актива Тбилисского университета меня выбрали делегатом университетской конференции комсомола. Мое выступление на конференции зал заседаний встретил горячими аплодисментами, что вызвало явное неудовольствие у ректора университета В. Окуджава.

25 ноября на заседании бюро отделения математики и физики Академии наук Грузинской ССР, членом которого я был с 1981 года, против меня выступил Н. Векуа, назвавший меня «лже-директором». Я, оказывается, мешаю ему работать, и он, мол, этого так не оставит. В ответ я заявил, что до сих пор еще никому не мешал делать свое дело, а что касается приставки «лже», то, видимо, Векуа не очень хорошо владеет грузинским языком и понимает это не так, как следует.

28 ноября на расширенном заседании этого же отделения я рассказал о том, что позволил себе Векуа на заседании бюро, представив при этом документы, подтверждавшие, что я «действительно» являюсь директором.

Срок моей работы в должности директора Тбилисского институте прикладной математики по ходатайству бюро КП Грузии был продлен на 1983/84 год президиумом Академии наук СССР. Узнав об этом, Векуа стремительно выбежал из зала заседаний, пробормотав себе под нос: «Посмотрим еще, что будет завтра». Упомянутое заседание отделения, правда, закончилось в мою пользу, но у меня очень упало настроение. Сочувствующие говорили мне теплые слова, но я уже ничему не верил.

Странное молчание царило в те дни в коллективе Института прикладной математики. Меня вновь вызвали в некоторые инстанции по поводу бывших сотрудников этого института С. Лалиашвили и Н. Чахвашвили. Мне сообщили, что по инициативе Купрадзе и Векуа этим последним посоветовали вновь обжаловать увольнение с работы и пообещали оказать содействие в этом деле. Я узнал, что Соломон Лалиашвили еще в августе месяце явился к заместителю прокурора Грузинской ССР Шарашенидзе и «со слезами на глазах» сообщил ему, что директор Института прикладной математики А. Бицадзе без всякой причины придирался к нему, уволил с работы и оставил его семью без куска хлеба. Купрадзе заранее уведомил Шарашенидзе о том, что обнаглевший Бицадзе без всякой причины притеснял Лалиашвили и ему нужно помочь. Притом Лалиашвили сумел так разжалобить заместителя прокурора, что тот решил опротестовать решение прокурора города Тбилиси, согласно которому увольнение жалобщика с работы было признано законным, и передал дело для рассмотрения в народный суд Орджоникидзевского района Тбилиси. В качестве мотива он привел то обстоятельство, что увольнение Лалиашвили с работы не было согласовано с профорганизацией института.

Дирекции института было хорошо известно, что последнее было вовсе необязательно, поскольку Лалиашвили занимал в институте руководящую должность (он был заведующим отделом энергетики и в его подчинении находились десять сотрудников института). Районный народный суд оказался в неловком положении, однако судья все же нашел выход — из-за истечения срока давности (со дня увольнения Лалиашвили прошло уже два года) он отказался дать делу ход. Но Тенгиз Бурчуладзе и Тенгиз Гегелиа нашептывали Лалиашвили: «Соломон I (так называли его), дела Бицадзе плохи, ты пожалуйся на него в профсоюз и непременно выиграешь дело».

В конце ноября меня вновь вызвали по делу Лалиашвили в республиканский комитет профсоюзов работников высшей школы и научных учреждений. Председатель комитета Дареджан Иоселиани приняла меня любезно, с уважением выслушала меня и, проконсультировавшись с юристами, объявила: «Товарищ Бицадзе. Увольнение Лалиашвили не нуждалось в согласии профсоюза, но с вами все же хочет встретиться секретарь профсоюза республики, чтобы поговорить об этом деле.

После моего ухода Лалиашвили ворвался в кабинет Дареджан Иоселиани и стал обвинять ее в том, что она поддерживает антисемита Бицадзе. На этот раз он заявил, что, действительно, скрывает свое еврейское происхождение (он, оказывается, был кутаисским евреем, о чем я раньше не знал), но Бицадзе, мол, откуда-то об этом узнал и преследует его как еврея. Дареджан Иоселиани выдворила его из своего кабинета и запретила впредь приходить к ней без свидетелей. Профсоюз республики признал законность увольнения Лалиашвили и, таким образом, одно из обвинений, которые были выдвинуты против меня в Грузии, было снято. Как только Чахвашвили узнал о том, чем закончилось дело Лалиашвили, он тоже прекратил выступать против меня.

Как мы уже говорили, значительная часть сотрудников Института прикладной математики в свое время устроилась на работу по протекции, более того, за взятку. Взятками не брезговали почти все заместители Н. Векуа, в особенности этим отличался Р. Кордзадзе. Я полностью очистил институт от принятых таким образом сотрудников, чем нажил себе еще больше врагов.

1 декабря Хведелидзе, Зерагиа и Маниа пригласили меня на ужин в ресторан гостиницы «Аджария». Правда, мне было не до пиров, но отказываться было неудобно.

— Андро! Так и держись, не дай Векуа изгнать тебя из Грузии, очень прошу, — сказал мне Зерагиа.

— Андро! Поликарпэ говорит правду. Не сдавай позиций Коле Векуа, иначе позора не оберешься, прибавил Хведелидзе.

— Что вы ходите вокруг да около, говорите прямо, в чем дело! Вы что, пригласили меня на ужин, чтобы портить мне нервы? — ответил я хозяевам.

— Мой Андро, то, что директорство тебе не по плечу, я хорошо знал, но ты упорно стоишь на своем. Помнишь, в студенческие годы мы звали тебя упрямцем? И разве мы не были правы? Не показал ли ты себя упрямцем, — воскликнул сидевший рядом за столом Маниа.

— Товарищи! Продолжайте ужинать и беседовать, но только без меня. А у меня, сказать правду, нет настроения ни сидеть с вами за столом, ни беседовать, — заявил я, встав из-за стола, и покинул хозяев.

В восемь вечера я уже был в своей квартире, на правительственной даче в Цхнети. Чтобы набраться сил, пришлось проглотить таблетку эунактина, но это мало помогло. Я думал о том, что, наверное, недоброжелатели Н.

Мусхелишвили и И. Векуа, Купрадзе, Зерагиа и Магнарадзе вновь объединились и собираются с помощью Николая Векуа повести атаку уже на меня. Мне казалось невероятным, чтобы, вольно или невольно, в этом деле с ними был заодно и Хведелидзе. Маниа, конечно, по некоторым причинам устраивало, чтобы я покинул Тбилиси. Среди этих причин не последнее место занимало его желание самому стать директором Института прикладной математики им. И. Векуа, что уже давно было его заветной мечтой.

Я вспомнил, что утром ко мне в кабинет заходил Магнарадзе. Оглядев меня с головы до ног и пристально посмотрев мне в глаза, он сказал: «Андро, молодежь говорит о тебе, что ты недобрый человек, не давай им повода так думать, очень прошу». Я ответил ему, что все, что он сейчас сказал, чистая ложь и посоветовал впредь не вести со мной подобных разговоров. На этом наша встреча закончилась.

В полночь эунактин, наконец, подействовал, и я заснул, весь во власти этих неприятных дум.

2 декабря из Москвы позвонила Нина и сообщила, что меня ищет президент Академии наук СССР А.П. Александров в связи с неотложным делом, который просит, чтобы я как можно скорее связался с ним по телефону. В тот же день я много раз пробовал дозвониться до Александрова, но тщетно. 3 декабря телефонный разговор, наконец, состоялся, для чего мне пришлось воспользоваться правительственным телефоном, который стоял в кабинете президента Академии наук Грузинской ССР.

— Анатолий Петрович, мне сообщили, что вы меня ищете. Сейчас я нахожусь в Тбилиси и говорю отсюда.

— Андро Васильевич, хорошо, что вы хотя бы по телефону сумели связаться со мной. Дело в том, что товарищ Соломенцев из комиссии партийного контроля прислал мне на рассмотрение поступившую к нему жалобу относительно вашей работы по совместительству в Тбилиси. Жалоба не анонимная, ее подписали пять человек.

— Что вы мне посоветуете, Анатолий Петрович? Как мне поступить?

— Во-первых, на вас жалуются не с постоянного места работы, то есть не из Москвы, а с места работы по совместительству, из Тбилиси. Во-вторых, где находится ваша квартира? Где вы прописаны?

— В Москве.

— Тогда мой вам совет — немедленно пишите заявление об освобождении вас с работы по совместительству в Тбилиси. Если вы последуете моему совету, тогда мой ответ товарищу Соломенцеву будет вполне однозначным: «Товарищ Бицадзе уже не работает в Тбилиси, он находится на постоянной работе в Москве, и на этом дело можно считать законченным». Вы хорошо поняли, что я вам сказал, товарищ Бицадзе?

— Я все хорошо понял. Большое вам спасибо, Анатолий Петрович, за мудрый совет. Извините, что отнял у вас время.

Я немедленно обратился в Центральный комитет КП Грузии. Оказалось, что Шеварднадзе нездоров и находится у себя на квартире. Меня принял его помощник Л. Мгалоблишвили. Он выслушал меня и сказал, что через час встретится с Шеварднадзе и обо всем ему подробно доложит. Он назначил мне встречу в своем кабинете через два часа, в шесть часов вечера.

В три часа дня я написал два заявления об освобождении меня от должности научного руководителя, директора Института прикладной математики им. И. Векуа при ТГУ — одно на имя ректора университета В. Окуджава, а второе — на имя министра высшего и среднего специального образования Грузинской ССР Д. Чхиквишвили. К обоим заявлениям я приложил объяснительную записку одного и того же содержания, в которой писал, что 3 декабря имел беседу по телефону с президентом Академии наук СССР Александровым по его инициативе. Он сообщил мне, что пять человек из Тбилиси подали на меня жалобу в комиссию партийного контроля СССР по поводу моей работы в Тбилиси по совместительству. Жалобщики считают это незаконным, требуют сместить меня с занимаемой в Тбилиси должности и привлечь к ответственности за ущерб, который я якобы нанес государству тем, что ежемесячно получал зарплату за работу на полставки (за исключением периода отпуска). Кроме того,

Александров сказал мне, что в такой ситуации у меня нет выбора и мне необходимо без промедления освободиться от занимаемой в Тбилиси должности.

Окуджава немедленно удовлетворил мою просьбу, а Чхиквишвили написанное мною на его имя заявление передал на рассмотрение Окуджава. Таким образом, мое освобождение от занимаемой в Тбилиси по совместительству должности свершилось всего за час.

В шесть часов вечера Мгалоблишвили принял меня в Центральном комитете и сообщил, что Э.А. Шеварднадзе поручил секретарю ЦК КП Грузии товарищ Г. Енукидзе подробно ознакомиться с обстоятельствами моего дела и о результатах доложить непосредственно ему. Енукидзе в моем присутствии попытался связаться по телефону с Александровым, но не смог, поскольку абонента не оказалось рядом ни с одним из телефонов (президент Академии наук СССР имеет три правительственных телефона соответственно в трех местах его работы).

— Гурам, не думаю, что Александров даст вам больше информации о моем деле, чем я вам уже сообщил. Ваш с ним разговор будет иметь только то значение, что он из официальных источников узнает о том, что партийное и советское руководство республики не считает меня виновным, а это, насколько мне известно, соответствует действительности.

— Андро, мы довольны вашей деятельностью в Тбилиси и никому не позволим обвинять вас.

— Как видно, жалоба не анонимная, ее подписали пять человек, так что нужно будет ее рассмотреть.

— Мы затребуем эту жалобу и обязательно с ней ознакомимся. Рассмотрение писем трудящихся входит в наши обязанности, но беда в том, что не все, кто жалуется, являются трудящимися.

— Я уверен, что авторами, если не инициаторами этой жалобы являются Купрадзе и Векуа. У меня нет никакого желания бороться с ними, Гурам! Именно поэтому я и решил уйти с занимаемой в Тбилиси должности.

— Это, конечно, ваше право, дорогой Андро! Но знайте, что Центральный комитет считал и считает вашу работу в Тбилиси полезной.

Этим и закончился мой с Енукидзе разговор вечером 3 декабря.

В Цхнети, в той зоне правительственных дач, где я квартировал, было очень тихо. Зимой, в разгар работы в городе, здесь, как правило, никого не было, кроме меня. Думы не давали мне покоя. Сомневаться не приходилось, я совершил ошибку, когда пять лет назад согласился работать по совместительству.

Я проанализировал мою деятельность в Тбилиси за пять последних лет. От ошибок никто не застрахован, но все же, где я допустил ошибку, как руководитель научного учреждения? Ведь я тщательно продумывал каждый свой шаг, зная, что Купрадзе со своими соратниками пристально следят за моей деятельностью, создавая вокруг меня провокационные ситуации, всячески преследуя меня. Однако я держался, старался, чтобы моя деятельность была полезной для Грузии. И сил мне прибавляло то обстоятельство, что подавляющее большинство грузинских ученых (в первую очередь — математиков) были настроены ко мне доброжелательно.

Несмотря на то, что мои бытовые условия в Тбилиси были плохими, и к тому же мне приходилось тратить много энергии. Я мирился со всем этим, потому что результаты научной деятельности коллектива института становились все более значительными.

Мои взаимоотношения с коллективом института (если не принимать во внимание поведение некоторых проходимцев во главе с сыном академика Н. Векуа Дж. Векуа) всегда были деловыми и доброжелательными. Взять хотя бы тот факт, что при встрече со мной сотрудники всегда приветствовали меня улыбкой. Все это придавало мне бодрости и надежд на будущее. О том, что обрушилось на мою голову в течение последних дней, никто из сотрудников пока не знал.

В двенадцать часов ночи тишину квартиры внезапно нарушил телефонный звонок. Сняв трубку, я услышал голос Хведелидзе:

— Андро! Послушай, что ты наделал! Говорят, ты собираешься бросить работу в Тбилиси, это правда?

— Кто тебе об этом сказал, Борис?

— Да об этом в Институте Размадзе все знают.

— А все-таки, что именно они знают, что говорят в институте, Борис?

— Говорят, что тебя вынудили написать заявление об освобождении от должности директора института, это правда?

— Вынудили — не вынудили, дело не в этом. Разве не достаточно того, что я вот уже пять лет по совместительству несу на себе груз ответственности за работу такого большого научного учреждения? И все же, от кого узнали о моем решении?

— Наверное, от руководства университета. Первым источником этих слухов называют проректора З. Поракишвили. Сегодня в коридоре института Размадзе меня остановил Бурчуладзе и сказал мне: «Слышали, Борис, в какую переделку попал Андро Бицадзе? Теперь его не только снимут с должности, но за то, что он незаконно занимал две административные должности в двух разных городах, его дело даже передадут в суд». Сегодня в кабинете у Векуа собрались Гегелиа, Бурчуладзе и Кордзадзе и пили шампанское, празднуя победу над тобой.

— Шампанское и существует для того, чтобы произносить тосты и пить. А праздновать победу надо мной соратникам Купрадзе и Векуа, пожалуй, рановато, мой Борис! Правда, они написали жалобу о том, что я работаю в Тбилиси по совместительству, но их жалоба потеряла силу вследствие моего освобождения от занимаемой в Тбилиси должности на основании моего же заявления. Жалобщики, как видно, не знали, что инициатива о моем директорстве исходила не от меня.

— А заявление о твоем освобождении уже подписано?

— Да, подписано как раз сегодня. Так что с 7 декабря текущего года пост директора Института прикладной математики им. И. Векуа свободен.

— А кого ты рекомендуешь на эту должность?

— Я думаю, эту тему лучше не обсуждать по телефону, Борис.

— Мы с Поликарпэ Зерагиа договорились завтра встретиться с министром высшего и среднего специального образования Грузинской ССР и поговорить о твоем деле, и мы непременно добьемся изменения принятого решения.

— Если вы желаете мне добра, не предпринимайте этого шага. Впрочем, можете поступать, как вам будет угодно. Мое решение — окончательное, и ничто не заставит меня изменить его.

— Да, но почему ты решил нас покинуть? Тебе ведь известно, что я и многие другие на твоей стороне. Мы никому не позволим тебя обижать.

— Обидеть меня не так просто, Борис! Но уже поздно, мы с тобой заговорились. Лучше нам обоим сейчас отправиться на боковую. Не обижайся, что я прошу прекратить разговор.

— Тогда спокойной ночи, Андро!

— Дай Бог тебе покоя, Борис!

Хотелось верить, что все, только что сказанное Борисом по телефону, шло от души. А почему бы и нет? Кажется, Борис не видел от меня ничего, кроме добра. Вместо того чтобы принимать лекарство перед сном, я решил переключить свои мысли на что-нибудь такое, что подняло бы мне настроение и я смог спокойно уснуть. Завтрашний день будет для меня весьма тяжелым. С утра я должен сообщить ведущим сотрудникам института о моем решении. Поскольку об этом уже известно в Институте им. А. Размадзе, вероятно, эта новость дошла и до сотрудников нашего института, и лучше будет, если они узнают правду от меня.

Как всегда в рабочие дни, 5 декабря в восемь утра в Цхнети из Тбилиси приехала машина, чтобы отвезти меня в наш институт. По лицу шофера, Р. Пераниидзе, было заметно, что он уже знает о моем уходе из института и переживает из-за этого.

— Уважаемый Андро! Неужели вы нас покидаете и возвращаетесь в Москву?

— Это так, Рауль. А кто тебе сообщил о моем решении?

— Вчера в конце дня об этом знал уже весь институт. Конечно, многих очень огорчило ваше решение, да что там многих, всех, кроме Дж. Векуа.

— Ничего, Рауль! Пяти лет на такой тяжелой работе — этого, пожалуй, достаточно, пусть теперь другой возьмет на себя руководство нашим институтом.

— Конечно, только каким он будет, этот другой? Сможет ли он руководить как положено?

— Институт, мой дорогой Рауль, существовал и до меня, и, по-моему, сотрудники были довольны.

— Мало сказать — довольны, уважаемый Андро! Только в последние пять лет коллектив института почувствовал свое истинное назначение. Вы показали хороший пример не только таким, как я, но и всем сотрудникам, вывели нас на правильную дорогу и в помощи не отказывали. Это все видят. А кто знает, что нас ждет в будущем?!

— Руководство республики непременно примет верное решение, они позаботятся об институте. Я уверен, что они найдут подходящего человека на должность директора. Я, со своей стороны, ничего советовать не буду, если меня не спросят. Знаешь ведь поговорку: «Уходя — уходи».

5 декабря все сотрудники явились на работу без опоздания. В девять утра ко мне в кабинет вошли заместитель директора института Д. Гордезиани, секретарь партбюро Р. Девдариани и руководитель группы Н. Схиртладзе. Сразу было заметно, что им уже известно все, что стряслось со мной, и что они переживают это не меньше моего.

— Товарищи, в течение последних двух дней с молниеносной быстротой изменилось мое положение в Тбилиси. Извините, что я до сих пор не ввел вас в курс дела, — такими словами я начал разговор.

Мне понадобился час, чтобы в подробностях ознакомить присутствующих с истинным положением дел. Они окружили меня и внимательно слушали, склонив головы в знак печали. После небольшой паузы я зачитал им официальное письмо, с которым обратился к Чхиквишвили и Окуджаве. В письме я настоятельно рекомендовал назначить директором Института прикладной математики им. И. Векуа Д. Гордезиани. Эта просьба была полностью обоснована.

Покинув мой кабинет, Гордезиани, Девдариани и Схиртладзе, посовещавшись с ведущими сотрудниками, единогласно сочли целесообразным созвать 6 декабря общее собрание сотрудников института для прощания со мной. Руководство университета не поддержало (вернее, не захотело поддержать) идею созыва такого собрания.

Инициаторы проведения собрания были вынуждены по этому поводу обратиться к Чхиквишвили. Он одобрил решение коллектива института и даже высказал желание присутствовать на собрании. Гордезиани, Девдариани и Схиртладзе обратились в ЦК КП Грузии по поводу организации упомянутого мероприятия. В результате этого заведующий отделом науки и школ А. Сакварелидзе связался со мной по правительственному телефону и попросил в пять часов вечера явиться к нему.

Эта встреча состоялась в точно назначенное время. Главной ее целью было уведомить меня, что вечером в пять тридцать меня в своем рабочем кабинете примет Э.А. Шеварднадзе. Встреча с Шеварднадзе и его беседа со мной произвели на меня большое впечатление и принесли мне немалую пользу. Содержание этой беседы по вполне понятным причинам я здесь, конечно, привести не смогу.

А поздно вечером Хведелидзе пригласил меня к себе на квартиру. Там я встретил П. Зерагиа и Дж. Ломинадзе, который настоятельно просил сказать, состоялась ли моя встреча с Шеварднадзе и каково было содержание этой беседы. Я не стал удовлетворять любопытство Дж. Ломинадзе, и он, как я заметил, понял это правильно. Хведелидзе и Зерагиа выразили желание присутствовать на завтрашнем собрании сотрудников института прикладной математики им. И. Векуа. Хотя я не считал это целесообразным, но не стал возражать.

6 декабря состоялось вышеупомянутое собрание, которое почтил своим присутствием Чхиквишвили. Среди гостей были Хведелидзе, Зерагиа, Маниа и Кикнадзе (руководитель группы Института атомной энергетики АН СССР из Москвы). Собрание открыл секретарь партбюро института Р. Девдариани. Он ознакомил присутствующих с повесткой дня, после чего дал слово Чхиквишвили, который зачитал адрес министерства высшего и среднего специального образования республики на мое имя:

Члену-корреспонденту Академии наук СССР,
академику Академии наук Грузинской ССР
Андриа Бицадзе.
Тбилиси, 5 декабря 1983 года.
 Глубокоуважаемый Андро!

Министерство высшего и среднего специального образования республики Грузия от имени коллегии министерства горячо приветствует члена-корреспондента Академии наук СССР, академика Академии наук Грузинской ССР, знаменитого математика нашей страны, заслуженного деятеля науки Грузинской ССР, автора многих известных монографий и научных исследований, достойного наставника и друга молодежи и выражает большую благодарность за то, что по приглашению руководящих органов республики он на протяжении ряда лет руководил Институтом прикладной математики при Тбилисском государственном университете.

В результате Вашей энергичной заботы заметно укрепилась материально-техническая база института, пополнился и оснастился новейшей техникой парк электронно-вычислительных машин, стала разнообразней тематика научных исследований, расширилась сфера разработки актуальных проблем прикладной математики. Сейчас, когда Вы приняли решение остаться работать в Москве, министерство выражает уверенность, что Вы не прервете связей с научными и учебными учреждениями республики, в частности, с Институтом прикладной математики при Тбилисском государственном университете и, как ученый-патриот, с присущим Вам энтузиазмом продолжите заботиться о них и помогать им.

Желаем Вам долгой жизни, здоровья, дальнейших достижений в научной, педагогической и общественной деятельности на благо советского народа.

Министр высшего и среднего специального образования
Грузинской ССР
Д. Чхиквишвили.

Собрание, стоя, горячими овациями встретило эту речь. Еще несколько человек из числа присутствовавших выступили с речами. С довольно пространной речью выступил и Хведелидзе. Под конец председатель собрания дал слово мне. Собрание единогласно приняло постановление:

1. Выражаем сожаление в связи с уходом товарища А. Бицадзе с поста директора института;

2. За успешное руководство институтом, отеческую заботу о коллективе объявить товарищу Андро Васильевичу Бицадзе благодарность;

3. Просить вышестоящие органы утвердить товарища А. Бицадзе научным руководителем института на общественных началах.

Привожу ниже краткое содержание моего выступления на собрании:

«Товарищи! Начиная с 1948 года, я живу и работаю в России. Этого требовала государственная необходимость, и я подчинился ей. Наверное, вы понимаете, что грузину нелегко жить на Севере. Ныне покойный Нико Мусхелишвили не раз поднимал вопрос о моем возвращении на работу в родную республику, но осуществлению его желания помешало сопротивление определенных сил в Грузии, и я так и остался в России. Как вы могли узнать из речи товарища Д. Чхиквишвили, в конце 1978 года по инициативе руководства Грузии мне было поручено возглавить работу вашего коллектива с сохранением моей основной работы в Москве.

В январе 1979 года согласно приказам ректора Тбилисского государственного университета и министра высшего и среднего специального образования я был назначен директором Института прикладной математики им. И. Векуа по совместительству на 0,5 ставки. Работать по совместительству в двух городах нашей страны, правда, было в свое время запрещено Советом Министров СССР по указанию Хрущева, но в моем случае республиканские и союзные директивные органы сочли это возможным. С упомянутой даты до сегодняшнего дня половину своего времени я отдавал работе у вас, на что существовало согласие с моего основного места работы (письмо, выражавшее согласие директора Института математики им. В.А. Стеклова АН СССР И. М. Виноградова и периодически возобновляемое разрешение президента АН СССР А. П. Александрова).

Несмотря на то, что меня никогда особенно не привлекала административная работа, я старался как можно лучше исполнять возложенные на меня обязанности. Вы хорошо помните, с какими трудностями приходилось и приходится сталкиваться вашему институту. Мы действовали вместе с вашим коллективом, чтобы преодолеть эти трудности. Сегодня в институте есть определенные сдвиги в положительную сторону, но это не устраивает нескольких грузинских математиков во главе с В. Купрадзе и Н. Векуа. Упомянутые лица являются вдохновителями тех искусственно созданных препятствий, которые мы не сумели преодолеть.

Сегодня они дошли до того, что, считая незаконной мою работу у вас, обратились в несколько высоких инстанций с письмами о том, чтобы меня сместили с занимаемой в Тбилиси должности. Они написали жалобу против меня в комиссию партийного контроля СССР. Председатель этой комиссии М.С. Соломенцев переслал упомянутую жалобу на рассмотрение президенту Академии наук СССР А. П. Александрову, который хорошо знает всю подоплеку сложившейся здесь обстановки. Настойчивость жалобщиков настолько возмутила его, что он посоветовал мне уйти с поста руководителя вашего коллектива. Я без колебаний согласился на это, и с завтрашнего дня уже не буду вашим директором.

Хочу, чтобы все знали, что я считаю унизительным для себя оказывать сопротивление беспринципным действиям свиты Купрадзе и Векуа. У меня есть моя любимая профессия — математика. А директорство — это не профессия. Мое призвание — служить родине в качестве математика. Будущее рассудит, кто из нас был прав, а кто виноват.

Я принял решение посвятить остаток моих дней научным исследованиям. Другого выхода из создавшегося положения я не вижу. Вчера товарищ Шеварднадзе пригласил меня на встречу. Беседа между нами продлилась почти час и принесла мне большое удовлетворение. А сейчас я прощаюсь с вами и уверен, что многие из вас в курсе тех отношений, которые установились, начиная с 1941 года, между Н. Мусхелишвили и И. Векуа, с одной стороны, и их противниками во главе с В. Купрадзе — с другой.

Выпады последних против меня есть не что иное, как продолжение упомянутых отношений. Мой уход от вас хотя бы в малой степени уменьшит их вражду по отношению к вашему институту. Я знаю, что мои тбилисские противники и в Москве не дадут мне покоя, они подкупят тамошних горе-математиков, чтобы те действовали против меня. Но ничего не поделаешь, как говорится, беду надо пережить.

У Купрадзе и Векуа есть сторонники и среди вас (чего стоит хотя бы один Дж. Векуа). Будьте настороже, работайте так, как этого требует необходимость. Не миритесь со злом. Не может быть, чтобы и на этот раз не оправдался афоризм — добро побеждает зло. Желаю вам больших творческих успехов, радости и счастья».

7 декабря с утра я почувствовал прилив энергии, а в полдень этого же дня вылетел самолетом в Москву.

А.П. Александров

И.М. Виноградов

В.П. Елютин

Э.А. Шеварднадзе

Именной указатель

Александров Александр Данилович (1912 — 1999) — советский и российский ученый, математик, академик АН СССР. Работал в Ленинградском университете с 1933 г. С 1952 по 1964 г. — ректор Ленинградского университета. С 1964 по 1986 — работал в Сибирском отделении АН СССР, откуда вернулся в Ленинград. Научные интересы относятся к специальным разделам высшей геометрии. Ему принадлежат также исследования по основаниям теории относительности и философии. Был мастером спорта СССР по альпинизму.

Александров Павел Сергеевич (1896 — 1982) — советский математик, академик (1953г.), член-корреспондент (1929) АН СССР. С 1921 г. работал в Московском университете. Руководил отделением топологии в Математическом институте АН СССР им. В.А. Стеклова. С 1932 г.— президент, а с 1964 г.— почетный президент Московского математического общества. Основные труды по топологии и теории функций действительного переменного. Александров создал современную топологическую школу, получившую мировое признание; его учениками были академики Л. С. Понтрягин, А. Н. Тихонов и др.

Векуа Илья Нестерович (1907 — 1977) — советский математик и механик, академик Академии наук СССР (1958) и Академии наук Грузинской ССР (1946). Президент Академии наук Грузинской ССР (с 1972). Первый ректор Новосибирского государственного университета (1959 — 1964). Работал в Тбилисском (1940 — 1953 г., 1965 — 1972 г.) и Московском(1952 — 1954 г.) университетах и в Математическом институте им. В.А. Стеклова АН СССР (1955 — 1958 г.). Член Генеральной ассамблеи международного союза по теоретической и прикладной механике. Иностранный член академий наук ГДР, Италии, Польши, Датского центра прикладной математики и механики и др. научных обществ. Внес большой вклад в теорию одномерных сингулярных интегральных уравнений, открыл и исследовал новый класс нефредгольмовых эллиптических краевых задач. В области механики предложил новый вариант математической теории упругих оболочек. Принимал непосредственное участие в разработке проекта создания Сибирского отделения Академии наук СССР. Лауреат Государственной премии СССР (1950 и 1984) и Ленинской премии (1963). Его именем назван Институт прикладной математики Тбилисского университета.

Векуа Николай Петрович (1913 —1994) — советский математик, академик АН Грузинской ССР (1960), заслуженный деятель науки Грузинской ССР (1966). С 1938 г. работал в Математическом институте АН Грузинской ССР (с 1947 г. — профессор, с 1976 г. — директор). Одновременно с 1962 г. — профессор Тбилисского университета. Основные направления исследований — теория функций комплексного переменного, дифференциальные уравнения с частными производными, интегральные уравнения. Математические труды относятся к теории сингулярных интегральных уравнений, граничным задачам теории функций комплексного переменного и интегро-дифференциальным уравнениям. Удостоен многих правительственных наград.

Виноградов Иван Матвеевич (1891 — 1983) — советский ученый, математик. С 1934 г. — директор Математического института им. В.А. Стеклова, отработал в этой должности более 45 лет (с перерывом с октября 1941 по февраль 1944). Был председателем Национального комитета советских математиков, главным редактором «Математической энциклопедии». Иностранный член Лондонского королевского общества (1942), Национальной академии в Риме (1958), германской академии естествоиспытателей (1962) и т.д. Главное достижение — создание метода тригонометрических сумм, одного из самых сильных и мощных методов, который является сейчас одним из основных в аналитической теории чисел. С помощью этого метода он решил ряд проблем, которые казались недоступными математике начала XX в.

Владимиров Василий Сергеевич (1923 — 2012) — советский и российский математик, академик АН СССР (1970), Герой социалистического труда (1983), лауреат Сталинской премии (1953) и Государственной премии СССР (1987), доктор физико-математических наук. Основные труды по вычислительной математике, квантовой теории поля, теории аналитических функций многих комплексных переменных, уравнениям математической физики.

Гегелиа Тенгиз Георгиевич (род. 1928) — советский и грузинский математик и механик, член-корреспондент АН Грузинской ССР (1974), доктор физико-математических наук (1965), профессор (1966). Работал в Тбилисском университете и Математическом институте АН Грузии. Основные труды по теории сингулярных интегральных уравнений и дифференциальных уравнений в частных производных, теории упругости и теории потенциала. Автор учебников и учебных пособий.

Гельфанд Израиль Моисеевич (1913 — 2009) — советский ученый, один из крупнейших математиков XX века, биолог, педагог и организатор математического образования. Автор более 800 научных статей и около 30 монографий. Основатель крупной научной школы. Доктор физико-математических наук (1940), профессор МГУ им. Ломоносова (1941 — 1990), Ратгерского университета (1990 — 2009). Президент Московского математического общества в 1966 — 1970 годах. Основные труды Гельфанда относятся к функциональному анализу, алгебре и топологии. Один из создателей теории нормированных колец (банаховых алгебр). Известен и тем, что не имел законченного среднего и высшего образования.

Гельфонд Александр Осипович (1906 — 1968) — советский математик, всемирную известность ему принесло решение седьмой проблемы Гильберта. В 1935 г. ему без защиты диссертации была присвоена ученая степень доктора физико-математических наук, а в 1939 г. он был избран членом-корреспондентом АН СССР. С 1933 г. — старший научный сотрудник Математического института им. В.А. Стеклова АН СССР, с 1938 г. — заведующим кафедрой теории чисел механико-математического факультета МГУ.

Гокиели Леван Петрович (1901 — 1975) — советский философ, историк и математик, член-корреспондент АН Грузинской ССР (1944). Первый доктор физико-математических наук, защитивший диссертацию в ТГУ. С 1936 г. — профессор. Работы по вопросам обоснования и парадоксам теории множеств, проблемам философии и обоснования математики, взаимоотношений математики и философии, логики и математики, логики и диалектики. Автор учебников «Дифференциальное исчисление» и «Введение в анализ» на грузинском языке.

Гончар Андрей Александрович (1931 — 2012) — советский и российский ученый-математик, действительный член Академии наук СССР, лауреат Государственной премии России (1999), специалист в области теории функций и теории приближений. После окончания механико-математического факультета МГУ (1954) работал в Математическом институте им. Стеклова. В ноябре 1974 года он был избран членом-корреспондентом АН СССР, а в декабре 1987 года — ее действительным членом. С 1991 по 1998 г. занимал пост вице-президента Российской академии наук. В 1999 г. был удостоен Государственной премии России за цикл работ «Рациональные аппроксимации аналитических функций».

Горгидзе Алексей Ясонович (1907 — 1992) — советский и грузинский математик-механик. С 1935 по 1954 г. работал в Тбилисском институте математики им. А. М. Размадзе АН Грузии. С 1940 по 1954 г. — помощник президента Академии наук Грузинской ССР. С 1970 г. — член президиума научно-методического совета по теоретической механике Министерства высшего и среднего специального образования СССР, член правления математического общества Грузии. Основные труды посвящены численному решению плоских задач теории упругости. В 1998 г. посмертно удостоен Государственной премии Грузии.

Дородницын Анатолий Алексеевич (1910 — 1994) — советский и российский математик, геофизик и механик. В 1945 — 1955 годах работал в Институте математики им. Стеклов. В 1949 г. — присвоено ученое звание профессора. В 1953 г., минуя звание члена-корреспондента, избран академиком АН СССР в отделение физико-математических наук по специальности геофизика. Был одним из основателей и первым директором ВЦАН. В 1989 — 1994 г. — почетный директор и научный руководитель вычислительного центра. В настоящее время ВЦАН — Вычислительный центр имени А.А. Дородницына РАН.

Дубинин Николай Петрович (1906 — 1998) — советский и российский генетик, основатель и разработчик многих новых направлений биологии, автор классических работ по эволюционной, радиационной, молекулярной и космической генетике, внес вклад в развитие медицинской генетики, наметил пути развития генетики в XX веке. Академик АН СССР, директор Лаборатории радиационной генетики Института биофизики АН СССР (1956—1966 годы), директор-организатор Института цитологии и генетики СО АН СССР (1957 — 1959) и Института общей генетики АН СССР (1966 — 1981).

Кварцхава Илья Филиппович (1910 — ??) — известный советский физик, специалист в области газовой электроники и физики плазмы, профессор, один из основателей Сухумского физико-технического института. С 1946 года научная деятельность его связана с исследованиями в области атомной науки и техники, проводимыми в этом институте, которым он руководил с 1952 до 1975 г. Научные труды его (ускоритель Кварцхава-Маршалла и пространственно-периодические структур сильноточной плазмы — структуры Кварцхава) получили широкую известность в СССР и за рубежом.

Квеселава Давид Александрович (1911 — 1978) — советский математик, родился в селе Лецихване (Грузия). Окончил Тбилисский университет (1937). Доктор физико-математических наук, профессор (1951). С 1940 работал в Тбилисском университете, Тбилисском математическом институте, ВЦ АН Грузинской ССР (с 1956 — директор института). Труды по топологии, геометрии, логике, вычислительной математике и программированию. Заслуженный деятель науки Грузинской ССР (1966).

Келдыш Мстислав Всеволодович (1911 — 1978) — советский ученый в области математики, механики, космической науки и техники, государственный деятель, организатор науки. Академик АН СССР (1946), с 1953 г. — член президиума, в 1961—1975 г. Президент. Трижды Герой социалистического труда. Один из идеологов советской космической программы, возглавлял с середины 1950-х годов разработку теоретических предпосылок вывода искусственных тел на околоземные орбиты, а в дальнейшем — полетов к Луне и планетам Солнечной системы.

Колмогоров Андрей Николаевич (1903 — 1987) — советский математик, академик. В 60-х годах им создана уникальная лаборатория вероятностных и статистических методов. Вплоть до 1976 г. Колмогоров — ее заведующий. Ему принадлежит идея по совершенно новой по тем временам специальности — биометрике. Уделял внимание состоянию обучения математике в школе. В соавторстве с П.С. Александровым создает учебник «Алгебра». Вместе с С.В. Фоминым — учебное пособие «Элементы теории функций ...» При нем была основана физико-математическая школа-интернат при МГУ, с 1989 г. школа носит имя академика А.Н. Колмогорова.

Купрадзе Виктор Дмитриевич (1903 — 1985) — советский математик, механик и государственный деятель, академик АН Грузинской ССР (с 1946). Окончил Тбилисский университет (1927). С 1937 г. — профессор Тбилисского университета (в 1954-1958 г. — ректор), в 1944 — 1953 г. — министр просвещения Грузинской ССР, в 1955-1963 г. — Председатель Президиума Верховного Совета Грузинской ССР. Основные работы относятся к теории дифференциальных уравнений с частными производными, теории интегральных уравнений, математической физике и математической теории упругости, прикладной математике. Исследовал граничные задачи теории колебаний. Совместно с учениками построил общую теорию пространственных граничных задач, разработал методы фактического конструирования решений, реализуемых на ЭВМ.

Лаврентьев Михаил Алексеевич (1900 — 1980) — выдающийся советский ученый, один из ведущих организаторов Сибирского отделения АН СССР и его председатель с 1957 по 1975 г., Герой социалистического труда, лауреат Ленинской премии и Государственных премий СССР, лауреат золотой медали им. М.В. Ломоносова, член ряда зарубежных академий, почетный гражданин Новосибирска. Получил блестящие результаты в математике и механике, многое сделано для развития советского самолетостроения. Основал школу по народнохозяйственному использованию взрыва, стоял у истоков разработки первых советских ЭВМ. Но главное дело жизни М.А.Лаврентьева — создание нового научного центра на востоке страны.

Лузин Николай Николаевич (1883 — 1950) — русский и советский математик, академик АН СССР, создатель московской научной школы дескриптивной теории множеств и функций, выдающийся ученый, воспитавший плеяду великих математиков, которые сами в свою очередь становились основателями целых направлений в науке и отцами математических школ. В число его учеников входили П.С. Александров, М.А. Лаврентьев, Л.А. Люстерник, Н.К. Бари, А.Н. Колмогоров, Л.Г. Шнирельман, П.С. Новиков, Л.В. Келдыш и др.

Мальцев Анатолий Иванович (1909 — 1967) — советский ученый-математик, действительный член Академии наук СССР (1958), лауреат Сталинской премии (1946), Ленинской премии (1964). Еще в 1936 году доказал одну из основных теорем математической логики, известную сейчас как локальная теорема Мальцева, и тем самым положил начало систематическому применению методов математической логики в алгебре. Основатель логико-алгебраической научной школы в Новосибирске.

Марджанишвили Константин Константинович (1903 — 1981) — советский ученый, математик, академик АН СССР (1974), Герой социалистического труда (1973). Специалист в области аналитической теории чисел и прикладной математики. С 1951 года работал в Математическом институте им. В.А.Стеклова Академии наук СССР. Основные труды по теории чисел и прикладной математике. Обладал особым умением применять достижения математической науки в решении прикладных задач. Созданный им коллектив ученых выполнил много интересных и ценных работ в этом направлении.

Маркушевич Алексей Иванович (1908 — 1979) — советский ученый, профессор, доктор физико-математических наук, специалист по теории функций и методике преподавания математики. Занимался научно-исследовательской и преподавательской деятельностью в Московском государственном университете им. М. В. Ломоносова и других вузах. Основные труды относятся к теории функций, методике и истории математики. Создал цикл работ по вопросам приближения, интерполяции и полноты, благодаря которым в теории аналитических функций стали широко использовать методы функционального анализа.

Меньшов Дмитрий Евгеньевич (1892 — 1988) — советский математик, член-корреспондент АН СССР (1953). С 1922 г. до конца жизни работал в МГУ. Утвержден в звании профессора в 1934 г. Работы относятся к теории тригонометрических и ортогональных рядов и к проблемам теории функций комплексного переменного. Открыл эффект неединственности представления функции при помощи тригонометрического ряда, сходящегося к ней почти всюду. Получил важные результаты в теории сходимости и суммируемости общих ортогональных рядов, в теории конформных отображений.

Мигиренко Георгий Сергеевич (1916 — 1999) — советский военный деятель и ученый в области механики, организатор науки, педагог высшей школы, доктор технических наук (1953), контр-адмирал (1962), лауреат Ленинской премии (1962), Заслуженный деятель науки и техники РФ. Активно занимался партийной работой..

Мищенко Евгений Фролович (1922 — 2010) — советский и российский ученый-математик, действительный член Академии наук СССР (1984), лауреат Ленинской премии (1962), специалист в области теории дифференциальных уравнений и процессов управления, один из создателей современной математической теории управления.

Мусхелишвили Николай Иванович (1891 — 1976) — советский математик и механик, действительный член АН СССР, По его инициативе создан Математический институт имени А.М. Размадзе АН Грузинской ССР. Один из основателей Академии наук Грузии и первый ее президент (с 1941 по 1972 г.). Первый председатель национального комитета СССР по теоретической и прикладной механике (учрежден в 1956 г.), который возглавлял в течение 20 лет. Член многих иностранных академий, научных учреждений и обществ. Похоронен в Пантеоне на горе Мтацминда, где находятся могилы выдающихся деятелей Грузии.

Николадзе Георгий Николаевич (1888 — 1931) — грузинский советский математик и металлург. С 1919 работал в Тбилисском университете (с 1928 — профессор). В 1927 — 1928 подготовил и защитил в Сорбонне докторскую диссертацию у Э.Ж. Картана. С 1928 — профессор Грузинского политехнического института. Один из создателей грузинской математической школы. Основные исследования относятся к начертательной, проективной и алгебраической геометрии. Изобрел оригинальную вычислительную машину. Разработал технологию электроплавки качественных сталей.

Никольский Сергей Михайлович (1905 — 2012) — советский и российский математик, академик РАН (академик АН СССР с 1972 года). С 1947 года — профессор МФТИ. Ему принадлежат фундаментальные результаты в области функционального анализа, в теории приближения функций, в теории квадратурных формул, теории вложения функциональных пространств и ее приложениям к вариационным методам решения уравнений с частными производными. Никольский — всемирно признанный глава созданной им научной школы по теории функций и ее приложениям.

Петровский Иван Георгиевич (1901 — 1973) — советский математик и деятель отечественного образования, с 1933 года — профессор Московского государственного университета им. М.В. Ломоносова. 1951 — 1973 г. — ректор МГУ. В 30-е годы им получены фундаментальные результаты в различных областях математики: в алгебраической геометрии, теории вероятностей, теории обыкновенных дифференциальных уравнений, математической физике, теории уравнений с частными производными. В 1943 г. был избран членом-корреспондентом, а в 1946 г. — действительным членом АН СССР. С 1953 года стал членом президиума Академии.

Погорелов Алексей Васильевич (1919 — 2002) — советский и украинский математик. Специалист в области выпуклой и дифференциальной геометрии, теории дифференциальных уравнений и теории оболочек, автор школьного учебника геометрии, ставшего классикой и выдержавшего десятки изданий многомиллионными тиражами на многих языках. Лауреат Сталинской премии (1949). В 1951 г. был избран членом-корреспондентом АН Украины, а в 1960 году — академиком АН Украины. 40 лет отработал в Физико-технический институт низких температур (Харьков). С 1976 г. — академик АН СССР, затем — академии РАН. В 2000 году переехал в Москву и работал в Математическом институте им. В.А. Стеклова.

Понтрягин Лев Семенович (1908 — 1988) — советский математик, один из крупнейших математиков XX века, академик АН СССР (1958). Лауреат Ленинской (1962), Сталинской (1941) и Государственной премии СССР (1975). Внес значительный вклад в алгебраическую и дифференциальную топологию, теорию колебаний, вариационное исчисление, теорию управления. Создатель математической теории оптимальных процессов, в основе которой лежит т. н. принцип максимума. Работы школы Понтрягина оказали большое влияние на развитие теории управления и вариационного исчисления во всем мире.

Размадзе Андрей Михайлович (1889 — 1929) — грузинский и советский математик, специалист по вариационному исчислению. Принимал участие в организации Тбилисского университета (профессор — с 1918). Опубликовал в 1914 г. работу, содержащую решение задачи вариационного исчисления для кривых, один конец которых фиксирован, другой свободен. Ему принадлежат первые учебники по математическому анализу на грузинском языке. В 1934 был посмертно издан его труд «Периодические решения и замкнутые экстремали в вариационном исчислении».

Рухадзе Амвросий Калистратович (?? — ??) — профессор математики, руководил кафедрой высшей математики в Грузинском политехническом институте и работал научным сотрудником в Институте математики АН Грузии. Отец Анри Рухадзе (род. 1930 г.) — доктора физ.-мат. наук, профессора, дважды лауреата Государственных премий и премии им. М.В. Ломоносова, автора более 600 опубликованных работ.

Сахаров Андрей Дмитриевич (1921 — 1989) — советский физик, член Академии наук СССР, обладатель Нобелевской премии, политический деятель. Двадцать лет (с 1948 по 1968 г.) биографии академика Сахарова были посвящены разработкам термоядерного оружия. Он является одним из основоположников изучения управляемой термоядерной реакции.

Седов Леонид Иванович (1907 — 1999) — советский, российский физик, механик и математик, академик АН СССР (1953). С 1950 по 1953 г. — заведующий кафедрой теоретической механики Московского физико-технического института. С 1953 по 1999 г. — заведующий кафедрой гидромеханики механико-математического факультета МГУ. Параллельно с 1954 г. заведовал отделом механики в Математическом институте АН СССР. Создал научную школу в области механики сплошных сред.

Смирнов Николай Васильевич (1900 — 1966) — советский математик, член-корреспондент АН СССР (1960), один из создателей непараметрических методов математической статистики и теории предельных распределений порядковых статистик. Его учебники и учебные пособия по применению теории вероятностей и математической статистике пользуются известностью не только в нашей стране, но и за рубежом. Совместно с Л.Н. Большевым Смирнов издал много таблиц по математической статистике и внес большой вклад в современную вычислительную математику.

Соболев Сергей Львович (1908 — 1989) — советский математик, один из крупнейших математиков XX века. Вместе с М.А. Лаврентьевым и С.А. Христиановичем стал инициатором создания и организатором Сибирского отделения Академии наук СССР. С 1957 по 1983 г. возглавлял созданный им Институт математики Сибирского отделения АН СССР (Новосибирск), где появились крупные математические школы в области функционального анализа, дифференциальных уравнений, математической экономики, алгебры и логики, геометрии и топологии, кибернетики. Создал теорию кубатурных формул, предложив принципиально новый подход к численному интегрированию с помощью методов теории обобщенных функций. Сейчас Институт математики СО РАН носит его имя.

Стеклов Владимир Андреевич (1864 — 1926) — русский советский математик и механик. Действительный член Петербургской Академии наук, вице-президент АН СССР. Организатор и первый директор Физико-математического института РАН, названного впоследствии его именем. После разделения Физико-математического института на институт математики и институт физики имя В. А. Стеклова было присвоено институту математики.

Фаддеев Людвиг Дмитриевич (1934 г.р.) — советский и российский ученый, математик и физик-теоретик. Сын профессора ленинградского университета Д.К. Фаддеева. Действительный член Академии наук СССР (1976), лауреат Госпремии СССР, Государственной премии РФ (1995 г. и 2004 г.), специалист в области математической физики и функционального анализа. Исследования его определили основы математической физики. Разработка им теории квантовых спиновых цепочек привела к открытию новых математических структур — квантовых групп.

Харадзе Арчил Кириллович (1895 — 1976) — грузинский советский математик. С 1918 работал в Тбилисском университете (с 1930 — профессор, с 1975 — профессор-консультант). С 1947 до 1952 — профессор и ректор Тбилисского педагогического института. Основные исследования относятся к высшей алгебре, математическому анализу, теории функций комплексного переменного, алгебраической и дифференциальной геометрии. Решил некоторые задачи теории функций. Написал (частично в соавторстве) ряд учебников по математике на грузинском языке. Принимал участие в разработке грузинской математической терминологии. Заслуженный деятель науки Грузинской ССР (1944). Президент Грузинского математического общества (1970 — 1975).

Харазов Давид Фомич (1915) — советский математик, профессор. До 1961 г. занимался научно-педагогической деятельностью в Тбилисском государственном университете и в Институте математики АН Грузинской ССР. С 1961 г.

работал в Ленинградском высшем военно-инженерном техническом училище, а с 1970 — в финансово-экономическом институте им. Вознесенского. Один из первых советских математиков, начавших изучение спектра операторнозначных функций.

Хведелидзе Борис Владимирович — советский математик. Работал в Грузинском сельскохозяйственном институте и Тбилисском университете, в Математическом институте АН Грузии, член-корреспондент АН Грузинской ССР (1967). Исследования посвящены граничным задачам теории дифференциальных уравнений эллиптического типа, граничным задачам теории аналитических функций комплексного переменного и теории сингулярных интегральных уравнений. Изучал сингулярные интегралы типа Коши в лебеговых функциональных пространствах со степенными весами и построил теорию интегральных уравнений в этих функциональных пространствах.

Христианович Сергей Алексеевич (1908 — 2000) — советский и российский ученый в области механики, академик АН СССР (1943), один из создателей Новосибирского университета, руководитель кафедры аэродинамики, профессор (до 1965 года). Ему удалось создать современный академический институт — ИТПМ СОАН — со многими научными направлениями: аэродинамика больших скоростей, магнитная гидродинамика, механика горных пород, энергетические установки. Главной же стала работа над проектом парогазовой установки (ПГУ), которая могла стать основой экологически безопасных тепловых электростанций.

Библиография

Избранные труды А.В. Бицадзе

Книги

Бицадзе А.В. *К проблеме уравнений смешанного типа.* Москва, 1953.

Бицадзе А.В. *Основы теории аналитических функций комплексного переменного / изд. 3-е /.* Москва, 1984.

Бицадзе А.В. *Основы теории аналитических функций комплексного переменного: учебник для механико-математических и физических специальностей вузов.* Москва, 1970.

Бицадзе А.В. Калиниченко Д.Ф. *Сборник задач по уравнениям математической физики.* Москва, 1985.

Бицадзе А.В. *Краевые задачи для эллиптических уравнений второго порядка.* Москва, 1966.

Бицадзе А.В. *Некоторые классы уравнений в частных производных.* Москва, 1981.

Бицадзе А.В. *Илья Нестерович Векуа.* Тбилиси, 1987.

Bitsadze A.V. *Equations of the Mixed Type.* London, 1964.

Bitsadze A.V. *Boundary Value Problems For Second Order Elliptic Equations.* Amsterdam, 1968.

Bitsadze A.V. *Integral Equations of First Kind.* Singapore-London-Hongkong, 1995.

Bitsadze A.V. *Partial Differential Equations.* Singapore-London-Hongkong, 1994.

Bitsadze A.V. *Some Classes Partial Differential Equations.* New York, 1988.

Bitsadze A.V. *Equations of Mathematical Physics.* Leiden, 1980.

Bitsadze A.V. Kalinichenko D.F. *A Collection of Problems on the Equations of Mathematical Physics.* Moscow, 1980.

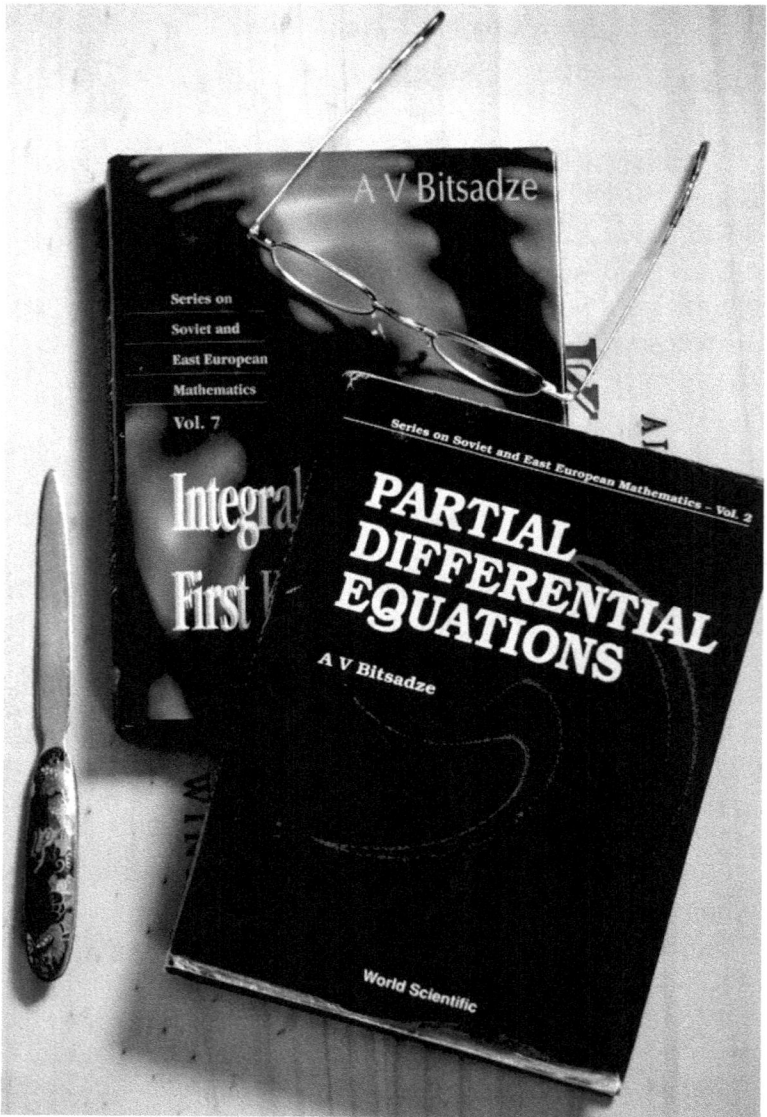

Статьи

Бицадзе А.В. «О структурных свойствах решений гиперболических систем уравнений в частных производных первого порядка» // *Математическое моделирование*. 1994. Т.6. №6. С. 22 — 31.

Бицадзе А.В. «Сингулярные интегральные уравнения первого рода» // *Тр. МИАН*. Т 200. С. 46 — 56.

Бицадзе А.В., Виноградов В.С., Дезин А.А., Ильин В.А. «О некоторых свойствах полигармонических функций» // *Дифференциальные уравнения*. 1988. Т. 24. №5. С. 825 — 831.

Бицадзе А.В. «Уравнения в частных производных» // *Тр. МИАН СССР*. 1987. Т. 176. С. 259 — 299.

Бицадзе А.В. Сингулярные интегральные уравнения первого рода с ядрами Неймана // Дифференциальные уравнения. Т. 22. № 5. 1986. С. 823 — 828.

Бицадзе А.В. «К задаче Коши для гармонических функций». *Дифференциальные уравнения*. 1986. Т. 22. №1. С. 11 — 18.

Бицадзе А.В. «Точные решения некоторых классов нелинейных уравнений в частных производных» // *Дифференциальные уравнения*. 1981. Т. 17. №10. С. 1774 — 1778.

Бицадзе А.В. «Точные решения некоторых вариантов уравнений гравитационного поля» // *Тр. МИАН СССР*. 1981. Т. 157. С. 19 — 24.

Бицадзе А.В. «Об одной системе нелинейных уравнений в частных производных» // *Дифференциальные уравнения*. 1979. Т.15. №7. С. 1267 — 1270.

Бицадзе А.В. «Волны в потоке жидкости переменной плотности» // *Дифференциальные уравнения*. 1978. Т.14. №6. С. 1053 — 1059.

Бицадзе А.В. «К теории одного класса нелинейных уравнений в частных производных» // *Дифференциальные уравнения*. 1977. Т.13. №11. С. 1993 — 2008.

Бицадзе А.В. «К теории систем уравнений с частными производными» // *Тр. МИАН СССР*. 1976. Т.142. С. 67 — 77.

Бицадзе А.В., Пашковский В.И. «О некоторых классах решений уравнения Максвелла — Эйнштейна» // *Тр. МИАН СССР*. 1975. Т. 134. С. 26 — 30.

Бицадзе А.В., Нахушев А.М. «К теории уравнений смешанного типа в многомерных областях» // *Дифференциальные уравнения*. 1974. Т.10. Т.12. С. 2184 — 2191.

Бицадзе А.В. «К теории квазилинейных обыкновенных дифференциальных уравнений первого порядка» // Тр. МИАН СССР. 1971. Т.112. С. 95 — 104.

Бицадзе А.В. «К теории уравнений смешанного типа» // *Дифференциальные уравнения*. 1970. Т.6. №1. С. 3 — 6.

Бицадзе А.В. «Об одном элементарном способе решения некоторых граничных задач теории голоморфных функций и связанных с ними особых интегральных уравнений» // *УМН*. 1957. Т.12. №5 (77). С. 185 — 190.

Бицадзе А.В. «Пространственный аналог интеграла типа Коши и некоторые его приложения» // *Известия АН СССР* // Серия: математика. 1953. Т.17. №6. С. 525 — 538.

Бицадзе А.В. «К проблеме уравнений смешанного типа» // *Тр. МИАН СССР*. 1953. Т.41. С. 3 — 59.

Бицадзе А.В. «Об одной системе функций» // *УМН*. 1950. Т.5. №4(38). С. 154 — 155.

Бицадзе А.В. «О единственности решения задачи Дирихле для эллиптических уравнений с частными производными» // *УМН*. 1948. Т. 3. №6 (28). С. 211 — 212.

Бицадзе А.В., Самарский А.А. «О некоторых простейших обобщениях линейных эллиптических краевых задач» // *ДАН СССР*. 1969. Т.185. № 4. С. 739 — 740.

Индекс персоналий

494